HEYNE BIOGRAPHIEN

Zur Autorin

ELKE SUHR, 1954 geboren, studierte Germanistik und Geschichte in Oldenburg; 1983 Promotion über die Geschichte der Emslandlager 1933–1945, danach wissenschaftliche Mitarbeiterin beim Dokumentations- und Informationszentrum Emslandlager. Freie Journalistin für den Rundfunk und verschiedene Zeitungen und Zeitschriften. Elke Suhr ist wissenschaftliche Mitarbeiterin eines Ossietzky-Forschungsprojektes in Oldenburg.

Elke Suhr

CARL VON OSSIETZKY

Pazifist, Republikaner und Widerstandskämpfer

Wilhelm Heyne Verlag
München

HEYNE BIOGRAPHIE
12/185

Printed in Germany 1989
Umschlagfoto: Süddeutscher Verlag, Bilderdienst, München
Innenbilder: Ossietzky-Archiv der Universität Oldenburg
Staats- und Universitätsbibliothek Carl von Ossietzky, Hamburg
Privatarchiv Rosalinde von Ossietzky-Palm
Frontispizzeichnung: Franz Eder, München
Umschlaggestaltung: Atelier Ingrid Schütz, München
Bildteil: RMO, München
Gesamtherstellung: Presse-Druck Augsburg

ISBN 3-453-03532-1

Leder

Inhalt

Geleitwort

»Was soll ich als Historikerin noch schreiben über das Schreiben eines Ossietzky? Daß es wunderbar ist, Geschichtsschreibung in knappen, klaren, melodisch schwingenden Sätzen ...« So sagte einmal die junge, mutige Oldenburger Studentin Elke Suhr. Seit zehn Jahren arbeitet sie schon an dem Thema des Widerstands gegen Hitler und an der Aufdeckung der Geschichte der Emsland-Lager mit dem Ziel, ein Dokumentationszentrum zu schaffen; ihre Doktorarbeit war den Überlebenden der Lager gewidmet. Damit dokumentiert sie ein grausames Stück deutscher Geschichte nach Weimar. Die hier vorgelegte Arbeit ist eine Einführung in das publizistische Schaffen Carl von Ossietzkys, das zum kompromißlosen Kampf gegen Reaktion und Revanchismus wurde. Ossietzky war bereit, die äußersten Konsequenzen auf sich zu nehmen. Das bedeutete ein Leben der Unsicherheit und ständigen Verfolgung – ein hartes Schicksal für einen romantischen Träumer wie ihn wie für viele seiner Generation, die mit der Weimarer Republik geboren wurden, für deren Überleben kämpften und mit ihr untergingen. Ossietzky enthüllte und geißelte Polizeiterror, Fememorde und die hinter dem Rücken des Volkes heimlich betriebene Aufrüstung. Er sah die braunen Kolonnen marschieren, und er warnte.

Elke Suhr stützt ihre Untersuchung nicht nur auf den publizistischen Nachlaß Ossietzkys, der sich in der damaligen »Weltbühne« findet, sondern vor allem auch auf den persönlichen Nachlaß Maud und Carl von Ossietzkys, den ich der Universität Oldenburg überlassen habe. Er war ein Beitrag zur Geschichtsforschung über Carl von Ossietzky als Symbolgestalt des deutschen Widerstandes. Damit und mit der Namensgebung dieser Universität ist dem Menschen Carl von Ossietzky und seinem Kampf, der noch heute nicht beendet ist, ein Ehrenmal gesetzt und vor der Welt bekundet worden, daß ein Friedenskämpfer kein Landesverräter ist.

Im Nachlaß begegnete die Historikerin dem »liebenswürd'gen Jüngling«, den man »nicht genug verehren« kann, wie die Widmung auf einem Jugendfoto sagt – einem Menschen auf der Suche nach Schönheit und Erleben in der Literatur, in der Kunst und im Leben. Die Autorin hat sich über die schlechten Schulzeugnisse des jungen Carl gewundert – und die Erklärung dafür in seinen ersten literarischen Versuchen gefunden: Er beklagte die Langeweile des Unterrichts. Später hat er in Briefen und Aufsätzen eine neue Schule gefordert und seine Hoffnung auf neue Generationen in Deutschland gesetzt.

Es gibt sie, die neuen Generationen. Elke Suhr und ihre Kommilitonen und Lehrer an der Universität Oldenburg zum Beispiel gehören dazu. Und so stellt Elke Suhr mit der vorliegenden Arbeit die kurze Geschichte der ersten Republik in Deutschland eindrucksvoll dar anhand der publizistischen Arbeit Ossietzkys und seiner nachgelassenen persönlichen Briefe, Gedichte, Novellen und Dokumente einschließlich vieler Fotos – Material, das Maud von Ossietzky unerschrocken versteckt gehalten und über die Nazijahre hinweggerettet hat.

Rosalinde von Ossietzky-Palm

Stockholm, Dezember 1986

Einleitung

Ende Juni des Jahres 75
betrat ein Mann, kurzgeschoren,
den Kragen der zerschlissenen
Joppe hochgeschlagen, eine seltsame Zahl,
562, auf der linken Brustseite,
die Bibliothek der Oldenburger Universität
und verlangte, mit leiser Stimme,
zwei Bände über das Deutsche Mittelalter,
und, gefragt, ob er eingeschrieben sei
hier, schüttelte er den Kopf,
und hörte, daß so jeder kommen könne,
und wie er denn heiße, sagte er:
von Ossietzky, Carl und Adresse:
Lager Papenburg und das gehe nicht,
das sei keine ordentliche Adresse,
Erlaß vom Ministerium für Kultur,
und der Mann, der Ossietzky hieß,
sagte nichts mehr und ging zurück
ins Lager zu den anderen und
erzählte, daß er die Bände wieder
nicht bekommen habe.[1]

»Begebenheit« – nennt Peter Maiwald sein Gedicht über Carl von Ossietzky und die Oldenburger Universität.

Begebenheit – das war am 27. Juni 1975, als Handwerker unter dem Schutz von 200 bewaffneten und behelmten Polizisten den Schriftzug »Carl von Ossietzky-Universität« vom höchsten Gebäude der Oldenburger Universität entfernten.

Das geschah auf Befehl eines sozialdemokratischen Ministers einer SPD-FDP-Landesregierung.

Das Semester war fast zu Ende, und wir waren nur wenige, die herangelaufen kamen, dann verharrten, in ungläubigem Schrecken, in ohnmächtigem Zorn. Einer, ein Student, traute sich an die Polizisten heran, wollte mit ihnen reden, nur fragen. Er wurde von Zivilbeamten ergriffen und später wegen »Widerstandes gegen Vollstreckungsbeamte« zu einer Geldstrafe verurteilt. Seitdem gilt er als vorbestraft.

Wie konnte es dazu kommen?

Die Oldenburger Universitätsgründer aller politischen Richtungen hatten zwei Jahre vorher einmütig beschlossen, die junge Universität nach Carl von Ossietzky zu benennen. Nach jenem damals fast vergessenen Friedensnobelpreisträger, der jahrelang in dem ebenso vergessenen Moor-KZ Esterwegen bei Oldenburg seelisch und körperlich gequält wurde, der 1938 an den Folgen der Haft starb.

Die Namensgebung sollte ein Zeichen für das Selbstverständnis der Universitätsangehörigen setzen, nämlich Forschung und Lehre im Sinne dieses unbestechlichen Demokraten und Pazifisten zu betreiben.

Die Oldenburger »Nordwest-Zeitung« (NWZ) setzte eine Befragung der Bürger dagegen, deren ältere Generation die Nationalsozialisten schon 1932 in die Regierung des Landes Oldenburg gewählt hatte. »Wie soll die Uni heißen?«[2] nannte das Monopolblatt seine Umfrageaktion und stellte mehrere Namen zur Wahl: Karl Jaspers, Carl von Ossietzky, Gustav Stresemann, Wilhelm H. Schüssler, Universität Oldenburg, und natürlich:Anton Günter von Oldenburg, der Graf auf seinem prächtigen, langmähnigen Pferd »Kranich«, der seiner Stadt mehr als 50 Jahre den Frieden bewahrt hatte.

Damals war ich Schülerin des Oldenburger Mädchengymnasiums »Cäcilienschule«, die ihren Namen einer mildtätigen Gräfin aus dem 18. Jahrhundert verdankt.

Den großen bürgerlichen Außenpolitiker Stresemann kannte ich gut. Ihn und seine Zeit hatten wir im Geschichtsunterricht so ausführlich behandelt, daß für den Nationalsozialismus keine Zeit mehr geblieben war. Deswegen wohl wußte ich nichts vom KZ Esterwegen und vierzehn anderen Moorlagern nahe meiner Heimatstadt.

Von Karl Jaspers, dem berühmten Sohn unserer Stadt, und von Graf Anton Günter, dem berühmten Pferdezüchter, hatte ich mehr als genug in der »Heimatkunde« erfahren, die regionales NS-Geschehen geflissentlich übersah.

Der Name Carl von Ossietzky – ich muß es zu meiner, meiner Lehrer und der Hochschulangehörigen Schande gestehen – war mir gänzlich unbekannt. Und das ging wohl den meisten Bürgern der Stadt so. Die NWZ lieferte ein paar dürre Daten über die Kandidaten zur »Information«. Von einem KZ Esterwegen war darin nichts zu lesen. Dafür gab es Stellungnahmen prominenter Politiker die Menge, und die waren »eindeutig«: Die Obrigkeit und mit ihr die Zeitung wolle einen neutralen Namen, auf keinen Fall Ossietzky, also »Universität Oldenburg«.[3] Solchermaßen eingestimmt, durften wir Oldenburger »wählen«. 3111 von etwa 132000 Einwohnern nahmen teil: 1951 machten ihr Kreuz unter »Universität Oldenburg«, wie es erwünscht war; 595 wollten ihren Grafen wiederhaben; 104 stimmten für Ossietzky.[4]

Ich hatte nicht mitgemacht. Was ging mich die Formalität einer Universitätsbenennung, was ein Graf aus dem 17. Jahrhundert, was ein Publizist aus den zwanziger und dreißiger Jahren an?

»Eindeutig« sei das Ergebnis, triumphierte die NWZ. »Wer meint, auch jetzt noch einen anderen Namen durchpauken zu müssen, würde im Widerspruch zu den Bürgern handeln.«[5] – » ... der Deutsche liest nur ein Blatt«, hatte 1925 Carl von Ossietzky geschrieben, »und hat zu diesem Blatt keine Distanz ... die politische Darstellung, die politische Information nimmt er als etwas Gottoffenbartes hin.«[6] Die Meinung des Blattes wächst zur sogenannten öffentlichen Meinung, und wehe dem, der dagegen ist! Das wagte auch die niedersächsische SPD nicht: Ossietzky verehre man selbstverständlich als Märtyrer und konsequenten Demokraten, beteuerte der zuständige Minister, aber: Namensgebungen seien aus der Mode gekommen.[7] So argumentierte er. Und reiste doch im Land umher, Bildungsstätten nach Persönlichkeiten zu benennen, die nicht Ossietzky hießen.

Es waren Studenten, die trotzdem den Schriftzug »Carl von Ossietzky-Universität« am höchsten Gebäude der Universität anbrachten, weithin sichtbar – bis zur Autobahn, die an Oldenburg vorbei zu den großen Städten führt.

Die NWZ war empört, und viele ihrer Leser waren es auch. Den »eindeutigen« Berichten und Kommentaren folgte eine Flut von Zuschriften entrüsteter Oldenburger. Die Staatsautorität sei gefährdet und damit die Demokratie. Polizei, Polizei! Die SPD zauderte, die CDU wetterte – und die FDP drohte, das niedersächsische Regierungsbündnis zu kündigen. Und wenn es um die Frage politischer Opportunität oder politischen Prinzips geht, ist die Antwort der SPD seit 1914 zumeist eindeutig gewesen: Opportunität! Kriegskredite, Panzerkreuzer, Atomraketen, Kommunistengesetz, Radikalenerlaß oder Polizeieinsatz gegen Ossietzkys Namen – die SPD in der Regierung verspielt im Namen der sogenannten Realpolitik ihre Glaubwürdigkeit. Heute wie damals: Dann kommt die Stunde der bürgerlichen Parteien ...

Es vergingen nicht einmal zwei Jahre, bis die wankelmütige FDP in Niedersachsen trotzdem zur CDU überlief und ohne Neuwahlen ein Regierungsbündnis mit ihr einging.

Solcherart Realpolitik war es, die Ossietzky nach dem Ersten Weltkrieg weiter und weiter forttrieb von der Sozialdemokratie. Er machte sie mitverantwortlich für den Untergang der jungen deutschen Republik, kritisierte sie kompromißlos und scharf. Deshalb, auch deshalb, zeigt sich die SPD bis heute merkwürdig distanziert, wenn es um den Friedensnobelpreisträger geht. Die Auseinandersetzung mit ihm bedeutet: alte Wunden der Parteigeschichte aufzureißen, unbequeme Maßstäbe für die aktuelle Politik anzulegen.

Als die Proteste gegen den Polizeieinsatz im In- und Ausland kein Ende nahmen und als die Argumentation von der angeblich »unmodernen Namensgebung« bestenfalls Spott erntete, da ließ der SPD-Minister sich eine alte neue Ausrede einfallen. Linke wollten Ossietzky als Galionsfigur für eine Aktionseinheit zwischen Kommunisten und Sozialdemokraten mißbrauchen. Da war er wieder, der Antikommunismus, »die Grundtorheit des Jahrhunderts« (Thomas Mann), die immer und ewige Rechtfertigung für die Verletzung der Demokratie.

1975 war ich 21 Jahre alt. Damals machte ich mich zum ersten Mal auf die Suche nach der Leidensstätte Carl von Ossietzky, nach dem KZ Esterwegen. Nie werde ich den Augenblick vergessen, als ich vor dem ehemaligen Lagergelände stand: Ein Bundeswehrdepot, wo früher Häftlinge zu Tode gequält wurden; die Lagerstraße mit Baumreihen an beiden Seiten – von den Gefangenen gepflanzt – ist erhalten; moderne Baracken quer auf den alten Grundrissen; eine hohe Mauer und ein gesichertes Tor wie früher; typisch deutsche Hinweisschilder die Menge: Betreten verboten! Rauchen verboten! Fotografieren nicht gestattet! Keine Gedenktafel für die KZ-Insassen von einst. Die wurde erst vor einigen Jahren – kaum sichtbar – am Eingang der Militäranlage angebracht, auf Anweisung eines sozialdemokratischen Verteidigungsministers.

Ich schloß mich einer Initiativgruppe an, die eine Gedenkstätte für Esterwegen und die anderen vierzehn emsländischen Moorlager durchsetzen wollte; und der SPD-Verteidigungsminister stellte uns dafür den ehemaligen SA-Sportplatz direkt neben dem Bundeswehrdepot zur Verfügung. Eine seltsame, aufschlußreiche Nachbarschaft wäre das geworden.

Die CDU-Bundesregierung nahm die Genehmigung bald nach dem Regierungswechsel zurück: Das Terrain werde dringend für Lazarettbaracken benötigt, hieß es. Da gab es also keinen anderen Platz im weiten, fast menschenleeren Emsland?

Ein Hinweisschild »Begräbnisstätte« an der B 401 von Oldenburg zu den emsländischen Dörfern und Städten verschweigt noch heute, daß es auf einen Lagerfriedhof mit mehr als 1500 Opfern aus den nationalsozialistischen Gefangenenlagern weist. Hier wollten 1963 Gewerkschaftsjugendliche aus Essen ein Mahnmal für Carl von Ossietzky errichten. Die Behörden waren dagegen. Und als die Jugendlichen ihren Plan dennoch durchsetzten – »Notfalls bringen wir die Gedenktafel im Fußmarsch bis zum Friedhof des KZ«[8] –, lehnte der Oberkreisdirektor der Region eine Einladung zur Einweihungsfeier aus Termingründen ab und erklärte, der Friedhof sei gar kein wirklicher KZ-Friedhof. Denn: »Die ganze überwiegende Zahl der Insassen in diesen emsländischen Lagern waren Strafgefangene, die durch ordentliche (so hieß es!) Gerichte wegen Diebstahls, Hehlerei oder ähnlicher Straftaten rechtskräftig abgeurteilt waren.«[9]

Das war in der Endzeit des Kalten Krieges, und Pazifisten wie Ossietzky galten als staatsgefährdend. »In der heutigen Zeit des Bedrohtseins«, tönte 1963 der Bundestagsabgeordnete und jugendpolitische Sprecher der CDU, Dietrich Rollmann, anläßlich einer Gedenkstunde für Ossietzky in Hamburg, »können wir alle es uns nicht leisten, Pazifisten ... als Vorbilder für das heutige Deutschland herauszustellen. Es kommt vielmehr darauf an, in unserem Volk den Willen zur Verteidigung auch mit der Waffe zu stärken.«[10]

Sechzehn Jahre später verbot die Oldenburger Bezirksregierung eine Gedenktafel unserer Initiativgruppe für die Emslandlager am Eingang des KZ-Friedhofes. Die Tafel wurde unter dem Beifall von 5000 Antikriegstagsdemonstranten trotzdem aufgestellt, und Proteste aus aller Welt zwangen die Behörden zum Einlenken. Ja, sie versprachen sogar eine »richtige« Gedenkstätte für die Lager.

Die Einweihung eines Rundbaus mit einigen Gedenktafeln wurde feierlich begangen, nur die geladenen Politiker aus Hannover hatten es eilig. Sie ließen sich in ihren Daimlern gleich bis zu den Gräbern vorfahren, und da standen die Staatskutschen eine Gedenkstunde lang, aufgereiht vor dem Ossietzky-Stein.

Ehemalige Häftlinge waren nicht anwesend.

Das Gerangel um eine Gedenkstätte für die Emslandlager hält noch an, und die Oldenburger Universität ist bis heute nicht nach Carl von Ossietzky benannt. – Nur eine Provinzposse?

Ja und nein. Vielleicht wären manche politischen Entgleisungen in den großen Städten nicht so leicht möglich gewesen. Wie die der CDU-Studentenorganisation RCDS 1975: »Carl von Ossietzky und die vielen kleinen Ossietzkys der zwanziger Jahre haben mit ihrem Haß auf die politische Mitte und den Weimarer Staat Hitler den Weg in die Reichskanzlei erst geebnet.«[11] Aber das Prinzip ist überall in unserem Land das gleiche. Es geht darum, ein altes neues Geschichtsbild zu verbreiten:

Die Tucholskys, Ossietzkys und all die anderen unabhängigen Linken mit ihrer destruktiven Nörgelei am bestehenden Staat und seinen Parteien seien schuld an der Zerstörung der Weimarer Republik, jedenfalls mehr schuld als die Konservativen, die für Hindenburg stimmten, die mit Hitler regierten, die dem Ermächtigungsgesetz zustimmten. Aus denen jene Parteien hervorgegangen sind, die uns heute regieren. Die Opfer als Täter? Nichts scheint unmöglich.

So argumentierte 1975 auch ein CDU-Stadtverordneter und späterer Bundestagsabgeordneter gegen die Universitätsbenennung: Ossietzky habe »einen scharfen Kampf gegen die Demokratie geritten«.[12]

Der Politiker ist Geschichts- und Deutschlehrer an einem Oldenburger Gymnasium, das bis 1987 den Namen Hindenburgs trug, jenes Generalfeldmarschalls, der am 30. Januar 1933 Hitler zum Reichskanzler ernannte – und das auf Anraten des christlichen Exkanzlers von Papen von der Deutschen Zentrumspartei, der Vizekanzler im ersten Kabinett Hitlers wurde.

Es sind nicht nur eingefleischte Rechte, die Ossietzky kritisieren: Er habe mit seiner realitätsfremden, ultralinken »Systemkritik« und mit seinen »Volksfront-Illusionen« – ungewollt – die »Aushöhlung und Auflösung« der Republik betrieben, glaubt der angesehene Historiker Hans-Ulrich

Wehler zu wissen. Da sei »im streng Freudschen Sinne gravierender Realitätsverlust« im Spiel. Deshalb beklagt Wehler die »Mythologie«, die um die »Weltbühne« und die »Symbolfigur v. Ossietzkys« entstanden sei, ebenso wie jeden anderen Personenkult »um die Führergestalten des Kommunismus und Nationalsozialismus«.[13] Die merkwürdige Gleichsetzung mag erschrecken, aber als Folge der jahrzehntelangen Gleichsetzung von Rot und Braun hat sie sich anscheinend sogar in das Bewußtsein kritischer Historiker geschlichen.

Wehler nennt Ossietzky destruktiv – genauer: von »tendenziell destruierender Wirkung«, und er bezieht sich dabei auf Fritz J. Raddatz, den Tucholsky- und Ossietzky-Kenner. Der behauptet – und das hat er bei Ossietzkys Mitarbeiter und Kontrahenten Kurt Hiller gelesen, der Weltbühnenleiter habe zwar glänzend kritisieren können, aber es fehle das »konstruktive Element«, das Wegweisende für die politische Wirklichkeit.[14] Und so sieht es der Realpublizist Rudolf Augstein, der meint, Ossietzky habe die »Mittel des politischen Handwerks« nicht beherrscht, und deshalb seien all seine politischen Forderungen letztlich »bodenlos« gewesen.[15]

Zweifel an der sogenannten Realpolitik würden stets als »Ketzerei, Phantasterei, Nörgelei abgetan«, schrieb Carl von Ossietzky in seinem »Lob der Außenseiter« von 1927. »Die großen Realpolitiker vergessen nur, daß auch die Wirklichkeit ihre eignen Illusionen erzeugt. Sie nehmen den Dunstkreis selbst zugesprochner Bedeutsamkeit für die Ausdehnung der Welt. Dem Ritual des ›Erreichbaren und Möglichen‹ rückhaltlos hingegeben, halten sie die Grenzen eignen Denkens und Wollens für die Grenzen des Möglichen überhaupt ...«[16]

Das sagt sich so leicht: unrealistisch. Unrealistisch war die SPD mit ihrer Politik des kleineren Übels. Sie verlor sich immer mehr in der Tolerierung jener, die den Untergang der Republik vorantrieben.

Realistisch war Ossietzky, wenn er meinte, die Herzen und Köpfe der Menschen für die demokratische Idee müßten gewonnen werden – erst dann könnte eine Republik leben.

Unrealistisch war sein Glaube, die alten Mächte aus der Kaiserzeit und die machthungrigen Parteipolitiker würden das zulassen.

Realistisch war das Programm Ossietzkys gegen das NS-Regime: Die Sammlung von Demokraten, Sozialisten und Kommunisten in einer antifaschistischen Front.

Unrealistisch war Ossietzkys Hoffnung, daß die menschliche Vernunft siegen und die beiden großen Arbeiterparteien im letzten Moment doch noch zusammenfinden könnten – für ihn eine todbringende Hoffnung, ließ sie ihn doch noch nach dem 30. Januar 1933 in Deutschland ausharren.

Unrealistisch waren aber auch die Abwartepolitik der SPD, die Sozialfaschismusthese der KPD und gar die Illusion der Bürgerlichen, die NSDAP im Rahmen eines Regierungsbündnisses außer Gefecht setzen zu können.

Der junge Ossietzky, ein Gerichtsschreiber ohne Schulabschluß – Dichter wollte er sein: »ein Abbild des Lebens schaffen, wie es sich in seiner Seele spiegelt«.[17]

Der Siebenundvierzigjährige, ein Gefangener und dem Tode geweiht – Haltung mußte er annehmen vor dem großmächtigen Ministerpräsidenten Göring und sagte ihm ins Gesicht: »Ich war Pazifist, und ich werde Pazifist bleiben.«[18]

Dazwischen liegen kaum dreißig Jahre, in denen aus einem jugendlichen Träumer ein politischer Publizist wurde, einer der bedeutendsten seiner Zeit. Der sein Leben hergab für das »Sehnsuchtsland« Republik, das er in seiner Jugend so schwärmerisch bedichtet hatte.

Ossietzkys Menschenbild wurzelt in der Philosophie der Aufklärung, in Immanuel Kants »Kritik der reinen Vernunft«, die das Individuum als bewegende Kraft gesellschaftlichen Fortschritts begreift, den autonomen Menschen, der kraft seiner Vernunft und seines freien Willens vernünftige Gesetze schafft; dessen Erkenntnis gipfelt in der »Vernunftidee einer friedlichen, durchgängigen Gemeinschaft aller Völker auf Erden« – einer Weltrepublik.

In diesem Sinne sah der Kriegsheimkehrer Ossietzky seine Mission in der Novemberrevolution als Wegbereiter einer »neuen Reformation«, einer »Durchsetzung der Köpfe mit neuem Geist«.[19]

Von den Barrikadenkämpfen hielt er sich fern; die radikalen Kämpfer für ein Rätesystem nach sowjetischem Vorbild waren für ihn typische Vertreter deutsch-preußischen Untertanengeistes, die nie eine wahre Revolution wie die französische kennengelernt hatten, die immer nur eine alte Diktatur durch eine neue ersetzen konnten.

Revolution – das war für Ossietzky kein gewaltsamer Umsturz, sondern Ausgangspunkt für eine Evolution, in der Menschen und Dinge reifen können für die Republik, für den Sozialismus auch, den der Dreißigjährige nur en passant erwähnt, als selbstverständliche Voraussetzung für Freiheit, Gleichheit, Gerechtigkeit und Brüderlichkeit.

Republik – das war für Ossietzky ein Freiraum, der Zeit läßt für Ideen und Erkenntnisse, für die Emanzipation des einzelnen. Die Gedanken der anarchistischen Intellektuellen der Nachkriegsjahre klingen an, wenn er das herrschaftslose Zusammenleben von Menschen ohne politische Zwänge beschwört, das Chaos der Schwachen und Suchenden, in dem die menschliche Vernunft schließlich zu einer neuen Gesellschaftsordnung führt.

Während er und viele andere naiv von ihrer idealen Republik schwärmten, besetzten Weltkriegsgeneräle, Bürokraten und Wirtschaftsherren die realen Machtpositionen im Land. Die sogenannten demokratischen Parteien, auch die SPD, sahen zu, machten mit. Opportunismus galt allzuoft als Realismus, Feigheit als Vernunft, Lüge als Staatskunst und Machtgier als Verantwortungsbereitschaft.

Die Realpolitik rollte hinweg über die Ideale von 1918/19; und jene, die dafür kämpften, räumte sie aus dem Weg: Kurt Eisner erschossen, Ernst Toller und Felix Fechenbach im Gefängnis, Rosa Luxemburg und Karl Liebknecht ermordet ... Es komme nicht darauf an, die Welt zu erklären, sondern sie zu verändern – nach der gescheiterten Novemberrevolution und den ersten Jahren einer Republik, die sich aufgab, bevor sie angefangen hatte zu leben, berief sich Ossietzky auf das alte Marxwort. Er trennte sich von den Monisten, auch von der organisierten Friedensbewegung. Das seien reine Intellektuellengruppen, in denen man immer nur rede, rede und rede.

Politik wollte er machen und gründete zusammen mit anderen linksbürgerlichen Unabhängigen die »Nie-wieder-Krieg!«-Bewegung, die einzige massenwirksame Pazifisten-Initiative der Weimarer Zeit, an der sich auch die Arbeiterschaft beteiligte.

Es kam die Zeit trügerischer Ruhe, als die kapitalistische Nachkriegswirtschaft sich für eine Weile erholen konnte, als die Menschen, des Kämpfens müde, sich einrichten wollten in der Republik, die ihnen gleichgültig geworden war.

Die »Nie-wieder-Krieg!«-Bewegung ging unter, auch Ossietzkys Republikanische Partei, mit der er die bürgerlichen Freiheitsideen von 1848 in die politische Wirklichkeit tragen wollte. Gegen die großen, etablierten Parteien hatte sie keine Chance. Im Namen der Realpolitik wurde sie von vielen nicht unterstützt, die ihr innerlich nahestanden. Aber vielleicht hätten die neuen Republikaner einen längeren Atem bewahren müssen nach der ersten Wahlniederlage 1924. Ossietzky nannte sich in jener Zeit »unglücklich verliebt« in eine Fata Morgana. Er war und blieb Republikaner, Republikaner ohne Republik.

In der Fensternische der linken intellektuellen Außenseiter der Weimarer Zeit, illusionslos, ließ er fortan die politische Entwicklung an sich vorbeiziehen, beobachtete, analysierte, kritisierte.

Als Unabhängiger wollte er die Realpolitiker aus den großen Parteien »anspornen«, im Sinne der ursprünglichen republikanischen Idee zu handeln. Die warfen ihm und seiner Zeitschrift dafür Verantwortungslosigkeit, Wirklichkeitsferne, ja Destruktivität vor. Damals wie heute.

Der Außenseiter Ossietzky war bei aller Kritik an SPD und KPD davon überzeugt: Nur die beiden großen Arbeiterparteien gemeinsam könnten die Republik retten und zu neuem Leben wecken. Eine parteipolitische Heimat fand er indessen nie.

Sein Biograph Bruno Frei, der ihn ausdrücklich »parteilich«, vom »Standpunkt der Arbeiterklasse« als fortschrittlichste gesellschaftliche Kraft beurteilt[20], kommt dennoch zu dem Schluß: Ossietzky habe sich nach langem »Tappen im Nebel«[21] der Arbeiterklasse und der Wahrheit der Kommunisten genähert. Er habe in den letzten Monaten der Republik an der Schwelle der Erkenntnis gestanden, weiß auch der Filmkritiker Béla Balász zu berichten. An der Schwelle der Erkenntnis, daß nur ein sozialistisches Land wie die Sowjetunion wahrhafte Demokratie ermögliche. Wie ein schüchtern-verliebtes Mädchen habe der Weltbühnenleiter ihm bei einer ihrer letzten Begegnungen gegenübergesessen und gefragt, was denn die Kommunisten von ihm dächten. Und er habe Balász Raum für einen kritischen Artikel gegen die »unentschlossenen Intellektuellen« à la Kurt Hiller und Kurt Tucholsky gegeben. Auf seine ursprünglich geplante Erwiderung habe er verzichtet und leicht errötend gestanden: Er wüßte keine Einwände von Bedeutung mehr. Ob dieses Erröten wirklich Verliebtheit in den Kommunismus bedeutete? Balász jedenfalls interpretierte die Situation, wie er sie wahrhaben wollte: »Daß Carl von Ossietzky nur bis an die Schwelle kam, daran sind seine Mörder schuld.«[22]

In diesem Sinne deutet der Schriftsteller und Weltbühnenmitarbeiter Franz Leschnitzer auch Ossietzkys letzte Rede vor dem Schutzverband deutscher Schriftsteller im Februar 1933. Da soll er seinen Kampf gegen Links bedauert und sich zum »roten Banner des geeinten Sozialismus« bekannt haben.[23] Ossietzky in der Endzeit der Republik fühlte sich wie einst Heine hin und her gerissen zwischen Hoffnung und Furcht: Hoffnung, daß die Arbeiterbewegung Ernst machen könne mit Freiheit, Gleichheit und Brüderlichkeit; Furcht, daß der Kommunismus die demokratischen Ideale – und die schönen Künste des Bürgertums überrollen würde wie einst die bürgerliche Realpolitik.

Sein Verstand erkenne, daß die Zukunft dem Kommunismus gehöre, hatte Heine in seinem Vermächtnis, dem Vorwort zur französischen »Lutetia« erklärt. Aber sein Herz, *ja sein Herz,* schlage für die Demokratie. Nahm Abschied mit den Versen:

»Enfant perdu«:
Ein Posten ist vacant! – Die Wunden klaffen –
der eine fällt, die andern rücken nach –
Doch fall ich unbesiegt, und meine Waffen
sind nicht gebrochen – nur mein Herze brach.

Knapp achtzig Jahre später machte sich Ossietzky keine Illusionen über die »historische Mission« der kommunistischen und sozialistischen Arbeiterbewegung mehr und über ihre sogenannte Wahrheiten. In jener Rede, die Leschnitzer so eigenwillig interpretiert, drehte er das Heine-Wort um, sagte, daß sein Verstand sich noch immer zu der heute so verschmähten Demokratie bekenne, während sein Herz unwiderstehlich dem Zuge der proletarischen Massen folge, »nicht dem in Doktrinen eingekapselten Endziel, sondern dem lebendigen Fleisch und Blut der Arbeiterbewegung, ihren Menschen, ihren nach Gerechtigkeit brennenden Seelen.«[24]

Und heute?

Was würde Ossietzky von jenen kommunistischen Parteien halten, die Oppositionelle in den eigenen Reihen schlechthin zu Klassenfeinden erklären, sie einsperren oder ausschließen? Wie Peter Maiwald, den Dichter des oben zitierten Gedichts, weil er eine offene, auch kontroverse Debatte zwischen Kommunisten und unabhängigen Linken versuchte.

Und wenn Ossietzky noch lebte?

»Gibt es schon einmal zufällig keinen Krieg, so muß man sich eben anderweitig Übung verschaffen«, kommentierte er 1925 einen militärischen Giftgasversuch mit Robben in Nordengland – das war für ihn Ausdruck des lebensbedrohlichen Mißbrauchs von Wissenschaft und Technik gegen die Natur, gegen den Frieden: »zu töten, zu töten, zu töten«.[25] Und er schrieb gegen industrielle Neuerungen um jeden Preis, die den Arbeitsprozeß effektiver, aber auch kräftezehrender und geisttötender machen. Seine Forderung: »Wir müssen die Wissenschaft wieder menschlich machen!«[26] hätte ihn vielleicht verbunden mit der Ökologie- und Friedensbewegung. Ihre basisdemokratischen Prinzipien hätten ihn, den kompromißlosen Verfechter der individuellen Freiheitsrechte, vielleicht fasziniert, hätten seinen Glauben an den Menschen als mündigen Bürger im Geiste der Revolution von 1848 bestärkt. Aber wie würde er auf die Machtkämpfe in ihren Organisationen reagieren, wie auf die kleinkarierten Richtungsstreitigkeiten, in denen es oft nur um Eitelkeiten und um persönliche Macht geht? Die ähneln doch jenen, die ihn damals an Organisationen abstießen.

Ossietzky heute – vielleicht wäre er wieder ein Suchender und ein Rufer in der Not, nach der Einheitsfront derer, die den menschenverachtenden Mißbrauch der Wissenschaft, eine atomare Katastrophe verhindern wollen ... vielleicht.

»Wir müssen die Wissenschaft wieder menschlich machen«, fordert 1919 Carl von Ossietzky und spielte damit auf die sogenannten objektiven Fachwissenschaften an, die sich bereitwillig in den Dienst einer autoritären Staatsführung und eines unmenschlichen Krieges gestellt hatten.

Das kalte Fachwissen könne immer nur Instrumt sein, meinte er: Instrument der »suchenden Seele«.[27]

In diesem Sinne schrieb er gegen die konservativen Historiker seiner Zeit, die der engagierten politisch-historischen Literatur vorwarfen, barbarisch und dilettantisch in die hehre Geschichtswissenschaft einzubrechen, außer: Sie verhimmle Bismarck und das Kaiserreich. Das »Geheimnis« der Historiker sei die Quellenkunde, in puncto Gegenwart glänzten sie durch »Fehlanzeige«. Interessant sei ihr Geschriebenes nur im eigenen erlauchten Kreis. »Jede Wissenschaft, die nicht mehr ganz frisch ist, hüllt sich gern in einen geheimnisvollen Dunst. Sie schafft immer eine Region um sich, nur dem Eingeweihten zugänglich, die sich nicht dem hellen forschenden Geist, sondern nur dem geduldigen Sitzleder erschließt.«[28]

Für Ossietzky gehörten Fühlen und analysierendes Schreiben zusammen. Bereits ganz am Anfang seiner journalistischen Laufbahn sagte er sich los vom temperamentlosen Objektivismus, auch von Formspielereien ohne ernsthaften Inhalt, wie sie unter Intellektuellen und Künstlern in Mode waren. Und verabscheute »glatten Spott und selbstverständliche Überheblichkeit«. Es genügte ihm nicht, »hin und wieder einen Blick durchs Teleskop zu tun und dann von dem Gesehenen Bericht zu geben«.[29] Er beurteilte die Dinge ganz subjektiv, und zwar ausdrücklich und mit Absicht. Niemals vertrat er jenen Anspruch auf eine sogenannte Objektivität. Jeder, der schreiben wolle, müsse den Stolz bewahren auf seinen eigenen einzigartigen Stil, getragen von der inneren Überzeugung.

Wer einmal angefangen hat, Ossietzky zu lesen, kommt nicht so leicht davon los. Man erfährt in seinen Artikeln über längst Vergangenes und spürt doch die Gegenwart. Das liegt nicht so sehr an den verblüffend aktuellen Analogien: Kommunistengesetz – Berufsverbot, Nie wieder Krieg! – Friedensbewegung, die sich immer wieder aufdrängen. Es ist die politische Sehnsucht, die jeden seiner Artikel, jedes Wort, durchweht und die berührt. Sie berührt geschichtliche Wirklichkeit und persönliche Träume zugleich.

Bei Ossietzky kann man Geschichte in ganz knappen, klaren, melodisch schwingenden Sätzen dahinlesen, gleichsam hineingetragen werden in das Verständnis politisch-wirtschaftlicher Zusammenhänge, und zwar mit Kopf und Herz – Zorn, Hoffnung und Enttäuschung der Menschen der Weimarer Zeit werden lebendig, weil er die Gefühle der Menschen und ihre Sprache einflicht in oft geschliffene Kunstwerke, die simpel Leitartikel heißen.

Derb-Beleidigendes steht neben Besinnlich-Traurigem oder Überschwenglich-Freudigem; plötzliche Wortfeuerwerke erregen in schlichten Sätzen – begeistern oder empören.

Witz, Zynismus, Salopperie und Ironie machen das Unerträgliche erträglich – Komik und Trauer, Lachen und Weinen ganz nahe beieinander; sein Pathos wirkt selten kitschig, weil sich Überzeugung dahinter verbirgt; er erfindet herrliche neue Wörter, hinter knappen Metaphern tun sich große, bunte Bilder auf, wenn man genügend Phantasie hat und ein wenig weiß von Literatur, Kunst, Theater, Zirkus und Jahrmarksgaukelei.

Für Ossietzky war die Wahrheit immer relativ. Deshalb kann ihn heute keiner als Zeugen historischer Wahrheiten benutzen, dazu änderte er seine Ansichten zu oft, manchmal irrte er auch – wie jeder, der sich ehrlich um die Wahrheit müht und nicht nur ein ideologisches Korsett sucht.

Ich wollte Ossietzky nicht durch meine weltanschauliche Brille betrachten, sondern ihn aus sich selbst heraus erklären. Dabei soll kein Mythos entstehen. Es geht um den Menschen mit seinen Idealen und Illusionen, mit seinen Erkenntnissen und Irrtümern, mit seinem Mut und seiner Schwäche, mit seiner Selbstlosigkeit und seiner Eitelkeit.

Schließt solche Sichtweise einer Biographie Wissenschaftlichkeit aus? Nicht, wenn das Persönliche Bestandteil der Wirklichkeit ist und auf sie einwirkt.

Briefe, Jugendgedichte, Skizzen, unveröffentlichte Manuskripte und bisher unbekannte Ossietzky-Artikel sind Grundlage der Biographie. Erstmals wurde der persönliche Nachlaß Carl und Maud von Ossietzkys ausgewertet, der in allen seinen bisherigen politischen Biographien unberücksichtigt blieb. Vielleicht, weil er allzu privat erscheint.

Ich danke Rosalinde von Ossietzky-Palm, die mir den Nachlaß ihrer Eltern so großzügig für dieses Buch zur Verfügung gestellt hat, die mir Tage und Wochen geschenkt hat, um mit mir zu sprechen, um mir ihre Eltern verständlicher zu machen. Sie hat selbst ein Portrait ihrer Mutter gezeichnet, das hier veröffentlicht wird. Mein Dank gilt auch Rudolf Arnheim, Erich Lüth, Axel Eggebrecht, Robert M. W. Kempner und allen anderen politischen Weggefährten Ossietzkys, die mir geholfen haben.

1

»Ich hatte einmal eine heiße Sehnsucht zur Kunst«

Kindheit und Jugend im Schatten des Michel

Lasse dir nie vom kalten Verstand
die Lust zum Träumen rauben,
du darfst an dein luftiges Sehnsuchtsland
mit freudigem Herzen glauben.[1]

Siebzehn Jahre ist Ossietzky alt, als er diese schwärmerischen Zeilen schreibt. Sein Sehnsuchtsland ist die ideale Welt der Künstler. Dorthin flieht er vor »Zweispalt, Zänkerei, Klatsch«, vor einem Zuhause, das er als »drückend und beengt« empfindet. Und aus seiner Einsamkeit.[2] Dichter will er sein wie viele seiner Altersgenossen, die Fluchtwege aus dem grauen Familienalltag der kaiserlich-bürgerlichen Gesellschaft suchen. Doch der Traum von einer anderen Welt hat noch keine Konturen. Nur anders soll sie sein als die, in der er lebt.

Seine Eltern sind einfache Leute, deren Familien im ausgehenden neunzehnten Jahrhundert von Oberschlesien nach Hamburg übergesiedelt sind, um sich dort eine neue Existenz aufzubauen. Der Vater, Carl Ignatius von Ossietzky, arbeitet als Stenotypist in der Anwaltspraxis des Senators und späteren Bürgermeisters Dr. Max Predöhl. Nebenbei betreibt er eine »Milchhalle und Speisewirthschaft« im hafennahen »Gängeviertel«. Dort, im Schatten der Michaeliskirche, leben die Ärmsten der Armen, Hafenarbeiter, Emigranten. Dort wohnt Ignatius mit seiner Familie. Er entstammt dem katholischen polnischen Kleinbürgertum und sorgt dafür, daß auch sein einziger Sohn katholisch getauft wird. Die Mutter Rosalie, ein ehemaliges Dienstmädchen, ist und bleibt evangelisch.

1891 stirbt der Familienvater, als Carl gerade zwei Jahre alt ist. Rosalie führt allein die »Speisewirthschaft« ihres Mannes weiter. Ihr Kind überläßt sie der Schwägerin Marie von Ossietzky, einer Putzmacherin und Damenschneiderin. Die gilt als strenggläubige Katholikin. Sie habe ihren Neffen zum Priester erziehen wollen, erzählt die Familienlegende. Er ist widerspenstig und wirbt doch mit zärtlichen Kinderversen um ihre Liebe:

... und that ich oft mit leichtem
Sinn nicht immer, was ich sollte,
so nimm den guten Willen hin,
der nie dich kränken wollte.[3]

Ein einsamer kleiner Junge, der unter den hohlen, spießbürgerlichen Konventionen seiner Umwelt leidet.

Der Teufel, der allmächtige Erzieher in vielen katholischen Familien, ist sein täglicher Begleiter – nicht Gott, »Satan ist der Herr der Erde«, grollt er in einem Jugendgedicht.[4]

Vom siebten Lebensjahr an muß er Tag für Tag vom proletarischen ins bürgerliche Hamburg wandern. Seine Mutter will, daß er »etwas Besseres« wird und läßt ihn die private Rumbaumsche Mittelschule besuchen. Als Katholik aus dem »Gängeviertel« ist er Außenseiter unter Schülern, die zumeist aus wohlsituierten Hamburger protestantischen Bürgerfamilien stammen. Auf dem Schulhof verfolgen sie ihn – und er wehrt sich nicht. Schüchtern und gehemmt ist er unter der harten Hand seiner Tante geworden. Aber niemals denunziert er seine Quälgeister bei den Lehrern.[5]

Fünf Jahre später heiratet Rosalie einen Sozialdemokraten, den Bildhauer Gustav Walther. Der gewinnt seinen Stiefsohn schnell lieb, nimmt ihn mit zu Parteiveranstaltungen und macht ihn mit den Ideen der sozialdemokratischen Arbeiterbewegung vertraut. Die Mutter holt den Zwölfjährigen bald nach der Hochzeit zu sich und läßt ihn ohne Rücksicht auf seine katholische Erziehung konfirmieren.

Die kleinbürgerlich-engen Verhältnisse in seinem Elternhaus sind ihm unerträglich. Carls Mutter gilt als »überaus willensstarke« Person, die ihn »beherrscht und unterdrückt«.[6] Er hat ihr später vorgeworfen, seine »Jugend vergiftet« zu haben[7], und gedichtet:

Als ich einst war ein Bürschchen klein,
Juchheissa! bei Wind und bei Regen!
Da mußt' ich ein närrisch' Spielzeug sein;
Ach, alle Tage gibt's Regen![8]

Rosalie will, daß er das Einjährige macht und Beamter mit sicherer Lebensstellung und Pensionsanspruch wird. Doch der Wunsch geht nicht in Erfüllung, ihr Sohn ist ein schlechter Schüler. Die stumpfsinnige Paukerei der Naturwissenschaften an Kaiser Wilhelms Realschule wird ihm zur Qual. Der Schuljunge jener Zeit sei ein »geduldiges Requisit, das man von oben bis unten mit Vokabeln, Geschichtszahlen und Logarithmen« vollgestopft habe[9], hat er Jahre später geschrieben. Christliche und staatsbürgerliche Erziehung zu Duldsamkeit und Gehorsam wecken seinen Widerstand; es kommt zu Streitigkeiten mit kaisertreuen Lehrern, und bei manchem fällt er in Ungnade.[10]

»Man gab uns der guten Lehren genug, wir wurden des Lernens nie froh«, so kommentiert er als Einundzwanzigjähriger seine Schulzeit.[11]

Und viel später, im April 1932, liefert Carl von Ossietzky sein geliebtes »Baby«, die zwölfjährige Tochter Rosalinde, in einer der wenigen Reformschulen der Weimarer Zeit ab, in der Odenwaldschule. Sie soll nicht darunter leiden, daß ihr

Vater als angeblicher »Landesverräter« ins Gefängnis muß – sie soll in einer »freien liebenswürdigen Umgebung« aufwachsen. Dort erlebt er, wie die älteren Schüler ihn freudig begrüßen und mit ihm über seine politische Meinung diskutieren. Dort sieht er, wie Rosalinde sofort von den anderen Kindern aufgenommen wird und mit ihnen zu spielen beginnt, unbefangen und glücklich. Die Odenwaldschule erscheint ihm als Erfüllung eigener Träume von einer freien Erziehung. »Hier ist genau das verwirklicht, was wir wohl oft gewünscht und niemals gehabt haben. Das ist keine Schule im alten Sinne, sondern eine Kinderrepublik«, schreibt er voll Begeisterung an seine Frau.[12]

Als Junge empfindet er den konfessionellen Religionsunterricht als religiöse Erziehung zu preußischem Untertanengeist. Die evangelische Kirche sei zuerst und vor allem geistiges Herrschaftsinstrument des Staates, schreibt er später: »Evangelisch kirchlich sein bedeutet – von wenigen tapferen Ausnahmen abgesehen – monarchistisch sein, alldeutsch sein, militaristisch sein.«[13]

Der Zwang konfessionell-religiöser Erziehung bewirkt das Gegenteil von kirchlicher Religiosität. Bereits in jungen Jahren wird Ossietzky Freidenker, Monist und tritt fortan enthusiastisch für ein konfessionsloses Schulwesen ein. »Die freie, weltliche Schule« wird für ihn zum ersten Schritt im »großen Emanzipationskampfe« der Menschheit: »Wenn die Seele der Jugend nicht mehr reaktionär infiziert wird, wenn keine Knechte mehr erzogen werden«, erst dann könnten die Menschen frei und glücklich leben.[14]

In einem sarkastischen »Glaubensbekenntnis« rechnet der Neunzehnjährige mit der Verlogenheit christlicher Ethik ab, wie er sie erfahren hat: Sie solle den Stolz der Menschen brechen und ihre Sehnsucht nach irdischem Glück zerstören. Sie vertröste auf den Himmel, um von den Ungerechtigkeiten der Erde abzulenken. Dabei habe sie ein »Janusgesicht«: Den Armen verderbe sie alle Lebensfreude mit spießigen Moralgesetzen; den Reichen gewähre sie das Paradies bereits zu Lebzeiten.[15]

Ossietzky lehnt nur die kirchliche Religiosität ab, nicht das Christentum selbst.[16] Das sei dem uralten Traum der Menschheit nach »Frieden auf Erden« entsprungen, und erst die Amtskirche habe es zu einer Unterdrückungsideologie pervertiert.

Es bleibt die Achtung vor Luther, an dessen grünspaniger Statue am Fuße des Michels er oft emporgeschaut haben mag, der das Recht der freien Persönlichkeit gegen die höchste kirchliche Autorität verteidigt und dem geschriebenen Wort getrotzt hat, es bleibt auch der Zorn über den Verrat des Reformators am deutschen Bauernkrieg und seine Kollaboration mit den Fürsten.

In späteren Artikeln hat er sich wieder und wieder mit Luther auseinandergesetzt. Zeitlebens hat er vorgehabt, ein Luther-Buch zu schreiben.[17]

Seine religiöse Erziehung, so sehr er sich auch von ihr distanziert, bleibt prägend für Ossietzkys Gesellschaftsideal. Es sind die Grundsätze des Evangeliums und seine Friedenslehre, die er nach dem Ersten Weltkrieg und nach der gescheiterten Novemberrevolution beschwört:

»Noch leuchtet über dieser Welt nicht der Stern von Bethlehem.« Überall gebe es Menschen, die Christus folgen wollten, aber im Diesseits. »Es soll kein Mensch auf Erden mehr hungern, es soll kein Mensch auf Erden mehr die Waffen gegen den anderen richten! So lebt die alte Christenbotschaft fort«[18] – auch in dem Monisten Carl von Ossietzky, der das »Paradies« der Christen bereits auf Erden will, für alle Menschen.[19]

Der junge Carl von Ossietzky flüchtet sich in eine künstlich-künstlerische Traumwelt, schwänzt die Schule, versteckt sich irgendwo an der Alster – liest Schiller, Goethe und Hölderlin.[20]

Einmal verläßt er fünf Tage hintereinander pünktlich das Haus und kommt zur gewohnten Zeit zurück. In der Zwischenzeit verkriecht er sich mit einem Hölderlin-Band in seinem Unterschlupf, bis ein Polizist der Träumerei ein Ende macht.[21]

Er schreibt Gedichte über Liebe, Erotik, Frühling und Freiheit. Doch sein Sehnsuchtsland bleibt unerreichbar, bei den Sternen, die er immer wieder andichtet. Solche Phantastereien gehen auf Kosten der Schulleistungen: Mangelhaft, bestenfalls genügend sind seine Noten in den naturwissenschaftlichen Fächern, auch im Deutschen. Nur in Geschichte und Religion bringt er es zu guten Zensuren.[22]

Ossietzky schafft das Einjährige nicht. Der Besuch einer Paukschule, »Presse« genannt, in der ihm binnen weniger Monate aller Unterrichtsstoff eingebleut werden soll, bleibt ohne Erfolg. Der Achtzehnjährige wird jäh aus seinen Träumen gerissen: Er soll nun seinen Lebensunterhalt selbst verdienen. Ohne Schulabschluß hat er keine große Wahl: Büroangestellter muß er werden wie einst sein Vater. Und er schreibt sich seine Enttäuschung von der Seele: »Die Geschichte der Begabungen ist die Geschichte der schlechten Schüler und der verlotterten Studenten«, hat er 1925 in einer Polemik gegen den Standesdünkel deutscher Professoren geschrieben und Heinrich Heine, den bummelnden Juristen, als Beispiel genannt. »Gleicht nicht der Weg eines jungen Menschen zuzeiten dem Ritt übern Bodensee? Er träumt vor sich hin, Melodien im Kopf, nicht Thesen und Formeln und Paragraphen ...«[23]

1907 bewirbt sich Ossietzky bei der Hamburger Justizbehörde – und wird abgelehnt. Erst auf Fürsprache Senator Predöhls wird er zur Einstellungsprüfung zugelassen und besteht mit »genügendem, fast gutem« Ergebnis.

Nach einjähriger Wartezeit wird er »Hilfsschreiber« bei der Justiz und wagt sich noch einmal an das Einjährige. Ein halbes Jahr lang besucht er Abend für Abend einen Schnellkurs.[25] Die geistlose Lernerei ist ihm ebenso ein Greuel wie die mechanische Schreiberei bei der Behörde. Auf seine Mitarbeiter wirkt er schüchtern, nervös, zerfahren – kurz: ein bißchen komisch. Man habe ihm angemerkt, daß er kein richtiges Zuhause hatte, erinnert sich die Schwester eines Kollegen: » ... alte Tanten haben ihn erzogen«.[25] Ossietzky schreibt sich seinen Katzenjammer von der Seele:

Die ganze Welt, sie starrt mich an,
ein ausgebrannter Krater,
die junge Welt, sie gähnt mich an,
ein riesenhafter Kater.[26]

Viel Geld verdient er nicht, muß weiterhin bei seiner Mutter leben. Und er hängt seinen Träumen von einer großen Zukunft nach. Ein Ossietzky müsse etwas Besonderes leisten, glaubt er. Stets trägt er den Wappenring derer von Ossietzky, in den ein Schwert mit einem abnehmenden und einem zunehmenden Mond eingraviert ist. Das bedeutet für ihn: Ein Ossietzky ist bei jedem Mondwechsel kampfbereit; ein Ossietzky läuft niemals davon.

Carl von Ossietzky liebt Familienlegenden.

Den Adelstitel soll ein Ahnherr errungen haben, der als Lanzenreiter beim großen Kurfürsten diente: Er und sein ganzes Regiment erhielten das »von« anstatt des Soldes, als die Kriegskasse einmal leer war.

Besonders gerne erzählt Carl von Ossietzky vom angeblichen Schicksal seines Vorfahren Johann aus der Metternichzeit. Der polnische Ingenieur und Journalist habe eine Zeitschrift »Fortschritt« für die nationale Unabhängigkeit Polens herausgegeben, bis man ihn verhaftet und in den Kerker geworfen habe. Er habe Rang, Titel, Vermögen – alles verloren. Ein anderer Ossietzky aus Wien soll sämtliche Festungen der Stadt aus Kork rekonstruiert und sie auf der ersten Weltausstellung in Paris gezeigt haben.[27]

Er, der »kleine Herr von Ossietzky«, würde sich »um keinen revolutionären Preis der Welt« von seinem Adelstitel trennen, hat er 1931 selbstironisch geschrieben.[28]

1907 schließt Ossietzky zum ersten Mal Freundschaft mit einem Gleichaltrigen, einem Seelenverwandten: Ludwig Tügel, der spätere Schriftsteller, der sich gleich ihm im Abendkurs für das »Einjährige« plagt. Gemeinsam flüchten die Freunde aus dem grauen Alltag in die höheren Sphären der schönen Künste. Sie besuchen Konzerte und Theateraufführungen.[29]

Ihr Treffpunkt ist Carls Jugendzimmer im Hause seiner Eltern. Ein Totenkopf und ein strengblickendes Napoleon-I.-Portrait sind der einzige Schmuck in dem kleinen Raum. Abends treibt es sie in »Leons Atelier«, wo sie »phantastische Träume in karge Realitäten« umsetzen und ein bißchen Bohemien spielen.[30] Ossietzky fühlt nihilistisch. Tügel schreibt über ihn ins Tagebuch: »Was leidet Ossietzky? Kann es für ihn noch eine rechte Freude geben?« Er glaube an nichts »Festes, Bestimmbares« mehr – eine Weltanschauung, die sich auf seinen Körper übertragen habe und ein ständiges Schwindelgefühl bewirke.[31]

Ossietzky hängt seinen Träumen nach. Aber dann erscheint *sie* in »Leons Atelier« – er nennt sie Lucrezia[32], die Strahlende, nach jener Papsttochter und Femme fatale der italienischen Renaissance, die weibliche Sinnlichkeit und Macht verkörpert – eine typische weibliche Kunstfigur – meint: Wunschfigur des bürgerlichen Mannes – des 19. Jahrhunderts. Sie ist Schauspielerin im Hamburger Stadttheater und spielt dort eine »kokette, unwahrscheinliche junge Maria Stuart«.[33] Fortan gibt es für Ossietzky nur noch dieses Mädchen. Er widmet ihr Unmengen schwärmerischer Gedichte voll erotischer Sehnsucht. Sie zu erobern, wird sein größtes und einziges Ziel:

Wichtig schien mir einst das Streben
nach dem Menschheitsideal.
Doch seit ich dich sah mein Leben,
scheint mir dieses recht banal ...

Noch in der Nacht der ersten Begegnung beginnt er ein Drama »Lucrezia Borgia«, in dem die Angebetete die Hauptrolle spielen soll. Es unterscheidet sich von seinen Vorlagen um eine Nuance: Die Unmoralische verführt den reformischen Bußprediger und Dominikanermönch Savonarola in der Nacht vor seiner Hinrichtung in seiner Zelle. Aber sie wird durch die Liebe zu ihrem edlen Gatten geläutert. Ossietzky unterzeichnet die Skizze romantisch mit »Ritter Toggenburg«, und einmal rezitiert er im Atelier daraus. Lucrezia läßt sich herab, eine Szene zu sprechen. Später bringt er sie nach Hause. Über seine schüchternen, unbeholfenen Annäherungsversuche lacht sie nur. Umarmen darf er die schöne Strahlende allerdings nie, sie bleibt unerreichbar, bei den Sternen.[34]

Die erste große Liebe verschwindet nach Amerika und will Karriere machen.

Traum oder Wirklichkeit? Unter der Rubrik Glossen in der Wochenzeitschrift »Tagebuch« hat er 17 Jahre später die Wiederbegegnung mit ihr in einem schäbigen Berliner Kabarett geschildert: »entkleideter, als ich jemals meine Lucrezia in meinen wildesten Träumen mir vorgestellt« habe, mit dem typischen, maskenhaften, grell-geschminkten Chansonetten-Gesicht. Sie erkennt ihn nicht, bietet ihm aber ihre – inzwischen käufliche – Liebe an.

Draußen der Lärm des erwachenden Berlin: ein einziges, »langgezogenes, klagendes Nevermore ...«.[35]

Der junge Ossietzky, von unerfüllten Sehnsüchten gequält, macht die verlogene Moral der Spießbürger und der Kirche für die eigene Verklemmtheit und für die Unerreichbarkeit der Frau verantwortlich. Die käufliche Liebe würden sie zulassen, nachdem sie die echte zerstört hätten. Dumpfer Groll spricht aus Versen, die er gegen die Moralisten richtet:

In harter Gedanken
beengende Schranken
wollt ihr uns zwängen
– man sollte euch hängen.[36]

17 Jahre später denkt Ossietzky über die sexuelle Erziehung der deutschen Männer nach: In Deutschland gäbe es keine »erotische Kultur«, statt dessen Flegeltum und männliches Gehabe. »Wer sich auf Frauen versteht, gilt als verweichlicht, als unmännlich.« Sexualität lerne der Jüngling nur in Form von Zoten oder Biologieunterricht über den

»Geschlechtsverkehr« kennen – ein schreckliches Wort, »wie von einem Eisenbahninspektor erfunden«. Das »Ritual der Kneipe« und die »Taxe der Prostitution« bestimme die Annäherung an ein weibliches Wesen. Deshalb ende die Begegnung mit einer wirklich geliebten Frau meistens kläglich: »Hier ist das Wesen, um das man jubelt oder zittert ..., um das man sich bekümmern muß auf jeden Fall, an das man sich verlieren kann. Da beginnt für die Pseudo-Männlichkeit die Zone der Unsicherheit. Es fehlt nicht nur an den äußeren Manieren, mehr noch an der Artigkeit der Seele. Enttäuscht und verkatert flieht der Unbeholfene in seine Männergesellschaft zurück.«[37]

Ossietzky hat zeitlebens den lustfeindlichen Puritanismus der spießbürgerlich-kirchlichen Erziehung gehaßt, und er hat auch jenes »Neubabylon« der »freien Berliner Liebe« der »goldenen zwanziger Jahre« beklagt, das Sexualität zu einem bloßen Bedürfnis wie Essen und Trinken degradieren will und nur das nackte Fleisch kennt. Das habe mit Erotik nichts zu tun, das sei einfach »nicht appetitlich«.[38]

Erotisch? Erotisch sei die Marlene Dietrich – die Femme fatale? – mit ihrem »herrlich lasziven Gesicht«, diese überschlanke, elegante Gestalt mit den unglaublichen Strumpfbändern.[39]

Der Träumer wird kein drittes Mal zum Examen zugelassen. Eine schlimme Niederlage für ihn, der sich als verkannter Dichter fühlt. Die eintönige Schreibarbeit geht ihm nur schwer von der Hand. Die Bewertung durch seine Vorgesetzten fällt entsprechend aus: »Wenig befähigt«, die Handschrift lasse zu wünschen übrig.[40] Erst als Entlassung droht, erfüllt Ossietzky wenigstens sein Mindestpensum im Büro, und die Zeugnisse werden besser: »Ist für den Bürodienst recht gut befähigt und kann mit jeder Arbeit betraut werden.« Man bescheinigt ihm »Verwendbarkeit, Fleiß« und »tadellose Führung.«[41] Er avanciert vom Hilfsschreiber zum Angestellten im Grundbuchamt. Endlich ist auch die Mutter zufrieden mit ihm, er aber dichtet unter der Überschrift »Was wir sind«:

Staub, vom Sturme aufgewirbelt,
Blätter, die im Wind verwehn,
aufgezogne Gliederpuppen,
die sich steif im Tanze drehn.
Puppen, die im Takte tanzen,
Gleiches, Gleiches immer wieder ...[42]

Freiheit, die er in der wirklichen Welt nicht findet, die er gleich seinen Vorbildern Schiller und Hölderlin in der schönen Welt der Künste sucht: »Auf zum Kampfe mit der schlechten Welt! Die Menschen haben sie zu einem Sumpf gemacht; so macht euch Flügel! Schwebt darüber hin.«[43]

Dichter will er sein, »seine Phantasie durch Himmel und Hölle schicken, um ein Abbild des Lebens zu schaffen, wie es sich in seiner Seele spiegelt«.[44]

Als Neunzehnjähriger möchte er am Beispiel von Lessings Laokoon den Zusammenhang von Kunst und Kritik reflektieren und beschreibt doch vor allem sich selbst, wenn er plötzlich über einen unbekannten jungen Dichter zu sinnieren beginnt: »Er besaß ein unbeschreiblich zartes, poetisches Gefühl, eine Sehnsucht, die er nicht gestalten konnte. Da ging durch sein Schaffen ein unseliger Zwiespalt. Steifes und Ungelenkes sah man und daneben den Versuch zu hohen, kühnen Flügen (...) Versuche folgen auf Versuche, Erfolge sind nicht zu erzielen, und dennoch wirkt der unermüdliche Geist ... Noch wütet im Herzen ein schwerer Kampf, bald, Seele, kämpfe dich durch. Nur Beharrung führt zum Ziel. Durch Kampf zum Sieg. Schon will ein Morgen tagen. Hamburg, den 3. Oktober 1908.«[45]

Ossietzky beginnt ein Doppelleben. Tagsüber ist er der korrekte Angestellte im Grundbuchamt, abends treibt es ihn umher. Alles interessiert ihn. Mal ein Vortrag bei den Freidenkern, dann eine Kundgebung mit der Friedenskämpferin Bertha von Suttner, immer wieder Theateraufführungen, auch Parteiveranstaltungen.[46]

In einem großen, verräucherten Versammlungssaal erlebt er den alten Bebel, steht selbst inmitten vieler tausend Menschen, die sich dicht zusammendrängen, in einem stickigen Raum stundenlang verharren. Er genießt das ungewohnte Gemeinschaftsgefühl: »Arbeiter, Arbeiter ... Und plötzlich bricht ein Orkan von Begeisterung aus ... er (Bebel) spielt auf dem Volk wie auf einem edlen Instrument; er bringt es zum Klingen, er entlockt ihm Liebe und Haß, bittre Seufzer und sternklare Sehnsucht.« Für Ossietzky ist die Begegnung mit dem Arbeiterführer ein rauschhaftes Erlebnis, das er sich bis ins kleinste Detail einprägt.[47]

Fast zwei Jahrzehnte später erzählt er noch von dem großen Arbeiterführer und von den sozialistischen Traditionen der SPD, deren Politiker sich auf Parteitagen inhaltsleere, realpolitische Wortgefechte liefern, die allen revolutionären Elan längst verloren haben. Und keiner ist mehr da, der sie an ihre republikanischen Pflichten erinnert: »Was vergangen, kehrt nicht wieder, aber ging es leuchtend nieder ... Es ist am 14. August 1914 niedergegangen.«[48] Der alte Bebel gewinnt das Herz des jungen Ossietzky für die Arbeiterbewegung und für die Sozialdemokratie, der er sich trotz und wegen aller Kritik immer verbunden fühlen wird, ohne ihr jemals ganz anzugehören.

Parteiorganisationen sind nicht seine Sache. Dort erfährt er zu oft blinde Programmgläubigkeit, Herdengeist und Prinzipienlosigkeit.

Jahre später erinnert er sich »mit Grauen« an einen Jüngling, der auf einer SPD-Versammlung vor dem Kriege die »gewaltige Behauptung« aufgestellt habe, nur wer auf die »materialistische Geschichtsauffassung« schwöre, dürfe sich auch Sozialist nennen. Nachplapperei. Leere Phrasen überall. Aber die Jugend dürfe kein Anhängsel von Parteien werden, ihr Privileg sei die »Hellhörigkeit des Herzens für Recht und Unrecht«: Nur danach solle sie handeln.[49]

Die heiße Anteilnahme für einen jungen Künstler ist es, die Ossietzky 1911 dazu treibt, sich mit einem Leserbrief in der linksliberalen Wochenschrift »Das Freie Volk« an die Öffentlichkeit zu wagen. Bescheiden räumt er in einem Begleitbrief ein, man möge sein »Eingesandt« als Anregung verstehen, bringe der zuständige Redakteur doch gewiß ein »ganz anderes ästhetisches Rüstzeug mit als meine Wenigkeit, die hier lediglich einen Temperamentsausbruch liefert.« In diesem »Temperamentsausbruch«, der Auftakt einer langjährigen Mitarbeit Ossietzkys beim »Freien Volk« ist, attackiert er das »zahlungsfähige Hamburger Bourgeoispublikum«, das die Komödie »Alles um Liebe« des Schriftstellers Herbert Eulenberg im Hamburger Schauspielhaus mit Pauken und Trompeten durchfallen ließ. »Der brutale Stoffhunger triumphierte über die ... Künstlerphantasie.«[50]

Für Ossietzky offenbart sich in diesem Vorfall der »Zwiespalt zwischen Reden und Handeln« der selbstgefälligen Besitzbürger, die allen Meinungsfreiheit versprächen – wenn sie nur nicht selbst kritisiert würden. Eulenberg habe ihnen den Spiegel ihrer Unzulänglichkeiten vorgehalten, deshalb – nicht wegen der zweifellos vorhandenen formalen Schwächen des Stückes – seien sie erbarmungslos über ihn hergefallen, während sie sonst die übelsten Klamotten beklatschten.

Ossietzky weiß jetzt, daß sein Sehnsuchtsland nicht der Staat Utopia im Kopf eines Dichters sein kann, sondern die verwirklichte Demokratie, in der jeder – Künstler wie Kaufmann – frei leben und sich entfalten kann. Das stößt zu Beginn des zwanzigsten Jahrhunderts auf unüberwindliche Grenzen.

Die Blütezeit des Bürgertums ist längst vorbei. Mächtige industrielle Umwälzungen drohen den Menschen zum bloßen Zubehör großer Maschinen zu machen, ohne eigene Identität. Davon ist auch und gerade der Bürger betroffen, als der Ossietzky sich zeitlebens gefühlt hat. Er spürt, daß die rasante Wirtschaftsentwicklung sein bürgerliches Menschheitsideal überrollt. Daß sie keine Muße läßt für Reflexion und Erkenntnis, die allein individuelle Freiheit ermöglichen – Freiheit, gewachsen aus Vernunft. Auch die ökonomische Unabhängigkeit des einzelnen ist verlorengegangen. Der Selbständige vergangener Zeiten ist Arbeiter oder Angestellter geworden, ständig bedroht von Arbeitslosigkeit. Sein Dasein sei zur Hetzjagd geworden, meint Ossietzky. Und: »Wer daran etwas ändern will, der muß die Axt an die Wurzeln dieser ›gottgewollten‹ Ordnung legen.«[51] Gleich Heine glaubt Ossietzky an der Schwelle einer neuen Zeit zu stehen. Aber wie soll sie aussehen? Davon hat er, der Bürger, nur vage Vorstellungen. In späteren Jahren schiebt sich die soziale Frage für ihn mehr und mehr in den Vordergrund. Vorbei sei das Zeitalter der bürgerlichen Einzelkämpfer, der Pioniere, der großen Künstler und Wissenschaftler, schreibt er in einem Aufsatz »Über Helden und Heldentum«, der 1928 in einem Jahrbuch für Jugendliche erscheint. Die eigentlichen Helden der industrialisierten Gesellschaft seien die Arbeiter, die Tag für Tag in den Chemiebetrieben und Bergwerken ihre Gesundheit oder gar ihr Leben aufs Spiel setzten, ohne viel Aufhebens davon zu machen – einfach, um ihr Brot zu verdienen.[52]

Über ihren Existenzen hänge jedoch wie ein Damoklesschwert die Dauerarbeitslosigkeit. Sie verwüste die Seelen, verbreite dumpfe Hoffnungslosigkeit, ja Nihilismus und zeuge von der Inhumanität der bürgerlichen Gesellschaft gegenüber dem Individuum, vom Niedergang ihres Freiheitsideals.

Der junge Ossietzky fühlt sich nicht als Held der Barrikade, schreiben will er für die Welt, nach der er sich sehnt. Wichtig bleibt die Kunst. Nach seiner Heirat mit der Engländerin Maud Hester Lichfield-Wood im Jahre 1913 betreibt er literarische Zirkel in der elterlichen Wohnung, hält Vorträge über Hölderlin, Shaw und Wedekind.[53] Die Resonanz ist groß. Er bessert sein mageres Einkommen mit den Eintrittsgeldern auf,[54] vor allem aber hat er Gelegenheit, seine wahren Fähigkeiten zu entfalten. Er beweist sich und anderen seinen »Intellekt«. Dabei entwickelt sich sein Kunstbegriff weiter, wird politisch.[55]

Eine Betrachtung über »Hölderlin – das ewige Leid des Liebeslebens« gerät zur Polemik gegen die bürgerliche Moral, zum Plädoyer für die Lust des Augenblicks und die sexuelle Ungebundenheit von Mann und Frau, Don Juan,

Nana und Lulu. Die Freiheit sei »natürlich«, das Moralgesetz durch die Verhältnisse erpreßt.[56]

Ein Vortragsmanuskript über »Shaw und Wedekind« umreißt die politische Aufgabe der Künstler seiner eigenen Generation, »die so seltsam zwischen heute und morgen« steht, zwischen bürgerlich-kaiserlicher Gesellschaft und Republik.

Revolutionäre sollten sie sein, »Zerstörer einer alten Welt, um Raum für eine neue zu schaffen«.[57]

Drei Jahre später – mitten im Krieg – nimmt Ossietzky Abschied von den eigenen künstlerischen Ambitionen:

»Ich hatte einmal eine heiße Sehnsucht zur Kunst gehabt, diese Sehnsucht war nun vorüber ... Ich war eitel geworden, eitel auf meinen Intellekt. Aber wer schaffen will, kann das unmöglich mit dem Intellekt allein tun, er muß von starken innern Kämpfen durchschüttelt werden können. Jeder Mensch, der schaffen will, muß in eigener Person durch Himmel und Hölle schreiten ...«[58]

Es ist seine Frau Maud, an die er diese Zeilen im Jahre 1916 schreibt.

2

»Du bist der Magnet, der an das starre Eisen rührte«

Maud von Ossietzky, Frauen und Familie

Maud Hester Lichfield-Wood[1] ist die Tochter eines hohen englischen Offiziers aus der Familie des berühmten Generals William Palmer, der ein Mitbegründer der ostindischen Kompanie der Krone war. Er heiratete eine indische Prinzessin, von der Maud ihr exotisches Aussehen, vor allem die großen dunklen Augen, geerbt hat.

Maud ist in Haiderabad geboren. Als sie gerade sieben Jahre alt ist, stirbt der Vater. Ihre Mutter folgt ihm ein Jahr später. Sie habe eine schwere Kindheit gehabt und sich niemals richtig geliebt gefühlt, erzählt Maud von sich selbst.[2] Die kleine Waise wächst bei einer Tante in England auf, bei der sie sich als ein »notwendiges Übel im Hause« fühlte. Alles läuft dort nach strengen gesellschaftlichen Regeln ab. Bis zu ihrem 18. Lebensjahr darf Maud niemals im Lehnstuhl sitzen, sondern nur stocksteif auf harten Stühlen, der »Haltung« wegen.[3]

Maud erhält eine standesgemäße Ausbildung in einer der vornehmsten englischen Internatsschulen, in Cheltonham – sie ist eine gute Schülerin. Die Freude am Lernen hilft ihr über traurige Erinnerungen und den tristen Alltag hinweg. In ihrer Jugend ist sie eine exzellente Reiterin und Schützin geworden. Den Mann aus gutem Hause heiraten, den ihre Familie für sie ausgesucht hat, das will sie indes nicht.

Lieber sucht sie sich eine Anstellung als Krankenschwester, will schon vor ihrer Volljährigkeit unabhängig werden.

Sie träumt davon, irgendwann Schauspielerin zu werden, und nimmt Schauspielunterricht. Einmal darf sie Shakespeares Rosalinde sein. »Rosalinde« nennt sie später ihre Tochter.[4]

In jener Zeit schließt sie sich den Suffragetten an, der radikalen englischen Frauenbewegung, klettert im Hyde Park auf Seifenkisten und hält Reden für das Frauenwahlrecht. Die junge Frau reist viel und gerne auf dem Kontinent umher. In Hamburg läßt sie sich schließlich für längere Zeit nieder, weil sie dort Freunde gefunden hat. Sie beginnt, Englisch- und Bridge-Unterricht zu geben.[5]

Im Dammtor-Café lernt sie ihren späteren Mann kennen, der ihr eigentlich nur eine Nachricht überbringen soll: »... da stand vor mir ein blasser, schüchterner Jüngling. Er stellte sich höflich, aber ein wenig unbeholfen vor und entschuldigte seinen Bekannten, einen Arzt, der durch eine plötzliche Operation verhindert sei.« Scheu bittet er sie, bei ihr Platz nehmen zu dürfen. Später hat er ihr gestanden, daß er vorher noch niemals eine Frau angesprochen habe. Doch bald entpuppt er sich als »ein gewandter und kluger Gesprächspartner«, und sie kann es kaum glauben, daß er nur ein kleiner Gerichtsschreiber sein soll.[6]

Die beiden treffen sich fortan zu langen Spaziergängen an der Elbe, besuchen Theatervorstellungen und Ausstellungen. Sie verlieben sich ineinander. Für beide ist es das erste Mal, daß sie sich einem anderen Menschen nahe fühlen. Die Begegnung mit ihr habe ihn aus »Einsamkeit, ungeheurer Einsamkeit« befreit, hat Ossietzky ihr Jahre später aus dem Krieg geschrieben.[7]

Zunächst jedoch wagt er nicht, ihr einen Heiratsantrag zu machen. Er ist ein Bürger und glaubt, der Mann müsse die Frau ernähren. Das aber ist bei seinem kargen Einkommen nicht möglich. Doch Maud überzeugt ihn, daß sie durch Unterricht zum gemeinsamen Lebensunterhalt beitragen könne.[8]

Maud Hester Lichfield-Wood und Carl von Ossietzky werden am 19. August 1913 in der englischen Grafschaft Essex getraut – und zwar kirchlich.[9] Mauds Familie betrachtet ihre Ehe mit einem kleinen Angestellten als »Mesalliance«. Es kommt zum vollständigen Bruch und später immer wieder zu Erbstreitigkeiten. Englische Zeitungen berichten in ihren Klatschspalten trotzdem von der Hochzeit der jungen Aristokratin:

»Die Braut trug ein elfenbeinfarbenes Seidenkleid, verziert mit alter Spitze aus Familienbesitz. Als einziger Schmuck zierte sie eine mit Perlen eingefaßte Miniatur, die von einem ihrer Vorfahren mütterlicherseits stammt ... Miß Margaret Hardie, die Brautjungfer, trug ein Chiffon-Kleid in Saxe-bleu mit einem bildschönen Hut. Das Festmahl fand in Fairhaven, Thundersley, statt. Danach reisten Herr und Frau von Ossietzky nach London mit Ziel Kontinent ab. Frau von Ossietzky trug dabei ein schwarzes Atlasseidenkleid, rosenfarben abgesetzt, und einen dazu passenden Hut ...«[10]

Die Welt in Hamburg ist eine andere. Sie können sich keine eigene Wohnung leisten. Carl hat bis dahin noch immer bei seiner Mutter gewohnt. Die ist beleidigt, weil sie erst nach der Rückkehr des Paares von seiner Heirat erfährt. Er hat es vorher nicht gewagt, ihr davon zu erzählen. Sie wirft ihn hinaus, und Carl muß mit seiner Frau in einem billigen möblierten Zimmer hausen. Erst zu Weihnachten läßt sich Rosalie wieder versöhnen; das Paar zieht zu den Schwiegereltern.

Aber bald kommt es zu Konflikten zwischen den beiden Frauen. Die Mutter sei eifersüchtig auf die Schwiegertochter gewesen, meint Maud.[11]

Sie ist es, die Carl von Ossietzky wieder und wieder ermutigt, sein Wissen und Können auszuprobieren, statt nur davon zu träumen.

Sie ist es, die ihn überredet, privaten Geschichtsunterricht zu geben und Literaturzirkel für wohlhabende Hamburger Bürgersöhne zu betreiben.

Sie gibt ihm Kraft und Selbstvertrauen, sein Leben selbst in die Hand zu nehmen, wie er ihr später in das gemeinsame Erinnerungsbuch schreibt:

»Du bist die Anregerin gewesen und bis zu einem gewissen Punkte auch die Triebkraft gewesen. Ich wuchs gleichsam in die Tat hinein, zuerst mußte ich geschoben werden, gestützt werden, bis ich plötzlich auf eigenen Füßen stand. Und da fand ich plötzlich den Genuß, die Freude an der Tat ... Da löste sich los, was in mir festgelegen hatte, und an die Stelle des Träumens trat die Leistung. Und Du bist der Magnet, der zuerst an das starre Eisen gerührt hatte.«[12]

Für Maud ist es die glücklichste Zeit ihrer Ehe, von der sie noch Jahre später ihrer Tochter erzählt hat. Sie ist Stütze und Ratgeberin – die Hauptperson – im Leben ihres Mannes. Sie arbeitet mit ihm zusammen in den Zirkeln.[13] Sie ist unter Menschen und kann überall mitreden. Nebenbei gibt sie weiterhin Sprach- und Bridgeunterricht, um die Haushaltskasse aufzubessern. Manchmal treibt sie für ihn Honorare ein, denn Geld interessiert ihn am allerwenigsten, wenn er arbeitet.[14]

Die Praktische ist nicht immer die Begehrenswerteste, wenn der Mann nach Selbstvertrauen sucht.

Mit den ersten beruflichen Erfolgen kommt auch der Mut, Sehnsüchte in die Tat umzusetzen. Ein Liebesabenteuer. Maud erzählt darüber in ihren Lebenserinnerungen. Sie habe davon erfahren und die Rivalin sofort zur Rede gestellt: »Wenn Sie Ihr Verhalten nicht ändern, schieße ich Sie, ich kann ganz gut zielen, ich war im College eine gute Schütz!« Carl muß sehr über die kleine Episode und über Mauds eigenwillige Sprache lachen.[15]

Wer ist die *andere?* Ist es Aminta, Stefan Zweigs »schweigsame Frau«, Aminta, die Zartzurückhaltende, aber ach so Hintergründigkluge? Aminta, das »Phantom«, das so schnell verschwindet, wie es aufgetaucht ist.

Traum oder Wirklichkeit?

Unter der Rubrik »Glossen« in der Zeitschrift »Das Tage-Buch« hat Ossietzky das Wiedersehen »Aminta auf dem Autobus« geschildert: »›Aminta‹, sage ich gerührt, ›werde ich zum zweitenmal Deinen Frieden stören?‹ Wie entsetzlich geschmacklos ... Gerade so wie vor acht Jahren. Ach, um jede Frau bildet sich ein eigener Jargon.« Sie sei gar nicht Aminta, wehrt sie ihn ab und: »Man fängt nicht genau so an, wie man aufhörte.« Ist es doch Aminta, die Andere, oder ist es Maud, mit der er manchmal solche Szenen im Bus oder auf der Straße spielt, um die Leute zu schockieren?[16]

Für Maud ist sein Seitensprung ein schwerer Vertrauensbruch, für Carl eine Selbstbestätigung – eine notwendige Erfahrung. Die Andere habe ihn wegen ihres Intellekts angezogen, aber als Frau, ja als Frau brauche er Maud:

»... mit einem neuen Gefühl, mit einem neuen Bewußtsein gehe ich daran, für mich, für *uns beide* ein neues Leben zu schaffen.«[17]

Der neue, selbstbewußte Ossietzky nimmt auch Mauds Leben in die Hand, bestimmt fortan ganz allein den Weg:

»... Du liebes, gutes, oft betrogenes Schäfchen, wer hieß Dich auch das Schicksal eines Menschen teilen, der innerlich beweglicher ist als viele, viele andere?!«[18]

Sein größter Wunsch ist es nun, sie unter seine Fittiche zu nehmen, ihr ein »Nestchen« zu bauen. Gewiß ist es die eigene Sehnsucht nach Geborgenheit, die ihn treibt. Aber ist es nicht auch das Bedürfnis, sich als Ehemann im bürgerlichen Sinne zu behaupten? Und die ehemalige Suffragette, die nie ein richtiges Zuhause gehabt hat, läßt sich gerne darauf ein. Hat sie jemals etwas anderes gewollt?[19]

Eigentlich findet Ossietzky die Institution Ehe höchst fragwürdig. Sie sei »Sklaverei der Sitte«, Produkt gesellschaftlichen Zwanges, beklagt er in seinem Vortrag »Hölderlin – das ewige Leid des Liebeslebens«: »Wie eine Vergeltung regt sich der polygame Trieb.« Außerdem: Liebe hinterlasse trübe Erinnerung, Öde, Verzweiflung in einer Wirklichkeit der kalten sittlichen Regeln. Dabei sei die Frau stets Genommene, Gefangene, ihrer Liebe ausgeliefert. Und der Mann sei Eroberer, Herr seiner Gefühle in jeder Situation.[20]

Diese erobernde männliche Rationalität ist es, die den Mann weniger verwundbar und damit überlegen macht.

Der junge Ossietzky hing gleich vielen bürgerlichen Männern seiner Zeit dem von Nietzsche und Schopenhauer geprägten Frauenbild des 19. Jahrhunderts an: Die Frau sei getrieben vom Gefühl, von ihrer Weiblichkeit und könne die Wirklichkeit deshalb niemals rational erfassen; der Mann hingegen sei bestimmt von der Vernunft: zur Herrschaft geboren.

Ossietzky, der in einer Atmosphäre spießbürgerlich-religiöser Prüderie aufgewachsen ist, sehnt sich nach sexueller Befreiung – und fürchtet sie. Das spiegelt sich in den frühen Geschichten und Gedichten des Jugendlichen: Darin bedichtet er Frauengestalten wie Lulu und Lucrezia, die kraft ihrer Autonomie und ihrer ungebrochenen Weiblichkeit den Mann aus den engen Grenzen bürgerlicher Moralgesetze befreien – und ihn zerstören. Weil er aus der männlichen Welt der Vernunft hineinsinkt in die weibliche Welt der Gefühle, die ihn nicht wieder freigibt. Aus der er nicht zurückfindet in eine Gesellschaftsordnung, in der Rationalität, Ernsthaftigkeit, Strenge und ein in buchhalterische Normen gepreßtes Gefühlsleben von ihm verlangt werden. In der er funktionieren, etwas leisten muß.

Der Glaube an das »Ewig Weibliche« bestimmt noch in den frühen zwanziger Jahren Ossietzkys Einstellung zu den politischen Frauen der Weimarer Republik. Mit den ältlichen »Damen im Reichstag« hat er es leicht. Das sind für ihn eigentlich gar keine Frauen: unweiblich, unerotisch allesamt.[21]

Aber was ist mit Alexandra Kollontai, der attraktiven sowjetischen Diplomatin in Schweden, Schwarm vieler linksbürgerlicher Intellektueller? Die sei in Sachen Politik und Revolution zwar »expert«, aber eher weiblich-instinktiv. »Denn wie immer die Frau in die Revolution verstrickt sein mag, als Idol, als Bannerträgerin oder Troßdirne, verflochten im Streit der Männer ... spielt sie doch immer nur ihre eigene Rolle.« Während die Männer ihr Blut vergössen für die Sache an sich, für Programme und Ziele, für das sogenannte Wohl der Menschheit, streite die Frau nur für sich selbst, für ihr Recht auf weibliche Vollendung. Vom Trieb der Weiblichkeit geleitet, kämpfe sie ihre ganz private Revolution. Deshalb habe die Kollontai nach der russischen Revolution zuallererst ihr Buch von der sexuellen Befreiung der Frau geschrieben.

Doch was nütze der Frau schließlich alle »Emanzipation«? Ihr Los als »Genommene« sei gewiß, und komme sie frei von dem einen, werde sie Sklavin aller: »Die Frau hat nichts zu gewinnen als neue Ketten ...«

Eben deshalb nimmt Ossietzky die Politikerin in Schutz vor ihren Genossen von der »Roten Fahne«, die ihr – aller Verdienste für die große Oktoberrevolution zum Trotz – vorwerfen, daß sie mit ihrer eleganten »Aufmachung« das Proletariat vergrätze. Die Gesinnungsbraven vom Kommunistenblatt hätten einfach keinen Sinn für – Weiblichkeit, sonst wäre ihnen angesichts der Reize der Dame die »öde Vokabel ›Aufmachung‹ verschämt in der Tinte stecken geblieben ... Diese Kleider gehören zu ihr, sind Teil von ihr.«

Ja, sie seien die »eigentliche Fahne« der Revolution gegen lustfeindliche Spießer und »drauflospolitisierende Frauenzimmer.«[22]

Birgt der Instinkt, das Gefühl mehr revolutionäre Kraft als die Vernunft, die sich immer mit dem kleinen Möglichen begnügt?

Das meint nach zehn Jahren Männerpolitik in der Weimarer Republik Carl von Ossietzky. »Die einzige deutsche Revolution« ist der deutsche Titel eines englischen Aufsatzes über die Frauenbewegung in Deutschland, den er – wahrscheinlich zusammen mit Maud – für die amerikanische Zeitschrift »The Nation« verfaßt hat.

Im Deutschland der letzten zehn Jahre, schreibt er, sei alles beim alten geblieben: Die Politiker zeigten sich töricht, die Kaufleute selbstsüchtig und die Generäle machtgierig wie eh und je. Und: »Die einzige Sache, die sich in Deutschland wirklich verändert hat, ist die deutsche Frau.«

Sie sei nicht mehr wegzudenken aus dem Wirtschaftsleben, arbeite in jedem nur erdenklichen Beruf und schaffe sich obendrein noch neue Wirkungsmöglichkeiten. Die unabhängige, arbeitende Frau sei die wahrhafte Vertreterin ihres Geschlechts geworden. Mit kurzen Haaren und Röcken, nach der neuesten Mode gekleidet, beherrsche sie das Bild der großen Städte, das Bild Berlins. Im Kampf um ihre Unabhängigkeit und ihr sexuelles Selbstbestimmungsrecht hätten sich die Frauen in verschiedenen Gruppen und Organisationen zusammengeschlossen, die mit traditionellen Begriffen kaum zu beschreiben seien. Es habe sich gewissermaßen eine neue, weibliche Gesellschaft innerhalb der alten bürgerlichen gebildet.

Die Frauenbewegung als neue Klassenbewegung, angeregt von ganz spezifisch weiblichen Interessen? Ossietzky findet diesen Gedanken faszinierend: Frauen sollten die Solidarität der alten Klassen brechen. Die Deutsche Frauenrepublik – eine schöne Illusion angesichts der männlichen Realpolitiker, die ihre demokratischen Ideale im Namen ihrer imaginären »Vernunft« aufgeben.

Aber die schicken Berlinerinnen, die Ossietzky zu seinem feministischen Ausflug angeregt haben, sind nicht repräsentativ für die deutsche Frau der Weimarer Zeit. Da gibt es immer noch die bescheidenen Hausfrauen und Mütter aus den Kleinbürgerfamilien und vor allem die Proletarierinnen, die – von Arbeit und Elend ausgezehrt – keine Kraft für Frauenvereine übrig haben. [23]

»Kennen Sie Käthe Kollwitz?« fragt Ossietzky einen sozialdemokratischen Minister, der sich mit dem Portrait des Großen Kurfürsten in seinem Arbeitszimmer als Beweis seines nationalen Geschichtsbewußtseins brüstet. Ein Bild von Käthe Kollwitz, die »größte und warmherzigste Frau, die jemals in der Welt den Zeichenstift führte«, hätte einem Sozialdemokraten besser gestanden: »Kennen Sie die gräßliche Wahrheit ihrer Proletarierfrauen, kennen Sie diese zermergelten Gesichter mit leergebrannten, hoffnungslosen Augen, diese eingesunkenen Brüste und diese schrecklich gewölbten Leiber, vom Fluch der Fruchtbarkeit gezeichnet?« Ossietzky attackiert immer wieder den Paragraphen 218 und fordert Gnade für die »Kindsmörderin«, die doch selbst nur Opfer der Armut und der unbarmherzigen bürgerlichen Moral sei.[24]

»Ein Mädchen fliegt nach Afrika«: Emanzipation, Emanzipation – triumphieren die deutschen Blätter, als die hübsche junge Journalistin Elli Beinhorn 1931 in einem winzigen »Klemm«-Flugzeug einen halsbrecherischen Flug über den afrikanischen Dschungel wagt. Dabei sei sie ganz Frau geblieben, loben die männlichen Kollegen: Sie habe nach einer Bruchlandung zuallererst ihr Kleidchen gebügelt und ihre Strümpfe gestopft. Adrett wie eh und je sei sie aus den Trümmern an das Licht der Öffentlichkeit gekrabbelt. »Dott, wie süsch«, kommentiert Ossietzky. Wer würde solche netten Banalitäten über einen Mann berichten: Hat sich zuerst rasiert und den Schlips gebunden ...? Überhaupt, welcher der vielen etablierten männlichen Reisejournalisten käme auf die Idee, eine solche Expedition auf sich zu nehmen? Keiner. Auf dem Passagierdeck erster Klasse oder im Pullman-Car würden sie in aller Ruhe ihre Berichte diktieren. Eine Frau aber, wolle sie es in diesem Beruf zu etwas bringen, müsse nicht nur Außergewöhnliches leisten, sondern hübsch weiblich obendrein sein. Verlogen sei alles Emanzipationsgerede über Elli Beinhorn.[25]

Fünf Jahre später erlebt diese junge Frau einen triumphalen Empfang auf dem Berliner Flughafen, weil sie ein neues Kampfflugzeug der Firma Messerschmitt über Asien getestet hat. Des »Teufels General« schließt sie gerührt in die Arme, das schwache Weib, außergewöhnlich emanzipiert für den Krieg.

Ossietzky als Leiter der »Weltbühne« arbeitet mit vielen Frauen zusammen. Er schätzt Milly Zirker, Redakteurin beim Berliner »8-Uhr-Abendblatt«, die unter dem Pseudonym »Johannes Bückler« regelmäßig sozialwissenschaftliche und wirtschaftspolitische Beiträge für die »Weltbühne« verfaßt. Nach Ossietzkys Verhaftung 1933 leitet sie zusammen mit ihrer Kollegin Hilde Walter die Hilfsaktionen für den KZ-Gefangenen und seine Familie. Ossietzky als Schriftsteller verehrt Annette Kolb. »Ihr Werk kommt aus einem brennenden Herzen, die Kunst eines klaren vernünftigen Kopfes verdünnt es nicht, sondern macht es nur feiner und durchsichtiger ... So spricht nur ein durch und durch tapfrer Mensch, dessen Bestes, bei aller Kunst, doch darin liegt, die einfache Wahrheit einfach zu sagen.«[26]

In seinen Artikeln schwärmt Ossietzky von der emanzipierten, berufstätigen Frau und manchmal auch für Vamps à la Marlene; in seinem Leben entscheidet er sich für die »liebe, kleine Frau«, und die ehemalige Suffragette will auch nichts anderes mehr sein. Sie gibt ihr eigenes Leben auf für einen Platz in seinem Leben. Aber je mehr er sich der »Tat«, der politischen Aufgabe verschreibt, desto weiter wird sie ins Abseits gedrängt, in die Isolation.

Im Ersten Weltkrieg muß Ossietzky als Armierungssoldat an die Westfront – die erste große Trennung: Nach zwei intensiven Ehejahren empfinden beide das Alleinsein doppelt schlimm. Die Feldpost bringt mehrmals in der Woche sehnsüchtige Liebesbeteuerungen und erotische Wortspiele von einem zum anderen.[28]

Im September 1918 kommt es zum Bruch zwischen Maud und ihrer Schwiegermutter, die angeblich das Gerücht in die Welt gesetzt hat, die Frau ihres Sohnes habe Ehebruch begangen. Die ist völlig außer sich vor Angst, die Liebe ihres Mannes zu verlieren. Der Vorfall ist Anlaß für Ossietzky, sich ganz von seiner Mutter zu lösen. Er wirft ihr vor, immer noch eifersüchtig zu sein und ihn beherrschen zu wollen. Die Trennung fällt ihm schwer, er fühlt sich deprimiert und verlassen. Alle Gefühle strömen Maud zu: »Wir sind zwei allein ... zwei miteinander gegen diese Welt Verschworene. Um uns zu behaupten, durchzusetzen, uns, uns, uns! Wenn wir das wirklich innerlich erfassen, dann wird uns jeder Tag ... ein Fest, das wir gemeinsam feiern.«[29]

Eine Hunger- und Elendszeit beginnt nach Ossietzkys Rückkehr Ende 1918 aus dem Krieg. Er will nicht in den Justizdienst zurück und nimmt eine schlechtbezahlte Stellung als Lektor in dem kleinen Hamburger »Pfadweiser-Verlag« an. Er veröffentlicht eine kleine Flugschrift mit programmatischen Aufsätzen für die Revolution und die junge Republik: »Der Anmarsch der neuen Reformation«. Und er gibt die Nullnummer einer kleinen Zeitschrift heraus: »Die Laterne«.[30]

Im Frühjahr 1919 tritt er der Hamburger Freimaurerloge »Menschentum« bei, die aus dem allgemeinen »Freimaurerbund aus monistischer Weltanschauung« hervorgegangen ist, die für Völkerverständigung und Kulturaustausch mit Frankreich plädiert – gegen die antifranzösische Stimmung in Deutschland nach dem Versailler Vertrag.

In dieser Zeit »entdeckt« ihn der eigenwillige Publizist Kurt Hiller, der einen Ossietzky-Artikel in seinem Hamburger »Ziel«-Jahrbuch abdruckt. Herablassung, ja Arroganz spricht aus seiner späteren Beschreibung des schüchternen, unbeholfenen Neulings, der ihn bald darauf in Berlin besucht hat: »... er kam im Bratenrock und machte schrecklich steife Verbeugungen.«[31]

Bald nach seiner Rückkehr aus dem Krieg wird Ossietzky Vorsitzender der Hamburger Gruppe der »Deutschen Friedensgesellschaft« (DFG), reist viel umher und hält Vorträge. Dabei reicht sein Einkommen kaum für das Nötigste, und das erste und einzige Kind – Rosalinde – ist unterwegs. Der Pazifistenführer Ludwig Quidde ist es schließlich, der Ossietzky als Sekretär der DFG in Berlin einstellt. Doch das karge Gehalt ist im Nu verbraucht für den kostspieligen Umzug und die kleine Wohnung. Maud leidet an Unterernährung. Schließlich nimmt Helene Stöcker, die bekannte Pazifistin und Gründerin des Mutterschutzbundes, die Hochschwangere in einem ihrer Heime für ledige Mütter auf. Rosalinde muß nach der Geburt fünf Monate lang im Krankenhaus bleiben, bis die Ossietzkys sich eine menschenwürdige Wohnung leisten können.

Maud gibt wieder Englischunterricht und engangiert sich zusammen mit anderen Frauen in der Nie-wieder-Krieg-Bewegung. Nach der Einstellung Carl von Ossietzkys bei der Berliner Volkszeitung bessern sich auch die finanziellen Verhältnisse.[32] Im Januar 1922 gibt er selbst einen hoffnungsvollen Ausblick auf die Zukunft seiner kleinen Familie:

»So wird alles gut werden, und wir wollen mit froher Hoffnung mit unserm Kindchen in der Mitte in das zweite Jahrzehnt unserer Liebe wandern. Denn glaube mir eines: Auch wo Böses zwischen uns stand und wir uns nicht verstehen wollten – ... ich segne das Geschick, das Dich mir als Gefährtin sandte ... und ich will Dich hüten und bewahren.«[33]

Nachdem Ossietzky 1927 die Leitung der »Weltbühne« übernommen hat, arbeitet er mit jener Hingabe, die kein Privatleben mehr zuläßt – auch kein Familienleben.

»Das Blatt nahm mir meinen Vater und machte meine Mutter krank«, erinnert sich Rosalinde an diese Zeit.[34]

Allmählich verliert Maud ihre Bedeutung als Gefährtin für ihn. Das Gespräch zwischen ihnen bricht ab. Nach einem langen Arbeitstag in der Redaktion hat Carl keine Zeit und keine Lust mehr – wie früher –, seine Artikel mit ihr zu diskutieren. Manchmal hat Maud auch das Gefühl, ihn zu stören.

Vor der Weltbühnenzeit hat sie seine Artikel bei den Verlagen abgeliefert und mehr als einmal das Honorar eingefordert: »Carl von Ossietzky hat diesen Artikel geschrieben, dafür müssen Sie bezahlen, er hat Familie, denken Sie daran!« Ossietzky ist unbeholfen in Gelddingen, und er versteht es gar nicht, Rechnungen aufzusetzen, ist dankbar, überhaupt schreiben zu dürfen.

Das ist vorbei, nachdem er jeden Monat sein festes Gehalt bekommt. Sprach- und Bridgeunterricht braucht sie auch nicht mehr zu geben, denn ihr Mann verdient genug für die Familie, wie er es so lange ersehnt hat.

»Da war er ein bißchen altmodisch«, so Rosalinde, »er hat ihr klargemacht: Liebe Maud, du sollst nicht und du brauchst nicht, ich bin der Vater und der Mann im Hause, ich ernähre die Familie.«[35]

Er will sie schützen und abschirmen, denn sie ist empfindlich, Ausländerin und ein bißchen exzentrisch, lustig und witzig – recht fremdartig für eine Frau. Fremd sind viele im Berlin der zwanziger Jahre, und das ist gerade das Reizvolle an dieser Stadt, daß so eigenartige und unterschiedliche Existenzen da herumlaufen. Maud ist viel unterwegs in Berlin. Sie will unter Menschen sein, reden und lachen, wie einst in Hamburg und anfangs in Berlin, als noch alle möglichen Leute in ihre Wohnung gekommen sind, um über Gott und die Welt zu diskutieren. Dafür hat Carl keine Zeit mehr.

Er vergräbt sich ganz in die Arbeit, und die Arbeit vergräbt ihn. Ein Familienleben findet kaum statt. Maud ist nicht für den alltäglichen Haushalt geschaffen. Manchmal strengt sie sich an und kocht irgend etwas, aber es wird nichts Richtiges daraus. Dann ist es oft genug Carl, der viel zu spät oder gar nicht zum Essen da ist. Er ist kein Mensch, der sich an bestimmte Zeiten hält wie ein Büroangestellter. Er kommt und geht, wann er will.

Die Hausarbeiten erledigen zumeist Haushälterinnen oder Wirtinnen, in deren Wohnung die Ossietzkys gerade zur Untermiete leben. Die Familie zieht oft um in diesen ersten Berliner Jahren. Es ist schwer, eine gute Unterkunft zu bekommen in der Reichshauptstadt, die immer mehr zur kulturellen Metropole wird und eine ungeheure Anziehungskraft auf ganz Deutschland und Europa ausstrahlt.

Die Ossietzkys wohnen in all den Jahren bis 1933 »möbliert«.

»Furchtbar, schrecklich«, erzählt Rosalinde. »Da standen überall große Kristallfiguren und Nippes, an den Wänden hingen Portraits von berühmten Generälen, Moltke, Bülow und wie sie alle hießen. Bei Schritt und Tritt mußte ich aufpassen, daß ich nichts zerbrach. Und ich war ein wildes Kind, frei erzogen. Da gab es abscheuliche alte persische Teppiche, mächtige Polstersofas und Büfetts, die alles erdrückten.« Mauds feine englische Möbel verschwinden hinter den großprotzigen, spießbürgerlichen Wohnzimmergarnituren, und die Familie fühlt sich »ganz fremd« in dieser Umgebung. Eigentlich lieben Carl und Maud den modernen, funktionalistischen Bauhausstil jener Jahre, aber nie finden sie Zeit, ihre eigene Wohnung in diesem Stil einzurichten.

Was bleibt, sind Carls Bücherregale, die überallhin mitwandern und immer irgendwo herumstehen. »Das waren ›unsere Sachen‹«, so Rosalinde, »und auf die war ich ungeheuer stolz, über alle seine Bücher. Und er hatte auch sehr viel Sinn für schöne Bücher, für schöne Dinge überhaupt.«

Er mag elegante Frauenkleider und ist froh, wenn er genug Geld hat, um mit Maud einzukaufen, einen Mantel oder ein Kleid.

Er selbst kleidet sich sehr sorgfältig nach den Jahren der Armut in Hamburg, am liebsten dunkelblau. Wichtig sind weiche graue Hüte und schöne Schlipse. Immer trägt er eine kostbare alte Taschenuhr, Uhrkette quer über den Bauch – ein altes Familienerbstück – und den Wappenring der von Ossietzkys.

Ossietzky liebt die Kinderbücher von Dr. Doolittle, die von der Republik der Tiere handeln, eigentlich von der Republik der Menschen, wie er sie sich wünscht – sie sollen glücklich miteinander sein und sich gegenseitig helfen. Er schenkt alle die Geschichten seiner Tochter.

Überhaupt sind Tiere wichtig für die Ossietzkys. Zuerst haben sie Frösche und ein Eichhörnchen, später ein Aquarium mit Fischen und eine Schildkröte, die Jackie heißt.

Es wird viel gesprochen von Fritz und Friedrich, den zwei grünen Fröschen. In der ersten Berliner Wohnung, in der Genthiner Straße 22, geht Ossietzky manchen Abend an den Fenstern entlang und fängt mit den Händen Fliegen – »So: Klatsch« –, um die beiden damit zu füttern. Eines Tages ist Fritz tot, und Friedrich wird ganz melancholisch, sehr deprimiert, ohne seinen Freund. Es dauert nicht sehr lange, da beschließt er, sich das Leben zu nehmen, ertränkt sich in einem kleinen Wassereimer. Diese traurige Geschichte erzählt Maud ihrer kleinen Tochter.

Unwichtig, ob sie wahr ist oder nicht, wie die über Carls Kindheit, die Rosalinde oft erzählt bekommt. Seine Eltern hätten eine Ziege auf dem Balkon und einen Affen in der Wohnung gehalten. Der Affe sei eines Tages ausgerissen und habe auf dem Marktplatz Eier gestohlen. Die habe er sich unter die Achseln gestopft und sei damit auf den Kirchturm geklettert. Von dort aus habe er dann die Passanten bombardiert.

»Meine Eltern konnten sehr spielerisch sein und träumten viel, sie machten sich den Alltag ein bißchen romantisch mit Tieren und Tiergeschichten.«

An einem Sonntag gehen beide in den Tierbaby-Zoo von Berlin. Jeder nimmt sich einen kleinen Leoparden auf den Arm und setzt sich auf einen steifen Stuhl. So lassen sie sich zusammen photographieren und wollen glücklich aussehen. Rosalinde muß zu Hause bleiben, weil die beiden das ganz für sich alleine erleben wollen. Die Kleine ist todtraurig. Später wird sie sich freuen über das Lachen ihrer Eltern auf einem der wenigen Photos, das beide zusammen zeigt.

Ein wunderbares Erlebnis für das kleine Mädchen ist der Sonntagsspaziergang in Friedenau und Willmersdorf, wenn sie ihren Vater einmal ganz für sich hat. »Wir hatten Gespräche, an die ich mich erinnere, weil sie so ungeheuer inspirierend und aufklärend auf mich wirkten. Ich glaube, mein Vater hatte die Einstellung: Wenn man mit seinem Kind spricht, muß man etwas geben. Nicht nur dasein, sondern auch etwas geben, von seiner Einstellung sprechen, das, was man denkt und fühlt.« Er erzählt viel über moderne Architektur, die er sehr liebt, und über den Funktionalismus, den er als befreiend empfindet. Mit Vorliebe führt er seine kleine Tochter zu den modernen Berliner Bauten, zu den Arbeitersiedlungen, weil er es so »ungeheuer wunderbar und aufregend« findet, daß sich etwas in dieser Republik verändert. Gerade deshalb, weil es so viel »Lebendiges und Interessantes« gibt in der Weimarer Zeit, kämpft er so verzweifelt gegen jene, die das Neue zerstören wollen. Rosalinde erinnert sich: »Er erzählte mir, wie wunderschön alles war, was Menschen machten in dieser Republik, das gab mir auch das Gefühl für die Republik.«

Irgendwann enden diese Spaziergänge in einer Konditorei in Willmersdorf, wo sich Ossietzky in eine Zeitung vertieft und sich wieder ganz auf die kommende Arbeitswoche konzentriert. Dann ist der Sonntag für sie vorbei.

Die Alltage sind ganz anders. Da gibt es keine Zeit für Spaziergänge. Manchmal kommt es vor, daß Ossietzky schon am frühen Abend mit einem dieser großen Autobusse nach Hause kommt und Rosalinde ihn abholen darf. Das ist immer eine große Freude für sie, denn sie interessiert sich für ihren Vater mehr als für alles andere. Wenn er guter Stimmung ist, ruft er sie schon mal vom Spielen herein. Dann liest er ihr laut vor, am liebsten aus einem großen Wilhelm-Busch-Album. Wilhelm Busch, den humorvollen und doch so pessimistischen Kritiker spießbürgerlicher Zipfelmützengestalten und biedermeierlicher Hausfrauen, mag er sehr, besonders die Geschichte von der frommen Helene. Und er erzählt manchmal Witze über die Kirche und die gehorsamen Geistlichen. »Er hatte viele witzige Seiten, die man gar nicht von ihm kennt«, erinnert sich Rosalinde, »und er lachte sehr gern. Er hatte ein wunderbares Lachen, laut und schallend.« Meistens aber ist die Stimmung ernst und gespannt in der Ossietzkyschen Wohnung. Carl kommt irgendwann am Abend nach Hause und setzt sich gleich an den runden Wohnzimmertisch, versinkt in Arbeit. Dann muß er in Ruhe gelassen werden. Rosalinde spürt, daß sie keine »Schwierigkeiten« machen darf: »Es ist schon sehr schön, daß ich überhaupt hier sitzen darf, dabeisein darf und nicht gleich ins Bett geschickt werde.«

Maud leidet unter dieser Situation, in der es kaum noch möglich ist, miteinander zu reden, Zeitung zu lesen oder irgend etwas Gemeinsames zu unternehmen. Rosalinde erzählt:

»Sie war natürlich sehr unglücklich. Welche Frau wäre das nicht, die gemeint hat: Ich bin schließich auch etwas wert, ich kann auch etwas – und nun sitze ich hier in

Deutschland und habe keine Funktion. Doch, eine: Ich liebe diesen Menschen ungeheuer, und ich muß mich dreinfügen, ihn stützen und ihm helfen, wenigstens dasein, wenn ich auch nicht immer so bin, wie ich sein sollte. – Und das hat mein Vater auch sehr stark empfunden und meiner Mutter mitgeteilt.«

Das bedrohliche Zeitgeschehen, der Untergang der Weimarer Republik, fordert den politischen Publizisten Ossietzky ganz. Prozesse, Gefängnishaft und die Furcht vor Gewalttätigkeiten der Nazis, die das Straßenbild in Berlin immer mehr beherrschen, zerstören das Familienleben. Harmonie und Ruhe können gar nicht erst aufkommen. Niemals haben die Ossietzkys in der Weltbühnenzeit ein Namensschild an der Tür – aus Angst vor persönlichen Racheakten politischer Gegner. Und doch bleibt die Sehnsucht:

»... Wann werden sich endlich die Zeiten wieder einstellen, wo man nicht mehr Gast in seinem eigenen Hause ist?«[36]

3

Der Anmarsch der neuen Reformation

Monistenbund, Demokratische Vereinigung und Krieg

Die zum Sternenhimmel lodernde Flamme ist das Symbol des Deutschen Monistenbundes[1], dem sich Ossietzky bereits in jungen Jahren angeschlossen hat.

»Wir wollen Befreiung. Die Befreiung als unsere eigene Tat«, schreibt er 1913.[2] Die Wissenschaft, vor allem die moderne Naturwissenschaft habe ein neues Lebensgefühl, eine große Freude an den Dingen des Lebens gelehrt. Die von Ernst Haeckel gegründete Freidenkervereinigung setzt die menschliche Vernunft gegen religiösen Wunderglauben an ein Jenseits, will die Welt im Hier und Jetzt erkennen und auf ein einheitliches, rationales Prinzip zurückführen – um sie zu verbessern.[3] In den Jahren vor dem Krieg ist der Monismus in Mode bei den intellektuellen jungen Leuten. Für Ossietzky bedeutet er eine ganz »neue, unkirchliche, unchristliche Religiosität« ohne Formeln und Dogmen, deren Angehörige nur einen »starken Diesseitsglauben und sozialethische Ideale« gemein haben.[4] Von den geistigen Führern der verschiedenen monistischen Strömungen beeindruckt ihn Müller-Lyer[5], der die Entwicklungs- und Forschrittsidee der Naturwissenschaften auf die Menschheit anwendet und die Kulturgeschichte als evolutionären Prozeß zum Höheren, Besseren betrachtet,[6] als Weg in eine staatenlose, sozialistische Gesellschaft. Ein Weg in Ossietzkys Sehnsuchtsland?

Ossietzky bewundert Rudolf Goldscheid[7], für den jede fortschrittliche Gesellschaftsentwicklung vom *aktiven* Fortschrittswillen der Menschheit getragen werden muß, einem Willen, der aus der Vernunft wachse. Mit seiner Theorie von der »Menschenökonomie« habe er das »tiefste und aufreizendste Problem« der Gegenwart angerührt: den Zusammenhang zwischen politischen und wirtschaftlichen Verhältnissen. Das Wirtschaftliche sei treibende Kraft.[8]

Eine Annäherung an die politische Ökonomie des Marxismus? Der 28jährige trifft noch keine Entscheidung für diese oder jene Lehre und Doktrin, er sucht nach Erklärungen der politischen Phänomene seiner Zeit – als Richtlinien für die »Tat«.[9] Aber der Monistenbund wähnt sich über den Dingen, vermeidet es, eine bestimmte politische Richtung zu vertreten. Er will einzig und allein das abstrakte Vernunftsprinzip verbreiten, losgelöst von jeder Wirklichkeit. Er kämpft für die Trennung von Kirche und Staat, aber tastet die Monarchie nicht an. Ohne politischen Standort läßt er sich leicht einspannen für die ideologische Kriegsführung des wilhelminischen Militarismus. Anders Ossietzky. Er will keine Wissenschaft als Selbstzweck, er will »schaffen«, durch Himmel und Hölle der gesellschaftlichen Kämpfe gehen und begnügt sich nicht mit dem Monismus.[10] Der Sozialdemokratie, die allein die Kraft zur Veränderung aufbringen könnte, schließt er sich indessen nicht an. Er wird Mitglied der 1909 in Berlin gegründeten kleinen »Demokratischen Vereinigung«, die entsprechend der klassischen Liberalismustheorie das »Ideal Demokratie« ins Volk tragen will und dafür die Zusammenarbeit mit der SPD sucht. Sie ist in den Jahren vor dem Ersten Weltkrieg ein Sammelbecken der bürgerlich-demokratischen Opposition gegen den Kaiserstaat, aus der auch pazifistisches Gedankengut hervorgeht: Der Militarismus widerspreche dem Mehrheitsinteresse der Menschen. Hellmut von Gerlach[11] – für lange Zeit das politische Vorbild Ossietzkys –, Wilhelm Herzog[12], Otto Lehmann-Rußbüldt[13], Helene Stöcker[14] – große Namen der Friedensbewegung der Nachkriegszeit tauchen hier zum ersten Mal auf. Auch Rudolf Breitscheid[15], der spätere SPD-Führer, ist als Herausgeber des kleinen Parteiorgans »Das Freie Volk«[16] dabei. Nach den Januarwahlen von 1912 – die Demokratische Vereinigung erhält nur 0,24% der Stimmen – verläßt Breitscheid die kleine Splitterpartei von Außenseitern, die aussichtslos ins Abseits gedrängt worden ist. Er schließt sich der Sozialdemokratie an, die zur zweitstärksten Partei im Reichstag herangewachsen ist. Für Ossietzky ist das Verrat. Er gibt ihm die Schuld am Untergang der »Demokratischen Vereinigung«.

Zwölf Jahre später sind die zweiten Reichstagswahlen der ersten deutschen Republik: Ossietzky gründet 1924 die »Republikanische Partei« (RPD),[17] mit der er die demokratischen Traditionen der kleinen Vereinigung fortsetzen will, in der er noch ein kleines Licht unter prominenten geistigen Führern gewesen ist.

Aber ausgerechnet der einstige Parteifreund Hellmut von Gerlach unterstützt nicht die neue Demokratenpartei, sondern Rudolf Breitscheid und die SPD – eine große Enttäuschung für Ossietzky. In seiner Parteizeitung »Nation« läßt er eine geharnischte Polemik gegen Breitscheid los, den »Edelbonzen«. Der habe seinerzeit die »Demokratische Vereinigung« verlassen, weil er ein Mandat im Reichstag wollte – aus Eitelkeit und Karrieresucht. Er sei weder ein Mann des Gedankens noch der Tat, »er ist überhaupt kein Mann, er ist ein Meter achtzig auf Seidenfutter gearbeitet«, könne sich gut verkaufen und sei käuflich.[18] Der Groll gegen Breitscheid ist immer geblieben. In späteren Artikeln Ossietzkys gegen die SPD und ihre Politiker kommt der »Edelbonze« niemals gut weg.

»Auferstehung«, wie Tolstois berühmter Roman, heißt einer der Leitartikel, die Ossietzky von 1913 bis Kriegsbeginn regelmäßig für das »Freie Volk« schreibt. »Auferstehung« heißt für ihn Demokratie, »Schutt und Moder hinwegzuräumen und Wege frei zu machen für alles, was die Menschheit gesünder und glücklicher macht. Deshalb arbeiten wir für die Demokratie nicht als Endziel, sondern nur als Ausgangspunkt für neue Entwicklungsmöglichkeiten ...«[19]

Sein erstes Thema: »Götterdämmerung« – eine programmatische Auseinandersetzung mit der sogenannten »Nationalliberalen« Partei, die sich längst mit den Kaisertreuen verbündet und dem Liberalismus abgeschworen habe. Sie setze auf die »nationale Phrase«, und die wirke noch immer in einer Zeit der politischen Leere.[20]

Dann: »Wehe den Kleinen!« – eine Anklage gegen die Machtpolitik der Großmächte auf dem Balkan. Die panslawistische Bewegung nimmt er in Schutz vor der Kriegshetze der Alldeutschen. Es gehe nur darum, die kulturellen Traditionen des Slawentums zu bewahren, nicht die Kultur Alteuropas auszurotten.[21] Er ahnt den künftigen Krieg, und immer wieder schreibt er gegen den »Heiligen Mars«, den deutschen Militarismus.

Die Tage des Friedens sind gezählt. Deutschland rüstet zum Kampf um seinen Platz an der Sonne. »Jeder gute Bürger ist sich darüber klar, daß es demnächst – aber wann? – losgehen wird.«[22] Das Volk befindet sich in einem Rüstungstaumel. Vorlagen für Militärausgaben ohnegleichen passieren das Parlament, und kaum jemand wehrt sich dagegen. Die deutschen Spießbürger sind stolz auf das Militär, besonders auf ihre Kriegsflotte. Kinder laufen in Marineanzügen herum und spielen Seekrieg. Wer dagegen spricht, macht sich unbeliebt. Das wagt von allen politischen Parteien nur die SPD – noch. Die Kriegsbegeisterung hat auch bürgerliche Intellektuelle erfaßt. Sie wollen die sogenannte Freiheit des deutschen Geistes, der deutschen Kultur und des deutschen Imperialismus vor dem rationalistischen Weltkapitalismus und dem barbarischen Slawentum in Person des russischen Zaren retten.

Anders der Monist Ossietzky. Er setzt auf die Vernunft gegen irrationale Kriegspsychose, und er fordert die Selbstbehauptung Deutschlands mit wirtschaftlichen statt mit militärischen Mitteln: »Handel und Gewerbe sind die Großmächte unserer Zeit ... Nicht der Kriegsmann – der Kaufmann, der Arbeiter erobert die Welt.«[23]

Die Kriegspropaganda solle den Deutschen, »die sich in ihrer Mehrheit ja nicht als Staatsbürger, sondern als Untertanen fühlen«[24], einreden, daß sie von gefährlichen Feinden umzingelt seien, um sie vom Selbstdenken abzulenken und einzuschüchtern. Die Liberalen hätten sich längst den Kriegstreibern angeschlossen, deshalb: »Demokraten an die Front!«[25] Ein großer Krieg, wie ihn die Politiker planten, bedeute Vernichtung und Elend, nicht nationale Einheit und geistige Regeneration. Der Krieg sei Instrument des Althergebrachten gegen die Demokratie, die allein »zielbewußt den Militarismus« bekämpfe.[26] Im Sommer 1913, als die Reichsregierung den größten Kriegskredit aller Zeiten im Reichstag durchpeitscht, will die Militärjustiz ein Exempel statuieren, das politische Klima für den kommenden Krieg bereiten. Ein Erfurter Militärgericht verurteilt einige Soldaten zu hohen Zuchthausstrafen, weil sie sich im Suff mit der Polizei herumgeprügelt haben. Das Urteil erregt die gesamte deutsche Öffentlichkeit und wird sogar im Reichstag als brutale Verletzung der bürgerlichen Rechtsordnung debattiert. Für Ossietzky ist es Anlaß, Eigenleben und Unterdrükkungscharakter der Justiz an sich, insbesondere der Militärjustiz, anzuklagen. Sie »will nicht prüfen und wägen, wie die bürgerliche – es soll. Sie will auch nicht vergelten. Sie überzahlt. Sie hat die Aufgabe, den ›Untertanen‹ an das Prinzip der Autorität, der unbedingten Disziplin zu erinnern. Sie hat ihm die Grenzen seiner Freiheit zu zeigen. Das bürgerliche Leben bringt eine höchst gefährliche Gleichmacherei mit sich. Also muß daran erinnert werden, daß es noch Klassen gibt. Das ist die Aufgabe der Kriegsgerichte.«[27] Mit dieser Analyse trifft er einen Nerv der kaiserlich-bürgerlichen Gesellschaft. Sein Artikel »Das Erfurter Urteil«, der zugleich ein Protest gegen die politische Macht des Militärs im Staate ist, bringt ihn erstmals vor die Schranken der Justiz. Zweihundert Reichsmark Geldstrafe oder dreißig Tage Haft wegen »öffentlicher Beleidigung« lautet das Urteil. Der kleine Verlag des »Freien Volkes« kann die Summe nicht aufbringen, und Ossietzky hat selbst kaum Geld. Also beschließt er, die Strafe abzusitzen. Seine Frau berichtet, sie habe heimlich den Betrag überwiesen.[28] Laut Strafregister ist Ossietzky amnestiert worden.

Die persönliche Begegnung mit der politischen Justiz bestärkt ihn in seinem Willen, für demokratische Rechte zu kämpfen, zu schreiben. Er kündigt seine Stellung bei der Justizbehörde und will ganz und gar Journalist werden.

Am 28. Juni 1914 fallen die Schüsse von Sarajewo, das Signal zum Ausbruch des Ersten Weltkrieges. Für Ossietzky ist die Ermordung des österreichischen Thronfolgers Franz Ferdinand Folge jahrhundertelanger Mißachtung und Unterdrückung der slawischen Völker. Bei allem Entsetzen über die sinnlose Bluttat plädiert er doch für eine politische Lösung. Der Nährboden des Hasses und des Terrors auf dem Balkan wie überall könne nur beseitigt werden, wenn die unterdrückten Völker endlich nationales Selbstbestimmungsrecht und kulturelle Eigenständigkeit erhielten. Die deutsche Regierung warnt er vor einer Bündnistreue zu Österreich auf »Leben und Tod«. Ein Krieg gegen Rußland würde ganz Europa in eine Katastrophe stürzen. Wenn wirklich eine »russische Gefahr« bestünde, könne sich Deutschland, so meint er naiv, am besten mit den friedlichen Waffen der Demokratie dagegen wehren: »Deutschland muß ein freiheitlicher Staat werden. Die Demokratie wirkt auf den Zarismus wie das Kruzifix auf den Teufel. Das feudale, kapitalistische Deutschland mag vor einem slawischen Ansturm zittern. Das freie Deutschland hat keine Ursache zur Furcht ... Sie sollen sich an unserer überlegenen, demokratischen Kultur die Schädel einrennen ...«[29]

Aber der Erste Weltkrieg ist kein Kulturkampf. Vielmehr geht es um die Neuverteilung der Welt. Deutschland, die stärkste Wirtschaftsmacht Europas, will Kolonien; und Österreich fürchtet um seine Herrschaft über den Balkan.

In Sarajewo fallen nur Startschüsse für einen längst beschlossenen Krieg. Diese Zusammenhänge hat Ossietzky in seinen Artikeln immer wieder aufgedeckt. Er vergißt sie in der Gefühlsaufwallung nach dem grausamen Attentat. Und er bleibt nicht ganz unberührt von dem Hurra-Patriotismus, der nach Kriegsausbruch auch viele Monistenführer ergriffen hat. Die fühlen sich angesprochen vom Kaiser, der plötzlich keine Parteien, nur noch »Deutsche« kennen will und Meinungsfreiheit allen verspricht – wenn sie nicht gegen den Krieg sind. Bislang haben die »gottlosen« Monisten ein diskriminiertes Außenseiterdasein im Reiche Kaiser Wilhelms geführt, in dem die evangelische Kirche das Geistes- und Kulturleben ganz und gar bestimmt und keine Freigeister duldet. Die ehedem Verfolgten begeistern sich für die neue Gleichheit, Einigkeit und den »Idealismus« des Volkes in der ersten Kriegszeit. Sie glauben, dadurch werde der Boden für die monistische Idee von der Vereinheitlichung der Welt bereitet. Ihr geistiger Vater Haeckel preist den kriegerischen Idealismus als Wesen des Deutschtums und Bahnbrecher des »allgemeinen Menschentums«.[30]

Der Krieg könne die ganze Erde »durch die deutsche Kultur erschließen und zusammenfassen«, verkünden die Monistenblätter. Er sei ein »Kampf ums Dasein höherer Ordnung« im Sinne der darwinistischen Entwicklungstheorie.

Und plötzlich sind die modernen Naturwissenschaften gefragt wie noch nie. Tag für Tag bringen sie der Rüstungsproduktion neue Erfindungen und Erkenntnisse – wie man Menschen noch effektiver töten kann. Viele Monisten hoffen, daß damit der Siegeszug der wissenschaftlichen, der monistischen Weltanschauung beginne.[31]

Auch Ossietzky wird von der allgemeinen Kriegsbegeisterung angesteckt. Er schreibt im Dezember 1914 im Hamburger Monistenblatt einen Artikel gegen das »Deutsche Theater«, das keinen »Hauch unserer eisernen Zeit verspürt« habe und statt der patriotischen Dichtung deutscher Klassiker nur triviale Melodramen liefere. »Sehen denn die Bühnenleiter nichts von dem prächtigen, vorwärtsstürmenden Leben dieser Tage?«[32] In späteren Jahren muß er zugeben: »Haben wir Pazifisten nicht auch 1914 die nationale Hochflut gespürt; hat uns nicht auch das Pathos dieser Bewegung gepackt und unsere Seelen erbeben lassen, während der kritische Verstand mühsam genug versuchte, uns aus dem Getriebe zu retten und auf eine höhere Warte zu führen?«[33]

Ein Jahr nach Kriegsbeginn – Deutschland ist noch ganz und gar von dem Taumel erfaßt – hat er seine höhere Warte erklommen. Er wird Vorstandsmitglied der Hamburger Ortsgruppe der Deutschen Friedensgesellschaft (DFG), die mit ihrer kleinen Zeitschrift »Völkerfriede« einen aussichtslosen Kampf gegen die Kriegspropaganda führt und dafür Diskriminierung und Verfolgung in Kauf nimmt. Er hält öffentliche Vorträge in Hamburg und Umgebung. Im Hamburger Gewerbehaus, dem heutigen Haus der Handwerkskammer, spricht er zum Beispiel über den Frieden auf Grundlage einer internationalen Rechtsordnung nach der Idee des DFG-Gründers Alfred H. Fried oder über die Annexionsfrage.[34]

Der Hamburger Erich Lüth erinnert sich heute noch gerne an die kleinen Veranstaltungen der »Inneren Opposition gegen Wilhelm den Zweiten«, in der Ossietzky großen Einfluß hatte. »Carl von Ossietzky meinte, den Krieg um den ständigen Frieden können wir nur gewinnen, wenn wir Zugang zu den jungen Menschen gewinnen. Und darum hat er sich – und das habe ich nun am eigenen Leibe zu spüren bekommen – so rührend bemüht, mit einer Klarheit, mit einer Intuition, mit einem Wissen und mit einer sprachlichen Brillanz, die eine Brillanz der Schlichtheit war. Ossietzky war ein Mann, der gegen den Strom schwamm.«[35]

Dafür zahlt er einen hohen Preis. Keine Zeitschrift will seine Artikel gegen den Krieg veröffentlichen. Das Manuskript »Monismus und Pazifismus« bleibt ungedruckt. Darin attackiert er jene Monistenführer, die der kaiserlichen Kriegspropaganda aufgesessen seien, den Friedens- und damit den monistischen Fortschrittsgedanken verratend – für eine imaginare pädagogische »Weltmission des Deutschtums«, eine anmaßende Weltschulmeisterei mit schrecklichen Folgen für die Menschheit. Dem großen Haeckel und dem bekannten Physikprofessor Wilhelm Ostwald wirft er pangermanistische Phantastereien auf Kosten der humanistischen Vernunft vor.[36] Er macht sie verantwortlich für eine pseudowissenschaftliche Rechtfertigung des Krieges mit Hilfe eines vulgären »Popular-Darwinismus«, der »das große leere Wort vom Kampf ums Dasein« in den Mittelpunkt der Entwicklungstheorie stelle und sie damit ihres wirklichen Aufklärungscharakters beraube.

Dagegen setzt Ossietzky Ansichten Müller-Lyers, der den »zerstörerischen Unfug des Krieges« als vernunftwidrigen Rückfall in die Barbarei einschränkungslos ablehnt; und er beruft sich auf Goldscheid, der den Krieg als sinnlose Verschwendung von wirtschaftlichen und kulturellen Errungenschaften und Menschenleben bekämpft. »So wurzelt der Pazifismus tief im Monismus. Wer in der Natur eine Entwicklung in aufsteigender Linie erkennt ... Wer das Prinzip der gegenseitigen Hilfe in der Natur nicht bestreitet, der kann auch nicht dulden ..., daß die Aufgaben unserer Kulturphase durch rohe Waffenkriege unterbrochen werden können, die uns ins Dunkel toter Zeiten zurückwerfen ...«[37]

Mit solchen Artikeln ist in dieser Zeit kein Geld zu verdienen. Die Ossietzkys leben in einer winzigen Wohnung in Hamburg. »Sie war kaum möbliert, nicht ein einziger Teppich«, erinnert sich Erich Lüth. »Es war ein ausgesprochener Arme-Leute-Haushalt – aber Gebirge von Büchern.« Nachdem Mauds Erbe in England beschlagnahmt worden ist, reichen die Einnahmen aus Literaturzirkeln und Sprachunterricht nicht mehr für das Allernötigste. Ossietzky, der sich ein Jahr vordem für die unsichere Existenz eines freien Journalisten entschieden hat, muß einen demütigen Bittgang zur Hamburger Justizbehörde antreten und um Wiedereinstellung bitten: »Ich habe nun monatelang gegen diese ungünstigen Verhältnisse angekämpft ... So klein mein Haushalt auch ist, könnte ich ihn mit meinen jetzigen Einkommen kaum länger aufrechterhalten.«[38] Bis zum Juni 1916 arbeitet er wieder als Gerichtsschreiber, dann erreicht der Krieg auch ihn. Trotz seiner schwächlichen Konstitution wird er als Armierungssoldat – »Grabenschwein« im Soldatenjargon – zur Westfront eingezogen und muß Schützengräben ausheben. Seiner Frau erzählt er später, daß er beim Fahneneid als einziger den Schwur auf Gott verweigert habe, sei er doch Freidenker, Monist. Der Major habe ihn daraufhin angeschnauzt: »Sie gottloser Schweinehund, auch für Sie gilt der Fahneneid!«[39]

Berthold Jacob, ein Mitarbeiter Ossietzkys seit 1924, berichtet von einer zufälligen Begegnung mit dem Vize-Spieß in Ossietzkys Infanterieregiment 75. Der, obwohl ein »eingefleischter Monarchist« und Nationalist, »schwärmte geradezu von dem noblen Menschen, dem er in den Schützengräben der Westfront begegnet war« und der »niemals und keinem gegenüber aus seiner Überzeugung einen Hehl gemacht habe, daß dieser Krieg des Kaisers verbrecherisch sei«.[40] Ossietzky soll sogar Flugschriften gegen den Krieg verfaßt haben.[41] Bei den Blättern des Monistenbundes hat er weiterhin Schreibverbot. Erst Ende 1917, als die Siegeseuphorie in Deutschland einer allgemeinen Kriegsmüdigkeit Platz macht, werden Artikel von ihm in Carl Rieß' »Monatliche Mitteilungen des deutschen Monistenbundes« in Hamburg abgedruckt, zum Beispiel: »Drei Varianten über ein zeitgemäßes Thema.«[42]

Es geht um Variationen verlogener Kriegspropaganda. Aus dem Schützengraben parodiert er den einflußreichen Monistenführer Heinrich Peus, der zu Hause vollmundige Durchhalteparolen für den Krieg verfassen kann. »Wozu alles so schwer nehmen«, spottet Ossietzky, »wozu immer miesepetrig sein? So wie du die Welt anschaust, so schaut sie dich wieder an. Es gibt keine Situation, die nicht lebenswert gestaltet werden könnte. Gesetzt den Fall, Lieber, du hocktest im Granattrichter, halb betäubt von giftigen Dünsten – warum so miesepetrig? Jeder Situation läßt sich Reiz abgewinnen. Das beste ist schon, du machst unter der Gasmaske die Lippen spitz und flötest: ›Ja, wunderschön ist Gottes Erde und wert, darauf vergnügt zu sein ...‹« Ossietzky ruft die Monisten auf, sich von Peus zu distanzieren:

»Sollte dergleichen Anschauung im Bunde um sich greifen, dann täten wir besser, auf die zum Sternenhimmel lodernde Flamme als Symbol zu verzichten.«[43] Der beißende Spott dieser Zeilen trifft, verletzt. Peus verteidigt sich: Der Krieg – der immerhin schon über drei Jahre alt und fast verloren ist – sei »grandioser Kampf um große Ziele« und Herzensangelegenheit aller, die eine Höherentwicklung der Menschheit wollten. Aber er kann dem unbekannten jungen Angreifer nicht seine Anerkennung für den brillanten journalistischen Stil versagen.[44]

Ossietzky ist entrüstet über seinen Verleger Rieß, der ein »paar auserlesene Grobheiten« gestrichen hat, bevor er die Attacke des kleinen Ossietzky gegen Peus wagt.[45] Fürchtet er, der selbst große Worte über den Krieg als Wegbereiter der monistischen Idee verkündet, wirtschaftlichen Schaden für sein Blatt?

Dennoch ist Ossietzky froh, daß die Zeit der aufgezwungenen »Faulheit« vorbei ist und er wieder schreiben darf. Er ist in schlechter Stimmung, leidet unter dem ungewollten Soldatsein, das Unfreiheit bedeutet.[46] »Die Natur ist in die reizendsten Farben getaucht. Desto schwerer fällt die Unzulänglichkeit ins Gewicht, davon den richtigen Gebrauch zu machen ... Man hat das Gefühl, das alles wäre nicht mehr für einen gamacht ... Dabei habe ich eine ganz blödsinnige Reiselust; nur nicht im Transportzug.«[47] In Briefen an seine Frau klagt er über eine »melancholische, reizbare Laune«, die ihn vom Schreiben abhalte.[48] Doch nachdem sein Artikel gegen Peus Aufsehen erregt hat, ist auch der Antrieb zum Arbeiten wieder da.

Ossietzky drängt es danach, den gerade begonnenen Weg als politischer Journalist fortzusetzen, seiner »inneren Bestimmung« zu folgen. »Und die Unmöglichkeit, diesem innern Drange auch nur bescheiden gerecht zu werden, das ist die grauenvolle Tragik unserer Tage. Unnütz verströmt Energie überall. Der da möchte Kultur schaffen, möchte aufbauen – und muß mit seinem eisernen Ungetüm blühende Menschensiedlungen vernichten.«[49]

Jedermann weiß: Das Ende des Krieges steht kurz bevor. Der nationalistisch-militaristische Ideologienebel ist auf den Schlachtfeldern einer grausamen Ernüchterung gewichen. Breite Volksschichten sind gegen den Krieg und die Gesellschaftsordnung, die ihn hervorgebracht hat. In seinem Artikel »Ein Wort über Aktivismus«[50] sinniert Ossietzky über die Wirkung des Krieges auf die Menschen: Werden sie aktiv in das Geschehen eingreifen und die Welt umgestalten, oder werden sie sich, aller sogenannten Ideale von Gott, Kaiser und Vaterland beraubt, in die Innerlichkeit, das Privatleben zurückziehen? Ossietzky hofft auf den »Aktivisten«, der »gegen das blutige Chaos der Gegenwart rebelliert«. In diesem Sinne greift er ein in die programmatische Diskussion »Soll der Monistenbund politisch werden?«. Politik sei keine Frage des Willens, sie erreiche jeden, und sei es an der Front. Durch seine politische Abstinenz habe sich der Monistenbund mitschuldig gemacht am Kriege. Seine geistigen Führer in ihrem Elfenbeinturm der hehren Wissenschaft hätten die ideologische Kriegsführung des wilhelminischen Militarismus unterstützt. Im Namen einer imaginären wissenschaftlichen Weltanschauung hätten sie Beifall geklatscht zu dem sogenannten Fortschritt der Naturwissenschaften für die Kriegsproduktion und das »kalte Fachwissen« verwechselt mit der monistischen Idee vom »allgemeinen Wissen« über das Leben. Ergebnis: »Werkzeuge der Vernichtung«. Die Aufgabe der Monisten nach dem Kriege: »Wir müssen die Wissenschaft wieder menschlich machen.«

Die »suchende Seele« des Forschers müsse ihr Recht bekommen;[51] nicht allein, um die Welt zu erklären – um sie zu verändern! Ergründung der »Wahrheit« allein? Für was –? »Dicke Bücher! Literatur! Makulatur!«

Gedanken verkümmern im Raum des Akademischen, mögen sie dort auch zu höchster Verfeinerung und Vollendung gelangen. Ohne den »göttlichen Hauch« der Wirkung seien sie sinnlos, meint Ossietzky. Bald werde der »große Entscheidungskampf zwischen Fortschritt und Reaktion« ausbrechen: »... zwei Zeiten sich scheiden.« Und die Monisten sollten sich einmischen, die Tagespolitik mit geistiger Kraft beeinflussen – endlich Abschied nehmen von jenem trügerischen wissenschaftlichen Objektivismus, der alle Wirklichkeit so läßt, wie sie ist. Wenn man wirklich etwas verändern wolle, dann müsse man »eine ganze Persönlichkeit einzusetzen haben, und dazu gehört untrennbar ein Kopf, ein Herz und ein Temperament«.[52]

Solche warme Anteilnahme ist unvereinbar mit dem kühlen, distanzierten Intellektualismus der Monisten, von denen sich Ossietzky innerlich immer mehr entfernt, obwohl er noch bis 1922 für ihre Monatszeitschrift schreibt. Nach den Erfahrungen des Krieges ist es ihm »unerträglich«, für eine Bewegung zu arbeiten, »die ihren eigenen Konsequenzen aus dem Wege geht« und darauf verzichtet, Wissen in Tat umzusetzen.

4

Sehnsucht nach Frieden

Organisierter Pazifismus und »Nie-wieder-Krieg!«-Bewegung

Der 11. November 1918, die »weiße Sekunde« (Leonhard Frank) der Menschheit. »Wie heiß haben wir nicht die Stunde ersehnt, die den Kriegsgott stürzen sollte. Wie hat sich unsere Sehnsucht nicht diese große Wende vorgestellt! Die Krieger zerbrechen ihre Schwerter, zertrümmern die Kanonen und nach Unzeiten trennenden Hasses verlieren die Grenzen der Länder ihre unheimliche Kraft.«[1] Das sind Ossietzkys Erinnerungen an den Tag des Waffenstillstands von Compiègne, den er selbst noch irgendwo an der Westfront erlebt. Deutsche, Franzosen, Belgier – alle wollen den Frieden, als sie an den Tausenden und Tausenden von weißen Kreuzen in Nordfrankreich vorbei in ihre Heimat ziehen. Doch Ossietzkys Traum von einer Verbrüderung der Menschheit, einem ewigen Weltfrieden, ist eine Illusion ebenso wie die Hoffnung auf den Völkerbundgedanken, die uralte Idee vieler Kulturvölker.[2] Das Kriegsende bedeute »hart und eindeutig: Sieg der einen Koalition über die andere! ... Die Völker, nach Entwaffnung, nach Ruhe verlangend, bleiben weiterhin angespannt, aufgeputscht, von neuem wird ihr natürliches Gefühl, das Vereinigung will und nicht Trennung, von nationalistischem Geschrei übertönt und irregeführt.«[3] Der Versailler Vertrag ist für ihn ein »trauriges Friedensdokument«, das nur neuen Haß hervorbringen könne. Schuld seien die Politiker, denen es einzig und allein um nationale wirtschaftliche Vorteile im Sinne ihrer eigenen Machterhaltung gehe.[4]

Die krisengeschüttelte deutsche Nachkriegswirtschaft kann sich bei den hohen Reparationsforderungen der Entente-Mächte – 20 Milliarden Reichsmark sofort, 132 Milliarden insgesamt – nicht erholen. Inflation, Arbeitslosigkeit, Armut und Not überall – ein guter Nährboden für die revanchistische Propaganda der Reaktion. Schuld an allem sollen plötzlich die Siegermächte mit ihrem »Schanddiktat von Versailles« und die »Erfüllungspolitiker« der jungen Weimarer Republik sein. Der Zentrumspolitiker Matthias Erzberger hat den Waffenstillstandsvertrag unterzeichnet, kein General. Für Ossietzky ist das ein unverzeihlicher Fehler, der es den deutschen Militärs erlaube, sich jeder Verantwortung zu entziehen.[5] Sie fühlen sich nicht für die Niederlage verantwortlich. Vielmehr hetzen sie gegen die Pazifisten, Demokraten und die gesamte Linke, die der Armee mit der Novemberrevolution 1918/19 in den Rücken gefallen seien und eine unnötige Kapitulation erzwungen hätten. Die Dolchstoß-Legende ist geboren, und die deutschnationale Hugenberg-Presse verbreitet sie im Namen des »grollenden Wotans«, Generalfeldmarschall Hindenburgs, und der mächtigen Reichswehrgeneräle.[6] Ossietzky resümiert im »Völkerfrieden«, dem Organ der Deutschen Friedensgesellschaft (DFG): Das Kriegsende bedeute nicht den Grenzstein, sondern nur eine Etappe in der neuen Zeit, für die Köpfe und Herzen der Menschen erst zu gewinnen seien: »Wir müssen den Mut zu absolut neuen Methoden finden«, die »Barrieren des Hasses« beseitigen mit Hilfe des Rechtsempfindens der Völker.[7] Noch wurzelt Ossietzkys Pazifismus in der monistischen Ethik. Der Weg zum ewigen Weltfrieden führt in seiner Vorstellung über die Erziehung der Menschen zur Vernunft, über die Durchsetzung der Köpfe mit neuem Geist, über die Friedenserziehung.[8] Er stürzt sich wieder in die Arbeit, wird Sekretär der Deutschen Friedensgesellschaft[9], auf deren erstem Kongreß im September 1919 in Berlin er das Protokoll führt. In die schnell aufflammenden Richtungskämpfe zwischen revolutionären, radikalpazifistischen und bürgerlichen Strömungen greift er – noch – nicht ein. Doch im Vorwort des Protokolls zieht er eine hoffnungsvolle Bilanz: »... ohne den Pazifismus geht es in Deutschland nicht mehr, ohne die tätige Mitwirkung des pazifistischen Geistes ist eine deutsche Neugestaltung nicht denkbar.«[10]

Er widmet sich mit Schwung der redaktionellen Gestaltung der »Mitteilungen der Deutschen Friedensgesellschaft«, für die er von Januar bis September 1920 verantwortlich zeichnet[11] – da finden sich neben trockenen Berichten über Veranstaltungen und Versammlungen auch aktuelle Literaturrezensionen »Vom Büchertisch« und Kommentare über die Todesstrafe oder die Frauengleichberechtigung. Häufiges Thema ist die rechtsradikale Studentenbewegung, die das politische Klima an den Universitäten bestimmt und Hetzjagden auf Pazifisten veranstaltet. Den pazifistischen Medizinprofessor Georg Friedrich Nicolai[12] terrorisieren sie so lange, bis er schließlich in die Vereinigten Staaten emigriert. Das ist 1920. Der rechte Terror macht sich breit in Deutschland.[13]

»Schön und ehrenvoll ist es in Deutschland, Pazifisten über den Haufen zu schießen«, kommentiert Ossietzky sarkastisch, als auf einer Berliner Vortragsveranstaltung mit Hellmut von Gerlach der junge Pazifist Erich Knüppe ermordet wird.[14] Trauer spricht aus dem Bericht über den Tod des Friedenskämpfers und Afrika-Reisenden Hans Paasche, der von Soldaten »auf der Flucht erschossen« worden ist. Ein parteiloser Idealist für den Frieden, der immer wieder die einfache menschliche Frage gestellt habe: »... duldest du, daß noch getötet wird?« Empörend sei der Versuch der Verantwortlichen, den Mord zu vertuschen und Paasche als schwachsinnig und als Kommunisten zu diffamieren.[15]

Aber trotz allen Engagements bleibt die Wirkung des Mitteilungsblattes gering, denn es hat nur einen kleinen Verbreitungskreis.

In der Friedensgesellschaft stehen Prinzipienstreitereien auf der Tagesordnung, die Ossietzky für falsch und selbstzerstörerisch hält. Auf der »Kassler Generalversammlung« der Deutschen Friedensgesellschaft im Oktober 1919 brechen sie auf.[16]

Da sind zunächst die prominenten Pazifisten der Vorkriegszeit um Ludwig Quidde[17] und Walther Schücking.[18] Sie lehnen militärische Gewalt nicht prinzipiell ab, sondern halten Verteidigungskriege für legitim. Die alleinige Verantwortung Deutschlands für den Ersten Weltkrieg stellen sie in Frage und fordern zuerst und vor allem die Revision der Kapitulationsbedingungen von Versailles. Sie setzen auf die staatstragenden demokratischen Parteien, insbesondere auf die Deutsche Demokratische Partei (DDP) und auf eine internationale Friedensordnung auf Grundlage des Völkerbundgedankens. Dafür nehmen sie die englische »Rollback«-Politik gegen die Sowjetunion in Kauf.

Dagegen die radikalen Pazifisten. Sie lehnen Aufrüstung und Krieg grundsätzlich ab. Gewaltlosigkeit schlechthin ist ihr Anliegen und die endgültige Abschaffung der Wehrpflicht in Deutschland ihre Hauptforderung. In der Aussöhnung mit Frankreich sehen sie die Hauptaufgabe der deutschen Pazifisten.

Ihnen fühlt sich Ossietzky in dieser Zeit am ehesten zugehörig: »Es ist grausig und schmachvoll, daß ein Mensch den andern tötet. ... Die Menschheit krankt an der Gewalt.« Aufgabe der Pazifisten sei es zuerst und vor allem, die Menschen für die Idee der Gewaltlosigkeit zu gewinnen.[20]

Die Erfahrungen des Ersten Weltkrieges haben Ossietzky zu einem prinzipiellen Gewaltgegner gemacht; er lehnt Bürgerkriege ebenso ab wie Völkerkriege. Eben das trennt ihn von der revolutionären Arbeiterbewegung. Deren Gewaltideologie könne immer nur neue Gewalt hervorbringen, an der Republik und Sozialismus schließlich verdürben. Sozialistische und bürgerliche Demokraten müßten den »geistigen Kampf« für eine friedliche – evolutionäre – Entwicklung der Republik dagegensetzen.

Unter dem Eindruck der nationalen Befreiungsbewegungen in Asien und Afrika gegen die übermächtigen fremden Unterdrücker relativiert Ossietzky seine Position. Sun Yatsens Kuomintang vergleicht er mit dem Heer der Französischen Revolution gegen die Koalitionsarmee. Gewaltlos, mit den Waffen der Demokratie, könne das chinesische Volk sich niemals der imperialistischen Diktatur erwehren. Völkerbund, Pazifismus und Humanität könnten kein Maßstab sein für die Unterdrückten der Welt.[21] Und was ist mit Gandhi, der den gewaltfreien Widerstand gegen die Gewalt verkündet und das indische Volk in die Freiheit geführt hat? Der ist für Ossietzky ein Revolutionär vom Range Lenins oder Sun Yatsens, Vorbild in allem, Denker und Träumer, Praktiker und Organisator zugleich. Er sei immer beispielhaft, ob er die Reformen gegen das Kastenunwesen durchsetzte »oder schweigend in das Gefängnis der Engländer geht«. Und – das sei Glück des indischen Volkes: Kein Napoleon, »die sanfte Stimme Mahatma Gandhis« verkünde die Revolution ohne Gewalt.[22]

Eine dritte Gruppe in der Friedensgesellschaft sind die »Revolutionären Pazifisten«, zu denen Kurt Hiller[23] und Helene Stöcker gehören. Sie glauben, daß der ewige Friede erst durch die sozialistische Revolution gesichert werden könne. Einer Arbeiterpartei schließen sie sich indessen nicht an. Bei den Sozialdemokraten vermissen sie den revolutionären Geist und bei den Kommunisten eigentlich auch. Die richten sich ihrer Meinung nach mehr nach den sowjetischen Interessen als nach denen der deutschen Arbeiter.[24]

Auf der »Kasseler Generalversammlung« vertritt Ossietzky gemeinsam mit Professor Nicolai das neue Pazifistenprogramm, das erste nach dem Kriege. Während der Mediziner den Pazifismus als Gesinnungsmoral beschwört, betont Ossietzky das »Erziehungsproblem«. Das sei die Hauptaufgabe der Friedensgesellschaft, ungeachtet aller inneren Differenzen: den Willen der Menschen zum Frieden bestärken.

In diesem Sinne läßt er sich auf eine offene Konfrontation mit dem Präsidenten Quidde ein. Der konstatiert als Repräsentant der bürgerlichen Fraktion der DFG die Mitschuld aller beteiligten Nationen am Ersten Weltkrieg. Deshalb will er die Forderung nach einer Revision des Versailler Vertrages »auf friedlichem Wege« im Pazifistenprogramm verankern. Dagegen setzt Ossietzky eine Resolution, die den Friedensgedanken ins Zentrum stellt. Ihn in die Köpfe und Herzen der Menschen zu säen, das sei die vordringliche Aufgabe der Friedensbewegung, das allein könne Deutschlands Ansehen in der Welt wieder erhöhen. Der Aufruf wird angenommen.[25]

Ansonsten berichtet der »Sekretär« Ossietzky eher protokollarisch-trocken über die Streitpunkte des Kongresses: daß die Versammlung sich gegen das Votum der DDP-nahen bürgerlichen Pazifisten um Quidde für eine grundsätzliche Ablehnung der allgemeinen Wehrpflicht in Deutschland ausgesprochen habe und damit gegen jede Art von Krieg, auch gegen den Verteidigungskrieg. Bei der Darstellung der Diskussion über die Kriegsschuldfrage bleibt der Protokollführer nicht sachlich-distanziert, sondern läßt eigene Meinung durchblitzen: In der »Beurteilung des Schuldmaßes, das die Machthaber des alten imperialistischen Deutschlands« am Kriege treffe, hätten die deutschen Pazifisten sich nicht einigen können, wohl aber in dem Wollen, diese Frage rücksichtslos zu klären. Aus einer abschließenden Erklärung zum Protokoll spricht der politische Optimist Carl von Ossietzky: Die »Kasseler Generalversammlung« habe bei allen Zwistigkeiten wieder das pazifistische »Urgefühl«, die ideelle Forderung nach Frieden – das Gemeinsame – in den Vordergrund gestellt. »Wer Haß, Rachsucht, Eigensucht besiegen will, der muß im Innersten glühen, und so stark glühen, daß alles Unedle in ihm zergeht.«[26]

Seine allzu hohen Erwartungen werden bald enttäuscht. Zwar wächst die Friedensgesellschaft mit zeitweise über 30000 Mitgliedern bald zur mitgliederstärksten Pazifistenorganisation der Nachkriegszeit, aber ihre Mitglieder bleiben zerstritten. Endlose, aufreibende Grundsatzdiskussionen lähmen den Friedenskampf. Alle Energien richten sich nach innen. Dagegen Ossietzky: »Was wir Pazifisten heute brauchen, ist Wirkung.«[27] In diesem Sinne schreibt er ein paar hoffnungsvolle Zeilen an Alfred Fried[28], den Begründer der Friedensgesellschaft, als der 1920 die Rückkehr aus dem Schweizer Exil mitsamt der pazifistischen Zeitschrift »Friedens-Warte« ankündigt. Ihm als Verkörperung pazifistischer Ideale traut Ossietzky zu, das »Knäuel zu entwirren«[29] und die verschiedenen Gruppen zu vereinigen. Doch der alte Mann zieht sich bereits nach kurzer Zeit, enttäuscht über die Zerstörung seiner Hoffnung auf eine ewige Friedenssicherung durch den Völkerbund, aus der Friedensbewegung zurück. Er stirbt 1921 in Wien.

Ossietzky ist als Sekretär der Friedensgesellschaft nicht glücklich. Meinungsverschiedenheiten mit Quidde, von dem er sich eher als persönlicher Angestellter denn als selbständiger Organisationssekretär behandelt fühlt, vergiften die Atmosphäre. Büroarbeiten und innere Verbandsquerelen sind nicht seine Sache, es drängt ihn nach außen, nach Wirkung. Deshalb kündigt er zum zweiten Mal eine sichere Stellung und arbeitet ab Juni 1920 wieder als Journalist, diesmal bei der linksliberalen »Berliner Volkszeitung« vom Mosse-Konzern, wird ihr außenpolitischer Redakteur. Mit seinen politischen Leitartikeln, die bis 1924 das Gesicht der Zeitung prägen, kämpft er für eine friedliche Außenpolitik der jungen Republik und gegen ihre Feinde von rechts.

Je weiter sich die politische Wirklichkeit in Deutschland von seinen pazifistischen Träumen entfernt, desto näher kommt er der Arbeiterbewegung. »So arm« sei es gar nicht, das »arme Deutschland«, auch nach dem Versailler Vertrag nicht. Da sei noch genug Reichtum jener, die »niemals maßloser verdient haben als jetzt, in dieser Zeit ›größter Erniedrigung‹«. Die sollten selbst für den Krieg bezahlen, den sie angezettelt hätten. Arbeiter und Mittelstand würden genug Lasten tragen. Die Siegermächte aber sollten sich die Illusion abschminken, »daß der deutsche Arbeiter sich dauernd (...) dazu hergeben wird, für den Kapitalismus der ganzen imperialistischen Welt zu schuften«.[30]

Die Aufrüstung ist weltweit, vor allem die Arbeiter müssen sich dagegen wehren. In diesem Sinne nimmt Ossietzky endgültig Abschied von den organisierten Pazifisten, als auf dem Pazifistenkongreß von 1924 wieder fruchtlose Grundsatzdebatten die Szene beherrschen. Einmal mehr geht es um die Frage: Sollen sich die Pazifisten in die Politik einmischen? »Der deutsche Pazifismus war immer illusionär«, schreibt Ossietzky seinen ehemaligen Gesinnungsgenossen in »Das Tagebuch«. Er sei »gesinnungsbesessen, argwöhnisch gegenüber den Mitteln der Politik! ... Das Volk blieb immer beiseite ... der Pazifismus muß politisch werden und nur politisch. Die notwendigste Idee unserer Zeit darf nicht zum Steckenpferd kleiner Prinzipienjockeys werden. Der Weg zum Volk muß gefunden werden, damit das deutsche Volk endlich wieder den Weg zu den Völkern findet.«[31]

Er findet diesen Weg in der »Nie-wieder-Krieg«-Bewegung, der einzigen pazifistischen Massenbewegung der Weimarer Zeit. Sie wird organisiert vom »Friedensbund der Kriegsteilnehmer« (FdK), den er im Oktober 1919 gemeinsam mit Karl Vetter und Otto Nuschke von der »Berliner Volkszeitung« gründet.[32] Auch Kurt Tucholsky ist dabei. Massendemonstrationen an jedem Jahrestag des Kriegsausbruches sollen fortan daran erinnern, daß dieser Tag nicht den Anbruch einer neuen Zeit, sondern Elend und Massenmord bedeutet hat. »Nie wieder Krieg!« heißt die Parole, unter der sich alljährlich Hunderttausende – Gewerkschafter, Frauenverbände, Kriegsopferorganisationen, Sozialisten und bürgerliche Pazifisten – sammeln. Käthe Kollwitz zeichnet das Plakat dazu; jene Frau, die ihren Arm zum Friedensschwur erhebt. Ossietzky zeichnet ab November 1921 verantwortlich für die Schriftleitung des kleinen Mitteilungsorgans »Nie wieder Krieg«, in dem er regelmäßig Artikel veröffentlicht. Er schreibt und verteilt Flugblätter, hält Reden und Kundgebungen. Er ist kein Volkstribun, aber mit der leisen Intensität seiner Überzeugungskraft zieht er die Zuhörer von der ersten bis zur letzten Minute in seinen Bann.[33] Auch Maud beteiligt sich an den Demonstrationen.

Ossietzkys Bilanz nach drei Jahren »Nie wieder Krieg!«: Viele Menschen, auch aus der sozialistischen Arbeiterbewegung, seien für die Friedensidee zu gewinnen. »Kein nationales Banner, kein Sowjetstern kann verhindern, daß die Sehnsucht nach Frieden in den Massen spontan durchbricht, wenn durchaus undoktrinär und überparteilich ein ganz schlichter unmißverständlicher Satz an die tiefsten menschlichen Wünsche rührt...«[34]

Nie wieder Krieg! – ? Die Friedensbewegung ist viel zu schwach. Sie kann nicht verhindern, daß sich die allgemeine Empörung über das Versailler Friedensdiktat unter dem Einfluß der Hugenberg-Presse allmählich zu einem nationalistisch-revanchistischen Klima in Deutschland verdichtet. Illegale Militärverbände unter Kapp und Lüttwitz putschen gegen die Republik. Ihre Hintermänner in der Reichswehrführung werden nicht zur Verantwortung gezogen. Die sogenannten Erfüllungspolitiker Erzberger und Rathenau fallen Mordanschlägen zum Opfer. Die Generäle sind unzufrieden mit dem stehenden Hunderttausendmannheer, das der Friedensvertrag vorschreibt. Heimlich unterstützen sie die rechtsradikalen studentischen Freikorps und die illegale Schwarze Reichswehr. In der rotten sich ehemalige Berufssoldaten, ruinierte Kleinbürger und Arbeitslose zusammen – Menschen, die in der Nachkriegs- und Inflationszeit ihre Existenz verloren haben und sich an der Republik rächen wollen. Angeführt werden sie von Veteranen des Ersten Weltkrieges, die keinen Platz im legalen Heer bekommen haben. Auf das Konto der Schwarzen Reichswehr gehen zahllose Gewalttaten, Fememorde, Putschversuche. 1923 proben ihre Verbände unter Leitung der ehemaligen Offiziere Schulz und Buchrucker in Küstrin den Aufstand gegen die Demokratie. Im selben Jahr scheitern Hitler und General Ludendorff in München mit ihrem faschistischen Putschversuch. Mörder und Putschisten werden – wenn überhaupt – zu milden Strafen verurteilt, oft schon nach kurzer Haft begnadigt. Auch Hitler. Ihre Verbündeten aus der Reichswehr werden nicht behelligt.

Carl von Ossietzky um 1916.
Auf dem oberen Rand sind die Zeilen zu lesen:
»Diesen liebenswürd'gen Jüngling kann man nicht
genug verehren. Heine.«

Kinderbildnis.
Carl von Ossietzky wurde am 3. Oktober 1889 in Hamburg geboren.

Der Vater Carl Ignatius von Ossietzky (1848–1891) war der Sohn des Kreisbeamten Carl von Ossietzky, Groß-Strehlitz (Oberschlesien). Der Zeitpunkt seiner Übersiedlung nach Hamburg ist nicht bekannt.

Rosalie galt als ›polnische Schönheit‹. Sie zählte gerade 23 Jahre, als sie am 20. April 1889 in Hamburg den 18 Jahre älteren Carl Ignatius heiratete. Ihre Eltern lebten davon, daß sie Zimmer ihrer bahnhofsnahen Wohnung untervermieteten.

Die Mutter Rosalie Marie (1866 – 1920) im Kreise ihrer Angehörigen, der Familie Pratzka aus Beuthen (Oberschlesien). Von links nach rechts: Gottlieb Pratzka, der Vater Emil Pratzka, Rosalie, Olga, die Mutter und eine Tante.

Carl von Ossietzky als Jugendlicher.

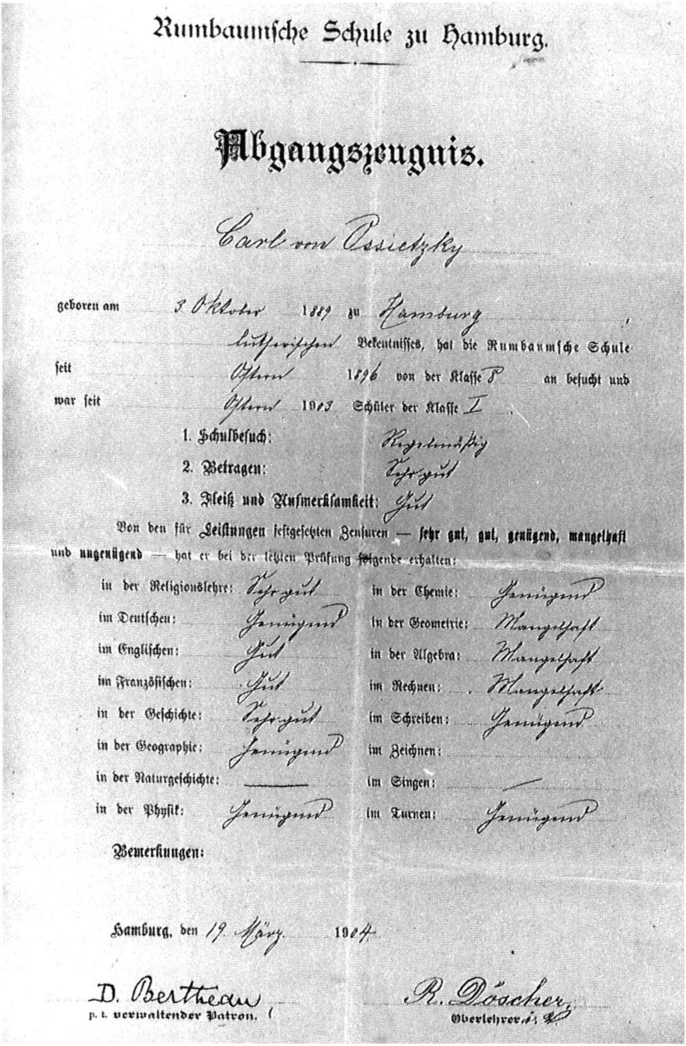

Rumbaumsche Schule zu Hamburg.

Abgangszeugnis.

Carl von Ossietzky

geboren am 3. Oktober 1889 zu Hamburg,
lutherischen Bekenntnisses, hat die Rumbaumsche Schule
seit Ostern 1896 von der Klasse 8 an besucht und
war seit Ostern 1903 Schüler der Klasse I.

1. Schulbesuch: Regelmäßig
2. Betragen: Sehr gut
3. Fleiß und Aufmerksamkeit: Gut

Von den für Leistungen festgesetzten Zensuren — sehr gut, gut, genügend, mangelhaft und ungenügend — hat er bei der letzten Prüfung folgende erhalten:

in der Religionslehre:	Sehr gut	in der Chemie:	Genügend
im Deutschen:	Genügend	in der Geometrie:	Mangelhaft
im Englischen:	Gut	in der Algebra:	Mangelhaft
im Französischen:	Gut	im Rechnen:	Mangelhaft
in der Geschichte:	Sehr gut	im Schreiben:	Genügend
in der Geographie:	Genügend	im Zeichnen:	
in der Naturgeschichte:	—	im Singen:	—
in der Physik:	Genügend	im Turnen:	Genügend

Bemerkungen:

Hamburg, den 19. März 1904

D. Bertheau
p. t. verwaltender Patron.

R. Döscher
Oberlehrer i. V.

Abgangszeugnis
der Rumbaumschen Schule in Hamburg für
Carl von Ossietzky, 19. März 1904

Ossietzky erkennt: Pazifismus ist zuerst und vor allem Antimilitarismus, Schutz der Republik vor ihren ärgsten Gegnern, den Militärs – vor der Züchtung von Nationalismus und Kriegsbegeisterung, vor dem Einzug des Militärischen in die Politik. Viele Jahre später unterstützen die Generäle die Nationalsozialisten bei ihrem Weg zur Macht, und Ossietzky zieht eine »Blutlinie« von den Morden an Rosa Luxemburg und Karl Liebknecht über Kapp, Buchrukker und die Ministerattentate der Schwarzen Reichswehr bis zu Hitler und den Straßenschlachten der SA, die niemand verhindert habe.[35]

»Gasangriff auf Hamburg« – im Mai 1928 werden auf dem Hamburger Hafengelände Tanks mit Giftgas entdeckt, die ausreichen würden, ganz Norddeutschland in eine tödliche Wolke zu hüllen, eine Erfindung des Chemikers Stolzenberg. Ihr »rechtmäßiger« Besitzer ist nicht auszumachen. Klar ist nur: Die Reichswehr hat die Hand im Spiel. Für Ossietzky eröffnet der Skandal die Vision eines zukünftigen Krieges: » – So wird der nächste Krieg sein! So wird es sein!... Friedliche Menschen werden plötzlich mit verzerrten Gesichtern hinsinken, andre, die sich durch Flucht zu retten suchen, sich durch die eilende Bewegung nur schneller erschöpfen und mit giftgedunsenen Lungen fallen.«

Wer protestiert? Die bürgerlichen Parteien nicht, aus außenpolitischer Rücksichtnahme. Die Kommunisten auch nicht. Sie halten Giftgas für notwendig, zum Schutz der Sowjetunion gegen den Weltimperialismus und zu medizinischem Nutzen. Für Ossietzky ein peinliches Zeugnis mißverstandener Moskautreue und ein Verrat am KPD-Gründer Liebknecht, der doch inmitten eines kriegshysterischen Landes aufgestanden sei »gegen den Krieg, gegen den Krieg!«[36]

Und die Pazifisten? Die zerstritten sich fern von aller Wirklichkeit um einem Krieg, den es nie mehr geben würde. Was wollten sie mit ihrer Forderung nach individueller Kriegsdienstverweigerung und papiernen Friedensverträgen, wenn überall in der Welt Giftgas gegen Menschen produziert würde? Gegen den Militarismus gäbe es nur einen

Weg: Die »Höllennester« der Rüstungsproduktion müßten ausgehoben werden! Erst dann sei der Frieden sicher, wenn niemand mehr am Krieg verdienen könne. Die Gewerkschaften müßten dazu bewegt werden, eine Rüstungskontrolle in den Industriebetrieben durchzusetzen. Das, das vor allem, sei Aufgabe der Pazifisten.

Aber die organisierte Friedensbewegung geht eigene Wege. »Unselig sind die Friedfertigen« – kommentiert Ossietzky ihre endgültige Spaltung im Jahre 1929. Die Gruppe um den radikalpazifistischen Herausgeber der Zeitschrift »Anderes Deutschland«, Fritz Küster, hat Ludwig Quidde und Helene Stöcker aus dem Vorstand der DFG herausgedrängt und sich zur politischen Alleinherrschaft aufgeschwungen. Ossietzky sympathisiert eigentlich mit ihm und seinen »Radikalen«, die den Weg zum Volk, in die Parteien, Gewerkschaften und Wohnorte suchen – die sich als Aktivisten verstehen. Aber die Trennung von den Bürgerlichen hält er für sektiererisch. Das bedeute das politische Abseits für die Pazifistenorganisation. Massenaustritte seien die Folge.

»Man hat den Rock so gründlich gereinigt, daß beide Ärmel dabei abgegangen sind«, wirft Ossietzky den Eiferern vor. Sie seien mit ihren radikalen Forderungen ebenso antiquiert wie die verstoßenen bürgerlichen Pazifisten aus der Vorkriegszeit. Sie starrten nur und nur auf den deutschen Militarismus und sähen nicht, wie in aller Welt gerüstet werde. Ossietzky appelliert an die Friedenskämpfer, sich doch noch einmal zu sammeln und ohne radikale oder liberale »Wolkenkuckucksheimereien« ein zeitgemäßes Programm aufzustellen.[37]

Vergeblich, die DFG unter Küster manövriert sich bis 1933 immer weiter in die Isolation hinein. Ihre Mitgliederzahl sinkt von 30000 auf 5000. Eine Merkwürdigkeit begleitet die Kämpfe in der DFG. Die Gruppe Küsters erhebt 1927 das »Andere Deutschland« gewissermaßen zur Pflichtlektüre. Alle DFG-Mitglieder müssen das Blatt abonnieren, wenn sie sich nicht binnen eines Jahres für eine andere pazifistische

Zeitung wie die »Friedens-Warte« entschieden haben. In den Jahren nach dem Spaltungskongreß kommt es immer wieder zu Auseinandersetzungen zwischen Küster und Ossietzky. 1932 veröffentlicht der Herausgeber des »Anderen Deutschland« Einzelheiten aus dem geheimen Landesverratsprozeß gegen Ossietzky, die dessen entflohener Mitangeklagter Kreiser an eine nationalistische französische Zeitung verkauft hat. Damit bringt er den Weltbühnen-Leiter in Gefahr, erneut wegen »Verrats« verdächtigt zu werden. In einem Brief an Tucholsky bezeichnet Ossietzky den Pazifistenführer deshalb als »rüden Geschäftsmann«, der ihn stets als unbequemen Konkurrenten behandelt habe.[38]

In seinem Artikel »Rechenschaften«[39] vor Antritt seiner Gefängnishaft im Jahre 1932 resümiert Ossietzky, daß der organisierte Pazifismus nur eine »knappe Episode« in seinem Leben bedeutet habe und er »mit den meisten von seinen Führern seitdem verzankt« sei. Nicht gebrochen hat er mit dem Pazifismus als ethische Haltung, als Maßstab, mit dem er auch und gerade die Arbeiterbewegung und ihre Organisationen mißt. Die aber seien es, die allein den Friedensgedanken durchsetzen könnten, gegen die Macht der Militärs und der Rüstungsindustrie, die im Schoße einer sogenannten Republik wirken dürften. Einer Republik, die niemals die wahre Demokratie gewagt habe.

5

Hoffnung auf Demokratie

Revolution, Republik und Bürger

»Das arme Deutschland! Das ärmste Land unter der Sonne ...« schreibt Ossietzky – im Stil der traditionellen Deutschland-Klagelieder Hölderlins und Heines – in seinem ersten Artikel nach dem verlorenen Krieg. Und doch: »... das reichste Land. Das reichste an Hoffnungen und günstigen Möglichkeiten.«[1]

Offen scheint es dazuliegen, bereit für eine neue Zeit ohne die alten Mächte aus der Kaiserzeit. Die seien endgültig zusammengebrochen, meint der Idealist, und mit ihnen der kapitalistisch-bürgerliche Geist. Ist der Weg in Ossietzkys Sehnsuchtsland wirklich frei? Er glaubt fest daran. Doch er fühlt sich nicht als »Held der Barrikade«. *Schreiben will er* für die Revolution.[2] Die hat für ihn nichts gemein mit parteidogmatisch festgefügten Strategien des Klassenkampfes. Ihr Wesen sei spontane Handlung der Unterdrückten. Die revolutionären Energien und Ideen ganz verschiedener politischer Richtungen müßten zusammenfließen für das gemeinsame Ziel, die Demokratie. Unvermeidlich, daß zunächst ein Chaos daraus wachse, das Chaos der Sehnenden und Suchenden.[3]

Die Ideen der anarchistischen Intellektuellen der Nachkriegszeit schwingen mit, wenn Ossietzky seine Vorstellung von Revolution beschreibt: »... lieber dem irrenden Faust auf dem Blocksberge gleich, ... taumeln zwischen Reue und Verlangen«, als kleinliche Zielbewußtheit, die keine großen Ideale kenne. Lieber auch als die bürgerliche Ordnungsliebe der Realpolitiker, die immer nur das kleine Mögliche täten, Hoffnung und Kraft der nach Frieden und Gerechtigkeit Hungernden mißachten.[4]

Die alte Zwangsorganisation Staat lehnt er ganz und gar ab. Im Sinne des Kantschen Menschen- und Gesellschaftsideals der Aufklärung will er das Zusammenleben der Deutschen »aus Erkenntnis, aus Wissen, aus freier Wahl«. Die Novemberrevolution betrachtet er deshalb nur als kurzes »Heldenschauspiel«, aus der eine evolutionäre Entwicklung werden müsse, eine Reformation, eine »Durchsetzung der Köpfe mit neuem Geist«.[5] Neue Menschen braucht die Republik, fähig zur Freiheit. In seiner monistischen Flugschrift »Der Anmarsch der neuen Reformation« proklamiert Ossietzky sein Programm für die Demokratie:

»Wir müssen den Menschen schaffen, der über keine Tradition mehr stolpert!

Wir müssen den Menschen schaffen, dem kein Staat, keine Partei mehr befehlen darf: Du sollst töten! oder: Du sollst dich töten lassen!

Wir müssen den Menschen schaffen, der nicht mehr die Geißel des Hungers kennt (...)

Wir müssen den autonomen Menschen schaffen, durch nichts gebunden als durch das Bewußtsein, daß Millionen sein Schicksal teilen.«[6]

Die junge Republik, meinte Ossietzky, bringe die Freiheit dafür, und die Verfassung schaffe die äußere Form. Aber was ist mit der sozialen Revolution, dem Sozialismus?

Nach dem großen Krieg wähnt Ossietzky die kapitalistische Ausbeuterordnung ebenso zerstört wie den Militärapparat und den autoritären Staat. Er fühlt sich als Sozialist. Das armselige Leben der Arbeiter einerseits und das Luxusdasein der Besitzenden andererseits sind unvereinbar mit seinem bürgerlichen Gerechtigkeitsideal, deshalb: Die Ausbeutung von Menschen durch Menschen müsse beseitigt werden, aber im Rahmen der Republik. Als Anhänger der monistischen Entwicklungsidee denkt Ossietzky, die bürgerliche Demokratie ermögliche die evolutionäre Überwindung des Kapitalismus, dessen Stunde mit dem verlorenen Weltkrieg geschlagen habe.

Aber der Sozialismus könne nicht »wie Athene aus dem Haupte des Zeus« steigen, er müsse allmählich wachsen, emporgetragen von der uralten Sehnsucht der Menschen nach sozialer Gerechtigkeit: »Das ist nicht utopisch, das ist möglich ...« Demokratie und Sozialismus bedingen einander?

Dieser Glaube trennt ihn von der »profunden soziologischen Erkenntnis« jener »orthodox Rußlandgläubigen«, die ihre »sozialistische Ordnung in einer Achtelpause durchführen möchten«.[7] Er nennt sie Revolutionshysteriker, die sich an jeder Laterne in Szene setzen müßten und Weltgeschichte machen wollten, die nur in Ewigkeitsmaßen rechnen könnten und keinen Sinn mehr hätten für die Wirklichkeit und ihre Menschen: »Der Revolutionär ringt mit seinem Popanz.«[8] Das erinnert an das Revoluzzergedicht von Erich Mühsam,[9] nur: Der bezieht sich auf die zaudernden, aber wortgewaltigen sozialdemokratischen Funktionäre vor dem Krieg.

Der ärgste Feind der Revolution ist für Ossietzky: »Herr Durchschnittsmensch« – der Kleinbürger. Der sei unsterblich, ein Siegertyp. »Er hat alle Erschütterungen der Weltgeschichte überlebt, ist immer Gaffender gewesen, niemals Erlebender, immer Zeuge, niemals Blutzeuge.« In jeder Krise habe er Wege gefunden, seine Gesundheit zu bewahren und seine Taschen zu füllen. »Ob er auch diesmal der Lachende bleibt?«[10]

Ein Jahr später meldet Ossietzky »Des Bürgers Wiederkehr«.[11] Der preise wie eh und je das ewig Gestrige und zetere gegen Republik, Inflation, Sittenverfall und Kirchenaustritte. Noch immer sehne er sich nach der spießbürgerlichen Idylle, nach dem Gleichmaß der Mittelmäßigkeit. Er hasse das Ungewöhnliche, fürchte das Erlebnis, gehorche jeder

Autorität und ducke sich vor der staatlichen Macht, gleich wer sie trage. Er trete nur herdenweise auf, nie als Einzelperson. Je mächtiger er werde, desto mehr präge er die Republik, die er nicht wolle. Er sei nicht Vertreter seiner Klasse, sondern einer bestimmten Denkweise und Mentalität, Produkt jahrhundertealter kleinbürgerlicher Erziehung. »Wir müssen eilen, schon wächst er von Tag zu Tag.«[12] Dieser Spießbürger ist es, der zehn Jahre später in Scharen dem Scharlatan Hitler hinterherrennt. Nichts hat er gelernt, nichts verstanden von den gesellschaftlichen Ursachen der Wirtschaftskrise und der eigenen Not. Deshalb sitzt er einer dummen, barbarischen Heilslehre auf, deren Boden bereits in der Kriegs- und Nachkriegszeit bereitet wird. Die wachsen kann aus der »Geistessturheit und politischen Ahnungslosigkeit jener versackenden Kleinbürgerklasse«.[13]

Seit 1919 kommentiert Ossietzky fast jeden Monat die politischen Ereignisse in Deutschland, weiterhin für Carl Rieß' »Monistische Monatshefte«. Sein Pseudonym verrät die innere Verbindung zur christlichen Tradition: Thomas Murner[14] – der eigensinnige und lebensfrohe Franziskanermönch der Lutherzeit, der mit bissigen Moralsatiren, Paraphrasen und Spottpredigten seiner Zeit den Spiegel vorhielt, entspricht dem politischen Journalisten Carl von Ossietzky, der alle Schwächen und Fehler der jungen Republik angreift, die beginnt, sich aufzugeben, bevor sie angefangen hat zu leben.

»Von der deutschen Republik« heißt die Rubrik, unter der er von 1919 bis 1922 regelmäßig in den »Monistischen Monatsheften« den Niedergang des neuen republikanischen Geistes nach dem Kriege registriert.

Ein halbes Jahr Republik in Deutschland. Ernüchterung macht sich breit nach der ersten revolutionären Begeisterung. Rosa Luxemburg und Karl Liebknecht sind ermordet worden, und die Justiz schützt ihre Mörder. SPD-Führer haben mit den Militärs paktiert, die Rätebewegung ist blutig zerschlagen worden. In der Weimarer »Geldsackrepublik« regieren wieder die Reichen und mit ihnen die Generäle.

Die deutsche Revolution habe keinen Bruch mit der Vergangenheit erbracht, schreibt Ossietzky, sie sei »deutsch bis auf die schwachen Knochen« geblieben: ordnungsliebend, diszipliniert und untertänig eigentlich auch. Schwankungen und Irrtümer seien unvermeidlich in einer Umbruchzeit, doch sie könnten überwunden werden. Was aber fest und eindeutig dastehen müsse, das sei der Wille zur Erneuerung, und an dem habe es allen sogenannten demokratischen und sozialistischen Parteien gefehlt, statt dessen Parteigezänk und Egoismus.[15]

Zwei Jahre Republik in Deutschland. Dreh dich nicht um, »Plumpsack geht um«. Aufgehetzte Schüler bedrohen Gerlach, Quidde und andere Pazifistenführer; Randale auf Veranstaltungen der Friedensbewegung. Demonstrierende Arbeiter werden auf offener Straße zusammengeschossen. Rechtsradikale Studenten terrorisieren demokratische Professoren, und keiner hindert sie daran. In Mechterstädt ermorden Rechtsradikale 15 Arbeiter, und die Öffentlichkeit schweigt. Trotz frischer Kriegserinnerungen ist ein Menschenleben weniger wert denn je. Ossietzky, der daran geglaubt hat, daß die Republik Menschen hervorbringe, die jedwede Gewalt ablehnen, sucht nach Ursachen: Sie seien verroht, unempfindlich gegen die Leiden anderer geworden. Schuld sei die militärische Erziehung im alten Staate; schuld sei vor allem die nationalistische Presse, die mit ihrem blutrünstigen Kriegsgeschrei unsägliche »seelische Verwüstung« angerichtet und den Geist vernebelt habe. Das Kaiserwort vom jungen Rekruten, der auf höheren Befehl sogar Vater und Mutter erschießen müsse – das sei der Schlüssel zur Psyche der Mechterstädter Mörder und aller rechtsradikalen Gewalttäter[16]. Und die zweijährige Republik? Nichts habe sie seitdem unternommen, um den Einfluß der Reaktion einzudämmen. »Plumpsack geht um«, die Rechten sind überall, schreien nach blutiger Revanche für den verlorenen Krieg und hetzen gegen die Freiheit. Wer dagegen ist, »kriegt den Buckel vollgemacht« oder wird erschossen.[17]

Und die sogenannten demokratischen und sozialistischen Parteien? Die stritten derweil mit deutscher Gründlichkeit über Sozialismus und Demokratie an sich. Sie ließen sich durch nichts aufschrecken und hofierten die Generäle. Empfindlich seien sie nur, wenn die kommunistische Konkurrenz auf der Linken sich rege, ließen ihnen keine noch so kleine »verbotene« Aktion durchgehen und duldeten es, daß die »Soldateska« auf demonstrierende Arbeiter schieße. Lieber ertrügen sie den Zorn des Volkes als die schlechte Laune der Militärs.

Dann die erste große »Sturmflut« für die Republik, der Kapp-Putsch im März 1920. Der Generalstreik gegen Kapp bringt die Links- und Mittelpartei noch einmal zusammen und – »Noch niemals ist eine Bande von Usurpatoren so schnell fortgefegt worden wie die Kapp und Genossen«.[18] Noch nie habe eine demokratische Parole so durchschlagend gewirkt wie der gemeinsame Aufruf aller republikanischen Kräfte. Für einen kleinen Augenblick habe man die weiße Taube steigen lassen. »Aber schon nach kurzem Flug überfiel sie ein Geier und drehte ihr das Genick um. Seitdem fliegt er über die deutschen Lande, wie zum Hohn, den Ölzweig im krummen Schnabel. Nennen wir ihn – Partei-Egoismus!«[19] Dabei sei die Gefahr von rechts nicht geringer geworden. Kapp sei fort, aber die mächtigen Hintermänner in der Reichswehr rüsteten weiter gegen die »rote Gefahr«; die Armee werde mehr und mehr zum Instrument der Konterrevolution.[20]

Die ersten demokratischen Wahlen der deutschen Republik stehen kurz bevor. Ossietzky setzt wenig Hoffnung auf die traditionellen Parteien in der Nationalversammlung. Die monistische Entwicklungsidee schwingt mit, wenn er schreibt: »Wir wollen weiter! Wir wollen Veraltetes überwinden, durch Höheres ersetzen.«[21] Deswegen appelliert er, allerorts dafür zu sorgen, daß unabhängig von aller Parteizugehörigkeit »bessere Menschen« ins Parlament gewählt werden sollten. Klug, weltoffen und aktiv genug, die Republik endlich zum Leben zu erwecken.

Der Reichstag müsse nicht eine »Sammlung von Parteibonzen, sondern von Persönlichkeiten sein«.[22]

Doch die Juni-Wahlen bringen wieder nur Enttäuschung. Die demokratischen Parteien büßen große Teile ihrer Wählerschaft ein, und die SPD verliert mehr als ein Drittel ihrer Abgeordnetensitze. Dafür gewinnen die linken und rechten Flügelparteien. Ossietzky kommentiert aus der »Fensternische« des politischen Außenseiters, der mit keiner Partei etwas zu tun haben will: Die Rechten hätten ihren Wahlsieg der Dummheit abgeschlichen – und der Profillosigkeit der Republikaner. An ihren Taten müsse man sie und ihre billigen Phrasen nun messen.[23]

Schuld seien zuerst und vor allem die Sozialdemokraten. Die hätten, als sie noch an der Macht waren, die »alten Formationen« des Kaiserreiches mitsamt ihrer republikfeindlichen Führer und ihrer reaktionären Ideologie in der Republik beherbergt, schalten und walten lassen.

Sie hätten, als noch der neue pazifistische Geist der heimgekehrten Soldaten im Lande war, die kaiserliche Wehrmacht mitsamt ihrer revanchistischen Generalität und ihrer militaristischen Gesinnung übernommen und mitregieren lassen. Das war die Sünde der Republik ... Sie habe es versäumt, als noch Zeit war: »Sie hätte einen Strich machen müssen unters Vergangene – und sie zog einen dicken, weithin sichtbaren Bindestrich!«[24]

6

Demokratie ist Idee

Ossietzkys Republikanische Partei

Es bleibt die Hoffnung: »Demokratie ist der geistige Grund eines ganzen Volkes, ist die Heimaterde aller modernen Politik ... Demokratie ist Idee.«[1] Man schreibt das Wahljahr 1924. Die große Inflation von 1923 ist beendet, der faschistische Hitler-Ludendorff-Putsch ist niedergeschlagen, die Wellen nationaler Empörung schwappen nach der Ruhrbesetzung höher denn je. Die Menschen laufen in Massen den revanchistischen Parteien und Organisationen hinterher.

Wenige Monate vor den Juni-Wahlen gründet Ossietzky gemeinsam mit Karl Vetter[2] und anderen Redakteuren von der »Berliner Volkszeitung« die »Republikanische Partei« (RPD).

Der berühmte expressionistische Dichter Fritz von Unruh, ein ehemaliger Weltkriegsoffizier, der zum Pazifisten geworden ist, schreibt einen euphorischen Wahlaufruf und wird Vorstandsmitglied der neuen Partei.

Ihr utopisches Ziel: eine verwirklichte Republik mit neuen Menschen, autonomen, mündigen Bürgern, fähig, frei zu leben. Ihr realistisches Ziel: die radikaldemokratische Verteidigung der Republik gegen die alten Mächte aus der Kaiserzeit.

Am 6. April ist Parteitag. Die Gründer verstehen sich als Erben der Revolution von 1848; sie wollen den »Volksstaat der Herzen und der Freiheitsidee« gründen, wie ihn Robert Blum, Heinrich Heine und so viele andere beschrieben haben. Die ehedem demokratischen Parteien und die einstige Hoffnungsträgerin SPD seien längst zu »Bonzenparteien« verkommen, hätten es nie verstanden, die Menschen für die Republik zu begeistern. Nur deshalb habe die völkische und faschistische Bewegung mit Erfolg an die Gefühle und Instinkte der Sehnenden, Irrenden und Suchenden appellieren können und viele, zu viele Jugendliche gewonnen. Deren Herzen sollen für die Republik zurückerobert werden. Verstand und Gefühl müßten einander beflügeln, nicht ausschließen.[3]

Ossietzky schreibt das Parteiprogramm, sein Konzept für eine lebendige Demokratie in allen Lebensbereichen. Es ist eine idealistische Verbindung der Einheits- und Freiheitsideen von 1848, der basisdemokratischen Prinzipien der Rätebewegung von 1918/19 sowie vorsichtiger Sozialisierungsforderungen der sozialistischen Arbeiterbewegung. Auch die Gedanken des monistischen Theoretikers Rudolf Goldscheidt von einem demokratischen Staatssozialismus klingen an.

Das sind die wichtigsten Programmpunkte:
Unabhängige und volksnahe Selbstverwaltungskörper,
Kampf für die sozial Schwachen und Zusammenschluß gegen die Diktatur der Wirtschaft,
Herrschaft des demokratischen Staats über die Wirtschaft
und: die Einigung aller Menschen »deutscher Zunge« und Kultur zu einer deutschen »Einheitsrepublik«.[4]

Das ist Ossietzkys Gesellschaftsideal von 1924, aber wie ist das in Einklang mit der Realität von 1924 zu bringen?

»Laß Dir nie vom kühlen Verstand die Luft zum Träumen rauben«, schrieb der junge Ossietzky, »Du darfst an Dein luftiges Sehnsuchtsland mit freudigem Herzen glauben.« Und danach handelt er auch als Fünfunddreißigjähriger. Es ist der scharfzüngige Publizist und »revolutionäre Pazifist« Kurt Hiller, der ihm auf einer Wahlversammlung der RPD wirklichkeitsfremden Dilettantismus vorwirft und – Demagogie: Mit der Forderung nach einer deutschen »Einheitsrepublik« gerate die Partei in die gefährliche Nähe der Revanchisten mit ihren großdeutschen Parolen. Ob sie sich denn der nationalistischen Stimmung in Deutschland anbiedern wolle?

Ossietzky soll unsachlich, ja höhnisch auf den Vorwurf reagiert haben: Hiller sei gegen die Partei, weil er selbst nicht zu den Gründern gehören durfte. Der empfindet den Vorfall als Beginn einer Feindschaft, die erst Jahre später endet, als der andere Leiter der Zeitschrift »Die Weltbühne« wird. Ossietzky habe ihm damals Genugtuung angeboten, berichtet der Kritiker in seinen Erinnerungen.[5] Er soll sogar zugegeben haben, aus Verlegenheit, aus Mangel an Argumenten die Flucht in eine persönliche Attacke gewählt zu haben.

Die RPD löst großen Wirbel in der DDP- und SPD-nahen Presse aus, will sie doch Sammelbecken der enttäuschten Wähler dieser beiden großen Parteien sein. Einen Tag nachdem im »Berliner Tageblatt« der erste Wahlaufruf der Partei erschienen ist, kommentiert Ernst Feder, der innenpolitische Chefredakteur, persönlich unter dem Titel »Neue Parteien?«: Ausgezeichnet sei das RPD-Programm der Erneuerung, so ausgezeichnet und von solcher Werbekraft, daß es nicht Papier bleiben dürfe, »sondern verwirklicht werden sollte« – eben dafür müßten alle Republikaner in den großen Parteien wirken und nicht in der RPD, die bei den kommenden Wahlen auf aussichtslosem Posten stände. Nein, die demokratischen Parteien dürften sich nicht zersplittern lassen.[6] Die »Vossische Zeitung« wirft den Parteigründern ebenfalls vor, die Demokraten zu spalten. Ein Vertreter der RPD antwortet: Mit dem uralten Argument von der Notgemeinschaft der Fortschrittlichen seien bisher noch alle wirklichen Erneuerer konfrontiert worden, Demokraten wie Sozialisten. Aber die »Bonzenparteien« der Mitte in der Weimarer Republik mit ihren verkrusteten Funktionärskörpern seien unfähig, irgend etwas zu bewegen – also müsse eine neue Republikanische Partei her.[7]

Es folgt eine wochenlange Leserbrief-Debatte in dem traditionellen Demokratenblatt, in der jene dominierten, die für eine Erneuerung der großen Parteien plädieren und gegen die RPD: »Viele, die mit Ihnen innerlich übereinstimmen, werden Ihnen doch nicht ihre Stimme geben, damit diese nicht verlorengeht.«[8] Dagegen hält Berthold Jacob, ein enger Parteifreund Ossietzkys: »Politik ist und bleibt das hohe Spiel um die Zukunft der Völker«, das nur mit dem Mut der einschränkungslosen Überzeugungskraft gewonnen werden könne.[9]

Die liberale »Frankfurter Zeitung« wirft der neuen Partei Naivität vor und kann sich dabei auf den prominenten Pazifistenführer Hellmut von Gerlach stützen. Der Kampfgefährte Ossietzkys in der »Demokratischen Vereinigung« und in der Friedensbewegung ruft auf zur Wahl der SPD: »Ich würde gegen eine neue Partei sein, selbst wenn ihr Programm pures Gold wäre. Einfach deshalb, weil die Stimmenzersplitterung der Reaktion zugute kommen muß.«[10]

Das ist ein schwerer Schlag für Ossietzky, der fest auf die alten Pazifistenfreunde gezählt hat. Aber unbeirrt stürzt er sich in den Wahlkampf. Er gründet eine Parteizeitung, die »Nation«[11], und wird Schriftleiter von Karl Vetters »Republikanischer Presse«[12], die den großen Demokratenblättern Paroli bieten soll. Beide Blätter heben sich wohltuend ab von den Organen der anderen Parteien: Reportagen, Glossen, Kunstkritik, Diskussionen über Frauenthemen und Sexualität statt tönender politischer Phrasen. Sie spiegeln die politischen Hoffnungen des 35jährigen.

Glaubt er wirklich an einen Wahlerfolg seiner kleinen Partei nach dem Niedergang der »Demokratischen Vereinigung« vor dem Kriege? Er behauptet: ja. Anders als 1912 stünden die Republikaner einer SPD gegenüber, die sich nach der ersten Bewilligung von Kriegskrediten 1914 immer mehr herabgewirtschaftet habe und weder ein sozialistisches noch ein republikanisches Konzept bieten könne. Ihre enttäuschten Wähler gelte es zu sammeln, bevor sie nach rechts überliefen. »Ob dieser unser Versuch glückt, muß die

Zukunft lehren. Man mag gegen ihn sagen, was man will. Das eine steht fest. Er wurde unternommen mit reinen Händen und reinem Herzen.«[13]

Und gleichzeitig zweifelt er, sinniert über die Vergänglichkeit allen menschlichen Schaffens, das nicht zu wahrer Größe wächst. Während der Wahlkampf seinen Höhepunkt erreicht, schreibt er für die liberal-pazifistische Zeitschrift »Das Tage-Buch«: die nachdenkliche Rezension einer neu erschienenen Sammlung von Kant-Anekdoten. Eine der vielen kleinen Geschichten erzählt er wieder.

Der Philosoph habe sich in ein ruhiges Haus am Stadtrand zurückgezogen, um ein großes Buch zu schreiben. Dabei habe ihn der tägliche Gesang der Insassen eines benachbarten Gefängnisses derartig gequält, daß er ein Singverbot veranlaßt habe. Der große Humanist – ein Unmensch im kleinen, der einsame und mißhandelte Kreaturen eines ihrer wenigen Vergnügen beraubt? Ossietzky sieht das anders: Die vielen vergänglichen kleinen Lieder müßten dem unsterblichen »Lied des Immanuel Kant weichen«, einem Lied für die Menschheit. Eine andere Episode fällt ihm dazu ein. Die Singvögel im Garten hätten den Komponisten Gustav Mahler während der Arbeit an einer Symphonie beinahe zum Wahnsinn getrieben. Freunde töteten schließlich die kleinen Sänger, und der Komponist konnte seine Komposition vollenden. So wird es immer sein. »Die vielen kleinen Lieder müssen dem einen großen weichen. Der Weg zum Werke gleicht immer dem Marsch einer Armee. Zurück bleiben Trümmerstätten und zertretene Freuden. Aber auch das Singen bleibt immer. Und darauf kommt es an.«[14]

Ossietzky stellt sich selbst als Reichstagskandidat im Bezirk Potsdam und tritt als Wahlredner auf. Vor dem sozialwissenschaftlichen Klub in Berlin erörtert er das Programm der RPD. Von allen Forderungen sind ihm zwei am wichtigsten: der Wille zur einheitlichen deutschen Republik und die Herrschaft des Staates über die Wirtschaft. Er schließt seine Rede mit dem Appell »Die Miliz an Stelle der Reichswehr!«. Die größte Gefahr für Deutschland sei das heimliche

Heer, das die Generäle nach Belieben gegen die ungeliebte Republik einsetzen könnten. Die Waffen müßten »in die Hände der Bürger dieses Staates kommen«.[15]

Die Forderung nach einer bewaffneten Volksmiliz ist ebenso utopisch wie die Hoffnung auf einen Wahlerfolg. Die RPD erhält bei den Reichstagswahlen weniger als 50000 Stimmen. Es bleibt nicht allein bei der Enttäuschung über die politische Niederlage. Die Leiter des DDP-nahen Mosse-Konzerns vertreiben Carl von Ossietzky und Karl Vetter aus der Redaktion der Berliner Volkszeitung, weil sie es gewagt haben, eine demokratische Oppositionspartei zu gründen.

Daran erinnert Carl von Ossietzky vier Jahre später – nicht ohne Bitterkeit – den Chef des »Berliner Tageblatts« vom Mosse-Konzern, Theodor Wolff, der nach der vernichtenden Wahlniederlage der DDP zur Sammlung aller Demokraten in einer neuen republikanischen Partei aufruft.

Ja, damals – 1924 – habe es noch eine letzte Chance gegeben, aber die Republikaner hätten sie vertan.

Damals seien noch viele Menschen zornig gewesen, zornig über die Putschversuche und Attentate der Rechten sowie über die unfähigen, alles hemmenden Funktionärskörper der großen Parteien. Daraus hätte Erneuerung wachsen können – aber jetzt?« »Mir scheint, daß Sie die Geistesbeschaffenheit unseres Bürgertums zu arglos einschätzen.«[16]

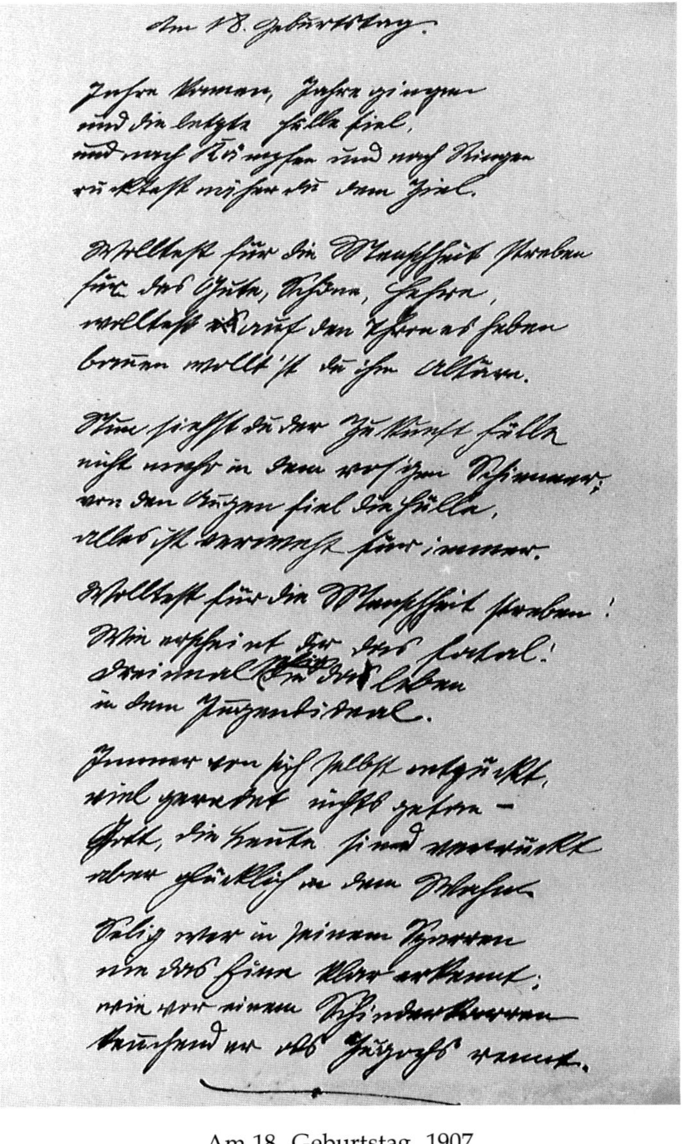
Am 18. Geburtstag.

Jahre kamen, Jahre gingen
und die letzte Hülle fiel,
und nach Kämpfen und nach Ringen
rücktest näher du dem Ziel.

Wolltest für die Menschheit streben
für das Gute, Schöne, Wahre,
wolltest [illegible] [illegible] geben
bauen wollt'st du ihr Altäre.

Nun siehst du der Zukunft Fülle
nicht mehr in dem rosigen Schimmer;
von den Augen fiel die Hülle,
alles ist [illegible] für immer.

Wolltest für die Menschheit streben!
Wie erscheint dir das frivol!
dreimal [illegible] [illegible] leben
in dem Jugendideal.

Immer von sich selbst entzückt,
viel geredet nichts getan –
Gott, die Leute sind verrückt
aber glücklich in dem Wahne.

Selig war in seinen Träumen
wer das hier klar erkannt;
wie von einem [illegible]
[illegible] er als [illegible] [illegible].

Am 18. Geburtstag, 1907

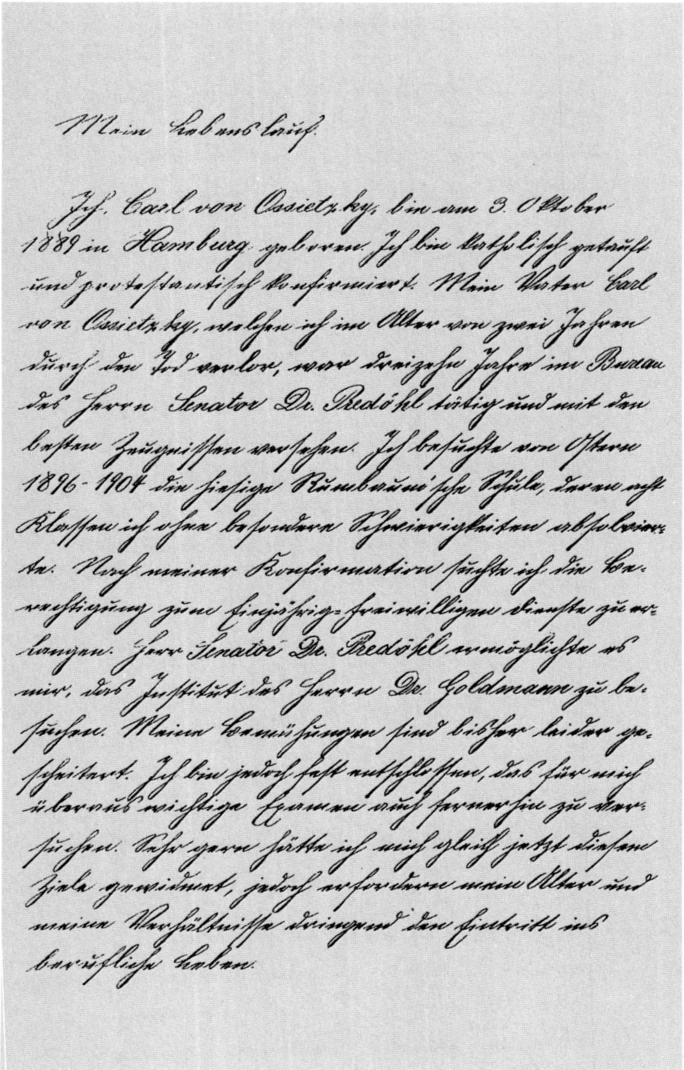

Mein Lebenslauf.

Ich, Carl von Ossietzky, bin am 3. Oktober 1889 in Hamburg geboren. Ich bin katholisch getauft und protestantisch konfirmiert. Mein Vater Carl von Ossietzky, welchen ich im Alter von zwei Jahren durch den Tod verlor, war dreizehn Jahre im Bureau des Herrn Senator Dr. Predöhl tätig und mit den besten Zeugnissen versehen. Ich besuchte von Ostern 1896–1904 die hiesige Rumbaum'sche Schule, deren erste Klassen ich ohne besondere Schwierigkeiten absolvierte. Nach meiner Konfirmation suchte ich die Berechtigung zum Einjährig-freiwilligen Dienste zu erlangen. Herr Senator Dr. Predöhl ermöglichte es mir, das Institut des Herrn Dr. Goldmann zu besuchen. Meine Bemühungen sind bisher leider gescheitert. Ich bin jedoch fest entschlossen, das für mich überaus wichtige Examen auch fernerhin zu versuchen. Sehr gern hätte ich mich gleich jetzt diesem Ziele gewidmet, jedoch erfordern mein Alter und meine Verhältnisse dringend den Eintritt ins berufliche Leben.

Eigenhändig geschriebener Lebenslauf Carl von Ossietzkys, ohne Datum, August 1907

Carl von Ossietzky als Gerichtsschreiber,
1907

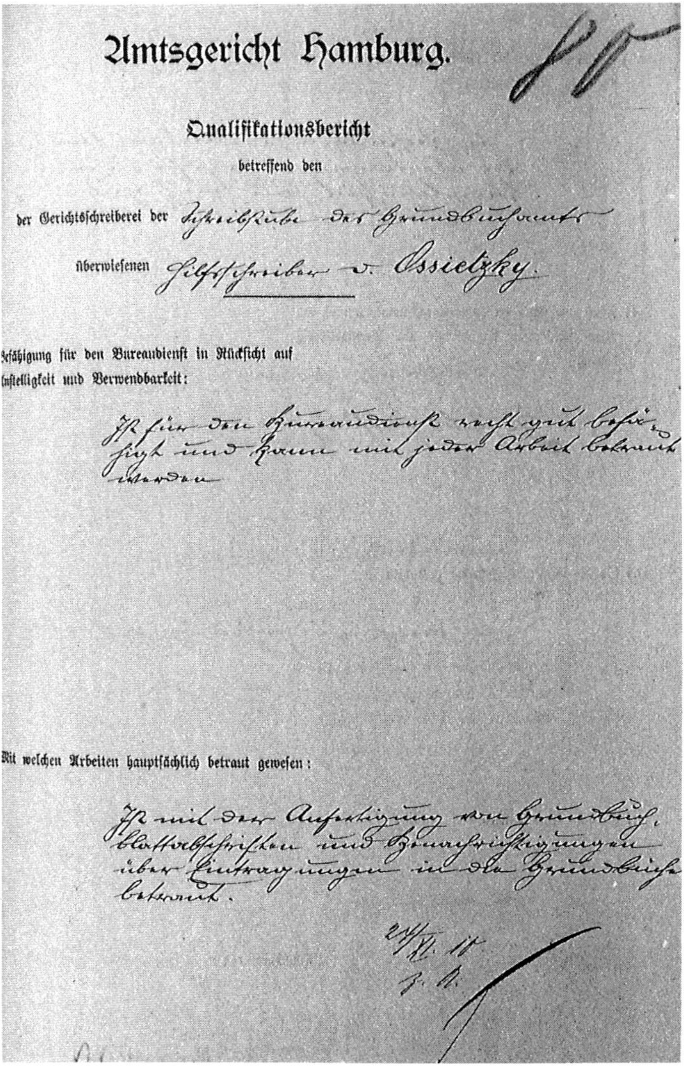

Amtsgericht Hamburg.

Qualifikationsbericht

betreffend den

der Gerichtsschreiberei der Schreibstube des Grundbuchamts

überwiesenen Hilfsschreiber v. Ossietzky

efähigung für den Bureaudienst in Rücksicht auf
nstelligkeit und Verwendbarkeit:

Ist für den Bureaudienst recht gut befähigt und kann mit jeder Arbeit betraut werden

it welchen Arbeiten hauptsächlich betraut gewesen:

Ist mit der Anfertigung von Grundbuchblattabschriften und Benachrichtigungen über Eintragungen in die Grundbücher betraut.

24/XI. 10

J. A.

Qualifikationsbericht des Amtsgerichts Hamburg,
24. November 1910

7

Im Wartesaal der deutschen Republik

Umbruchzeit

Drei Monate nach dem Niedergang der »Republikanischen Partei« schreibt Ossietzky im »Tage-Buch« für alle »Daheimgebliebenen«, für alle, die nicht verreisen wollen oder können wie er selbst, einen Tagtraum auf.[1] Warum reist man überhaupt? Weil man ruhelos ist, Stillstand nicht ertragen kann – Bewegung als Selbstzweck. Oder aus Passion, aus Sehnsucht nach einem unbekannten Bild von einem fremden Land und einer fernen Stadt. Aber passionierte Reisende sind zur Enttäuschung verdammt. Die Wirklichkeit ist niemals so schön wie die Illusion, die Utopie vom Neuen. »Spleenige Schwärmereien« werden jäh zerstört durch häßliche Bahnhöfe, Elendsviertel und Industrie. Wohl den Daheimgebliebenen. Die sollen einfach in den Potsdamer Wartesaal 1. Klasse gehen und sich auf Reisen träumen. Spießbürgerliche Vornehmheit aus längst vergangener Zeit; ein alter Mann, der immer nur zum Buffet geht; eine Frau mit Handkoffer, die niemals abreist – immer nur warten.

Draußen die Geräusche der an- und abfahrenden Züge, Sirenen, kreischende Bremsen und der Lärm der Reisenden, Begrüßung und Abschied.

Allmählich sinke man hinein in jenen »egalisierenden Stumpfsinn«, der »komplette Seligkeit« verspreche. Und dann wieder das vertraute, laute Berlin. »Du hast eine große

Reise gemacht. Du warst überall und nirgendwo. Ohne Enttäuschungen, ohne Paßkontrolle und – billig. Fünf Glas Cognac genügen. Anfänger kommen mit weniger aus.«

Der Ausdruck eines neuen Lebensgefühls: Lieber im Wartesaal der Spießbürger – wo es nichts mehr zu warten gibt – Träumen von überall und nirgendwo nachhängen, die an keiner Wirklichkeit zerbrechen können, und seinen Weltschmerz in Alkohol ertränken?

Lucius Schierling – hinter diesem Pseudonym verbirgt sich Carl von Ossietzky als Redakteur beim »Tage-Buch«. Das gibt Rätsel auf. Ist der despotische Papst und Ketzerverfolger Lucius III. gemeint, oder der sanfte Missionar Lucius von Chur[2]? Ist der Schreiber selbst verbittert durch das Gift der Enttäuschung, oder will er den Schierlingsbecher scharfer Polemiken allen jenen verpassen, die er für die Zerstörung seiner Hoffnungen auf die deutsche Republik verantwortlich macht?

Ossietzky zieht sich in den Schmollwinkel des Journalismus zurück. Keine sehnsüchtigen Utopien mehr von der idealen Welt der Republik, keine heißen Appelle. Wie einst Heine sucht er Zuflucht in der Ironie und weiß doch, daß der Dichter die Ironie »im Gefühl der Ohnmacht« wider sich selbst kehrte.[3] Die Glosse ist jetzt sein Metier, und er beherrscht es meisterhaft. Mit schierlingsbittrem Hohn übergießt er die neuen Reichstagsabgeordneten gleich welcher Richtung – verletzend und überzogen. Körperliche Eigenarten nimmt er ebenso aufs Korn wie persönliche Eitelkeiten. Sarkastisch kommentiert er jede noch so kleine Schwäche. Kürschners neuen »Reichstag«[4] mit Fotos und Kurzbiographien der Deputierten nimmt er zum Anlaß, im großen Stil mit einzelnen abzurechnen. Keine »Phantasten und Raketenspritzer« habe sich dieses deutsche Volk mit seinem Sinn für das kleine Mögliche da gewählt, »Gott bewahre«, sondern »gesunden, deftigen Durchschnitt, ... gereift in der Schule des Lebens«.

Rudolf Breitscheid, der ehemalige Parteifreund und größte Rivale im letzten Wahlkampf, versuche optischen Eindruck zu schinden durch ein »geschmeicheltes Jugendbildnis, das nur bis zum Kragen geht, uns also der Tornüre entzieht. Schade.«

Auch der – eigentlich bewunderte – SPD-Intellektuelle Paul Levi bleibt nicht ungeschoren: Schlechtes Foto. Das kluge »Geiergesicht wirkt nur im Profil; en face zu harmlos.« Schade. Da ist Max Seydewitz, der verfemte Außenseiter in der SPD: Der »verkörpert schon rein äußerlich das Tempo der neuen Zeit. Er trägt Schiller-Kragen, trägt also den Hals frei, ist überhaupt ein freier Mann und wird ... dermaleinst vom Verein der Freidenker für Feuerbestattung übernommen werden.«

Professor Goetz, der Demokrat, »erinnert im Halbprofil ein wenig an Hoffmann von Fallersleben, den Dichter des oft erprobten demokratischen Sturmliedes: ›Ein Männlein steht im Walde ganz still und stumm.‹«

Und dann der kleine »lyrische Winkel«, den verkörpere der bayerische Abgeordnete Gerauer. »... das ist, nehmt alles nur in allem, ein Volkslied; rustikale Primitivität, bescheiden angeganghofert, von leiser Verträumtheit überschattet.«[5] Ganz schlecht kommen die Frauen im Reichstag weg, die werden gleich en gros abgefertigt – unerotisch, reizlos allesamt. Da habe »das deutsche Volk in weitblickender Klarheit mehr auf einen gesunden und nüchternen Verstand gesehen als auf vergängliche körperliche Vorzüge ... Eros wird im Reichstag in der Garderobe abgegeben.«[6]

Das ist polemisch und oberflächlich, das weiß Ossietzky, und das will er: »Hoch die Bagatelle!«[7]

Hart und zynisch klingt auch sein Kommentar zum »Internationalen Friedenskongreß« im Oktober 1924 in Berlin, auf dem persönliche Streitereien die Szene beherrschen. Das Pazifistentreffen diene vor allem als Kampfarena der geistigen Führer. Zu Recht. Wer immer und ewig nur dem Frieden huldige, brauche wenigstens einmal im Jahr die Gelegenheit, die »leider Gottes immer fortwuchernde militaristische Darmfauna« fortzuspülen. Die Friedensbewegung sei ein Sammelbecken für Fanatiker, Sektierer, Allerweltsreformer geworden, die ihren Abscheu gegen das Männliche, Fleischliche und das Leben überhaupt am liebsten der ganzen Menschheit überstülpen möchten. Und Kurt Hiller? Der schwinge den »tintentriefenden Tomahawk« und rufe auf zum »heiligen Krieg«, gegen alle, die an seiner Autorität zweifelten: »Er sagt Menschheit und meint Stuhlbein.«

Ein anderes Idol, Bertha von Suttner, wird unsanft vom Thron gestoßen. Wie viele Frauen, die aus »reiner Weiberseele« für etwas kämpften, habe sie sich nur mit Wehleidigkeit für ihre Ideen eingesetzt, umgeben von dem »sanften Aroma der Lächerlichkeit«.[8]

Die Republik feiert fünften Verfassungsgeburtstag, und alle, alle machen mit. Die Armee zieht im Parademarsch durch die Straßen, demonstriert die nationale und militärische Wiedergeburt Deutschlands, präsentiert die ersten Früchte der Aufrüstung. Die alten kaisertreuen Beamten stünden Spalier, darauf vertrauend, »daß die Staatsform das Vergängliche ist, und der tüchtige Beamte das Bleibende.«[9] Der sozialdemokratische Verfassungsschützer »Reichsbanner« marschiert im Stechschritt und läßt die Republik hochleben. Und Fechenback[10], der Kampfgefährte Kurt Eisners[11] in der Münchner Räterepublik, sitzt im Zuchthaus. Er hat die Beteiligung des Zentrumpolitikers Erzberger und des Vatikans an den deutsch-österreichischen Kriegsplanungen aufgedeckt.[12]

Rechte und Linke feiern durcheinander, jeder das, was er meint.[13]

Fünf Jahre demokratische Verfassung in Deutschland. Dabei herausgekommen sei nicht mehr als eine »Verfassungsurkunde und ein Amtsbetrieb«[14], meint Ossietzky. Gefragt sei nicht der bewußte »Citoyen« der französischen Revolution, sondern der deutsche »Bourgeois«, der Spießer, der alles glaube, nichts begreife und niemals frage.[15] Unwissenheit und blinder Untertanengeist seien noch immer die stolzesten deutschen Tugenden. »Anstatt dem dummen Michel die Schlafmütze über die Ohren zu ziehen, bekränzt man seine Denkfaulheit mit Eichenlaubsalat.«[16] Jeder gute Deutsche lese nur eine Zeitung, zu der habe er blindes Vertrauen, ob es nun eine Parteizeitung oder eines der vielen verkappten deutsch-nationalen Blätter aus dem Hause Hugenberg sei, die den Pressemarkt beherrschten. Dicke Papierstöße türmten sich vor der Erkenntnis, vor dem demokratischen Massenbewußtsein, das allein die Republik zum Leben erwecken könnte.[17]

Und die demokratische Presse? Die hat wenig entgegenzusetzen. Sie ist leise und vorsichtig geworden, denn die Generäle verfolgen unerbittlich alle, die illegale Aufrüstung und Militarisierung kritisieren. Verurteilungen wegen Landesverrats und Verrats politischer Geheimnisse sind an der Tagesordnung. Auch die Herausgeber des »Tage-Buch«, Stefan Großmann[18] und Leopold Schwarzschild[19], meiden die offene Auseinandersetzung mit den Militärs, und über wichtige Themen schrieben sie am liebsten selbst und gingen dabei allzu wohlwollend mit der SPD um, meint Ossietzky. Er kündigt, möchte sich nicht zurückhalten lassen; und für irgend jemanden hofberichterstatten, das will er schon gar nicht.[20] Von den sogenannten staatstragenden Parteien ist er restlos enttäuscht. Deutschland sei ein »boykottiertes Vaterland«, schreibt er in einem seiner letzten Artikel für das »Tage-Buch«: »Keiner hat Deutschland geliebt, keiner, keiner.«[21] Nur die wenigen wirklichen Republikaner, auch er selbst. Aber das sei eine unglückliche Liebe zu etwas nicht Vorhandenem, eine Art politischer Selbstbefriedigung – Republikaner ohne Republik.[22]

8

Brombeeren und Bananen

Sozialdemokratie und Sozialismus

»Sozialismus bei der Sozialdemokratie suchen, nein, das hieße von einem Brombeerbusch Bananen verlangen.«[1] Diese Bemerkung Ossietzkys wenige Wochen nach dem Blutmai 1929, als Berliner Polizisten auf Befehl eines sozialdemokratischen Polizeipräsidenten kommunistische Maidemonstranten niedergeschossen haben, ist mehr als bitterironische Kritik. Sie ist Ausdruck seiner zerstörten Hoffnungen auf *die* Arbeiterpartei der Weimarer Republik.

»Arbeiter, Arbeiter« – seit seiner Begegnung mit dem alten Bebel fühlt er sich als Freund und Verbündeter der kämpferischen SPD der Kaiserzeit und der klassenbewußten Sozialdemokraten, die mit Leidenschaft für die sozialen und demokratischen Rechte der Arbeiterbewegung gestritten haben. Wenn er die SPD-»Bonzenpartei«-Tage der Weimarer Republik kommentiert, fliegen seine Erinnerungen sehnsüchtig zurück in jene Jahre, als Luxemburg gegen Vollmar, Liebknecht gegen Ledebour und Kautsky gegen Bernstein debattiert und das Profil der mächtigen Arbeiterpartei geprägt haben, die trotz und wegen ihrer inneren Kämpfe viele Millionen an sich gezogen hat.[2]

Vor dem Krieg nimmt der 24jährige Demokrat Ossietzky Partei für den Sozialisten Karl Liebknecht.[3] Der habe recht mit seinen Enthüllungen über den Einfluß der Rüstungsindustrie auf die staatlichen Kriegsvorbereitungen, unrecht habe die nationale Presse, die ihn dafür mit »Kübeln läppischen Hohns« begieße.[4]

Im Namen des Rechts verteidigt er Rosa Luxemburg[5], als sie wegen angeblicher Anstiftung zum Aufruhr gegen die Staatsgewalt vor Gericht gestellt wird.[6]

Doch SPD-Mitglied wird er nicht. Freier Bürger will er bleiben, er fürchtet, Sklave sozialistischer Parteidoktrinen zu werden und seine geistige Unabhängigkeit zu verlieren. Lieber kämpft er in der »Demokratischen Vereinigung« für persönliche Freiheitsrechte, aber auch für ein Bündnis des demokratischen Bürgertums mit der sozialistischen Arbeiterbewegung gegen Junkerherrschaft und Monarchie.[7] In einem Vortrag vor Mitgliedern seiner Vereinigung plädiert er für die Bewahrung der reinen Idee der Demokratie. Einseitige Klassenkampfparolen schadeten ihr ebenso wie spießiges Besitzdenken des Bürgertums.[8]

Es bleibt die Bewunderung für die unbeugsamen Helden der Arbeiterbewegung, die – ohne Wenn und Aber – die sozialen und politischen Bedingungen für ein demokratisches Deutschland durchsetzen könnten und wollten. Die SPD vor dem Kriege sei der »einzige und wirkungsvollste Kampfboden gegen die Reaktion« gewesen, sollte er einmal bekennen.[9]

Doch dann kommt der August 1914. Die SPD-Führer sitzen den patriotisch-demokratischen Phrasen Kaisers Wilhelms auf und reihen sich ein in die Front derer, die keine Parteien, nur noch Deutsche kennen wollen. Die Bewilligung der Kriegskredite ist das Aufbruchsignal für den Marsch der »vaterlandslosen Gesellen« in das bürgerliche Herrschaftsarrangement. Regierungswürdig will die SPD sein, patriotisch, integriert und anerkannt vom Kaiser und von den Generälen. Ihre revolutionäre Zeit ist vorbei. »Was vergangen, kehrt nicht wieder«, kommentiert wehmütig Ossietzky.[10]

November 1918. SPD- und USPD-Politiker haben die Regierung der jungen Republik im »Rat der Volksbeauftragten« übernommen. Arbeiter- und Soldatenräte überall, die eine Demokratie des Volkes – von unten – fordern. Die Spartakisten unter Führung Karl Liebknechts und Rosa Luxemburgs gründen die Kommunistische Partei Deutschlands, weil sie eine sozialistische Räterepublik wollen. Damit ist die Spaltung der deutschen Arbeiterbewegung besiegelt.[11]

Im »Rat der Volksbeauftragten« dominieren Ebert, Noske und Scheidemann, die reformistischen SPD-Führer, die mit dem Reichswehrgeneral Groener paktieren und zusehen, wie die sozialistische Rätebewegung blutig niedergeschlagen wird.

Sie lassen es zu, daß rechtsradikale, revanchistische Organisationen gegen den »Schandfrieden von Versailles« trommeln. Hinter denen marschieren die Desperados der Nachkriegskrise, die keinen Ausweg mehr wissen aus ihrer Not und denen die SPD keinen zeigt, weil sie mit sich selbst beschäftigt ist und mit der KPD. Der revolutionäre Geist, der sich nach dem Krieg in Deutschland breitgemacht hat, entweicht derweil wieder.

»Das haben wir uns im November 1918 nicht träumen lassen«, schreibt Carl von Ossietzky, »als wir, fern der Heimat, unsere verwitterten Feldmützen in die Luft warfen und die Republik leben ließen ... Was uns damals das Blut schneller durch die Adern jagte, das waren nicht Parteiprogramme und nicht spitzfindig ausgeklügelte soziale Glaubenssätze – ... die deutsche Revolution war nicht parteidogmatisch beschwert, sie war der elementare Notwehrakt eines entsetzlich leidenden Volkes.«[12]

Schuld sei vor allem die maßlose »linksradikale Opposition«. Die habe im Namen einer utopischen Weltrevolution nach dem Geschmack Moskaus die Republik rechts liegenlassen.[13]

15. Januar 1929, der 10. Todestag Rosa Luxemburgs, für Ossietzky nun der »schwarze Tag der deutschen Arbeiterbewegung« – seine Sichtweise der gescheiterten Novemberrevolution hat sich geändert:

Schuld seien vor allem Ebert, Noske und Scheidemann. Das Blut der Ermordeten, das Blut von Karl Liebknecht und Rosa Luxemburg, »ist über alle gekommen«: Seit jenem 15. Januar 1919 sei ein unüberwindlicher Haß zwischen Sozialdemokraten und Kommunisten gewachsen. Während sie ihren gnadenlosen Bruderkrieg miteinander kämpften, sei die Reaktion stärker und stärker geworden.[14]

Dazwischen liegen zehn Jahre, in denen Ossietzky eine Enttäuschung nach der anderen über die SPD-Führung erlebt. Im Frühjahr 1920, wenige Monate vor den ersten Reichstagswahlen nach dem Kriege, zieht er die erste ernüchternde Bilanz: »bienenfleißig« seien sie gewesen, die SPD-Politiker der ersten Stunde, aber am Willen und an der Leidenschaft für die Republik habe es ihnen gefehlt. Das »Chaos« der Nachkriegszeit hätten sie niedergerungen, um die bürgerliche Ordnung zu retten, ohne zu bemerken, daß dabei auch revolutionäres Ethos und Hoffnung des Volkes untergangen seien.[15] Das Kabinett des sozialdemokratischen Kanzlers Müller – gebildet nach dem Kapp-Putsch – werde nicht getragen von den breiten Massen. Es sei Produkt eines unwürdigen »parlamentarischen Kuhhandels« zwischen bürgerlichen Parteien und SPD, und es habe nicht einmal den Mut, dem mörderischen Treiben der illegalen militaristischen Verbände Einhalt zu gebieten.[16] Die Wahlniederlage der SPD im Juni des Jahres 1920 ist für Ossietzky nur noch die verdiente Quittung für eine Politik, die weder sozialistisch noch republikanisch ist.[17]

Es bleiben die Unabhängigen Sozialdemokraten, der linke Ableger der SPD. Ossietzky begeistert sich für die Ideen des USPD-Politikers Heinrich Ströbel, der in seinem 1920 erschienenen Buch über die »deutsche Revolution« für eine sozialistische Wirtschaftsordnung im Rahmen einer republikanischen Staatsform eintritt – für eine Symbiose von Sozialismus und Demokratie.[18]

In den Richtungskämpfen innerhalb der USPD, die bei den Wahlen 1920 fast ebenso viele Stimmen (18 zu 22%) bekommt wie ihre opportunistische Mutterpartei, ergreift Ossietzky klar und deutlich Partei für die Demokraten. Sie wollen das Rätesystem verfassungsmäßig legalisieren und Sozialisierungen nur durchführen, sofern sie von der Mehrheit des Volkes oder zumindest der Arbeiterschaft beschlossen werden.

Das Volk brauche zuerst und vor allem den Freiraum einer verfassungsmäßig gesicherten Republik. Darin könne es dann die wirtschaftlichen Verhältnisse einrichten, wie es sie wolle. Es sei »Radikalismus ohne Ausmaß für Wirklichkeiten«, wenn die »Leninisten« unter dem Einfluß Moskaus ein Rätesystem nach sowjetischem Vorbild forderten. Es gebe nur einen Weg aus den Bruderstreitigkeiten, die letztlich allein der Reaktion nützten: ein »ehrliches und schrankenloses Bekenntnis zur Demokratie, zum Prinzip der Evolution.«[19]

Aber in der USPD setzt sich die leninistische Mehrheit durch; auf dem Parteitag Ende 1919 wird das Bekenntnis zur »Diktatur des Proletariats« abgelegt. »Die große Masse der radikalen Sozialisten verlacht die Demokratie und läßt sich von dem Gedanken der Diktatur faszinieren«, klagt Ossietzky. Der Parteitagsbeschluß ist für ihn Anlaß, über die Zauberkraft des Wortes »Diktatur« in Deutschland als Land der gescheiterten Revolutionen zu sinnieren. In jedem Deutschen, gleich welcher Gesinnung, stecke der preußische Untertan und Militäranwärter, staatsbürgerlich abgerichtet im wilhelminischen Schulunterricht, gedrillt in der Kaserne. Er trage seine Weltanschauung wie einen »Adlerknopf«[20] und wolle sie aller Welt aufdrängen. Er revoltiere immer nur für eine neue Diktatur und sei es für eine sozialistische – »das Diktatorische« liege ihm im Blut. Die Republikaner müßten zuerst diesen »Adlerknopf« abreißen, »dann wird bei uns der Gemeinschaftswille blühen, der die Voraussetzung jeder echten Demokratie ist, und wir werden unsere politischen und sozialen Kämpfe als freie Männer führen, die es unter ihrer Würde halten, ihre Mitbürger zu vergewaltigen.«[21]

Neun Monate später steht die USPD vor der Zerreißprobe. Ossietzky beschwört ihre Mitglieder, sich nicht zu spalten, die Chance auf eine »starke Linke« nicht endgültig zu verspielen. Denn das bedeute freie Bahn für die Feinde der Republik.

Der Ausgang der USPD-Streites sei entscheidend für Deutschlands Zukunft. Es gehe darum, wesentliche Teile der Arbeiterschaft vor dem »durch und durch uneuropäischen« Glaubenssatz Lenins zu bewahren und sie für die Republik zu gewinnen. Ein »gemeinsamer Boden« müsse geschaffen werden für die beiden großen – den bürgerlichen und den sozialistischen – Flügel der modernen Demokratie, von dem aus sie zuerst und vor allem dem rechten Terror entgegenzutreten hätten. Erst dann sollten sie sich fair und sauber darüber auseinandersetzen: Wird die deutsche Republik sozialistisch oder bürgerlich?[22] Doch Ossietzkys Traum von einer unabhängigen sozialdemokratischen Partei, die demokratisch und sozialistisch zugleich ist, geht nicht in Erfüllung. Im Oktober 1920 beschließt die Mehrheit des USPD-Parteitags, sich mit der KPD zu vereinigen. Der demokratisch-sozialistische Rest schließt sich bald – notgedrungen – der SPD an, ohne den opportunistischen Kurs der Parteiführung wesentlich beeinflussen zu können.

Für Ossietzky gibt es nun keine Partei mehr, die den Geist der Novemberrevolution weitertragen könnte. Er arrangiert sich mit der Politik der kleinen Schritte der bürgerlich-sozialdemokratischen Koalitionsregierungen unter dem Reichspräsidenten Ebert. Mit distanziert-kühlen Berichten und Kommentaren begleitet er die erste, kurze Phase der Konsolidierung der Weimarer Republik: Die Stunde der Sachlichkeit habe geschlagen, der Bürgerkrieg sei ein für allemal vorbei. Man müsse mit der »unseligen Zeit aufräumen«, fordert er in einem Appell für die Amnestierung arrestierter Novemberrevolutionäre. Er plädiert für eine geistige Auseinandersetzung mit allen politischen Kräften, auch mit den Reaktionären: »Die monarchistische Forderung ist eine Sache, über die sich durchaus anständig diskutieren läßt.«[23] In diesem pluralistischen Meinungsstreit müßten die Republikaner die Idee der Demokratie eben glaubwürdig gegenüber den Monarchisten verteidigen. Vom Boden des wirklichen politisch-ideologischen Kräfteverhältnisses aus – wie es nun einmal vorhanden ist – will er allmählich die Untertanen zu freien Bürgern erziehen. Aber was können ein paar Republikaner und die wenigen Demokratenblätter ausrichten gegen den übermächtigen Hugenberg-Konzern und die von der Großindustrie reich dotierten Parteiorgane der nationalen Rechten?

Das Krisenjahr 1923: Massenstreiks gegen die Inflation und Sturz der rechtsbürgerlichen Regierung Cuno; Ruhrkampf und Absetzung der verfassungsmäßigen SPD-KPD-Koalitionsregierung in Sachsen und Thüringen durch die Reichswehr unter der Regierungsmitverantwortung der SPD. Hitlerputsch ohne Konsequenzen. Die Kommentare Ossietzkys zu den politischen Ereignissen dieses Jahres in der »Berliner Volkszeitung« sind nicht mehr zugänglich. Schade. In diesem Zeitraum muß sich seine Haltung zur SPD und zum gesamten deutschen Pazifismus erneut geändert haben.

Anfang 1924 beteiligt er sich an der Gründung der »Republikanischen Partei« und erklärt die sozialdemokratische »Bonzenpartei« für ganz und gar republikunfähig. Ihre posten- und machthungrige Führungsclique ließe keine, aber auch keine Erneuerung zu. Ihre Reichstagsabgeordneten seien »Hochstapler«, die eine Partei repräsentierten, die es in Wirklichkeit gar nicht mehr gebe, die alle sozialdemokratischen Traditionen mitsamt den Interessen der Arbeiterschaft schon längst über Bord geworfen habe. Sie sei ein »kläglich verlassenes Wrack«, dem die Massen nach rechts und links wegströmten. Sie sei endgültig kompromittiert durch das bedingungslose Koalitionsbeilager mit den Bürgerlichen – unheilbar.[24]

»Was vergangen, kehrt nicht wieder ...« Doch nach der kläglichen Wahlschlappe der »Republikanischen Partei« bleibt Ossietzky als einzige Hoffnung wieder nur – die ungeliebte SPD. Sehnsucht kommt auf nach Bebel, auch nach Lassalle: ein glänzender Politiker, der Draufgänger und Taktiker, Revolutionär und Reformer gleichzeitig sein konnte. Mit Phantasie und Geist habe er die schwache deutsche Arbeiterbewegung aus dunklen Kneipen und Studierzimmern ans Licht gezaubert, und nun stehe sie da in »unbarmherziger Tageshelle«, ohne Sinn für den Zeitgeist, mal lärmend-revoluzzerhaft, mal »spießerlich-taktierend«, immer an den Massen vorbei. Nein, für Lassalle gebe es keinen Nachfolger.[25]

Vier Jahre später sieht Ossietzky Lassalle in einem anderen Licht. Dessen neu entdeckter Briefwechsel mit Bismarck offenbart Eitelkeit und Ehrgeiz, den Wunsch, aus dem Arbeitermilieu herauszuwachsen in die höheren Kreise, Anerkennung zu finden beim »Eisernen Kanzler« und in den herrschenden Kreisen. Die Ergebnisse, Kompromisse, sind bekannt.

»Die Bahn, die uns geführt Lassalle«[26] – das alte Kampflied der Sozialdemokratie wird aktuell, als sich die SPD 1928 in ein bürgerliches Regierungsbündnis hineinmanövriert, in dem sie Spielball der Rechtsparteien ist. DVP und Zentrum stellen zwar Minister, zum Beispiel General Groener als Reichswehrminister, weigern sich aber, das neue Kabinett Hermann Müllers als Fraktion zu tragen. Das gibt ihnen die Möglichkeit, die SPD bei jeder Abstimmung im Reichstag nach Gutdünken zu erpressen. Eine ehrliche Regierungsmehrheit sei das nicht, kommentiert Ossietzky. Er zieht die Parallele zu Lassalle. »Macht läßt sich nicht erschleichen. Heute befindet sich die Sozialdemokratie, wenn auch mit viel größerem Schuhzeug, wieder auf der Bahn, auf der selbst ein Lassalle schließlich ausgleiten mußte.« Die SPD in der großen Koalition sei »Geisel für das Wohlverhalten der Arbeitermasse«, Lebensversicherung für die kapitalistische Ordnung, mehr nicht. Wenigstens zu ihren matten politischen Grundsätzen und zu ihren Wahlversprechen sollten sie stehen, die Minister. Aber das Kabinett Müller ist nicht besser als die bürgerlichen Regierungen vorher: Panzerkreuzerbau, Lohnkürzungen und Demonstrationsverbot – alles machen sie mit, um an der Macht zu bleiben. Bis das mühsam in der Opposition gewonnene Vertrauen der Arbeiterschaft wieder gebrochen ist. Dann kommt die Stunde der bürgerlichen Parteien und der Präsidialkabinette, die alle Sozialdemokraten wieder aus den Ministersesseln hinauskatapultieren und forsch mit Notverordnungen weiterregieren.

Es beginnt mit dem Panzerkreuzer A, Groeners Lieblingsprojekt aus einem vierjährigen Rüstungsprogramm mit einem Gesamtvolumen von 350 Millionen Reichsmark, das die Reichsregierung im Herbst 1928 trotz Versailler Vertrag durchpeitscht – unter Umgehung einer Reichstagsdebatte. Dabei hat die SPD ihren Wahlkampf unter dem Motto »Kinderspeisung statt Panzerkreuzer« geführt. Und in diesem Sinne hat Otto Wels sich drei Tage vorher im Namen seiner Fraktion gegen den Bau des Kriegsschiffes ausgesprochen, das ohnehin als militärisch nutzlos gilt. Das Geld solle lieber für soziale Zwecke ausgegeben werden. Aber für General Groener und seinen Verbündeten, den Generalfeldmarschall und Reichspräsidenten von Hindenburg, hat das Schiff symbolische Bedeutung – als Neubeginn von Kaiser Wilhelms legendärer Kriegsflotte. Sie drohen mit Rücktritt im Falle einer Ablehnung. Und die SPD lenkt ein, um die Koalition zu retten – »Verlorene Illusionen«, kommentiert Carl von Ossietzky: »Das Wichtigste an dieser ganzen kläglichen Affäre ist nicht einmal die alberne Blechkiste von einem Panzerkreuzer, von deren Nutzlosigkeit eigentlich jedermann überzeugt ist, sondern die legere Art, die Dinge zu behandeln ... Die Sozialdemokraten haben jahrelang in der Opposition gestanden, sie haben diesen Wahlkampf im alleinigen Zeichen ›gegen Rechts‹ geführt, sie haben in der kleinsten Versammlung grade diesen Panzerkreuzer torpediert – und dann schenken sie ihn ihren Wählern grade zum Verfassungsfest. Ein sinnvolles Angebinde, ein genial ausgeklügelter Zeitpunkt.«[27]

Die KPD löst ein Volksbegehren aus, das von Ossietzky wie von Quidde und vielen anderen bürgerlichen Pazifisten unterstützt wird: Das Referendum sei eine notwendige Demonstration des deutschen Friedenswillens gegen eine militärische Wiedergeburt Deutschlands. Es gehe um das »Weltvertrauen« zu Deutschland, es gehe aber auch darum, »jenen perfiden Militarismus« zu schlagen, der sich trotz Kriegsniederlage wieder in die Republik geschlichen habe und sich mehr und mehr in der Politik breitmache.[28]

Das sei ihre »geheime Krankheit«, ihr »Tumor« gewesen, seit 1918.[29] Die SPD führt ihren Kampf gegen das kompromittierende Volksbegehren vor allem gegen die KPD, nennt es ein antisozialdemokratisches Manöver der Kommunisten und kann es abwehren. Nicht zuletzt, so Ossietzky, weil die KPD ihre berechtigten Forderungen mit markigen Klassenkampfparolen »wenig einladend« offeriere. Die SPD scheut sich nicht, ihre Regierungsgewalt gegen die kommunistische Konkurrentin einzusetzen, der mehr und mehr enttäuschte SPD-Anhänger zulaufen. In der Praxis bedeutet das, daß die deutsche Polizei, die den braunen Straßenterror der SA kaum zu beachten pflegt; den »Polizeiknüppel auf die Kommunisten mit verdoppelter Vehemenz« niedersausen läßt.[30]

Blutmai 1929. Anläßlich des Maifeiertages wird das allgemeine Demonstrationsverbot, das zu dieser Zeit in Deutschland besteht, aufgehoben. Nur nicht im Berlin des sozialdemokratischen Polizeiministers Zörgiebel[31], eines ausgewiesenen Kommunistenfeindes. Ausgerechnet in der Arbeiterdomäne und Reichshauptstadt wird die traditionelle, bereits in der Kaiserzeit erkämpfte Mai-Demonstration der Arbeiterschaft untersagt. Angeblich will Zörgiebel die »Staatsautorität« vor kommunistischen Anschlägen schützen. Es geht ihm wohl mehr um die Autorität seiner Partei, die gerade bei den Berliner Betriebsrätewahlen die erste Quittung für ihre opportunistische Regierungspolitik erhalten und eine empfindliche Niederlage gegenüber den Kommunisten eingesteckt hat.[32]

Die sozialdemokratischen Arbeiter fügen sich drein und feiern ihren ureigenen Kampftag in Sälen. Nicht so die Kommunisten. Bereits am Morgen des 1. Mai werden ihre

Demonstrationszüge mit Polizeigewalt aufgelöst. Die ersten Schüsse fallen am Nachmittag aus unbekanntem Anlaß, an mehreren Orten entstehen wilde Schießereien. Die Polizei riegelt schließlich zwei Tage lang zwei Arbeiterbezirke in Wedding und in Neukölln ab wie Ghettos. Das Ergebnis der Schreckenstage sind 33 Tote: alles Passanten und Anwohner, Frauen und Kinder, kein bewaffneter Kommunist und – kein Polizist. Im Schatten des drohenden Faschismus erlaubt eine reformistische SPD-Führung blindwütigen Polizeiterror gegen die oppositionelle Arbeiterschaft, wie es die wilhelminische Obrigkeit niemals gewagt und auch nicht nötig gehabt hätte! Der »Vorwärts« und der sozialdemokratische preußische Innenminister Grzesinski decken den Polizeipräsidenten und nennen Kommunistenfreunde alle, die Zweifel anzumelden haben, auch Ossietzky.[33]

»Zörgiebel ist schuld«, kommentiert der klipp und klar die Vorfälle. Er fordert dessen Suspendierung und wirft ihm vor, der Berliner Polizei einen »Rotkoller« eingeimpft zu haben, statt sie auf den Schutz der Republik zu verpflichten, wie es eigentlich ihre Aufgabe sei: »Die Berliner Polizei ist einseitig gegen Links gedrillt. Sie ist eine verhetzte, wildgemachte Bürgerkriegstruppe ... Sie exekutiert nur, was sie gelernt hat und was sie für ihre Pflicht hält. Weil sie nur gegen Rot eingesetzt wird, kennt sie nur diese eine feindliche Farbe.«[34] Grzesinski[35] weigert sich, ein Ermittlungsverfahren einzuleiten und lobt obendrein das entschiedene Auftreten der Polizei zum Schutz der Republik, wie er sie versteht.

Ossietzky greift erstmals seit 1924 wieder unmittelbar in die politischen Auseinandersetzungen ein. Er tritt einer überparteilichen »Bürgerinitiative« bei, einem Untersuchungsausschuß der Liga für Menschenrechte zum Blutmai 1929, und leitet drei der großen öffentlichen Versammlungen, auf denen vor tausend und mehr Besuchern viele hundert Zeugen vernommen werden.

Alfons Goldschmidt[36] und Stefan Großmann nehmen teil. Alfred Döblin[37] und Heinrich Mann[38] sind dabei. Der jüdische Rechtsanwalt Dr. Alfred Apfel[39], ein Zionist, führt die

Junger Mann mit goldener Uhr: Carl von Ossietzky etwa 1910

Carl von Ossietzky vor dem Krieg

Maud Hester Lichfield-Wood als Achtzehnjährige

Carl und Maud als Verlobte, 1912

Hochzeit in England, 19. August 1913

Maud und Carl
zusammen mit Freunden in Hamburg um 1914,
links: Ludwig Tügel

Vernehmungen. Der Ausschuß kommt zu dem Ergebnis, »daß die Polizei ... versagt« und Geringfügigkeiten mit unverhältnismäßigen Gewalttaten beantwortet habe. Auch sei die Amtsgewalt vielfach gegenüber der Bevölkerung mißbraucht worden. Er fordert die sofortige Suspendierung Zörgiebels, ein Verbot des Schußwaffengebrauchs für die Polizei, die Freilassung aller Verhafteten und eine Entschädigung der Hinterbliebenen.[40] Die bürgerlich-demokratische Presse – obwohl auch sie das brutale Vorgehen der Polizei verurteilt – reagiert distanziert, denn dem Ausschuß haftet ein Makel an: Es arbeiten Kommunisten darin mit.[41] Der »Vorwärts« läßt sich zu Ausfällen aus dem Repertoire des platten Antikommunismus hinreißen. »Marionetten« der Kommunisten, »intellektuelle Strohpuppen« seien die Männer vom Ausschuß, von »der brennenden Sucht getrieben ..., hier öffentlich eine Rolle zu spielen, die man sie sonst nicht spielen lassen würde. Komödie mit Leichen, inszeniert von Moskau«.[42] Der Sozialdemokrat Stefan Großmann hält dagegen, daß der Ausschuß spontan entstanden sei, »fern aller parteipolitischen Einstellung« und getragen von vielen Tausenden, die »durch diese Maitage einen inneren Ruck bekommen haben, die eine entscheidende Wendung in sich spürten«.[43]

Ossietzky läßt sich nicht einschüchtern und geht gelassen auf die Vorwürfe ein. Er und seine politischen Freunde wollten sich nicht in den Vordergrund drängen, sondern nur das Notwendige tun, was die zuständigen Stellen versäumten. Dabei seien sie stets »selbständig« geblieben. In den kommunistischen Mitgliedern des Ausschusses, mit denen sie sonst manchen politischen Streit fechten würden, hätten sie keine Verkörperung des »moskowitischen Schrekkens«, sondern besonnene, verantwortungsbewußte Männer gefunden.[44]

Die SPD-Führer drehen den Spieß einfach um: Die Kommunisten seien schuld am Blutmai, denn sie hätten das Demonstrationsverbot nicht eingehalten und damit die Polizei zu außerordentlichen Maßnahmen gezwungen.

Mit dieser Begründung verbietet Zörgiebel kurzerhand das Erscheinen der Kommunistenzeitung »Rote Fahne« in Berlin, bis sich die Wogen der öffentlichen Empörung wieder geglättet haben. Das Blatt habe angeblich versucht, die »republikanische Staatsform zu untergraben«.[45] Damit ist sichergestellt, daß die Berliner Bevölkerung die kommunistische Version über den Blutmai nicht erfährt. Erst drei Wochen später darf die »Rote Fahne« wieder erscheinen, um nach zwei Tagen erneut wegen »umstürzlerischer Propaganda« für vier Wochen verboten zu werden. Für Ossietzky, der ganz und gar nicht mit der verbalen Kraftmeierei der »Roten Fahne« sympathisiert, ist das ein schwerer Angriff auf die Pressefreiheit, der über kurz oder lang auf die gesamte demokratische Presse und auch auf den »Vorwärts« zurückschlagen werde.[46]

Für Grzesinski ist der Blutmai ein willkommener Vorwand, das Verbot des Rotfrontkämpferbundes anzusprechen, das bereits seit November 1928 in seiner Schublade schmort. Es hat nur noch die Rechtsgrundlage gefehlt.[47] Das Verbot werde der KPD nur nützen, hält Ossietzky den Sozialdemokraten entgegen, obwohl er das militärische Gebaren der Kommunistenorganisation verabscheut. Empörung und Solidarität gegen die staatlichen Willkürmaßnahmen würde der Partei nur neue Anhänger zutreiben. Die Kommunisten selbst würden sich im Zeichen der Verfolgung nur noch enger zusammenschließen. Dies aber bedeute den endgültigen Untergang der parteioppositionellen Brandler-Thalheimer-Gruppe[48], die eine Zusammenarbeit mit der SPD betreibe und die letzte schwache Verbindung zwischen den beiden Arbeiterparteien sei. Der Kampf Rot gegen Rot im Schatten des Faschismus aber werde nur den Rechten nützen, während der Freiraum für Republikaner und Sozialisten schrumpfe. »Wir haben ein Kommunistengesetz. Aber es ist ein alter Erfahrungssatz, daß außerordentliche Maßnahmen gegen eine extreme Linke mit rapider Geschwindigkeit nach Rechts zu rücken pflegen. Aus dem Kommunistengesetz wird bald ein Republikanergesetz geworden sein. Heute drischt man noch Kommunisten. Morgen werden ganz Andre an der Reihe sein.«[49]

Der Prototyp eines Parteifunktionärs ist für Ossietzky Breitscheid, der »Edelbonze«, ein Karrierist ohne eigene Ideen und ohne Tatkraft, der sich gut verkaufen könne, weil er jede politische Mode mitmache. Auf dem Leipziger Parteitag der SPD 1931 nennt er die Arbeitslosen »Lumpenproletariat« ohne Klassenbewußtsein, das den Nationalsozialisten folge. Er habe damit die unter der Regierungsverantwortung seiner eignen Partei verelendeten Arbeiter diffamiert, hält ihm Ossietzky entgegen. Aber Breitscheid ist sich ganz sicher: »Das Wort stammt nämlich von Karl Marx«, doziert er in einem Leserbrief. Ossietzky mokiert sich in seiner Antwort über Breitscheids »Debut als Marxist« und über die marxistische Zitatendrescherei der SPD-Führung, die ihrer opportunistischen Politik einen revolutionären Anstrich geben wolle. Breitscheid als Sozialist? Eine »Obszönität«, meint Ossietzky. Die unhistorische Verwendung des Begriffes zeige nur den Hochmut der SPD-Führer gegenüber den Armen, von denen sie sich längst meilenweit in Richtung Bürgertum entfernt hätten.[50]

Einen gibt es in der SPD, der für Ossietzky politisches Vorbild und Seelenverwandter zugleich ist – Paul Levi[51], der den Sozialismus mehr als jeder andere Sozialdemokrat mit Kopf und Herz verschworen ist, nicht aber den »Parteidoktrinen und Opportunitäten«. Er, der im Jorns-Prozeß[52] gerade eine Rede »von einem wahrhaft dantonischen Format« für die Novemberrevolution und Rosa Luxemburg gehalten habe, besitze Überzeugungskraft und Begabung genug, die Revolutionäre seiner Partei gegen den verbonzten Parteiapparat zu führen. Er sei der »einzige«, der »Sturmfahne« sein könne und »zündende Kraft« wie einst Bebel. Von ihm hänge die Zukunft der SPD ab.

Aber wie soll der kühle, unnahbare Intellektuelle, dem jede Volkstümelei und Anbiederei fremd ist, Fuß in einer Massenpartei fassen? Er sei die verkörperte Skepsis, die Negation »behaglicher Ja-Sager«, dem nur Außenseiter wie Ossietzky selbst anhängen können. Außerdem fehlt es ihm an Beständigkeit – Levi, ein glänzender »Virtuose«, aber nur ein Gastspieler in seiner Partei, der so schnell verschwindet, wie er aufgetaucht ist, weil er diese SPD nicht ertragen kann.[53]

9. Februar 1930: Paul Levi ist tot, im Fieberwahn aus dem Fenster gestürzt. Paul Loebe[54] hält die Gedenkrede im Reichstag, nachdem die Fraktionen von KPD und »Deutschnationaler Volkspartei« protestierend ausgezogen sind. Für die Rechten ist er ein Novemberverbrecher, für die Kommunisten ein Abtrünniger. Ossietzky aber sieht ihn als treuen Schüler Rosa Luxemburgs: ein revolutionärer Sozialist. Doch den orthodox-leninistischen Kurs der KPD, der die Massen niemals erreichen könne, habe Levi nicht mittragen mögen.

Dennoch habe er seinen Sturz als KPD-Vorsitzender und den Ausschluß aus der Partei nie richtig überwunden. Die SPD sei für ihn nur noch eine Art Tribüne gewesen, auf der er für seine eigene politische Überzeugung, für die Gerechtigkeit gefochten habe. »Die Partei, die ihn nicht verdient hat, wird ihn schnell vergessen.« An ihn denken würden nur die paar hoffnungslosen Außenseiter. Für die sei er der einzige gewesen, der ihre politischen Träume hätte verwirklichen können. An seiner Bahre fühlten sie, klagt Ossietzky, »quälende Leere und Hoffnungslosigkeit ... Er war eine eigene Macht, mit seinen Widersprüchen und seinen Irrtümern, seine eigene Fahne, und diese Fahne ist gesunken.«[55]

»Neue USP?« – fragt Ossietzky hoffnungsvoll und skeptisch zugleich, als sich im Herbst 1930 in der SPD-Reichstagsfraktion eine linke Opposition rührt. Sie will nicht länger Kanzler Brünings Sozial- und Lohnabbaupolitik tolerieren, wie die offizielle Parteilinie es vorschreibt. Deprimierend sei die Aussicht auf eine erneute Spaltung der Sozialdemokratie, meint Ossietzky, aber vielleicht »das kleinere Übel« – der einzige Weg, die »Idee von einer sozialistischen Arbeiterbewegung auf demokratischer Grundlage« zu bewahren.[56]

Die Linke in der SPD um Max Seydewitz[57] und Kurt Rosenfeld[58] sind für Ossietzky nun Hoffnungsträger – die wahren Erben der alten Sozialdemokratie. Sie allein könnten vielleicht noch die vielen Verzweifelten um sich scharen, für die hohe Parteifunktionäre wie Breitscheid nur noch Verachtung übrig haben. Die linke »Sonderbündelei« wird im Herbst 1931 von ihrem Parteivorstand vor die Tür gesetzt. Wenn sie den verordneten Kurs nicht mittragen wollten, dann könnten sie ja eine eigene Partei gründen, empfiehlt Rudolf Hilferding[59] den Verstoßenen. Auffangbecken sollten sie sein für alle Enttäuschten, die sonst der KPD zuliefen. Ossietzky erwidert ihm in der »Weltbühne«: Ob er nicht wisse, daß solche eine Sezession ihrer eigenen Logik folge? Ein linker Ableger lasse sich nicht künstlich bei der Stange halten. Was die SPD brauche, sei eine innere Opposition, die sie aus dem kompromißlerischen Mittelmaß heraustreibe und den vielen Desperados der Wirtschaftskrise einen Weg weisen könne, der den sozialistischen Traditionen entspräche. »Die Sozialdemokratie ist auf dem besten Wege, sich selbst herauszuschmeißen.« Übrig bleibe bestenfalls ein »Naturschutzpark«, den Diktator Brüning sorgsam hüten werde, um zu zeigen, »wie zwischen 1920 und 1930 regiert wurde.«[60] Über die SAP[61]-Gründung eine Woche später gibt es keinen Ossietzky-Kommentar, statt dessen Artikel über Brünings neue Notverordnung gegen das Reallohnniveau sowie über Hitlers Bündnis mit der äußersten Rechten in Bad Harzburg. Es ist der linke Sozialdemokrat K. L. Gerstorff alias Fritz Sternberg[62], der den Leitartikel über die neue Partei am 6. Oktober 1931 schreibt.

Seine Hoffnung ist, daß die links-sozialdemokratische Seydewitz-Rosenfeld-Gruppe sich mit der oppositionellen Brandler-Thalheimer-Gruppe von der KPD verbündet, daß sich die Gegner des SPD-Reformismus wie des KPD-Sektierertums sammeln. Brücke könnten sie sein zwischen den beiden großen Arbeiterparteien.[63]

9

Revolutionärer Geist oder Lehre des Moskauer Heiligen Stuhls

Sozialismus, Kommunismus und Sowjetunion

Der demokratische Sozialismus, die sozialistische Republik – das ist das politische Ziel Ossietzkys nach dem Krieg und der Revolution. Sie soll aus dem Wunsch der Menschen nach Frieden und sozialer Gerechtigkeit erwachsen. Auf dem Weg dorthin seien die Kommunisten nur ein Hindernis, sie propagierten die »allseligmachende Phrase« à la Moskau, statt von dem Boden der Wirklichkeit ihres Landes aus für den Sozialismus zu kämpfen.[1] Den Bürgerkrieg in der Sowjetunion beurteilt er als Radikaldemokrat und Pazifist, der Gewalt grundsätzlich ablehnt. Für ihn ist die russische »Heilslehre« eine Religion, die »nur das Schwert kennt und auf das Menschenleben pfeift ... unsere Sehnsucht aber ahnt eine neue Zeit, die nicht mehr mit dem Schwert spielt und nicht mehr die tote Idee, sondern den Menschen selbst zum Mittelpunkt macht«.[2]

Der Bolschewismus sei ein spezifisch russisches Gewächs, das niemals auf westeuropäischem Boden gedeihen könne. Die russische Revolution sei zuerst und vor allem ein verzweifelter Aufstand der hungernden Volksmassen gewesen, die bis dahin unwissend-lethargisch dahingelebt hätten, ohne politisches Ethos. In dem unterentwickelten Agrarland habe es weder demokratische Traditionen noch ein bedeutsames, klassenbewußtes Industrieproletariat gegeben. Deshalb habe jene Diktatur der leninistischen KPdSU entstehen können und müssen, die keine persönlichen Freiheitsrechte zulasse.

Deshalb konnte und mußte ein allmächtiger Verwaltungsapparat mit einer gewaltigen Armee von Bürokraten entstehen, die allgegenwärtig sind, die politische Macht der neuen Diktatoren zu verwalten. Menschenverachtende Effektivierung der industriellen Produktion, militärischer Drill in Schule und Armee, die Herrschaft des »Organisationsfimmels« allüberall – das habe mit Sozialismus nichts zu tun.[3]

So sehr Ossietzky die blutigen Methoden der Oktoberrevolutionäre kritisiert – oftmals ohne die welt- und innenpolitischen Probleme der Sowjetunion zu berücksichtigen –, so uneingeschränkt verteidigt er ihr wichtigstes Ergebnis: sozialistische Produktionsverhältnisse. Die Sowjetunion ist für ihn das erste sozialistische Land der Welt, das vielen ausgebeuteten und unterdrückten Völkern ein Aufbruchsignal geben kann, auf dem die Hoffnungen zahlloser Menschen ruhen. Gerade deshalb schreibt er erbitterte Artikel gegen die stalinistischen Menschenrechtsverletzungen. Die Rechtfertigungsphrasen, mit denen die sowjetische Parteiführung Schauprozesse durchführe und Todesurteile verhänge, seien so alt wie die diktatorische Herrschaftsform in der Menschheitsgeschichte: Kollaboration, Spionage, Sabotage. Öffentliche Selbstbezichtigungen der Todeskandidaten wirkten perfide und absurd. Der Stalinismus sei trotz Sozialismus in seinen politischen Mitteln ein würdiger Nachfolger des Zarismus geworden, maßlos, blutig und despotisch. Betroffen sei vor allem die Intelligenz. Stalin wolle sie aus dem Weg räumen, bis Friedhofsruhe eingekehrt sei, bis niemand mehr seine Alleinherrschaft gefährden könne. Die russische Revolution habe sich selbst gebändigt, sei wieder absolutistischer Staat geworden, mit einem neuen Gott.[4]

1927 mißt Ossietzky die Sowjetunion mit anderen Maßstäben als in den Jahren nach der Novemberrevolution. Er geht nicht mehr von seiner Utopie einer idealen sozialistischen

Republik aus, sondern von der Analyse der außen- und innenpolitischen Wirklichkeit dieses Landes. Es gehe der sowjetischen Regierung wie einst dem französischen Direktorium nach dem Wohlfahrtsausschuß. Sie herrsche über Menschen, die längst den revolutionären Elan verloren hätten, die erschöpft und verzweifelt seien. Mit diesen Menschen nun müsse sie sich behaupten gegen eine feindliche Außenwelt, die nur auf eine Konterrevolution warte.[5] Da seien Widersprüche und Konflikte unvermeidlich. Stalin[6] habe zwar alle Hoffnung auf eine Synthese von Sozialismus und Freiheit zerstört, aber er habe auch mit seiner »eisenharten Faust« Hunger und Anarchie besiegt, sein »gehetztes Land« vor der drohenden englischen Invasion beschützt.

Stalin sei eben Realpolitiker – aber machtgierig und ohne politische Moral.

Und Trotzki[7], der schöpferische, phantasievolle Konkurrent, der Gejagte und Vertriebene?

Ein romantischer Weltrevolutionär und Illusionist – nicht besser!

Für seine ehrgeizigen Pläne würde er – ließe man ihn – das geschundene Volk jederzeit in einen Krieg nach außen und innen treiben, und nichts wäre übrig von der sogenannten Freiheit, die er so enthusiastisch für sich selbst verlange. Es gebe keine »heißern Demokraten« als entmachtete Despoten.[8] Denoch: Im Gegensatz zu den vielen Millionen Bürokraten der Revolution in der Sowjetunion habe er sich entschieden, mit höchstem Einsatz für seine Idee zu kämpfen. Die aber habe mit der Wirklichkeit nichts zu tun – das sei die Tragödie Trotzkis, die »Weltkirche« aber werde ihn dereinst ehren: »Für die Unsterblichkeit muß immer teuer bezahlt werden. Was im Lied soll ewig leben, muß im Leben untergehen ...«[9]

Ossietzky wird niemals ein Anhänger des sowjetischen Sozialismus; wieder und wieder protestiert er gegen die politische Verfolgung der intellektuellen Opposition, gegen Justizmorde und Todesstrafe unter Stalin. Damit offenbare der erste sozialistische Staat nur seine fehlende Überzeugungskraft und seine innere Schwäche. Glaubwürdig und damit unangreifbar von außen und innen werde er nur, wenn es ihm gelänge, die Köpfe und Herzen der Menschen zu gewinnen. Dazu aber bedürfe es der Freiheit, die das Stalinregime seinen Untertanen niemals zu gewähren wage.[10]

Aber je mehr der Antikommunismus zum Vehikel wird gegen die demokratischen Rechte in Deutschland, desto eindringlicher warnt Ossietzky vor einer irrationalen Bolschewistenangst und bemüht sich um ein wirklichkeitsgetreues Bild von der Sowjetunion. Deren erste revolutionäre Tat sei immerhin eine pazifistische gewesen: die Unterzeichnung des Friedensvertrages von Brest-Litowsk, während die deutschen Militaristen noch tausendfaches Blut für einen längst verlorenen Krieg vergossen hätten.[11]

Die Rote Armee sei zwar Instrument der inneren Despotie mit rauschenden Paraden, dröhnenden Manifesten und allem Imponiergehabe labiler Regimes, aber militaristisch sei sie nicht. Im Gegensatz zur Reichswehr werde sie zivil geleitet und sei überlebensnotwendig für das bedrohteste Land der Erde, das ganz allein der kapitalistischen Welt gegenüberstehe.[12]

Wenig Verständnis hat er allerdings für das Techtelmechtel der Roten Armee mit der Reichswehrführung[13]; damit mache sie eigene Abrüstungsvorschläge unglaubwürdig und gefährde internationale Friedensregelungen: »... die Not schafft seltsame Schlafkameraden.«[14] Kompromittiert sei vor allem die KPD, die bei jeder Gelegenheit mit Moskauer Säbeln rassele und die Weltrevolution beschwöre. Peinlich, daß die Revolutionsarmee plötzlich für ein paar technische Erneuerungen mit General von Seeckt paktiere.[15]

Trotzdem gebe es keinen Grund, die sowjetischen Abrüstungsvorschlage vom Dezember 1927 zu verhöhnen, wie die Völkerbundalliierten es getan hätten: »Entwaffnung – Entwaffung bis zur Schleifung von Festungswerken –, das nennt man gemeinhin doch Pazifismus, also das, was ihr zu treiben vorgebt.«[16] Das hält er den westlichen Militärmächten vor. Für die und ihr kapitalistisches System, in dem Enteignung längst finstere Realität geworden sei, werde der Antisowjetismus zur Überlebensfrage: »Die Großen fressen die Kleinen.« Der Mittelstand sei dem Untergang geweiht, der »Begriff des Besitzes ist fragwürdig und unpersönlich geworden«. Die Angst vor dem Russen, die jeder gute Bürger heute habe, lenke ihn ab von den gesellschaftlichen Ursachen seiner Existenznot in der kapitalistischen Wirtschaftskrise.[17] Konkurse, Arbeitslosigkeit und Inflation: »Die Russen sind schuld!« – das sei eine bequeme Formel.[18]

Und die Kommunisten im eigenen Lande, die KPD? Die richtet ihre Politik danach, was der »Moskauer Heilige Stuhl jeweils als Dogma« verkündet. »Die deutsche Kommunistenpartei ist nicht mehr bewegliche Apostelgemeinde, sondern Kirche. Wir glauben aber nicht mehr an Kirchen, auch nicht, wenn sie Gott gestürzt und durch Karl Marx ersetzt haben.«[19] Ohne Selbstdenken und Selbstzweifel sei sie damit beschäftigt, den Gral der »reinen Lehre« zu hüten. Fehlende revolutionäre Beweglichkeit und Ausstrahlung, die nur aus der unmittelbaren Überzeugungskraft wachsen können, habe sie durch primitive Radikalität ersetzt. Die meisten alten Spartakisten und Mitkämpfer Rosa Luxemburgs habe sie als unleninistische Links- oder Rechtsabweichler abserviert, »um einer Führergarnitur Platz zu machen, die mit der natürlichen Auffassungsgabe eines Papageien das in Moskau Vorgesprochene nachplappert«.[20]

Und Rosa Luxemburg, die Aufrichtige, wäre sie überhaupt noch in der Kommunistenpartei? Ossietzky mag nicht über eine Tote spekulieren.

Die »rein« ästhetische Würdigung ihrer wunderschönen Tagebuchaufzeichnungen und Briefe zehn Jahre nach ihrer Ermordung in der bürgerlichen Presse jedenfalls sei verlogen. Würde sie zum Leben erwachen, dann gelte sie wieder als krakeelende Revoluzzerin, wie man sie zu Lebzeiten beschimpft habe.[21]

Ossietzky will schier verzweifeln über diese KPD, die ihre besten Köpfe aus der Partei treibt, die ihre politisch-ideologischen Konkurrenten von der SPD mehr haßt als die Nationalsozialisten, sie als Sozialfaschisten diffamiert. Aber das alles mache die Sozialdemokratie nicht attraktiver, sondern verstärke nur »das Gefühl von Heimatlosigkeit, das die Besten der deutschen Linken so oft befällt«.[22] Ossietzkys politische Heimat wäre eine geeinte sozialistisch-republikanische Bewegung gegen den drohenden Faschismus – eine Utopie in der Endzeit der Weimarer Republik, zu der es keine realpolitische Alternative gibt.[23]

Im Sommer 1931 stimmt die KPD gemeinsam mit den Nationalsozialisten gegen die preußische Regierung des sozialdemokratischen Ministerpräsidenten Otto Braun[24], hofft so, wie mit pseudopatriotischen Parolen gegen den Versailler Vertrag, die bunten Scharen der Rechten an sich zu ziehen. Das habe mit revolutionärer Politik nichts mehr zu tun, kommentiert Ossietzky, das sei buhlerische Anpassung an die Massenstimmung, nicht besser als bei der SPD.[25] Schuld aber sei vor allem die sozialdemokratische Führung, die seit Jahren die Regierungsgewalt ausnutze, um mit den Instrumenten des Staates auf der verhaßten Konkurrenzpartei herumzuprügeln.[26]

18. August 1931, wenige Wochen nach dem gescheiterten Volksentscheid gegen Otto Braun: Attentat am Bülow-Platz vor der Parteizentrale der KPD. Zwei Polizisten sind tot. Es gibt keine rechtskräftigen Beweise, aber für die SPD und alle Öffentlichkeit steht fest: Das waren Kommunisten. Ein »Rotkoller« ohnegleichen bricht los. Die Arbeiterparteien bluten aus im Bruderkampf; es bleibt der lachende Dritte, der Faschismus.[27]

Bei allem Vorbehalt gegen diese KPD mit ihrer wirklichkeitsfremden Revolutionsromantik und ihrer glatt-platten Formeldrescherei nimmt Ossietzky sie doch in Schutz vor dem »Rotkoller«. Kommunisten wie Sozialisten seien keine Feinde der Republik, sie wollten nur die Ausbeutung des Menschen durch den Menschen beenden – in der Republik.[28] Illusion oder Wirklichkeit? Nach über zehn Jahren sozialdemokratischer Realpolitik jedenfalls hält er die KPD für die einzige revolutionäre Kraft in Deutschland. Eine

Einigung der Arbeiterbewegung aber sei nur möglich, wenn sie ihre erstarrte Orthodoxie über Bord werfe und jenen »berühmten Zusatz demokratischen Öls« riskiere, ohne den es in Deutschland und Europa nicht gehe.[29]

Januar 1933. Trotzki schreibt aus Prinkipo einen offenen Brief an die sowjetische Parteiführung. Er beschuldigt das Stalin-Regime, seine ganze Familie zu verfolgen und seine schwerkranke Tochter in den Selbstmord getrieben zu haben.

Ossietzky antwortet: Die menschenverachtende, »blinde Parteiwut« der Moskauer Regierung gegen ihren »größten noch lebenden Helden« sei ein schwerer Schlag für alle Nichtkommunisten, die sich gegen die Kommunistenhetze in ihren Ländern abmühten. Natürlich habe Stalin das Recht, sich gegen seinen »genialen Kritiker« zu wehren. »Aber die Kampfmittel müssen dem Geiste der sozialistischen Revolution entsprechen, sie dürfen nicht dem schlechtesten Arsenal des bürgerlichen Polizeistaats entnommen werden.«[30]

10

»Wir werden wohl mit neuen Menschen neu beginnen müssen«

SPD und KPD im Schatten der NS-Diktatur

»Wer Hindenburg wählt, wählt Hitler« – das ist die Parole der KPD zu den Reichspräsidentenwahlen 1932.

Wer Hindenburg wähle, verhindere Hitler, behauptet dagegen Reichskanzler Brüning. Er will den alten, kaisertreuen Weltkriegsgeneral wiederhaben. Und die SPD, die sein bürgerliches Regierungsbündnis als kleineres Übel toleriert, macht mit. Doch das hat nicht von vorneherein festgestanden: In sozialdemokratischen Kreisen sind Paul Löbe und Otto Braun als mögliche Gegenkandidaten diskutiert worden.[1] Die Kommunisten sind nicht ganz unschuldig daran, daß die Sozialdemokraten schließlich doch für den Generalfeldmarschall votieren. Sie haben unverzüglich ihren eigenen Parteivorsitzenden Ernst Thälmann aufgestellt und damit jede Verhandlung mit der zaudernden SPD über einen gemeinsamen Kandidaten unmöglich gemacht. Thälmann ist nie und nimmer kompromißfähig. Ossietzky fordert die kommunistische Parteizentrale auf, den »törichten Entschluß« rückgängig zu machen. Mit ihrer »lärmenden Untätigkeit« verhindere sie ein Zusammengehen gegen den Faschismus ebenso wie die SPD mit ihrem lähmenden Opportunismus.[2]

Alle Appelle bleiben wirkungslos, einmal mehr siegt der Parteienegoismus, der »schwarze Geier« über der Republik. Für Ossietzky bedeutet das eine komplizierte Situation: Für wen soll er in der »Weltbühne« eintreten? Da die unabhängige Linke keinen eigenen Kandidaten habe, beklagt er sich im März 1932 bei Tucholsky, müsse er sich für »Entscheidungen entscheiden«, die andere getroffen hätten. Er tritt für Thälmann ein, obwohl ihm ein »akzeptabler Sozialdemokrat« als gemeinsamer Kandidat aller Linken lieber gewesen wäre. Hillers Vorschlag, Heinrich Mann zu nominieren, hält er wie die meisten linken Intellektuellen für ganz unrealistisch. Es bleiben der rechte und der linke Weg, Hindenburg und Thälmann. Ossietzky wählt den linken.

Er tut es, wie er Tucholsky mitteilt, in der – unrealistischen – Hoffnung, daß sich in letzter Minute doch noch eine Mehrheit der Vernunft gegen den Generalfeldmarschall zusammenfinden könne.

Die »Weltbühne« ist die einzige bürgerliche Zeitschrift, die offen für Thälmann plädiert. Damit zieht sie sich die Kritik sämtlicher demokratischer und sozialdemokratischer Blätter zu. Die Vorwürfe reichen von »Prinzipienreiterei« bis Kumpanei mit den Kommunisten.[3] Der Generalfeldmarschall sei Repräsentant des preußischen Militarismus und des alten Kaiserreiches – für Republikaner unwählbar, entgegnet Ossietzky. Für ihn ist Hindenburg realpolitisch gesehen eine große alte Null, vor die man erst ein Zeichen setzen muß. »Wer diese Zahl setzen darf, der wird am Ende der Sieger sein.«[4]

Im Schatten des Faschismus hat Ossietzky seinen Traum von einer geeinten Arbeiterbewegung längst aufgegeben, aber angesichts der Wahlerfolge der NSDAP überall müsse Schluß sein mit dem Kampf »rot gegen rot«, meint er. SPD und KPD schlügen sich um eine Republik, die es bald nicht mehr geben werde, und mit ihr gingen die Arbeiterparteien zugrunde. Es wäre eine Utopie und könnte der Sache nur schaden, würde man »heute bereits die gemeinsame revolutionäre Front aller sozialistischen Parteien und ihrer Sezessionen ... fordern«, aber ein »taktisches Notprogramm« zur Verteidigung der sozialen und demokratischen Rechte der Arbeiterschaft gegen Notverordnungspolitik und Faschismus, das müsse doch möglich sein.[5]

Der Reformismus der SPD und der Radikalismus der KPD, das seien die beiden lebensnotwendigen Flügel der deutschen Arbeiterbewegung, deren Kämpfe den Weg des gesellschaftlichen Fortschritts bahnen müssen. Das stünde jedoch gar nicht mehr auf der Tagesordnung. Die opportunistische SPD sei ebenso »mit ihrem Latein am Ende« wie die KPD mit ihren weltrevolutionären Phrasen. »Primgeiger ist der Fascismus (sic!) ... Mitten im fallenden Kapitalismus befindet sich die Arbeiterschaft in der Defensive. Das ist die größte Überraschung dieser Phase, und das allein muß die Haltung und die Wahl der Mittel bestimmen ... Ein runder Tisch wartet.«[6] Eine Woche nach diesem Appell muß Ossietzky ins Gefängnis, vom 10. Mai bis zum 22. Dezember 1932. In dieser Zeit wird Brünings Notverordnungskabinett gestürzt, ihm folgt der Zentrums-Politiker von Papen und schließlich der General von Schleicher. Die KPD gründet ihre »Antifaschistische Aktion« ohne die Sozialdemokraten, der Berliner Verkehrsarbeiterstreik wird als Gemeinschaftsaktion von KPD und NSDAP gewertet und vertieft den Graben zwischen Kommunisten und Sozialdemokraten. Die Generalstreikparole, die einst den Kapp-Putsch besiegte, hat keine Chance mehr. »Die Gegenrevolution hat kampflos die Hügel besetzt«, kommentiert bitter Carl von Ossietzky den 30. Januar 1933. »Hohe Funktionäre schwärmen plötzlich für die ›rote Einheit‹, die sie sonst mit Maßregelungen prämiert haben. Es ist schwer, ihre späte Erleuchtung hinzunehmen, ohne grob zu reagieren. Es ist schwer, daran zu glauben, daß sie einmal bessere Kämpfer werden können. Wir werden wohl mit neuen Menschen neu wieder beginnen müssen.«[7]

11

Lob der Außenseiter

Der politische Publizist Ossietzky und die Intellektuelle Linke[1]

Die »Weltbühne«[2] ist *das* Blatt der intellektuellen linken Außenseiter der Weimarer Republik. Unabhängigkeit von Parteien wie von großen Pressekonzernen ist ihr höchstes Prinzip. Das ermögliche wahrhaftige Meinungsfreiheit, meint Kurt Tucholsky[3]: »Bei uns wird diskutiert.«[4]

Ein »Lob der Außenseiter«[5] schreibt Carl von Ossietzky im Januar 1927 in der »Weltbühne«, und er offenbart damit sein eigenes Selbstverständnis als politischer Publizist.

Was wäre die Republik ohne die »spornende und peitschende Kraft verhöhnter und gemiedner Außenseiter?«, so fragt er und antwortet selbst: Ohne sie hätte es keine Aufdeckung der Fememorde gegeben, keine Kontrolle der Reichswehr, keine Verständigungspolitik. Ja, ohne jene, die sich nie mit dem kleinen Möglichen begnügt hätten, »gäbe es heute kein Deutschland mehr«.

Illusion oder Wirklichkeit?

Ossietzky glaubt an die politische Wirkung der Außenseiter. In diesem Sinne teilt er mit seiner Zeitschrift Kritik nach allen Seiten aus, scharf und kompromißlos.[6]

Er schreibt über und gegen die reale Politik, aber in seinem Herzen trägt er noch immer sein Sehnsuchtsland, die verwirklichte Republik: »Enthält nicht der revolutionäre Ursprung der Republik auch eine revolutionäre Verpflichtung?«[7] hält er den Realpolitikern des Justemilieu vor.

Maud um 1916

Das einzige komplette Familienfoto:
Urlaub in der Niederen Tatra im Jahre 1932

Maud und Carl
1932 im ›Baby-Zoo‹

Carl von Ossietzky,
mittlere Reihe, dritter von links, als Armierungssoldat

Maud (rechts, stehend) verteilt Flugblätter für die ›Nie-wieder-Krieg‹-Bewegung, links von ihr Frau Einstein

Die empfinden das als destruktive Kritiksucht, geboren aus dem schöngeistig-verantwortungslosen Individualismus der intellektuellen Linken. Ist die »Weltbühne« politisch isoliert, wirklichkeitsfremd-programmlos in einer Zeit, in der die letzten Überreste der Demokratie bedroht sind? So jedenfalls urteilt später Kurt Hiller, der Widersacher aus alten Zeiten, über Ossietzky: »Er war als Denker unzulänglich«, ihm habe »denkerische Konstruktivität« gefehlt: eine Strategie, die Republik zu retten.[7]

Hiller selbst glaubt 1929, eine zu haben: »Ist denn das in Deutschland unmöglich?« fragt er in der »Weltbühne« und meint eine »gemeinsame Front« der Linken aller Richtungen gegen die »einzige Gefahr ... in Deutschland – die faschistische«.[8] Diesen Weg habe Ossietzky nur ein einziges Mal in seinem Artikel über den »Weltbühnenprozeß« gezeigt. Vielleicht hat Hiller nicht mehr gelesen. Ossietzky beschwört doch wieder und wieder die Einigung der Linken, aber er meint vor allem die beiden großen Arbeiterparteien. Fänden die nicht zusammen, »dann gibt es gegen den Fascismus keinen Halt mehr«. Das linke Bürgertum könne »dazu einige beachtliche intellektuelle Kräfte stellen, organisierte Potenzen hat es nicht mehr aufzuweisen ...«[9]

Hiller bewertet die Intellektuellen in seinem Weltbühnenartikel höher. Für ihn sind sie die eigentlichen Hoffnungsträger. Sie könnten eine psychologische Atmosphäre schaffen, in der die Linken wieder aufeinander zugingen: Max Seydewitz, Paul Levi, Alfons Goldschmidt – auch Tucholsky, weil er für bürgerliche wie für kommunistische Blätter arbeite.[10] Der antwortet mit einer Stellungnahme zur »Rolle der Intellektuellen in der Partei«[11]: Die sogenannten linken Intellektuellen, »die da über den Parteien thronten«, hätten in der Novemberrevolution und in der jungen deutschen Republik jämmerlich versagt, nicht gehandelt, nur geredet, vom hohen Podest der Wissenden aus immer über die Menschen hinweg.

Aber das sogenannte Volk habe das »gar nicht verstanden«, erklärt er, der sich 1918/19 selbst von den Barrikadenkämpfern ferngehalten hat. Meint er nicht auch sich selbst, wenn er räsoniert: ».. . jetzt klagen unsere überklugen Musensöhne dafür die Dummheit der Proleten an und beginnen . . . zu wehklagen oder ihre billigen Weisheiten und Rezepte à la Hiller an den Mann zu bringen.«

Wie Ossietzky ist Tucholsky der Meinung, die großen Arbeiterparteien allein könnten noch etwas bewirken, dort sei der Platz der linken Intellektuellen, aber nicht darüber, sondern dabei, bescheiden in ihren Reihen.

Das bekennt er 1929 – und hält inne: Schwer sei es, sich von der bürgerlichen Erziehung und den alten Idealen zu lösen. Welcher linke Intellektuelle sei kein »entlaufener Bürger« – wankelmütig, unzuverlässig, unordentlich? Mißtrauen ihm gegenüber sei berechtigt und notwendig. Aber werde es nicht gerade von jenen mittelmäßigen Parteifunktionären geschürt, die Kritik und intellektuelle Konkurrenz fürchtete? »Es wird uns auch geistig auch nicht leicht gemacht«, resümiert Tucholsky. »Wir sind weit voneinander. Wir sollten zueinander.«

Und doch kann er jemanden wie Hiller gut verstehen, der seinen eigenen Weg in den Splittergruppen zwischen den beiden großen Parteien sucht oder in überparteilichen Organisationen.

Man schreibt das Jahr 1929; die SPD an der Regierung ist in den Augen der unabhängigen Linken kläglich gescheitert. Viele, auch Tucholsky und Ossietzky, sehen in dieser Zeit die KPD als einzige Kraft, die sich dem Faschismus noch wirksam entgegenstellen kann.

Das treibt sie näher zu den Kommunisten. Ist es auch die Sehnsucht nach einer politischen Heimat? »Immer suchen ist nicht schön«, beklagt Tucholsky die Einsamkeit der Außenseiter. Ja, es habe ihn angezogen, das »russische Haus« mit seiner großen Idee. Aber gleich Ossietzky schreckt er zurück vor Sendungseifer, Nationalismus und starrer Dogmatik, wie er sie in dieser Partei erlebt, ruft sich selbst zu:

»Hej! . . .

– Bleib tapfer.

Bleib aufrecht.
Bleib du.«

So bekennt er in seinem Gedicht »Hej –!«,[12] mit dem er endgültig Abschied nimmt von den Kommunisten, von der »warmen Heimat Herde«. Er bleibt unter den Außenseitern:

»Frierend wie du,
suchend wie du,
jeder allein, wie du,
Trost? Nein: Schicksal.«

»Hej!« – das ist das Grußwort in seinem Exilland Schweden, in dem er Ruhe sucht, Ruhe vor den Menschen. Eine einsame Ruhe, die ihm allmählich die Lebenskraft und die Produktivität raubt.

Auch Ossietzky leidet unter dem Gefühl, immer dazwischen zu stehen, zu keiner der großen Gruppen zu gehören, die das politische Geschehen bestimmen. Die Wehmut darüber schwingt in seiner »Rechenschaft« von 1932 mit: »Ich gehöre keiner Partei an ... Keine der Internationalen nimmt mich auf ...«.

Später, wenige Tage vor dem Beginn seines Opferganges durch die Konzentrationslager, hat er geglaubt, *seine* Gemeinschaft gefunden zu haben: die Menschen, die sich – zu spät – sammeln, eine Diktatur aufzuhalten, die schon begonnen hat. »Und ich ... reihe mich nun ein in das große Heer, das für die Freiheit kämpft«, hat er am 17. Februar 1933 erklärt.[14] Aber dieses »große Heer« ist gar nicht vorhanden gewesen, wenige, zu wenige sind es gewesen, die noch Widerstand gewagt haben. Einige hat Ossietzky im KZ wiedergetroffen. Bei ihnen hat er – makaber mag das klingen – die einzige Gemeinschaft seines Lebens, die Lagergemeinschaft der politischen KZ-Häftlinge, gefunden. Kommunisten, Sozialdemokraten, alle gemeinsam gegen SA und SS.

»... wir kommen als Macht allesamt nicht in Frage. Wir haben keinen Kandidaten, kein Programm – gar nichts«, schreibt Ossietzky anläßlich der Reichspräsidentenwahlen 1932 an Tucholsky. »Wir müssen uns nur für Entscheidungen entscheiden, die andre getroffen haben ... Um für unser Prinzip zu arbeiten, müssen wir alle auf neuem Boden neu anfangen.«[15]

Das ist ihr Dilemma: Während sie über die Wirklichkeit hinweg geträumt haben, sind die alten Mächte erstarkt. Jetzt, in der Endzeit der Republik, wissen sie noch keinen Weg zum Volk. Die Nationalsozialisten haben einen gefunden, der viele, zu viele Deutsche anlockt.

Ossietzkys politische Konzeptionslosigkeit, meint Hiller, habe die Wirkung des Blattes beeinträchtigt. Niemals habe der andere eine politische Linie durch das Blatt gezogen, keine konsequent-liberalistische, auch keine kritisch-marxistische. Die »Weltbühne« sei relativistisch redigiert worden: Eine zufällig gemixte Buntheit der Meinung ohne einigendes Band. Nur er, Hiller, habe der Zeitschrift dann und wann »das Ziel« aufstecken können.[16]

Und das tut er ja auch mit seinen eigenen »Ziel«-Jahrbüchern[17], die vor allem die Meinung ihres Herausgebers widerspiegeln, wie die Wiener »Fackel« seines Vorbildes Karl Kraus.[18] »Das kann man so machen«, kommentiert der ehemalige Kulturredakteur und Theaterkritiker der »Weltbühne«, Rudolf Arnheim[19], der sich noch genau an die Auseinandersetzung seines Chefredakteurs mit Kurt Hiller erinnern kann. »Aber man kann es auch anders machen.« Die Weltbühnen-Redaktion habe ihr Blatt eben nicht »dogmatisch auf eine Linie festlegen wollen und dann sagen: Na ja, das war es nicht, was ich dachte, das es sein sollte.« Man habe auf Vielfalt der Meinungen geachtet und auf eine gewisse Lebendigkeit.[20] »Die Weltbühne ist eine Tribüne, in der die gesamte deutsche Linke in des Wortes weitester Bedeutung zu Worte kommt«, erklärt Tucholsky, »wir verlangen von unseren Mitarbeitern Klarheit, persönliche Sauberkeit und guten Stil ... Die Weltbühne verzichtet bewußt auf ein starres Dogma; bei uns wird diskutiert.«[21]

Kurt Hiller, der *seine* Wahrheit wie ein Dogma setzt, beklagt, daß Ossietzky die »Weltbühne« nicht nach dieser Wahrheit ausrichtet. Und doch steht er ungläubig-erstaunt vor dem Freiraum, die der Redakteur ihm einräumt, selbst wenn er seine Ansichten nicht teilt: »... immerhin ist Meinungsfreiheit ohne Linie besser als falsche Linie ohne freie Meinung.«[22] Mit seiner strikten Objektivität habe der Herausgeber die kommunistischen Weltbühnen-Mitarbeiter oft auf eine »harte Geduldsprobe« gestellt, bedauert der Schriftsteller Franz Leschnitzer und gerät dann doch ins Schwärmen über die Freiheit, die er als Kommunist in der »Weltbühne« hatte.[23] Sein Gesinnungsgenosse Béla Balász bekennt, daß Ossietzky als Redakteur ein »wirklicher Demokrat« gewesen sei, der die schärfsten Kontroversen zwischen Kommunisten und bürgerlichen Intellektuellen abgedruckt und nicht eine Zeile verändert habe: »Es war Platz in der kleinen Zeitschrift.«[24]

So winzig es ist, das »Blättchen«, so exklusiv ist es auch. Nur die Besten dürfen darin schreiben, und sie empfinden es als Ehre, selbst wenn das Honorar kaum der Rede wert ist: Joachim Ringelnatz[25], Hermann Kesten[26], Erich Mühsam, Ernst Toller, Arnold Zweig[27], Heinrich Mann[28] ... Ein paar Sozialdemokraten und Kommunisten arbeiten mit, auch führende Köpfe der Splitterparteien KPO und SAP. Aber vor allem die vielen parteilosen Linken der Republik, für die es keine politische Heimat gibt.[29] In der »Weltbühne« dürfen sie schreiben, was sie in den Zeitungen der Pressekonzerne und der Parteien nicht veröffentlichen können. Manche benutzen ein Pseudonym, wie Johannes Bückler alias Milly Zirker, die Redakteurin beim »Berliner Tageblatt« ist.

Die »Weltbühne« wurde 1905 als »Schaubühne« von dem Theaterkritiker Siegfried Jacobsohn[30] gegründet, den seine Freunde S. J. nennen. Unter dem Eindruck des Krieges nahmen der Herausgeber und sein Zögling Kurt Tucholsky mehr und mehr politische Beiträge in das »Blättchen« auf, das eigentlich nur Theater- und Kulturzeitschrift sein sollte. 1918 nannten sie es dann: »Die Weltbühne«. Sie ist mit einer Auflage von durchschnittlich 12000 Exemplaren kein Massenblatt, aber sie wird ernstgenommen.[31]

Kaum ein bedeutender Politiker oder Publizist, der nicht am Dienstagmorgen das frischgedruckte »rote Blättchen«

zur Hand nimmt, das bald zum politischen und kulturellen Spiegel der Weimarer Zeit wird. Ein unbequemer Spiegel, weil er für und gegen nichts blind ist. Nicht nur in der Reichshauptstadt, in ganz Deutschland entstehen »Weltbühnenleserkreise«, die sich Woche für Woche zum Gespräch über die neueste Zeitschriftennummer zusammenfinden. So erzählt Willy Brandt, wie er als Arbeitsschüler allwöchentlich mit Freunden bei einem Stück Kuchen und einer Tasse Kaffe für 15 Pfennig in einem Café zusammenhockt, um die »Weltbühne« zu lesen, die dort ausliegt. Sie kostet 50 Pfennig – ist zu teuer für die jungen Leute.[32]

In Berlin treffen sie sich mittwochs abends im Café Adler am Dönhoffplatz. Vorträge, Gesprächsrunden mit Weltbühnenautoren – »wir, die jungen Leute von damals, debattierten meistens bis Mitternacht«, erinnert sich noch 1978 eine alte Weltbühnenleserin.[33]

So vervielfältigt sich die Wirkung des »Blättchens«, und dem kann sich nicht einmal Tucholsky verschließen, der sich sonst gerne über das wirklichkeitsentrückte intellektuelle Gebaren der Zeitschrift und ihrer »Kreise« mokiert: »Durch tausend Netzkanälchen laufen aus dieser Quelle Anregungen, Formulierungen, Weltbilder, Tendenzen und Willensströmungen ins Reich«, schreibt er 1930 über das Blatt. »Solange die Weltbühne die Weltbühne bleibt, solange wird hier gegeben, was wir haben. Und was gegeben wird, soll der guten Sache dienen: dem von keiner Macht zu beeinflussenden Drang, aus Teutschland Deutschland zu machen ... Jeder Leser kann daran mitarbeiten.«[34]

Tucholsky ist es, der Ossietzkys journalistisches Talent entdeckt und Siegfried Jacobsohn auf ihn aufmerksam macht. Es dauert eine Weile, bis der »Marquis von O.« – wie Jacobsohn ihn wegen seines distanzierten Benehmens nennt – sich entscheidet. Ein Jahr läßt er auf sich warten. Er will noch persönlich geradestehen für ein Beleidigungsverfahren gegen den »Montag Morgen«, den er bis 1925 als verantwortlicher Redakteur geleitet hat. Erst am 2. Februar 1926 erscheint er wieder in der Weltbühnenredaktion und bietet seine Mitarbeit an. Das sei »einer der größten Umstandskommissare«, die er je erlebt habe, berichtet Jacobsohn später seinem Freund Tucholsky, aber: »Die Sprache ist nicht von Pappe.« Ossietzky ziert sich fast einen Monat lang, den Autorenvertrag zu unterzeichnen. Einen Vertrag abzuschließen – das bedeutet Abhängigkeit. »An dem ist auch ein halb Dutzend alter Jungfern verloren gegangen«, spottet S. J. Väterliche Ironie wandelt sich bald in Vertrauen, bedingungsloses Vertrauen in das journalistische Können.[35]

Jacobsohn läßt die Ossietzkyschen Artikel in seinem geliebten »Blättchen« veröffentlichen, ohne sie vorher zu redigieren.[36] Das wird sonst keinem gewährt ... Nicht einmal Tucholsky, den Jacobsohn bis zuletzt wie einen Lehrling behandelt. Aber Tucholsky hat er ja erst zum Schriftsteller gemacht, während Ossietzky ein »Selfmademan« ist, wie Maud, die Engländerin, ihn nennt. Er hat sich seinen Berufsweg ganz allein bahnen müssen. Er hat den ewigen Zeitdruck aushalten gelernt und ist es gewöhnt, pünktlich druckfertige Artikel abzuliefern, von denen er mehr schlecht als recht den Lebensunterhalt für sich und seine kleine Familie bestreitet.

Jacobsohn sieht in ihm den fertigen Journalisten, den Könner auf einem Gebiet, das er als Theaterspezialist nicht beherrscht: dem aktuellen politischen Journalismus. Deshalb hütet er sich, dem anderen ins Handwerk zu pfuschen. Ossietzky fühlt sich bald ebenso in den Bann des großen Redakteurs gezogen wie die meisten Weltbühnenautoren: »...es war eine Stimmung unterdrückter Tränen«, schreibt er zum ersten Todestag Jacobsohns, der am 3. Dezember 1926 während eines epileptischen Anfalls erstickt ist, »und wir vermieden, nach der kleinen, so bekannten Samtjacke zu blicken, die am Kleiderhaken hing. Es war so unwahrscheinlich, was geschehen war. Unwahrscheinlich war diese Gruppe von Menschen, die hier im Zwielicht um den Schreibtisch stand, über die nächste Fortführung der ›Weltbühne‹ beratend, scheu das betastend, was S. J. gehörte, was sein Erarbeitetes, sein Geschaffenes war.«[37]

Jacobsohns Vertrauter Tucholsky übernimmt 1926 die Weltbühnenleitung; ein Alleingebliebener, Trauernder, der mit seinem wichtigsten Freund den Lebenssinn, die innere Verbindung zur Wirklichkeit verloren hat. Er ist weder bereit noch in der Lage, alle redaktionellen Aufgaben zu bewältigen, und er fühlt sich todunglücklich. »Oberschriftleitungsherausgeber« tituliert er sich. Aber als Erbe seines väterlichen Freundes fühlt er sich unersetzlich: »Bleibe ich aber nicht, ist sie hin.«[38] Also bleibt er, hin- und hergerissen von seinem Pflichtgefühl und dem Drang, dem Redakteursschreibtisch und seiner Haßliebe zu entfliehen: der realen deutschen Politik, die so gar nicht mit seiner idealen übereinstimmt.

Verlockend findet er die Aussicht auf ein festes Monatsgehalt bei der »Weltbühne«. Er weiß, daß der Umsatz der Zeitschrift keinen großen Spielraum für Gehälter und Honorare läßt. Doch er mag sich nicht mit den 1500 Mark bescheiden, die ihm Jacobsohns Witwe Edith zubilligt. Darüber kommt es zum Zerwürfnis. Vielleicht ist es auch der Autoritätskonflikt mit der Frau, die er nicht als Nachfolgerin des verehrten Freundes ertragen kann. In Briefen an seine Frau Mary über den Konflikt schwingt instinktive Abneigung, ja Haß mit, wie einst gegenüber der Mutter. Wie die meisten Intellektuellen seiner Zeit hält er Frauen für geistig und seelisch unterlegen – als Vorgesetzte nicht akzeptabel. »Ich bin nicht ihr Angestellter« oder: »Ich will nicht so, wie sie will.« Im Frühling 1927 ist die Atmosphäre zwischen beiden unerträglich geworden.

Diese Auseinandersetzungen sind es vor allem, die Tucholsky im Frühling 1927 aus der Redaktion treiben.[39] Am 11. Oktober 1927 heißt es dann auf dem Titelblatt der Zeitschrift: »Begründet von Siegfried Jacobsohn. Geleitet von Carl von Ossietzky. Unter Mitarbeit von Kurt Tucholsky.«[40]

Ossietzky hat lange gezögert, die Aufgabe zu übernehmen, für die er etwa 900 Reichsmark monatlich erhält.[41] Noch immer träumt er davon, ein »richtiger Schriftsteller« zu werden, Zeit und Kraft für eine literarische Weltgeschichte oder für ein Luther-Buch zu finden. Die Entscheidung für die »Weltbühne« ist der Abschied vom Traum, etwas Zeitloses, Bleibendes zu schaffen.[42]

Schwer sei es, sich mit der Kurzlebigkeit des Tagesjournalismus zu bescheiden. Der Journalist müsse sich »vom Tag tragen lassen, sich in seinem Rhythmus wiegen«, schreibt Ossietzky zum 50. Geburtstag Stefan Großmanns, den er als »Fechtmeister« der politischen Polemik bewundert. »Wehe, wenn er sich in einen Tag verlieben wollte, er wäre schnell hinter tausend anderen zurück.«[43] In der Öffentlichkeit gelte der Journalist als »Schreibkuli«, als »Individuum ohne Stimme mit auswechselbaren Meinungen«.[44] Seine wirkliche Aufgabe aber sei es: »Der Zeit den Spiegel vorhalten«, und zwar mit Temperament, nicht mit jener sogenannten Sachlichkeit, die »vor lauter Schulweisheit nicht mehr ... Recht und Unrecht, Liebe und Haß« kenne. Journalisten seien »das Gewissen des Tags, Kinder einer Ehe, entsprossen zwischen Thersites und Cassandra«. Sie müßten die Zukunft fein erspüren, sie schärfer und deutlicher prophezeien können als andere – »um gehört zu werden, um aufzufallen«.[45]

Und so empfinden Kollegen und Mitarbeiter den Weltbühnenleiter Ossietzky. Walther Kiaulehn nennt ihn einen »feurigen Journalisten«, der seine ungewöhnliche Bildung immer nur für das Notwendige benutzt habe, dessen Stil immer besser geworden sei »wie edler Wein«.[46] Kurt Tucholsky, Axel Eggebrecht, Walter Mehring, auch Kurt Hiller – die meisten zeitgenössischen Publizisten – halten Ossietzky für einen »großartigen Stilisten«, vergleichen ihn mit Voltaire, mit Harden, mit Heine gar.[47]

Die neue Aufgabe bedeutet Abschied, Abschied von den Idealen des Bürgertums und seiner Kunst, die Siegfried Jacobsohns »Weltbühne« für Ossietzky verkörpert. Er empfindet die Zeitschrift als ein unendlich kostbares Überbleibsel, ein »Refugium der Schönheit ... – und so funkelt es verführerisch im Abendrot der bürgerlichen Zeit«. Unter dem Eindruck des bedrohlichen Zeitgeschehens bringt er sie ganz in die aktuelle Politik ein und kann sich doch eines leisen Bedauerns nicht erwehren: »Heute ist alles mit Politik und Ökonomie vollgestopft«, klagt er in seiner »Rechenschaft«, »und aus einem Refugium der Schönheit ist ein Depot aller Sorgen geworden«[48] – kaum noch Zeit und Platz für das Theater, für schöne Bücher und Gedichte.

Es geht um die Republik; Arbeitslosigkeit, Inflation, Faschismus, politischer Terror beherrschen den Alltag. Aber der Herausgeber bewahrt sich eine »heimliche Sehnsucht zur Kunst«.[49]

Daran erinnert sich Jahre später Walther Karsch[50], sein Redaktionsassistent. Der Sinn für das Schöne habe stets Ossietzkys Redaktionsarbeit bestimmt. Eben das macht den Stil und die Wirkung seiner Artikel aus.

»Sie haben auch den Unpolitischen den Geschmack an der Politik beigebracht«, bezeugt ihm 1932 Arnheim, »weil Sie Ihre Gedanken nicht im Fachjargon, sondern in einer Sprache vortragen, in der man auch über Blumen, Musik und Frauen schreiben kann.«[51]

Ist es das, was den Tagesjournalismus Ossietzkys zeitlos gemacht hat?

Immer wieder tauchen Literatur-, Theater- und Filmrezensionen auf: Die alte Liebe zur Kunst hat einen Platz in seinem Herzen behalten; zum Beispiel die wunderschöne, feinfühlige Kritik über Tucholskys Pyrenäenbuch:

»Es ist ein seltsames Buch, so ganz persönlich und apart geschrieben, wie man heute nicht mehr schreibt, wo der kleinste Krauter kollektivistisch tut und sich als Diktaphon der Massenseele gebärdet: Hier hat ein Einzelner Augen und Ohren gebraucht. Ein Einzelner ... der Mensch steht im Vordergrund.«[52]

Ossietzky und Tucholsky sollen sich nicht gemocht haben, ist vielfach geschrieben worden.[53] Gewiß, da finden sich etliche Klagen in Tucholskys »Briefen an Mary« aus den zwanziger Jahren über den Nachfolger, den er Edith Jacobsohn selbst vorgeschlagen hat. Ossietzky sei lethargisch, ja »schlapp« und würde ihn, Tucholsky, »zu wenig respektvoll« behandeln.[54]

Liegt es an dem unverdauten eigenen Mißerfolg als Weltbühnenleiter, daß Tucholsky seinen erfolgreicheren Nachfolger in Briefen an Mary 1927/28 so hart attackiert? Daß er ihm vorwirft, die Redaktionsarbeit zu vernachlässigen? Es habe manche Auseinandersetzungen über redaktionelle Fragen zwischen den beiden gegeben, erinnert sich Rudolf Arnheim. Tucholsky sei stets schnell mit Kritik zur Hand gewesen, aber manches habe er vom Ausland aus kaum beurteilen können. Vielleicht sei das auch eine Temperamentsfrage. Tucholsky habe seinem Herzen eben öfter Luft machen müssen, um dann schnell zu vergessen. Einmal habe der berühmte Schriftsteller ihn, den jungen Kulturredakteur, beiseite genommen: In einer Redaktion seien Meinungsverschiedenheiten manchmal unvermeidlich. In Wirklichkeit respektiere man sich und streite nur um den richtigen Weg für die gemeinsame Sache.[55]

Es ist nicht nur Konkurrenzgefühl, aus dem Tucholskys Haltung gegenüber dem anderen wächst, es ist auch Sehnsucht. Der Einsame draußen in Schweden vermißt die warme, väterliche Anteilnahme seines verstorbenen Freundes Siegfried Jacobsohn, seinen Beifall und seine Kritik – seine Liebe, die er »Treibhausluft« all seines Schaffens nennt. Ossietzky, stets korrekt gekleidet, gibt sich eher zurückhaltend. Laute Gefühlsäußerungen sind ihm nicht leicht zu entlocken.[56] Tucholsky fühlt sich von ihm vernachlässigt: Er kritisiere nicht, lobe nicht, schreibe viel zu selten Briefe. Für Produktionstiefs scheint er kein Verständnis zu haben, er fordert Woche für Woche die Beiträge seines wichtigsten Mitarbeiters, wie er sich selbst den Leitartikel abverlangt.[57] Das löst Spannungen aus, doch in späteren Jahren kommen die beiden einander näher.

Bedeutsam ist Ossietzkys Besuch in Tucholskys kleinem schwedischem Zufluchtsort Hindas 1930. Dort, in der totalen Abgeschiedenheit, »quasseln« die beiden nächtelang miteinander, dort lernt Ossietzky Einsamkeit, Hoffnungslosigkeit und Verbitterung des anderen verstehen; dort beginnt Tucholsky, ihm zu vertrauen.[58]

Ossietzky und Tucholsky sollen sich nicht gemocht haben –? Die Korrespondenz[59] zwischen beiden aus dem Jahre 1932 zeichnet das Bild einer Freundschaft mit Widersprüchen und Konflikten; offenbart langjährige Vertrautheit und intensiven Briefkontakt. Zwei Männer, beide zurückhaltend, sensibel, schüchtern ja, auch Tucholsky ist schüchtern hinter all seiner launigen Clownerie. Sie sind bedacht, einander nicht zu verletzen – und selbst nicht verletzt zu werden. Über Persönliches schreiben sie zumeist im jovialen Männerjargon: »Lieber Oss« und »Lieber Doktor« die Anrede, »Herzlichst« und »In alter Herzlichkeit« die Grußformel. Über Weltbühnenmitarbeiter oder Zeitungsgrößen disputieren sie höchst vertraulich miteinander; manches Mal wird gelästert, auch über Bertolt Brecht, den Tucholsky »kleiner Plagiator« nennt und dessen Wandlung vom bürgerlichen Individualisten zum Marxisten er »unwahr« findet.[60] Oder sie amüsieren sich über die sonst so Ossietzky-kritischen Herren von der demokratischen Presse, die den Herausgeber nach dem Weltbühnenprozeß wie einen Heiligen der Republik verehrten, weil er sich in ihren Augen für die Pressefreiheit geopfert hat. Der frotzelt nur darüber – zu Lasten einer Frau: Wenn er Theodor Wolff – dem alten Widersacher und Chefredakteur vom Berliner Tageblatt – sagen würde: »... ich gehe nächstens ins Gefängnis, und ich möchte vorher noch zum Troste bei seiner Frau schlafen, so würde er wahrscheinlich antworten: ›Aber bitte sehr, bedienen Sie sich doch!‹« Tucholsky postwendend zurück: »Daß Sie aber mit der Frau von T. W. vorher noch einmal rumschlafen sollen, halte ich für eine barbarische Strafverschärfung. Die Unterzeichneten protestieren aufs Schärfste ...«[61]

Während der Monate, die Ossietzky 1932 im Gefängnis verbringen muß, ändert sich der Ton zwischen ihm und Tucholsky. Sie begegnen einander vertrauensvoll und offen. Da werden Ängste ehrlich ausgedrückt:

Ossietzkys vor der Einsamkeit hinter den Gefängnismauern, Tucholskys vor der endgültigen Resignation und dem Verlust seiner Produktivität; da versucht einer dem anderen zu helfen, ihm wenigstens Mut zu machen; da werden Zuneigung und Sehnsucht einfach ausgesprochen: »Schreiben Sie mir doch ruhig mehr«, bittet Ossietzky den Freund. »Auch wenn ich nicht immer im Augenblick und im nötigen Umfang reagiere, so ist es doch wichtig für mich zu wissen, was Sie tun und vorhaben. Und dann, weil Sie es sind ...«[62]

Die Annäherung zwischen den beiden ist bis heute ebensowenig zur Kenntnis genommen worden wie Tucholskys bewundernde Äußerungen über den Redakteur Ossietzky. Statt dessen wird Hiller zitiert: »Die redaktorische Leidenschaft fehlt ihm völlig«, schreibt Kurt Hiller in seinen Erinnerungen. »Unter Ossietzky redigierte die ›Weltbühne‹ sich gleichsam selbst«[63], und gibt dann offen zu, daß er nach Tucholskys Rückzug selbst gern Weltbühnenleiter geworden wäre, wenn man ihn gefragt hätte. Und daß er es gewiß besser gemacht hätte als Ossietzky, mit dem er zudem »spinnefeind« gewesen sei.

Sind bei Hillers Bewertung Konkurrenzgefühle im Spiel? Diese Frage stellen sich Ossietzky- und Tucholsky-Biographen gar nicht erst, wenn sie seine griffig formulierten Ansichten einfach kolportieren: Ossietzky sei ein brillanter Journalist gewesen, aber ein unzulänglicher Redakteur, dem der Glanz der eigenen Leitartikel mehr bedeutet habe als das ganze Blatt.[64] Und sie berufen sich auf Tucholskys Klagebriefe an Mary 1927/28. Der hat seine Meinung bald geändert: Sein Nachfolger leite das Blatt ganz im Sinne Siegfried Jacobsohns und habe ihm einen »gewaltigen Auftrieb« gegeben, erklärt er in späteren Jahren in der »Weltbühne«.[65]

Für den jungen Arnheim ist Ossietzky ein idealer Redakteur wie einst Jacobsohn für den jungen Tucholsky. Niemals habe der Herausgeber ihn bevormundet, »still und bescheiden« sei er seiner Arbeit nachgegangen, »freundlich und leise« habe er die Redaktion geleitet. So erleben ihn alle, die eng mit ihm zusammenarbeiten. Es stört sie nicht, daß Ossietzky sich mit lauten Gefühlsäußerungen zurückhält, mit Kritik wie mit Lob, daß sein Lachen leise ist. Sie spüren die Schüchternheit und Nervosität hinter der Unnahbarkeit.[66]

»Das war ein Mensch«, erinnert sich Arnheim, »der hat immer so nach unten gesehen, der hat die Leute eigentlich nicht angesehen.« Dabei sei er ein wunderbarer Kamerad gewesen, einer, auf den man sich verlassen konnte, der immer ehrlich war und hilfsbereit. Leise Menschen drängen sich nicht auf, man muß sie entdecken. Das erfährt mit der Zeit auch Kurt Tucholsky. Ossietzky sei »ein sehr zurückhaltender, sehr scheuer Mensch«, schreibt er 1929 der Katholikin Marierose Fuchs, die dem Weltbühnenleiter vorgeworfen hat, den katholischen Glauben zu verspotten.[67] Ossietzky habe eben ein besonderes Selbstverständnis als Redakteur gehabt, meint Rudolf Arnheim. Er habe den bewährten Mitarbeitern grundsätzlich freie Hand bei ihrer Arbeit gelassen, und das sei nicht Bequemlichkeit gewesen, sondern Achtung vor der Meinungsfreiheit der Kollegen. Nur politisch bedeutsame Beiträge von »Leuten, die nicht schreiben konnten«, habe er überarbeitet. Sein Schreibtisch sei nicht »leerer geworden«, schreibt Arnheim dem inhaftierten Chefredakteur 1932 in einem öffentlichen Geburtstagsbrief, immer noch liefen allmorgendlich jene »tatsachenschweren, des Korrekturstiftes so bedürftigen Mammutabhandlungen« ein, »die Sie resignierten Blickes unter den Arm zu klemmen pflegen, wenn Sie Kaffee trinken gehen«.

Ossietzky, das sei einer der seltenen Redakteure, die ganz bescheiden mit einem Bleistiftstummel redigierten, »wo andere nicht ohne ein Prunktintenfaß mit silbernem Rotstift auskommen«.[68]

Immer und überall Manuskripte zu redigieren, gehöre für ihn zwar zum Beruf, erklärt Ossietzky selbst dem Publizisten Adolf Behne[69], der ihn um eine Buchrezension gebeten hat. Aber er fühle sich nicht kompetent, wolle es vermeiden, »in jeder Sparte herumzuwimmeln. Das hieße, den Absolutismus eines Herausgebers falsch anwenden«.[70]

Der Weltbühnenleiter soll sich zu wenig um seine Mitarbeiter gekümmert und viel zu selten geschrieben haben?

Briefe von ihm aus Nachlässen und Sammlungen zeugen davon, wie einfühlsam er Kontakt zu ihnen sucht. Den jungen Peter de Mendelssohn tröstet er 1927: »Wenn irgend möglich, wollen wir Ihre nette kleine Einsendung vom 23. 11. gern verwenden ... Wir stellen Ihnen gern anheim, sooft Sie wollen, Beiträge an uns zu schicken, nur müssen Sie ein bißchen Geduld haben, wenn manches zurückgeschickt wird.«[71]

Er habe viel von ihm gelernt, gesteht Ossietzky 1929 Siegfried Kracauer von der Frankfurter Zeitung, das sei »prosaisch ausgedrückt«, aber »wortwörtlich richtig«. Er würde gerne irgendwann mehr diskutieren über die Unterscheidung von kämpferisch und raudihaft in der Presse. Vor allem aber wünsche er sich Beiträge Kracauers in der »Weltbühne«.[72]

Annette Kolb sendet er 1932 einen Gruß aus dem Gefängnis. Sein größter Wunsch sei es: »... schreiben Sie wieder häufiger in der Weltbühne«.[73]

Unter Ossietzkys Leitung soll die »Weltbühne« sich selbst redigiert haben –?

»Wir, seine Mitarbeiter und Mitredakteure, wissen, wie er jedes Mal wieder, wenn es galt, eine neue Nummer zusammenzubauen, den angesichts der politischen Hochspannung fast aussichtslos erscheinenden Kampf auf sich nahm, die rechte Grundmelodie zu finden, auf die das Heft abgestimmt werden sollte, wobei auch die letzte Glosse unter dem unerbittlichen Gesetz der Form stand«, schreibt der ehemalige Redaktionsassistent Walther Karsch über den Redakteur Ossietzky.[74] Die »Grundmelodie« stimmt den Leitartikel an, der erst geschrieben werden kann, wenn das Heft steht und wenn die neuesten Zeitungen ausgewertet sind. Mit diesem Anspruch unterwirft sich Ossietzky jeden Freitagabend einem gnadenlosen Gesetz. Wieviel Kraft und Selbstüberwindung mag es ihn kosten, Woche für Woche jene »Ossietzkyschen Leitartikel« zu verfassen, die bald das Markenzeichen der kleinen »Weltbühne« sind, die jeder linke Intellektuelle am Dienstag ungeduldig erwartet.

Bei der Herstellung der Zeitschrift entwickelt sich Ossietzky allmählich zum perfekten Redakteur. Jeden Samstagmorgen liefern er und Arnheim das Manuskript bei einer kleinen Druckerei in Potsdam ab – bis auf die Seiten eins und zwei des Leitartikels, der in der Regel genau vier Druckseiten einnimmt.

In einem kleinen Café liest Ossietzky dann die Samstagspresse und beginnt zu schreiben. »Da saß er immer an einem Tischchen nahe der Tür mit einem Bleistift und einem Stückchen Papier«, erinnert sich Arnheim. Bis um 12 Uhr hätte Ossietzky die beiden ersten Seiten der neuen »Weltbühne« meistens vollgeschrieben, »und das waren immer genau zwei Seiten im Druck, und das hing so zusammmen, daß der letzte Satz von der zweiten Seite anschloß an den ersten Satz von der dritten Seite. Das machte er immer so, das habe ich nie wieder bei einem Redakteur erlebt.«[75]

Manchmal wird Ossietzky nicht rechtzeitig fertig. Dann kommen Arbeiter aus der Druckerei und drängen auf Feierabend, und er spendiert ihnen Bockwurst und Bier. Spendabel und großzügig sei er immer gewesen, erinnern sich zwei Drucker aus jener Zeit, wenn sie nach Carl von Ossietzky gefragt werden.[76]

Rosalinde von Ossietzky-Palm beschreibt ihren Vater: vertieft ganz in das Schreiben, nur in das Schreiben. Seinen Schreibtisch benutzt er nie, weil der überquillt von bergeweisem Papier. Ossietzky sitzt am runden Wohnzimmertisch mit Teekanne, Papier und Bleistift. Die Schildkröte läuft irgendwo in der Nähe herum. Das Mädchen sitzt ihm stumm gegenüber, viele Abende, und hat das Gefühl, ihr Vater schafft etwas ganz Besonderes, dichtet irgendwie. »Er begann zu schreiben, rauchte Zigaretten, schrieb wieder, um dann das Geschriebene zu korrigieren. Dann erhob er sich, ging auf und ab, summte die Marseillaise oder den alten Barbarossa, murmelte vor sich hin und sprach mit sich selbst, hatte scheinbar heftige Diskussionen mit unsichtbaren Gegnern. Er sah ironisch und dann wieder froh aus. Es geschah immer etwas mit seinem Gesichtsausdruck.«[77]

Seine Welt aber ist der große Schreibtisch in der Weltbühnenredaktion, Berlin, Kantstraße 152. Dort hockt er. Links ein riesiger Zeitungsstapel, rechts ein halb eingestürzter Berg von Manuskripten, Briefe, Notizen, Papier überall und Bleistiftstummel. Er liebt es, seinen Tag hinzuleben, trinkt Kaffee vom Morgen bis in die späte Nacht. Oft zündet er eine Zigarette an der anderen an, manchmal zittern seine Hände dabei. Er gibt all seine Kraft her für sein Blatt.[78] »... bitte versuche mich zu verstehen«, schreibt er seiner Frau einmal aus der Redaktion, »als Menschen, der in der Welt eine bestimmte Arbeit zu verrichten hat.«[79]

»Ich bin kein Held der Barrikade«, dichtete der junge Ossietzky, keiner, der »furchtlos seine Fahne schwingt«, von »Feindesschwarm umringt«. Nur schreiben wollte er gegen die »hohe Obrigkeit«.[80]

Sein Schreiben wird seine Fahne, und die Obrigkeit verfolgt ihn ebenso gnadenlos wie die Barrikadenkämpfer auf der Straße. Die Geldstrafe nach dem Artikel gegen das »Erfurter Urteil« war nur der Anfang. Immer wieder jagen ihn die Richter mit sogenannten Beleidigungs- und Verratsprozessen. 1931 holen die Generäle mit dem »Weltbühnenprozeß« gegen den unbequemen Publizisten und sein Blatt aus.[81] Tucholsky wie Hunderte von Gesinnungsgenossen aus dem Weltbühnenkreis drängen ihn zur Flucht. Der Dichter selbst hat sich bereits 1929 in die schwedische Emigration zurückgezogen, in die Einsamkeit. Weg von den Deutschen und ihrer ersten Republik, die er für rettungslos mißraten hält, die er nicht mehr ertragen mag.

»... ich kenne die Talare«, schreibt er Ossietzky. Viermal habe er selbst vor Gericht gestanden, viermal habe er am eigenen Leibe erfahren, daß die deutschen Richter Feinde der Republik und Freunde der Militärs seien.[82] Sinnlos und naiv findet er Ossietzkys Entscheidung, sich der politischen Justiz der Weimarer Republik auszuliefern. Solche Loyalität gegenüber der Staatsmacht halte er für geradezu »übermenschlich«, gesteht er dem Freund.[83]

»Das ist großenteils Raison, Überlegung, daß der andre Ausweg nichts bessert«, antwortet Ossietzky.[84] Es ist eine nüchterne Rechnung: Im Vergleich zum Schicksal eines politischen Emigranten scheint ihm das eines politischen Gefangenen in der Weimarer Republik erträglicher. Und über ein Leben in der Emigration macht er sich keine Illusionen. Vielleicht ist der vereinsamte, verbitterte Tucholsky ein warnendes Beispiel, der in seiner Hoffnungslosigkeit immer mehr die Kraft zum Schreiben verliert. Wohin sollte sich ein politischer Außenseiter wie Ossietzky wenden? Draußen wäre er zur Isolation verdammt, zur politischen Unwirksamkeit. Er ist nicht Schriftsteller wie Tucholsky. Die Tagespolitik ist ausschließlich sein Metier. Er kommentiert das, was in Deutschland geschieht. Wie soll er das vom Ausland aus können?

Ein politischer Publizist müsse im Land bleiben, erklärt er 1932 in seinem Artikel »Rechenschaft«. Er brauche die Beziehung zum »Ganzen, ... gegen das er kämpft, für das er kämpft«. Sonst klinge seine Kritik bald hohl, und er könne allzu leicht in »Schiefheiten« verfallen. »Wenn man den verseuchten Geist eines Landes wirkungsvoll bekämpfen will, muß man dessen allgemeines Schicksal teilen.«[85]

Eben das versucht er dem Freund in Schweden klarzumachen. Dessen scharfer, sarkastischer Pamphletstil passe nicht mehr so recht in die bedrohliche Endzeitstimmung, wie sie sich allmählich in Deutschland ausbreite. Es komme nicht mehr darauf an, polemisch zu sein, sondern zu wirken, das Schlimmste zu verhindern.[86]

Das Schlimmste verhindern – das ist sein Notprogramm für die »Weltbühne« in der Endzeit der Republik.

Auch Trotz schwingt mit, wenn Carl von Ossietzky seiner verängstigten Frau in das gemeinsame Erinnerungsbuch schreibt:

»Ich habe immer zu meiner Meinung gestanden, und deshalb will man mich unschädlich machen. Wenigstens mundtot. Wenigstens will man mich abschrecken. Das wird nicht gelingen. Auch Du wirst der Meinung sein, daß ich mich nicht drücken darf.«[87]

Zur eigenen Meinung stehen bleibt seine wichtigste Leitlinie. Während im Frühling 1932 sein Gnadengesuch auf

Hindenburgs Schreibtisch liegt, schüttet er in seinen Artikeln Spott und Hohn über den greisen Reichstagspräsidenten und schreckt im Wahlkampf nicht davor zurück, zur Wahl Thälmanns aufzurufen.[88] Er weiß, daß er damit jede Chance auf eine Begnadigung verspielt. Und doch schlägt die »Weltbühne« in der Zeit nach dem Landesverratsprozeß vorsichtigere Töne an, denn der Innen- und Reichswehrminister Groener hat eine neue Notverordnung gegen die Pressefreiheit erlassen, und über dem Blatt schwebt ständig die Verbotsdrohung. Auf Anraten seines Rechtsanwalts Alfred Apfel läßt Ossietzky einige Beiträge Tucholskys – darunter das »Beschlagnahmefreie Gedicht«[89] – nicht veröffentlichen. Der beschwert sich: »Apfel macht aber Liquidationen ... also ich spiele das nicht mit ...« Er wolle nichts schreiben, was dem Freund persönlich schaden könne, aber auch »nichts ungesagt lassen, was man heute noch sagen kann ... Auf die sogenannte Taktik blase ich. Sie ja wohl auch ...«[90]

Das verletzt Ossietzky in seiner Redakteursehre, er glaubt, den unterschwelligen Vorwurf des Opportunismus zu spüren. Mit Taktik habe das gar nicht zu tun, verteidigt er sich, es sei einfach Gebot der Vernunft, »etwas anderes wäre Desperadotum (sic!), das wir beide auch sonst ablehnen«. Und doch quält ihn der Gedanke, der Freund halte das Blatt für schwach und »schlapp«. Und: Darf er wirklich Arbeiten seines wichtigsten Mitarbeiters zurückhalten? »...nur Gott und Apfel allein wissen, wie ich um diese Dinge gerungen habe«, schreibt er ihm – und läßt das umstrittene Gedicht ohne Zustimmung des Rechtsanwaltes in der »Weltbühne« abdrucken.[91] Selbstzweifel schimmern durch in seinem Artikel über »Das Ende der Pressefreiheit«, den er während der Kontroverse mit Tucholsky in den letzten Märztagen 1932 veröffentlicht. Hat er sich nicht doch einschüchtern lassen, in der ewigen Furcht um sein »Blättchen« die journalistische Meinungsfreiheit verletzt? Meint er nicht auch sich selbst, wenn er den Anpassungskurs der liberalen Presse beklagt?[92]

Seit dem »Weltbühnenprozeß« gebe es kaum noch ein Blatt, das die Machenschaften der Reichswehrführung aufs Korn nehme und offen gegen die geheime Aufrüstung protestierte. Ende 1931 hat der Ullstein-Verlag[93] den anerkannten Chefredakteur der »Berliner Zeitung«, Franz Höllering, entlassen, offensichtlich unter dem Druck des Reichswehrministers, dem der militärkritische Pressemann seit langem ein Dorn im Auge war.

Die verschärften Zensurbestimmungen hätten Angst und Schrecken in die ehemals liberalen Redaktionen getragen, bilanziert Ossietzky. Verleger fürchteten um ihre Blätter, Redakteure um ihre Existenz. Allmählich wachse jene heimliche Schere in den Köpfen, die gefährlicher sei als jede Staatszensur, die man immerhin kritisieren und bekämpfen könne. So mancher richte sich schon ein auf das »Dritte Reich« und meide alles, was den zukünftigen Herrschern mißfallen könne. Der vorsorgliche »Abmarsch« Ullsteins und anderer demokratischer Verlage auf die »andere Seite der Barrikade«, ins Lager der Reaktion, habe begonnen.

Dagegen die »Weltbühne«: Sie »wird auch weiterhin das sagen, was sie für nötig befindet«, erklärt Ossietzky in seiner »Rechenschaft«. Sie »wird so unabhängig bleiben wie bisher«, und »auch in diesem unter dem Elefantentritt des Faschismus zitternden Lande den Mut zur eigenen Meinung behalten ...«.[94]

12

»Man mag uns verurteilen ...«

Weltbühnenprozeß und Gefängnishaft

»Man mag uns verurteilen, heute, morgen, übermorgen, wir werden es hinnehmen, aber unser Stolz wird sein, nicht ›gebessert‹, sondern nur energischer, schärfer, dichter und zäher zu werden. Dafür sind wir Publizisten ...«[1] Das schreibt Carl von Ossietzky 1927, nachdem er wegen Beleidigung der Reichswehr abgeurteilt worden ist. Es geht um einen Artikel von Berthold Jacob[2], in dem die Strafverfolgung der hohen Militärs verlangt wird, die seinerzeit die Fememorde der »Schwarzen Reichswehr« gedeckt haben. Namen wie Seeckt und Schleicher fallen. Ossietzky wird als verantwortlicher Redakteur zu zwei Monaten Gefängnis verurteilt, die er aber nach einer Amnestie nicht abzusitzen braucht.

Zwei Jahre später muß er wieder vor Gericht, diesmal vor das allerhöchste Deutsche Reichsgericht in Leipzig. Anlaß für den »Weltbühnenprozeß«[3] ist ein 1929 erschienener Artikel des Journalisten Walter Kreiser – Pseudonym: Heinz Jäger – unter dem Titel »Windiges aus der deutschen Luftfahrt«.[4] Kreiser klagt die mit Bezeichnungen wie »Erprobungsabteilung« getarnte heimliche Aufrüstung in der Luftfahrt an, die laut Versailler Vertrag verboten ist; und er deckt auf, daß dafür Gelder der zivilen Luftfahrt zweckentfremdet werden.

»Landesverrat« und »Verrat militärischer Geheimnisse« lautet die Anklage des Reichswehrministers Groener gegen ihn und den verantwortlichen Redakteur Ossietzky im März 1929.

»Wie kann es Recht sein, daß mit der Waffe des Rechts geschützt werde, was unrecht ist?«[5] hat vier Jahre vorher Paul Levi gefragt. Das Reichsgericht hat in mehr als tausend Landesverratsprozessen eine Antwort auf diese Frage gefunden – die Antwort der Macht. Im Falle »Windiges aus der deutschen Luftfahrt« braucht es Jahre, windige Wendungen für eine Anklageschrift zu finden, in der jene zu Rechtsbrechern erklärt werden, die einen Rechtsbruch aufgedeckt haben. Das Ergebnis ist ein Meisterstück rechtsverdreherischen Juristenkauderwelsches. »Kreiser und Genossen« wird der »Entschluß« vorgeworfen, »vorsätzlich Nachrichten, deren Geheimhaltung im Interesse der Landesverteidigung erforderlich ist, an eine ausländische Regierung gelangen zu lassen und dadurch die Sicherheit des Reiches zu gefährden, durch Handlungen bestätigt zu haben, welche ein Anfang der Ausführung dieses beabsichtigten, aber nicht zur Vollendung gelangten Verbrechens enthalten«. Damit hätten sie jenen Kreisen in die Hände gespielt, die Beweise für »angebliche deutsche Rüstungsmaßnahmen und Verstöße Deutschlands gegen den Versailler Vertrag« sammelten.[6]

Die Geheimniskrämerei geht weiter. Sechs Monate noch schwebt die Klage über der »Weltbühne«, bis es zum Prozeß kommt. Derweil prallen hinter den Kulissen außen- und militärpolitische Interessen der Reichsregierung gegeneinander. Ausgelöst hat das Ossietzkys Anwalt Kurt Rosenfeld mit einer Anfrage an das Auswärtige Amt: Ob denn der inkriminierte Artikel wirklich unbekannte Informationen für das Ausland enthalten habe? Die Behörde antwortet zunächst klar und eindeutig: Von Geheimnis könne kaum die Rede sein, zumal der Haushaltsausschuß des Reichstages das Rüstungsprojekt bereits in öffentlicher Sitzung erörtert habe. Unter dem Druck des Reichswehrministers relativiert von Bülow als Vertreter des Auswärtigen Amtes seine Aussage. Mit Sicherheit könne man natürlich nichts sagen... Aber dann läßt er doch den ersten Prozeßtermin am 21. Juni 1931 platzen: Der vom Reichsgericht angeforderte außenpolitische Gutachter sei unabkömmlich, außerdem habe er selbst »ernsthafte Bedenken« gegen ein Verfahren, das die Aufmerksamkeit des Auslandes auf die deutsche Rüstungspolitik lenken könne.

Es ist der spätere Reichskanzler General von Schleicher, der Bülow wegen seiner Verzögerungstaktik rügt. Es ginge um einen Präzedenzfall, die »wirksamste Abwehr und die beste Vorbeugung gegen das Verrätertum« durchzusetzen. Deshalb möge das Auswärtige Amt doch bitte politische Bedenken »zurücktreten lassen« und das gewünschte Gutachten erstellen. Natürlich werde auch das Auswärtige Amt dazu beitragen, beteuert Bülow in seinem Antwortschreiben, den »Kampf gegen das Verrätertum so zu gestalten, wie es die Interessen des Reiches, insbesondere ... der Landesverteidigung, erfordern«.[7]

Einen Monat später weigert er sich indessen erneut, einen Gutachter zu stellen, und das Deutsche Reichsgericht verzichtet mit Rücksicht auf die deutsche Außenpolitik auf eine Stellungnahme des Auswärtigen Amtes. Am 21. November 1931 will es endlich das Verfahren gegen Ossietzky und Kreiser eröffnen. Aber wie soll es prozessieren, ohne gleichzeitig preiszugeben: Jawohl, die deutsche Luftwaffe wird aufgerüstet; der Versailler Vertrag wird gebrochen; das Etatbewilligungsgesetz des Reichstages wird verletzt? Das Gericht zaubert den alten Spionageparagraphen aus dem Kriegsjahr 1914 hervor. Danach muß der Verratsprozeß aus »sicherheitspolitischen« Gründen unter Ausschluß der Öffentlichkeit stattfinden, hinter verschlossenen Türen. Angeklagten und Anwälten wird strikte Schweigepflicht auferlegt. Ein neuer juristischer Trick gegen die Presse, die noch immer nicht nach Groeners »Militärmusik« tanze, kommentiert Ossietzky.[8]

Für ihn ist die politische Justiz eine Verbündete der Militärs, die ihnen helfe, die nach der Niederlage verlorenen

Machtpositionen im Staat zurückzuerobern. Das Selbstverständnis der meisten deutschen Richter wurzelt in der Kaiserzeit. Sie glauben an die unbedingte Staatsautorität als Voraussetzung für Recht und Ordnung; und sie hassen die Republik, die »ihren Staat« zerstört hat. Demokratie – das heiße für sie: Unordnung, Verfall von Sitte und Moral. Es bleibt ihre Bindung an die preußisch-militaristischen Ideale, die in der Weimarer Republik nur noch die Reichswehr verkörpert. Der »große gespornte Offiziersstiefel« über dem Chaos Demokratie, räsonniert Ossietzky nach dem Weltbühnenprozeß, das sei die letzte Autorität, die den deutschen Richtern noch bleibe. In ihrem Sinne sprächen sie »Recht«; die Enthüllung ihrer völkerrechtswidrigen Rüstungspolitik sowie der republikfeindlichen Aktivitäten der paramilitärischen Verstärkungstrupps des offiziellen Heeres definierten sie als »Landesverrat«, den sie strafrechtlich verfolgten. Allein in den Jahren 1924 bis 1927 hat die politische Justiz 1071 Menschen wegen Landesverrats, Beleidigung der Reichswehr und Ähnlichem abgeurteilt. In 32 Jahren Monarchie vor 1914 waren es nur 32 gewesen.

Fememörder, Putschisten, die meisten Straftäter von der Rechten dagegen werden milde oder gar nicht bestraft. Dabei sind die Richter keine zynischen Rechtsbeuger, sie urteilen nach bestem Wissen und Gewissen. Das aber ist geprägt durch Autoritätsgläubigkeit und militaristische Gesinnung, die jedes Urteil mitbestimmt, selbst wenn in der Regel offene Rechtsbrüche vermieden werden.[10]

Es ist das Referat des berüchtigten Reichsanwalts Paul Jorns, in dem die Anklage gegen Ossietzky und Kreiser bearbeitet wird. Jenes Jorns, der dafür gesorgt hat, daß der Mord an Rosa Luxemburg niemals richtig aufgedeckt worden ist, der später in Hitlers Volksgerichtshof richten wird.[11]

Ossietzky, der ihm »mit Schaudern« im Reichsgericht begegnet, beschreibt ihn als »leicht ergrauten, frisch aussehenden Herrn von untersetzter Statur, der sich, nach seiner frohen Miene zu schließen, im besten Einklang mit Gott und der Justiz« befinde.[12]

Es ist der Reichsgerichtsrat Dr. Baumgarten[13], eine Schreckensgestalt der Weimarer Justiz, der in zahlreichen Fememordprozessen dafür gesorgt hat, daß die Reichswehrführung aus allem herausgehalten worden ist. Der jenen Hochverratsprozeß gegen drei nationalsozialistische Reichswehroffiziere geleitet hat, in dem das Gericht Adolf Hitler als – einzigen – Zeugen zu der Frage vernommen hat, ob die NSDAP eine umstürzlerische Partei sei. Der »Führer« benutzte die Gelegenheit für eine zweistündige Propagandarede, die in der Drohung mündete: »Wenn unsere Bewegung siegt, dann wird ein neuer Staatsgerichtshof zusammentreten, ... dann allerdings werden auch Köpfe in den Sand rollen.«[24] Nichts ist ihm geschehen, die drei Hochverräter sind wegen ihrer »edlen Motive« zu milden achtzehn Monaten Festungshaft verurteilt worden. Die Urteilsbegründung ist eine offene Schwärmerei für die »Wogen des stürmerischen Empfanges«, den NSDAP-Anhänger ihrem »Führer« vor dem Reichsgericht bereitet haben und die in den Gerichtssaal gedrungen sind. »Der große Wahlerfolg der Nationalsozialisten« habe die »Beurteilung der Anklage durch Prozeßbeteiligte und Publikum in einem den Angeklagten günstigen Sinne« beeinflußt. Eine »entgegenkommende Geste für Hitler« hat damals Ossietzky kommentiert, »das Reichsgericht ahnt den Herrn von morgen«.[15]

Ein Jahr darauf steht er als Angeklagter vor jenem Dr. Baumgarten. In geheimer Verhandlung offenbart sich: »Windiges aus der deutschen Luftfahrt« ist nur ein windiger Vorwand für ein windschiefes Willkürurteil, mit dem General Groener ein Exempel statuieren will. Es soll die »Weltbühne« und die gesamte militärkritische Presse für alle Zukunft einschüchtern. Der Weltbühnenartikel entspreche in der Sache der Wahrheit, das geben die Gutachter des Reichswehrministeriums offen zu und bekennen damit den Bruch des Versailler Vertrages. Jawohl, in der zivilen Luftfahrt würden Militärflugzeuge erprobt und Piloten dafür geschult, zum »Wohl des deutschen Reiches«, versteht sich, und im »Interesse der Landesverteidigung«. Das sei natürlich streng geheim. Ossietzky und Kreisers Rechtsanwälte halten dagegen: Sie hätten nur »Etatkritik« geübt und dabei Informationen verwendet, die »in Luftfahrtkreisen« längst bekannt seien. Der Einwand läßt die Richter kalt. Sie lehnen alle neunzehn Zeugen der Verteidigung in dieser Frage ab: Ein Geheimnis setze keineswegs das »Geheimsein« voraus. Eine »als geheim anzusehende« Tatsache könne sehr wohl »Geheimeigenschaften« im Sinne des Spionagegesetzes haben, wenn sie nur begrenzten Kreisen bekannt sei. Entscheidend sei, ob sie ausländischen Regierungen zugetragen werde, wie durch den Weltbühnenartikel geschehen. Das »Geheimnis« als relativer Begriff – eine juristische Spitzfindigkeit. Es geht darum, die Verbreitung dieses und anderer militärischer »Geheimnisse« in der deutschen Öffentlichkeit ein für allemal zu unterbinden.

»Windiges aus der deutschen Luftfahrt« habe das »relative Staatsgeheimnis« verletzt – der objektive Tatbestand der Spionage ist für das Gericht gegeben.

Aber was ist mit dem subjektiven Vorsatz? Von Spionen im üblichen Sinne, die das relative Staatsgeheimnis für Geld verkaufen, kann nicht die Rede sein. Das Gericht argumentiert »psychologisch«: »Der Angeklagte war auch Pazifist. Mit der Erwähnung dieser Tatsache soll zu dieser Weltanschauung keine Stellung zu Gunsten des Angeklagten genommen werden. Sie rechtfertigt aber psychologisch den Schluß, daß der Angeklagte mit dem fraglichen Artikel ›antimilitärisch‹ wirken wollte, unter diesem Gesichtspunkt ergibt sich zwanglos der Wille des Angeklagten, etwas von der Militärverwaltung Geheimgehaltenes aufzudecken.« Für das Reichsgericht gilt: Jeder Pazifist ist ein Verräter. Das Urteil: Anderthalb Jahre Gefängnis wegen sogenannten Landesverrats.

Der Prozeß sei »dramatisch« verlaufen, schreibt Ossietzky seiner Frau aus Leipzig. Die Anwälte hätten »glänzend« plädiert und die Anklage vollständig »demoliert«. Er wisse genau: » . . . wäre gestern öffentlich verhandelt worden, so hätten wir gesiegt.«[16]

Ossietzky ein Landesverräter – das wird später für die Nationalsozialisten Rechtfertigung vor aller Welt, ihn ins Konzentrationslager zu sperren und gegen die Verleihung des Friedensnobelpreises an ihn zu intervenieren.

Einflußreiche Publizisten und Verleger der Berliner Pressewelt schreiben für Ossietzky und unterstützen ein Gnadengesuch, das Rechtsanwalt Apfel Ende 1932 für ihn einreicht. Max Osborn von der ehrwürdig-konservativen »Vossischen Zeitung« spricht von einem »Fehlurteil« des Reichsgerichts, das dem ganzen Reich moralischen und politischen Schaden zufügen werde. Der Gegenspieler Theodor Wolff vom Berliner Tageblatt nennt Ossietzky einen »Mann saubersten Gesinnung und Überzeugungskraft«, fordert eine Revision.[17]

Rudolf Breitscheid interpelliert im Namen seiner Fraktion im Reichstag gegen das Urteil wegen Verrats von Geheimnissen, die gar keine sind. Es dürfe niemals vollstreckt werden.[18] Bei ihnen und allen anderen, mit denen er oftmals »die Klinge kreuzen mußte« und die sich trotzdem für ihn stark gemacht haben, bedankt sich Ossietzky in seiner »Rechenschaft«, weil ihr »Solidaritätsgefühl sich als stärker erwies als ihr Gedächtnis«. Aber in einem Brief an Tucholsky mokiert er sich auch über die »Berliner Journalistik«, die ihn plötzlich wie einen Heiligen behandle.[19]

Im Ausland löst das Weltbühnenurteil den Sturm der Empörung aus, den das Auswärtige Amt befürchtet hat. Warum der Prozeß unter Ausschluß der Öffentlichkeit stattgefunden habe, ob die deutsche Regierung wichtige militärische Geheimnisse verstecken wolle? fragt die Londoner Times.[20] Die Deutschen Botschaften in Großbritannien, Frankreich und den USA alarmieren Berlin: Zeitungen und Zeitschriften würden verständnislos bis empört reagieren. Kritische Berichte und Kommentare über den Prozeß aus Europa und den USA füllen einen ganzen Aktenordner im Auswärtigen Amt. Besonders scharfe Worte findet das nationalistische L'Echo de Paris. Die Deutschen wollten mit den Mitteln des Terrors ihre militärischen Geheimnisse hüten, heißt es. Ausgerechnet dieser Zeitung verkauft Walter Kreiser nach seiner Flucht aus Deutschland Informationen und stenographische Notizen über den Prozeßverlauf; Ende Februar veröffentlicht sie eine Artikelserie über die Hintergründe des Kreiser-Ossietzky-Prozesses.[21]

Ossietzky erfährt aus dem nationalsozialistischen »Angriff« davon und ist außer sich. Eine öffentliche Stellungnahme will er nicht abgeben, weil sie den Vorfall erst richtig ans Licht bringen könnte. Statt dessen schreibt er Justizminister Gürtner einen persönlichen Brief, in dem er sich von den Veröffentlichungen distanziert. Empörung, ja Verzweiflung schimmert durch, wenn er erklärt, daß er sich in seiner »Reputation als politischer Publizist« diffamiert fühle. Nie und nimmer wolle er mit seiner »antimilitaristischen Einstellung« dem ausländischen Militarismus dienen; nie und nimmer würde er mit solch »unsauberen Waffen« kämpfen.[22] Das Ereignis offenbart den naiv-verletzlichen Moralisten Ossietzky und den kühl-berechnenden Politiker, der sich gänzlich unberührt von dem flehenden Ton des Schreibens zeigt. Er benutzt es nur gegen kritische Stimmen über den Prozeß im Ausland. Der Verurteilte selbst würde sich von der Darstellung in L'Echo de Paris distanzieren.

Es ist nicht so sehr die bevorstehende Gefängnisstrafe, es ist vor allem das »Odium des Landesverräters«, unter dem Ossietzky leidet, »... das ist eine höchst diffamierende Etikette (sic!), mit der sich nicht leicht leben läßt«, erklärt er in seiner »Rechenschaft«. Wie soll er beweisen, daß er mit den Pariser Publikationen nichts zu tun hat? Vollends verzweifelt er, als Auszüge aus »L'Echo de Paris« in Fritz Küsters »Anderem Deutschland« erscheinen. »Als ich das... sah«, schreibt er Tucholsky, »raufte ich mir die Haare und brüllte ich vor Wut über so viel Dummheit.«[23] Der Abdruck in einem Pazifistenblatt würde den Verdacht des Verrates weiter erhärten. Das, auch das ist der Grund, daß Ossietzky nicht ins Ausland flieht. Dann würde die nationalistische Presse triumphieren können: Zum Feinde übergelaufen, also doch ein Landesverräter, die »Weltbühne« und ihre Mitarbeiter stecken mit den französischen Kriegstreibern unter einer Decke!

Der Gefängnishaft sieht Ossietzky nüchtern und gelassen entgegen, sogar interessiert, lebt er doch in einem Lande, in dem es bereits über tausend politische Gefangene gibt. »Im Gefängnis gewesen zu sein, das ist ein großes Erlebnis«, erklärt er nach seiner Entlassung in dem Artikel »Rückkehr«, ein Erlebnis, »das kein politischer Mensch aus seinem Dasein streichen kann«.[34] Und doch wäre es ihm in den ersten Monaten des Jahres 1932 lieber gewesen, wenn ein Gnadengesuch seiner Rechtsanwälte ihm die Haft erspart hätte. Das gesteht er Tucholsky, dem er laufend über das Begnadigungsverfahren berichtet und dabei bange Hoffnung zeigt: »Was nun wird, mag der liebe Gott wissen...«[25]

Die Gefängnisstrafe könne eine »tiefe Furche« in sein Leben ziehen, schreibt er Maud im März 1932, und: »Vielleicht haben wir Glück, und es kommt nicht so weit«, aber man müsse mit dem Schlimmsten rechnen und innerlich gewappnet sein. »Vor den Drohungen irdischer Macht die Beständigkeit der Haltung zu bewahren, das ist eine der wenigen Genugtuungen, die es im Leben gibt.«[26]

Bevor Hindenburg über die Begnadigung entscheidet, holt er ein Rechtsgutachten beim deutschnationalen Reichsjustizminister Gürtner[27] ein.

Der hat 1924, nach dem gescheiterten nationalsozialistischen Putschversuch, die vom bayerischen Innenminister betriebene Ausweisung Hitlers verhindert und dessen vorzeitige Begnadigung betrieben. 1933 wird er in das Kabinett Hitler übernommen werden und bis zu seinem Tode 1941 im Amt bleiben. Für die Deutschen sei der »Landesverrat« kein juristisches Problem, wird er als Naziminister verkünden, der Verräter galt immer und überall als der gemeinste »Verbrecher«.[28] Als oberster Dienstherr wird er verantwortlich sein für die Einrichtung der berüchtigten Emslandlager, in denen politische Gefangene zusammen mit Kriminellen von SA-Männern zu gehorsamen Volksgenossen umerzogen werden oder sterben sollen.

Im Falle Ossietzky plädiert er für »Ablehnung«.[29]

Am 10. Mai 1932 soll Ossietzky seine Haft im Gefängnis Tegel antreten. Vorher muß er seiner Tochter, die er bereits einige Wochen vorher in die Odenwaldschule gebracht hat, erklären, weshalb ihr Vater bald Strafgefangener sein wird. »Du brauchst dich dessen nicht zu schämen und kannst den Kopf hoch tragen – es geschieht alles für eine gute, anständige Sache.«[30] In der Weltbühnenredaktion bereitet er die Mitarbeiter auf die lange Zeit seiner Abwesenheit vor, teilt Aufgaben zu, schlichtet Streitigkeiten und bestimmt den alten Vertrauten Gerlach zu seinem »Platzhalter«. Viele organisatorische und redaktionelle Fragen beratschlagt er brieflich mit Tucholsky, den er inständig bittet, die »Weltbühne« in dieser schwierigen Lage zu unterstützen. Kritik soll er üben, wann immer er es für nötig halte, aber produktiv und nachsichtig: »Die Zeit hier ist nicht grade heiter; Sorgen vor der Zensur, vor der politischen Zukunft überhaupt. Sie können sich nicht denken, wie hier alles herumläuft.«[31]

Auch Privates teilt Ossietzky dem Freund in Schweden mit. Zum Beispiel, daß er mit Hilfe seiner Anwälte für die Dauer der Haft das Recht auf eigene Beschäftigung und private Kleidung durchgesetzt habe. Er wolle »viel schaffen«, vielleicht eine geschichtliche Arbeit. Eine »Barbarei« sei es allerdings, daß er im Gefängnis nicht rauchen dürfe. Ansonsten habe die »Sache« viel Aufsehen erregt und auch Teilnahme: »... verlassen bin ich nicht.« Der Gang ins Gefängnis sei keine Kapitulation, vielmehr eine Maßnahme. »Ich füge mich nicht, ich demonstriere eben durch den Strafantritt.«[32] Das schreibt er auch in seiner »Rechenschaft«: »... ich gehe nicht aus Gründen der Loyalität ins Gefängnis, sondern weil ich als Eingesperrter am unbequemsten bin... Diesen Protest lebendig zu erhalten, das bin ich allen denen schuldig, die für mich eingetreten sind...«[33]

Tucholsky schreibt ihm einen Abschiedsartikel »Für Carl v. Ossietzky«[34], den der Freund sich ausdrücklich von ihm gewünscht hat. Er bescheinigt dem Weltbühnenleiter, in der Zeit seines Begnadigungsverfahrens furchtlos gegen Hindenburg und Groener geschrieben zu haben: keine Spur von Taktik also – »Es ist mir unmöglich, einem so unpathetischen und stillen Kameraden wie meinem Freunde Ossietzky markige Abschiedsworte zuzurufen.« Nur eins wünscht er ihm: Er möge »ungebessert« aus der Haft zurückkehren.

Sein Versprechen an den Freund: »Sie brauchen in allen redaktionellen und außerdienstlichen Dingen nur auf den Knopf zu drücken – ich bin immer für Sie da. Und nochmals: Es bleibt meinerseits auch nicht das kleinste Vielleicht zurück.«[35]

10. Mai 1932, ein sonniger Dienstagmorgen. Freunde und Kollegen holen Ossietzky in der Weltbühnenredaktion ab.

In Berlin herrscht strenges Versammlungs- und Demonstrationsverbot. Trotzdem bewegt sich der Zug zum Gefängnis in einer langen Kolonne langsam durch die Stadt. Viele Fahrzeuge tragen Wimpel mit den Farben der Republik: Schwarz-Rot-Gold, Farben, die von den Regierenden nicht mehr gerne gesehen werden. In einem kleinen Wäldchen nahe dem Gefängnis Tegel ist der Treffpunkt. Kurt R. Grossmann von der Liga für Menschenrechte hat den Vize-Präsidenten der Berliner Polizei überredet, für neunzig Minuten alle Polizeistreifen von diesem Ort entfernt zu halten. Sozialdemokratischer Widerstand in der Endzeit der Weimarer Republik. Über hundert Menschen sind gekommen, um Abschied zu nehmen, viele Berühmtheiten des deutschen Geisteslebens, die bald allesamt verhaftet, vertrieben oder ermordet sein werden. Ossietzky »hatte es durchaus nicht nötig, ›aufgerichtet‹ zu werden«, berichtet Alfred Polgar, »er hielt sich so grade wie in der ganzen Zeit seit dem ungeheuerlichen Urteil, die ihm an Plagen, Widrigkeiten und enttäuschten Hoffnungen nichts schenkte.« Und doch, schwer sei es, ihm Freundschaft zu zeigen, die gar nichts an seinem bitteren Los ändern könne. »Es ist schwer, weil es so leicht ist.« Zurück bleibt das belastende Gefühl, daß da einer leiden muß für alle, die mitgekämpft haben.[36]

»Wir gingen zwischen lockren Bäumen umher, streitend, ob es richtig war, was er tat«, erinnert sich 1936 Arnold

Zweig. »Er hielt es für richtig, er glaubte an die Fairneß seiner Gegner von der Reichswehr, weil er selbst so unendlich fair war.«[37]

Bruno Frei überliefert Ossietzkys Abschiedsworte: »Ins Gefängnis gehe er als einfacher Genosse der tausend unbekannten Soldaten der Freiheit, jener Freiheit, die von der Republik hinter Schloß und Riegel gehalten werde. (Sein) Versprechen an der Schwelle des Kerkers: Aus ihm ›ungebessert‹ entlassen zu werden.« Dann winkt er noch einmal fröhlich mit dem Hut und verschwindet durch das dunkle Gefängnistor.[38]

Bleierne Traurigkeit und böse Vorahnungen müssen auf dieser Abschiedsszene gelastet haben. Die anwesenden Schriftsteller schildern sie eindringlich in ihren autobiographischen Erinnerungen oder Aufsätzen über Carl von Ossietzky. Die Sonne, das Wäldchen, der Schritt durch das Gefängnistor – Bilder, die immer wieder neu erstehen.[39] Für Ossietzky ist dieser Tag, »der der traurigste hätte werden können, ... der stolzeste meines Lebens geworden«. So schreibt er noch am selben Tag an seine Frau.[40]

Maud von Ossietzky hat sehr unter der Nervenprobe des Prozesses und der vergeblichen Hoffnung auf eine Begnadigung gelitten. Erst Ende Mai ist sie wieder in der Lage, ihrer Tochter in der Odenwaldschule einen Trostbrief zu schreiben: Rosalinde werde allerlei »Krakelei« über ihren Vater lesen müssen, aber nichts davon sei wahr, mit »Hochrufen und Hurra« sei er in das Gefängnis gegangen,[41] »– wir haben so einen edlen & guten Vati«. Dieser Stolz gibt ihr Kraft. Es bleibt die Einsamkeit.

»Die lange Zeit ohne Papi macht mich kaputt... mit Schreiben ist es nicht gemacht – mir gibt auch keiner einen Kuß.«[42] Dann hat sie »schreckliche Geldsorgen«, manchmal reicht es nicht einmal fürs Porto. Bitterkeit schwingt mit, wenn sie klagt: »Komisch, Papi und ich haben niemals Kredit bekommen, uns hat auch niemand was gegeben – ich glaube, ich könnte ruhig verhungern, ohne daß mir jemand umsonst ein Stück trocken Brot geben würde.«[43]

Maud ist Ossietzkys »Hauptangst«. Während er im Gefängnis sitzt, beschwört er sie wieder und wieder: »Verzweifle nicht, es muß besser werden... – trage den Kopf hoch.«[44]

Es ist Tucholsky, den er darum bittet, seine Frau, die er in »ziemlich übler Nervenverfassung« zurückgelassen habe, ein wenig aufzumuntern.[45] Der reagiert wie immer postwendend, findet nicht nur ermunternde Worte, sondern weiß der Sache auch noch etwas Angenehmes abzugewinnen. Endlich habe Ossietzky einmal Ruhe, tröstet er sie. Am allerbesten wäre: »er machte ein Buch – wozu er ja bekanntlich draußen nie komme«.[46]

Es ist Tucholsky, dem Ossietzky nicht nur Redaktionelles mitteilt, sondern auch Gefühle, die ihn in der Haft bewegen – als ob die Einsamkeit ihn dazu bringen würde, sich dem Freunde mehr zu öffnen, die alte Zurückhaltung aufzugeben. Das deutet er bereits in seinem Abschiedsbrief zwei Tage vor Haftantritt an. Sie hätten sich »bändevoll« zu sagen, doch vielleicht sei das gar nicht notwendig, der eine wisse genug vom anderen. Der Emigrant habe eine »deutliche Vorstellung« von dem, was dem politischen Gefangenen bevorstehe. Der wiederum kenne genau den Grund, weshalb der Ruhelose »diesen Bogen um die traute Heimat« mache. Ossietzky hat Angst um Tucholsky, der in dieser Zeit immer depressiver wird und die Kraft zum Schreiben verliert: »... machen Sie aus Ihrem Leben keine Peter-Schlemihl-Geschichte! Im übrigen –: wir wollen uns wiedersehen und über die Vergangenheit lachen!«[47]

Am 1. Juli 1932 wird der Strafgefangene Carl von Ossietzky erneut vor Gericht zitiert, diesmal wegen »Beleidigung der Reichswehr«. Was ist geschehen? Auf Tucholskys Anregung hin hat Ossietzky am 17. Jahrestag des Kriegsausbruches eine Botschaft des Papstes, Benedikts XV., an die kriegführenden Nationen von 1915 veröffentlicht. Sie war seinerzeit von der kaiserlichen Regierung gefälscht worden, um ihre antimilitaristische Wirkung abzuschwächen. Benedikt hatte den Krieg eine »grauenhafte Schlächterei« genannt, der Fälscher machte einen »entsetzlichen Kampf« daraus, das »schreckliche Getöse der Waffen« wurde zum fröhlichen »Waffengeklirr«, der »Schrei« zum »Ruf« nach Frieden. Tucholsky selbst hat die berichtigten Anklageformulierungen aufgenommen und eine Glosse daraus gemacht, die den Widerspruch zwischen dem bürgerlichen Recht auf Unverletzlichkeit der Persönlichkeit und dem militärischen Zwang zu mörderischer Aggression im Krieg entlarvt: »Da gab es vier Jahre lang ganze Quadratmeilen Landes, auf denen war der Mord obligatorisch, während er eine halbe Stunde davon entfernt ebenso streng verboten war. Sagte ich: Mord? Natürlich Mord. Soldaten sind Mörder.«[48]

– »Beleidigung des Soldatenstandes« lautet die Klage des Reichswehrministers gegen Ossietzky als verantwortlichen Redakteur. Tucholsky läßt er unbehelligt. Mag sein, daß er den ewig Reisenden für unerreichbar hält; mag sein, daß ihm der Polemiker draußen weniger unbequem ist als der furchtlose Publizist drinnen.

Tulchosky fühlt sich hin- und hergerissen. Einerseits sagt ihm sein Verstand, daß es sinnlos sei, sich der deutschen Willkürjustiz auszuliefern. Daß er selbst einen Prozeß und die Torturen einer möglichen Haft gar nicht durchstehen könne und wolle. Andererseits plagt ihn aber sein Gewissen; daß es feige sei, den Freund für eine Tucholskysche Frechheit büßen zu lassen. Daß er ihn nicht einfach im Stich lassen dürfe.[49] Ossietzky erleichtert Tucholsky jedoch die Entscheidung. Sein Erscheinen würde nichts, aber auch gar nichts am Prozeßverlauf ändern können. Die Klage richte sich nun einmal gegen den Herausgeber und nicht gegen den Verfasser. Er selbst fühle sich nicht im geringsten »im Stich gelassen«, und niemals habe er »lieber vor Gericht gestanden als gerade wegen dieses Artikels«, mit dem er sich ganz und gar identifiziere.[50]

Tucholsky beschließt wegzubleiben, etwas anderes sei Zeit-, Geld- und Kraftverschwendung, meint er. Und doch wird er das Schamgefühl, einmal »nicht gekommen« zu sein, nie mehr ganz los.

Er ist es, der das Plädoyer für Ossietzkys Rechtsanwalt Olden[51] vorbereitet, ein Ausflug in 2000 Jahre Kulturgeschichte, Laotse, Kant, sogar Friedrich der Große – alle hätten sie den Krieg verdammt, ihn Mörderhandwerk genannt, und niemals habe eine Armee oder ein Staatsanwalt deswegen geklagt.[52] Nach dem Auftritt des Verteidigers herrscht Schweigen im Gerichtssaal. Nur der Staatsanwalt scheint ungerührt, er verlangt sechs Monate Gefängnis. Während er noch spricht, marschiert eine Musikkapelle der Reichswehr am Gerichtsgebäude vorbei, und die militärischen Klänge tönen laut zum Fenster herein.

Ob das »die Stimme seines Herrn« gewesen sei, die ihm von draußen den Marsch geblasen habe, fragt Ossietzky den Staatsanwalt in seinem Schlußwort. Und ob er sich bereits von den nationalsozialistischen Dokumenten von Boxheim dirigieren ließe, die rücksichtslosen Justizterror gegen politische Gegner verkünden?[53] »Es war stimmungsmäßig einer der tollsten Augenblicke, die ich erlebt habe«, schreibt er Tucholsky eine Woche nach dem Prozeß und: »ich habe in dem Augenblick beklagt, daß Sie nicht im Saale gesessen haben.«

Der sogenannte Soldaten-Prozeß endet mit einem Freispruch – »unser erster juristischer Sieg seit langem«, freut sich Ossietzky in seinem Brief an den Freund in Schweden. Es wächst die trügerische Hoffnung, daß man das Schlimmste doch noch verhüten könne.

Und noch einmal versucht Ossietzky den anderen zu beruhigen: »Sie hätten hier absolut nichts ändern können.« Im übrigen ließe sich die Gefängnishaft ganz gut ertragen, und wenn er auch unschuldig verurteilt sei – »ich habe meine achtzehn Monate schon verdient«.[54]

Der Gefangene macht sich Sorgen um den Freund, der sich von den alten Kollegen angegriffen fühlt, sich schämt und sich deshalb immer mehr zurückzieht. Der überhaupt keine Lust zum Schreiben mehr verspürt und sich nur noch krank und kraftlos fühlt. Ossietzky versucht ihn zu überreden, wieder mehr bei der »Weltbühne« mitzuarbeiten, die doch einmal sein wichtigster Lebensinhalt gewesen ist: »Doktor!!! Machen Sie wieder reger mit. (...) Sie haben durch Ihr konsequentes Fernbleiben Ihrer Autorität geschadet, und Sie schaden durch Ihr Schweigen sich noch mehr. Wenn Sie wieder leibhaftig dabei sind, dann werden solche Querelen ja wesenlos. Niemand wird auf die Idee kommen, zu mucken. Ach, wenn ich mit Engelszungen redete...«[55]

Doch auch Ossietzky selbst braucht Hilfe. Früher haben ihn die Tucholskyschen Briefbombardements manchmal überfordert. Jetzt will er möglichst oft Nachrichten von dem Freund, Hilfe gegen die Einsamkeit der Zelle: »... so bleibe ich doch auf dem laufenden. Was ich am meisten fürchte, das ist: die geistige Verbindung zu verlieren und später in eine Situation zu geraten, die mir fremd erscheinen muß. Heute spüre ich zwischen mir und den Dingen schon die dicken Mauern, das muß ich überwinden.«[56]

Ansonsten kommt er, der einen geregelten Tagesablauf kaum noch kennt, erstaunlich gut zurecht an diesem Ort des »Uhrenkults« und der preußischen Hausordnung. Die täglichen Freiübungen steckt er mit einer ironischen Bemerkung weg: Als Sportlehrer wolle er sich melden, sogleich nach seiner Entlassung. Die helle, frisch gestrichene Zelle erinnere ihn an ein Badezimmer, eigentlich »gar nicht übel«, schreibt er seiner Frau. Aber viele Monate darin verbringen? Eine »phantastische« Vorstellung.[57] Er leidet unter der Enge seiner Zelle, vier Schritte hin, vier Schritte her. »Das schnürt einem die Brust zu.« Ebenso wie die schlechte Luft in dem winzigen Raum.[58] Sein Magen rebelliert gegen die schwere, eintönige Gefangenenkost: Erbsen und Bohnen immer wieder. Zwanzig Pfund nimmt Ossietzky innerhalb von acht Monaten ab. Vor allem aber leidet er unter dem »barbarischen« Rauchverbot, nascht Kaugummi zum Ausgleich. Später lernt er tauschen: Eine ausgelesene Zeitung gegen ein paar Zigaretten. Im Gefängnis gäbe es einen ausgiebigen Geschäftsverkehr, der jedoch von den »wirklichen Verbrechern« beherrscht werde. Doch eine »Deutsche Geschichte seit dem Ende des Siebenjährigen Krieges« schreiben, wie er es dem Oberstrafanstaltsdirektor angekündigt hat, das kann er nicht.[59] Ihm fehlt das Draußen, ihn bedrückt die dicke Wand, und er kämpft mit depressiven Stimmungen wie einst im Kriege. Aber dann und wann verfaßt er Beiträge für die »Weltbühne« zu Themen, die an keinen aktuellen Anlaß gebunden sind. Zum Beispiel »Antisemiten«.[60] Maud von Ossietzky und Freunde beschaffen Literatur, die als wissenschaftliche Grundlage dient. Rechtsanwalt Apfel schmuggelt den fertigen Artikel – wie viele andere – hinaus. Am 19. Juni 1932 erscheint er in der »Weltbühne«. Aber der Strafgefangene darf nicht für Zeitschriften schreiben. Wieso trotzdem? Ein »Wißbegieriger« erfährt es unter der Rubrik »Antworten«: Da lägen noch viele Ossietzkysche Artikel in einer Schreibtischschublade und warteten nur darauf, endlich gedruckt zu werden.[61] Andere Aufsätze erscheinen in dieser Zeit unter dem alten Pseudonym Thomas Murner.

Einmal besucht ihn der Kunstmaler Emil Stumpp und findet ihn »krankhaft bleich« und abgemagert, aber gelassen. Ossietzky lächelt freundlich, ja gütig und nennt seine Situation erträglich. »Aber seine ganze Erscheinung atmet Sehnsucht nach Freiheit.«[62]

Die Entlassung kommt früher als erwartet. Weihnachten 1932 setzen NSDAP, KPD und SPD zusammen ein Amnestiegesetz durch. Die Sozialdemokraten sind es, die mit Blick auf Ossietzky dafür sorgen, daß auch »literarischer Landesverrat« darunter fällt. Das ist ein Verdienst der Liga für Menschenrechte und Kurt Grossmanns.[63]

Am 22. Dezember 1932 verabschiedet sich Ossietzky von seinen Mithäftlingen und einigen Beamten, die er schätzen gelernt hat. »Als ich ... hinausging, hatte ich ein Würgen im Halse, das so etwas wie schlechtes Gewissen war«, bekennt er in seinem Artikel »Rückkehr«, ein schlechtes Gewissen, »weil ich heimkehren durfte, und die Andern blieben.«[64] Draußen empfangen ihn die Freunde, um ihn in die »Weltbühne«-Redaktion zu begleiten. Doch Ossietzky steuert zuerst ein paar Läden an, kauft Tabak und Kuchen für die Gefangenen von Tegel, ein kleines Weihnachtsgeschenk.[65]

In der »Weltbühne«-Redaktion ist großer Empfang mit Ansprachen, die ihn verlegen machen. Als Alfred Polgar und Walther Mehring ihm zuprosten, zittern seine Hände und ihm fällt das Glas aus der Hand. Das Nachbeben seiner seelischen Erschütterung durch die Haft?[66] Einige Wochen später ist ihm schon nichts mehr anzumerken, Franz Leschnitzer fragt ihn, wie es denn menschenmöglich sei, daß er alles so unbeschadet überstanden habe? »Unsereiner geht doch viel bewußter hinters Gitter«, soll Ossietzky geantwortet haben.[67]

Im ersten Heft des Jahres 1933 bedankt sich Ossietzky für die vielen Glückwünsche zu seiner Rückkehr. »Beschämt und verwirrt« sei er von soviel Sympathie allen politischen Streitigkeiten zum Trotz. »Mehr die Umstände als seine Neigungen haben ihn genötigt, in seinem Leben mehr Unfreundliches als Freundliches zu sagen.« Alle empfangenen Nettigkeiten aber sollten gleich mitgelten für »das nächste Mal«.[68]

13

Jahrmarktsgaukelei, Kleinbürgerbewegung, Improvisation der Schwerindustrie

Der Nationalsozialismus im Kommentar Ossietzkys

Adolf Hitler ist für Ossietzky ein lächerlicher Zirkus-»Dutsche«, der die verelendeten Kleinbürger – die nichts fragen und nichts verstehen – von den gesellschaftlichen Ursachen ihrer Not ablenken soll. Er vergleicht ihn mit dem amerikanischen Gauklerkönig Barnum, »der in jede Stadt feierlich einzog mit seinen Elefanten, Kamelen und Affen, einer ganzen Division von Fakiren und am Ende, feierlich unter einem Baldachin, die Dame ohne Unterleib. Das muß Hitler weiterführen, solange sich noch ein Dummer findet, der zahlt.«[1]

Den kleinen Goebbels, diesen »hysterischen Zappelwisch von einem Tribun«[2], packt er an der krankhaften Eitelkeit, stellt seine Manie bloß, pausenlos Werbeprospekte über sich selbst zu verbreiten. Genüßlich glossiert er, wie der selbsternannte Herrenmensch schreiend vor einem selbstinszenierten Knallbonbonattentat davonrennt.[3] Kein Wunder, daß Goebbels den Weltbühnenleiter unsäglich haßt. Bei einer Neujahrsfeier 1933 soll er gedroht haben, daß Ossietzky einer der ersten sein werde, der nach der Machtergreifung büßen müsse.[4] Übelnehmerisch wie er ist, vervollständigt er tagtäglich mit penibler Genauigkeit die Liste der Geächteten, deren Köpfe einmal rollen sollen – eine Marotte, die Ossietzky verspottet. Unvorstellbar, daß solche kindischen Drohgebärden einmal Wirklichkeit für ihn selbst werden könnten.

Es fällt ihm – wie den meisten intellektuellen Linken seiner Zeit – schwer, die Witzfiguren von selbsternannten Führern und ihre sogenannte Bewegung ernst zu nehmen.[5] Mit ungläubigem Entsetzen verfolgt er Hitlers unaufhaltsamen Aufstieg: »... wer aber ist Adolf Hitler? Wie groß muß die geistige Versumpfung eines Volkes sein, das in diesem albernen Poltron einen Führer sieht, also eine Persönlichkeit, der nachzueifern wäre! Wie groß muß die psychologische Unfähigkeit dieses Volkes sein, sein mangelnder Instinkt für Echtheit und Falsifikate.«[6] Ossietzkys Kommentare über den Nationalsozialismus bewegen sich im Spannungsfeld zwischen verächtlichem Spott und böser Vorahnung, stets orientieren sie sich an der Tagespolitik. Nur hier und da blitzen Versuche einer systematischen Analyse, einer Faschismustheorie auf.

Die ist in der Endzeit der Republik nur ansatzweise vorhanden. Die Kommunisten glauben, daß die nationalsozialistische Diktatur auch nicht viel schlimmer werden kann als die sozialfaschistische mit Zörgiebel und Panzerkreuzern.[7] Die Sozialdemokraten starren auf Hitler wie das Kaninchen auf die Schlange und hoffen auf Brüning, das »kleinere Übel«. Der beseitigt derweil in aller Ruhe auf dem Notverordnungswege die Reste der Demokratie, hält mit Hitler Audienz und bereitet den Weg zu dessen Machtübernahme auf den Trümmern der Verfassung.[8] Es bleiben vereinzelte Versuche linker Intellektueller wie der des verstoßenen KPD-Führers und KPO[9]-Gründers August Thalheimer. Der vergleicht den Faschismus mit dem »18. Brumaire des Louis Bonaparte«, nach der Revolution von 1848 in Frankreich.[10] Er sollte die soziale Existenz der Bourgeoisie retten, ihr einen »kapitalistischen Ausweg aus der Krise... bahnen«, indem er die revolutionäre Arbeiterbewegung zerschlug.[11] Der Faschismus wie einst der französische Bonapartismus sei eine

Mittelstandsbewegung der Krisenzeit, jäh emporgetragen von einem desperaten Haufen ruinierter Kleinbürger, die keinen Ausweg wüßten aus ihrer wirtschaflichen Not. Sie begriffen nicht das Schicksal, das so plötzlich über sie hereingebrochen sei und sie in atemberaubender Geschwindigkeit um alle gesellschaftlichen Privilegien bringe, proletarisiere.[12] »Dieses Millionenheer«, schreibt Ossietzky, »das sich dem Faschismus in die Arme wirft, ›folge‹ einer bunten lärmenden Jahrmarktsgaukelei, weil nichts schlimmer werden kann, als es bereits ist.«[13] Er spielt auf den Faschismustheoretiker Thalheimer[14] an, wenn er Hitler einen »Adolphe Bonaparte« nennt, der »auf seinen 18. Brumaire« warte.[15] Aber während Thalheimer – analog dem historischen Vorbild von 1851 – eine »politische Abdankung der Bourgeoisie« und eine vollkommene Verselbständigung der faschistischen Diktatur prophezeit, glaubt Ossietzky, die bürgerlichen Mächte würden die NSDAP im Griff behalten. Der Nationalsozialismus ist und bleibt für ihn eine »reich dotierte Improvisation der Schwerindustrie«.[15]

Hitler werde erst dann regieren dürfen, wenn er hübsch manierlich geworden sei, »erkennend, daß er nicht zum Herrscher geboren ist, sondern zum Instrument«.[16] Damit nähert sich Ossietzky der Position der Kommunistischen Internationalen, die den Nationalsozialismus als bloßen Erfüllungsgehilfen bourgeoiser Politik verharmlost. Ist das die Sichtweise, die ihn nach dem 30. Januar 1933 zu der Illusion verleitet, die bürgerlichen Regierungsmitglieder des ersten Kabinetts Hitler würden die Kontrolle über die Nationalsozialisten behalten und den Terror in berechenbaren Grenzen halten, den Schein der Legalität wahren?

Mehr als zwölf Jahre vorher charakterisierte Ossietzky selbst die Mussolinibewegung als »vorweggenommene Gegenrevolution« als Präventivmittel gegen den sozialistischen Umsturz nach Moskauer Vorbild[17] – bedeutungslos für das reale staatliche Machtgefüge. Und zwei Jahre später etablierte sich die faschistische Diktatur doch in Italien für lange, lange Zeit.

Die Krisenjahre 1922/23 brachten auch den deutschen Faschisten eine erste kurze Blütezeit, die mit der wirtschaflichen Stabilisierung jäh zu Ende ging. Für Ossietzky, der noch an die Zukunft der Republik glaubte, war Hitler nur ein »tönendes Blechinstrument«. Mitsamt seiner romantischen Anhängerschaft sei er nur eine vorübergehende Erscheinung, Kind einer »desperaten Epoche«, in der Vernunftglaube und Hoffnung auf eine »organische Weiterentwicklung« der Gesellschaft primitivem Mummenschanz gewichen seien. Nach der Krise habe die Schwerindustrie keinen Grund mehr, die Unberechenbaren zu finanzieren.[18] Und sie zahlte doch weiter – für den nächsten Krisenfall, aus dem das »Dritte Reich« wachsen sollte.

Nicht die faschistischen Organisationen waren es, die Ossietzky in den ersten Jahren der Republik als Gefahr sah, sondern ihre Ideen, denen allzu viele deutsche Lehrer anhingen. Die stopften die Herzen und Hirne der jungen Leute voll mit nationalsozialistischem und antisemitischem Gedankengut und erzögen sie zu Untertanen einer künftigen Diktatur statt zu mündigen Bürgern der Weimarer Republik.

1922, als die NSDAP noch eine kleine unbedeutende Minderheit war, protestierte Ossietzky gegen die Verbreitung eines »neuen Heidentums« in den Schulen. Der Germanenkult im Zeichen des Hakenkreuzes, ein abscheuliches Gemisch von deutschen Heldensagen, Wagner und falsch verstandenem Nietzsche: »Die finsteren Blutgötter der Edda werden in Front gestellt gegen den modernen Humanitätsgedanken«, riefen auf zum Revanchekrieg – eine bewußte Erziehung zur Barbarei.[19]

Ausschreitungen gegen republikanische und jüdische Lehrer oder Professoren an Gymnasien und Universitäten seien die Folge und die ersten bedrohlichen Zeichen einer geistigen und moralischen Verrohung. »Eine Jugend voll Knechtssinn und Militäranwärterinstinkten« wachse da heran, kommentierte Ossietzky, als »nationale Lausbuben« am Todestag Eberts einen schmutzigen Lappen über ihrem Schulgebäude hissen. Die Zeit der wahren, antiautoritären

Lausbuben sei vorbei. Eine Generation wachse da heran, ohne Sehnsucht nach Freiheit, nur berechnend, was künftigen Herrschern opportun erscheinen könnte.[20]

Die nationalen Jugendlichen des zerfallenden Kleinbürgertums sind es, die aus Unmut über ihre zertrümmerten sozialen Privilegien hinter Hitler marschieren und sich vorgaukeln, Elitegruppe zu sein.

Ihre Ideologie sei ein in »aller Welt zusammengestoppelter Unsinn«[21], meint Ossietzky, angereichert mit dem allerplumpesten Antisemitismus der Kaiserzeit, mit dem schon einmal die von der Industrialisierung und Kapitalkonzentration bedrohte mittelständische Bevölkerung an das monarchistische System gebunden werden sollte. Adolf Hitler, so Hellmut von Gerlach in der »Weltbühne«, sei vergleichbar mit dem wirksamsten Antisemiten der kaiserlich-bürgerlichen Gesellschaft vor dem Ersten Weltkrieg, Adolf Stoecker. Beide hätten ihre Gefolgschaft vor allem aus dem Mittelstand gewonnen, der – unfähig, die wirtschaftlichen und politischen Ursachen seiner Existenzbedrohung zu erkennen – einen Sündenbock gesucht und gefunden habe: Der Jude ist schuld! Das sei eine so bequeme Formel. Eine Formel, mit der sich soziale Probleme überdecken ließen.[22]

Der Antisemitismus, so Ossietzky, das sei die große »revolutionär kreischende Jahrmarktsorgel« des Faschismus, die das »viel leisere Tremolo der sozialen Reaktion übertönen soll«.[23]

Damit trifft er den Kern der antisemitischen Wirtschafts-»Theorie«, wie sie der NSDAP-Ideologe Gottfried Feder in seiner Interpretation des nationalsozialistischen Parteiprogramms präsentiert: Der Antisemitismus sei der gefühlsmäßige Unterbau des Nationalsozialismus.[2] Die Allianz von Antisemitismus und Nationalismus in der nationalsozialistischen Ideologie soll nur »die antikapitalistische Sehnsucht des deutschen Volkes« (Strasser) gegen einen imaginären jüdischen »Weltkapitalismus« richten, ohne dabei den Unternehmer im eigenen Haus zu gefährden. Ein wahrhaft »schreckliches Gebilde« habe man da herbeigezaubert, spottet Carl von Ossietzky, ein Gebilde, das Arbeiter wie Wirtschaftskapitäne getrost verdammen könnten. »Radikale Revolutionen gegen das Bankhaus Morgan stören das Ausbeutertum hierzulande nicht.«[25]

Der Antisemitismus ist der beste Verbündete des Nationalsozialismus, er steigert ihn. Schließlich ist es der »Internationale Jude« gewesen, gegen den deutsche Soldaten in einen verbrecherischen Expansionskrieg gezogen sind.

Obwohl der Antisemitismus als Sündenbockideologie eine lange Tradition in Deutschland hat, gewinnt er im Nationalsozialismus eine neue Qualität – seine grenzenlose Menschenverachtung. »Der Krieg hat das Menschenleben um seinen Wert gebracht«, räsoniert Hellmut von Gerlach. »Früher beschränkte sich der Demagoge auf Schimpfen und Verleumden. Heute bereitet er planmäßig die physische Vernichtung derer vor, die anders wollen oder denken als er.«[26] Diese Menschenverachtung, die zunächst nur in Wort und Schrift verbreitet werden kann, führt schließlich zu den Todesfabriken von Auschwitz und Treblinka, bringt Ossietzky in das KZ Esterwegen.

Diese Menschenverachtung nähre die letzte Hoffnung der Verhungernden, schreibt Ossietzky: »Den Kannibalismus.«[27] Sommer 1930, im zweiten Jahr der Weltwirtschaftskrise: Der Wahlsieg der NSDAP liegt in der Luft. Ossietzky kann noch nicht an einen dauerhaften Aufstieg dieser Bewegung ohne Idee und ohne Prinzip glauben. Mit dem »etwas komischen« Mythos von der Berufung Adolf Hitlers zum Führer des deutschen Volkes könne sie die Masse zwar eine Weile einlullen, aber satt werde davon niemand. Irgendwann müsse die Faszination in Enttäuschung und Zorn umschlagen. Und doch spürt Carl von Ossietzky die Werbewirksamkeit der nationalsozialistischen Ideologie nach dem Erfolgsrezept des italienischen Faschismus – »ein wahrhaft grandioser Volksbetrug«:

Man gebe den Verzweifelten und Unzufriedenen die Zeichen und die Atmosphäre der Revolution, um sie in die Reaktion zu führen. »Der einzelne in der dicht gedrängten

Marschkolonne, von stürmischen Zurufen und einer begeisternden Musik beflügelt«, achte auf keine Richtung mehr.[28] Programme, Symbole, auch der Name – National-*sozialistische* Arbeiterpartei – bringen die Absicht der Partei zum Ausdruck, sich selbst den Nimbus einer revolutionären Bewegung zu verleihen und damit auf die antikapitalistische Stimmung in der Wirtschaftskrise einzugehen. Im Begriffspaar National-Sozialismus bleibt freilich der sozialistische Appell eine bloß emotionale Verstärkung des Nationalen als Gemeinschaftsideologie.

Der nationale Sozialismus im Gegensatz zu einer imaginären roten und goldenen Internationale wurde bereits im wilhelminischen Deutschland propagiert, um den bedingungslosen Zusammenhalt aller Bevölkerungsschichten und Klassen unter Preisgabe tatsächlicher ökonomischer und politischer Interessen durchzusetzen. Er führte schließlich in den Ersten Weltkrieg, der angeblich die Aufhebung aller Klassengrenzen bedeutete. Die »Zusammenkoppelung von Nationalismus und Sozialismus«, schreibt Ossietzky in einer Kritik des Sozialismusbegriffes bei Otto Strasser, »ist der Grundirrtum deutscher Nationalisten, für die eine sozialistische organisierte Gesellschaft nicht mehr bedeutet als eine bessere Grundlage für den Revanchekrieg.«[29]

Die Phrase vom nationalen Sozialismus wurde zur Parole »Schutz der nationalen Arbeit«, unter der sozialkonservative Industrie- und Agrarverbände der Kaiserzeit gegen den »Streikterrorismus der SPD«, gegen »krankmachende Sozialpolitik«, Parlamentarismus und Parteien als gemeinschaftsfeindliche Interessenvertreter mobil machten.[30]

Diese »alte Klamotte«[31] greift Hitler in einer Broschüre für den großmächtigen Schwerindustriellen Kirdorf auf, mit der er die Bedenken der Wirtschaft gegen die sozialrevolutionäre Propaganda der NSDAP zerstreuen will. Der Nationalsozialismus wolle ein für allemal Schluß machen mit Standes- und Klassenschranken. Er verbinde die beiden – bisher so mißverstandenen – Begriffe »Nationalismus« und »Sozialismus« zu einem einzigen, denn höchster Sozialismus sei

»höchste Volks- und Vaterlandsliebe«, mithin die »verantwortliche Erfüllung ein und derselben völkischen Pflicht«.[32]

Der »National-Sozialismus« ist Synonym der Parteiparole »Gemeinnutz vor Eigennutz«. Ziel ist ein »Wirtschaftsfrieden unter den zu einer Werksgemeinschaft verbundenen Volksgenossen«, die sich allesamt bedingungslos ihrem Führer, dem Unternehmer, unterordnen müssen. Ermächtigungsgesetz, Parteienverbot, Auflösung der Gewerkschaften und die Durchsetzung des Führerprinzips in der Wirtschaft durch das »Gesetz zur nationalen Ordnung der Arbeit« sind die praktische Konsequenz gewesen, bevor das Jahr 1933 verstrichen ist.[33]

Bereits Ende 1931, als die Regierung Brüning mit einer Flut von Notverordnungen rigorose Lohn- und Gehaltssenkungen und Kürzungen des Sozialetats durchpeitscht, malt Ossietzky ein unheimliches Zukunftsbild vom Industriebetrieb im nationalsozialistischen Deutschland, in dem der Unternehmer wieder »Herr im Haus« sein werde:

»Dann wird auch der Sieg des monopolisierten Kapitalismus vollkommen sein. Dann wird der S.A.-Landsknecht die Manneszucht in den Betrieben schon übernehmen. Dann werden die Gewerkschaften zertrümmert werden, und der deutsche Mann wird, befreit von dem unwürdigen Pariageist der gewerkschaftlichen Koalition und ihrem judäischmarxistischen Tarifrecht, rank und schlank, hei, vor seinen Industrieherzog treten und ihm hochgemut seine Dienste als Kaufmann, Techniker oder Lampenputzer anbieten. Unter einer alten knorrigen westfälischen Eiche wird er seinem Lehnsherren den Eid leisten, ihm allzeit treu, hold und gewärtig zu sein, und wer dann noch Geld sehen will, der wird erschossen.«[34]

Doch soweit ist es nach den Septemberwahlen 1930 noch nicht. Bis dahin haben nur wenige Wirtschaftsherren – wie Kirdorf, Krupp und Thyssen – auf Hitler gesetzt; die Mehrzahl will eine rechtskonservative Regierung unter dem Zentrumspolitiker Brüning, der kontrollierbarer, berechenbarer zu sein scheint und – der die stille Unterstützung der SPD findet, die allein die Durchsetzung der Diktatur – noch – verhindern könnte.[35] Wieder glaubt Ossietzky, das sei der Anfang vom Ende der Nazibewegung. Hitler hätte regieren oder putschen müssen. Seine Massenanhängerschaft lasse sich auf Dauer nicht mit billigen Phrasen halten. Sie habe ihn gewählt für »das Mittagessen im kommenden Monat, den lange fälligen neuen Anzug«. Sie wolle Geld, Macht, Posten, und sie wolle den lange genährten Haß gegen Juden, Kommunisten und Republikaner endlich austoben dürfen.[36] Doch nichts dergleichen geschieht. Hitler läßt die Wahlnacht verstreichen und seine siegestrunkenen, kampfbereiten Truppen nach Hause gehen, ihren Rausch auszuschlafen.

Und er will auch nicht die Regierungsbeteiligung, die Brüning ihm wieder und wieder hinter dem Rücken der SPD offeriert. Für Ossietzky hat er damit seine historische Chance verpaßt; er sei eben unfähig zu herrschen: »Vor jeder Entscheidung zog sich unser Dutsche flennend in sein seidenes Pyjama zurück und trank Kamillentee. Ein Winterkönig, der sich für ein paar weiße Monate etabliert und mit dem Schnee dahinschmilzt.«[37]

Aber Hitler weiß, was er tut. Seine Anhänger hätten es ihm kaum verziehen, wenn er sich schlicht in das unbeliebte Kabinett Brüning eingeordnet hätte, statt das gelobte »Dritte Reich« zu gründen. Hitler will und muß selbst Reichskanzler werden. Mit allen seinen Gläubigen, die in der Wahlnacht auf den Straßen »Deutschland erwache!« brüllten, hätte er vielleicht putschen können. Wie lange aber wäre eine Diktatur aufrechtzuerhalten ohne die Unterstützung der Wirtschaft und Reichswehr? Statt dessen nutzt er seinen Wahlsieg, um sich Eintritt bei den Mächtigen zu verschaffen. Wieder und wieder berichtet die »Weltbühne« von seinen Treffen mit Führern von Wirtschaft, Politik und Militärs: Vortrag im Hamburger Industrieclub, Frühstück bei General Schleicher, Begegnung mit Brüning, Audienz bei Hindenburg – Hitler wird hoffähig, »Hansdampf« in allen diplomatischen Gassen. Sogar die Bankiers aus der Wallstreet blicken voll Wohlwollen auf den einstigen sozialrevolutionären Schreihals, der sich nun als »Erzengel zur Heimschickung des Kommunismus« anbietet.[38]

Je mehr Hitler und seine Parteigenossen um die Gunst der Industrievertreter buhlen, desto schwieriger wird es, eine Sozialismusdefinition zu finden, die alle umworbenen Bevölkerungsgruppen zufriedenstellt. »Kein Nationalsozialist ist imstande, den ›Sozialismus‹ seiner Partei zu erklären, und sogar die zahlreichen Versuche, den Nationalismus zu analysieren, mißlingen kläglich«, spottet Ossietzky.[39] Der Wirtschaft solle die Angst genommen werden, daß die Partei mit ihrem »Sozialismus« Ernst machen könne. Die antikapitalistische Anhängerschaft müsse trotzdem an den revolutionären Charakter der Bewegung glauben. Gottfried Feder mit seinem »Wirtschaftskablala« (sic!)[40] und Josef Goebbels mit seinen revolutionären Phrasen winden sich in diesem Dilemma: »Wir deutschen Sozialisten haben es nicht nötig, uns gegen den Vorwurf zu verwehren, wir seien Knechte des Kapitals und Hörige des Geldes. Nicht dem Kapital, aber dem Kapitalismus haben wir den Kampf geschworen. Daß es Bergwerke, daß es Fabriken, Eisenbahnen, daß es Geld und andere Werte gibt, das ist nicht die Ursache unseres sozialen Verfalls, vielmehr die Tatsache, daß es, ohne daß der Staat oder die verantwortlichen Parteien dagegen einschreiten, in Deutschland möglich ist, die Schätze, die Produktionsmittel, das Geld – kurz gesagt, das Kapital zum Schaden und Verhängnis des Volkes zu mißbrauchen.«[41] Welch schauerlicher Ausflug in den Marxismus. Hohles Pathos, mangelnde begriffliche Schärfe klingen wie eine nachträgliche Rechtfertigung der Ausgrenzung der »Otto-Strasser-Gruppe«, die gewiß nicht sozialistisch war, aber doch die antikapitalistischen Positionen des Parteiprogrammes und der Propaganda ernst nahm. In der Austrittserklärung »Sozialisten verlassen die NSDAP« wirft sie der Parteiführung vor, mit ihrer Anbiederei an die Wirtschaft den revolutionären Charakter der Bewegung verraten zu haben: »Von jeher hat es uns mit Bedauern und Mißbehagen

Neubeginn in Berlin
Anfang der zwanziger Jahre

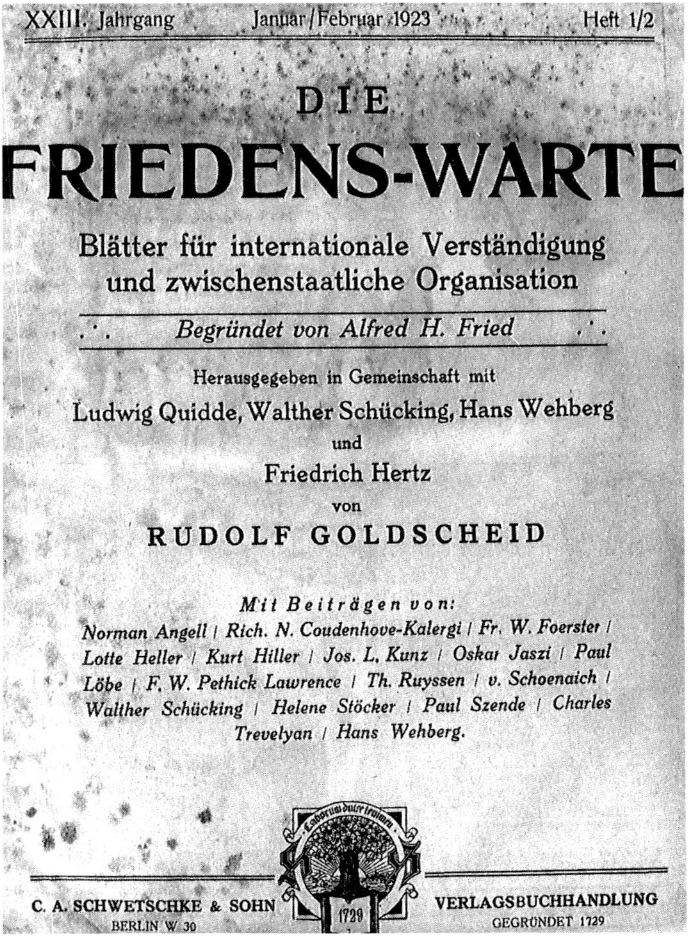

XXIII. Jahrgang Januar/Februar 1923 Heft 1/2

DIE

FRIEDENS-WARTE

Blätter für internationale Verständigung
und zwischenstaatliche Organisation

Begründet von Alfred H. Fried

Herausgegeben in Gemeinschaft mit
Ludwig Quidde, Walther Schücking, Hans Wehberg
und
Friedrich Hertz
von
RUDOLF GOLDSCHEID

Mit Beiträgen von:
Norman Angell / Rich. N. Coudenhove-Kalergi / Fr. W. Foerster / Lotte Heller / Kurt Hiller / Jos. L. Kunz / Oskar Jaszi / Paul Löbe / F. W. Pethick Lawrence / Th. Ruyssen / v. Schoenaich / Walther Schücking / Helene Stöcker / Paul Szende / Charles Trevelyan / Hans Wehberg.

C. A. SCHWETSCHKE & SOHN
BERLIN W 30
VERLAGSBUCHHANDLUNG
GEGRÜNDET 1729

Titelblatt
der pazifistischen ›Friedens-Warte‹,
Januar/Februar 1923

Carl von Ossietzky
als Lektor im Hamburger Pfadweiser-Verlag, 1919,
mit der Wiener Zeitschrift ›Revolution‹

* STEFAN GROSSMANN *

HERAUSGEBER * JAHRGANG V HEFT 27 *

DAS TAGEBUCH

geleitet von
Stefan Großmann und Leopold Schwarzschild

BERLIN, 5. Juli 1924

INHALT:

Einzelverkaufspreis 50 Goldpfennige

Kr. 5000,– **Kc. 3,–**

ERSCHEINT JEDEN SONNABEND

* TAGEBUCHVERLAG M·B·H *

Titelblatt des radikaldemokratischen ›Tage-Buches‹.
5. Juli 1924

erfüllt..., daß Adolf Hitler sich zwar häufig mit führenden Kreisen der Unternehmen- und Kapitalistenschaft über Ziele und Wege des Nationalsozialismus aussprach, aber nie Gelegenheit nahm, mit führenden Kreisen der Bauern und Arbeiter das gleiche zu tun.«[42]

Nach seinem Wahlsieg 1930 nehmen Hitlers Audienzen bei Brüning kein Ende. Es ist offensichtlich: Der NSDAP-Führer strebt nach Legalität, nach Ministersitzen und vielleicht nach mehr. Die »frischgebackenen Nazitribunen« im Reichstag sollten bald erleben, daß nichts mehr übrigbleibe von der heißersehnten nationalen Revolution, höchstens ein paar hohle Phrasen, kommentiert Ossietzky. Sie würden »Augen machen, wie ein ahnungsloses Stiftsfräulein, das durch einen unheimlichen Zufall ins falsche Hotel geraten ist«. Das sei der »Fluch« der sogenannten nationalsozialistischen Bewegung, »daß sie zwar das Maul aufreißen« dürfe, aber immer Rücksicht auf ihre Finanziers von der großen Industrie nehmen müsse.[43]

Und was ist mit den sozialrevolutionären »Führern« von der SA, die den Endsieg schon zum Greifen nahe gesehen haben und damit Pfründe und Macht? Werden sie sich aufhalten lassen? Im April 1931 rebellieren 10000 norddeutsche SA-Männer unter Führung von Hitlers altem Kampfgefährten Stennes gegen den neuen Legalitätskurs der Parteiführung, gegen die andauernden Bündnisverhandlungen mit dem »Bonzen« Brüning. Armut, Arbeitslosigkeit und Verzweiflung hat sie in die SA-Windjacken getrieben, und nun müssen sie erleben, wie ihr Führer alle sozialrevolutionären Versprechen bricht. Für Hitler sei das nur ein willkommener Anlaß, die Partei endgültig von jenen zu reinigen, deren »revolutionärer Ludergeruch« die Wirtschaftsverbindungen auf Dauer stören könnte,[44] schreibt Ossietzky wenige Tage nach dem gescheiterten Aufstand. Hitler läßt seine alten Kampfgefährten ohne Zögern fallen, aber damit hat er noch nicht die Ursachen der Unzufriedenheit, die sozialen Widersprüche innerhalb seiner Massenorganisation beseitigt. In der SA gärt es weiter, immer wieder brechen Konflikte auf.

Und Ossietzky hofft auch nach dem 30. Januar 1933 noch, daß die NSDAP an ihren inneren Gegensätzen zerreißen werde, bevor es zu spät ist: »Die gegenwärtige Regierung ist bis zum Zerspringen mit sozialen Disharmonien geladen. Der ärgste Zündstoff ist in der SA enthalten, die erwartet jetzt, nach der Machtergreifung durch ihren ›Führer‹, in irgendeiner Form dem Staat einverleibt zu werden.«[45] Aber Hitler findet bis zur endgültigen Vernichtung der oppositionellen SA-Männer während des sogenannten »Röhm-Putsches« 1934 Wege, seine unruhigen Anhänger bei der Stange zu halten: Posten und Ämter bei Polizei und Bürokratie, sturmfreie Straßen und Konzentrationslager, wo der revolutionäre Elan an den »Bonzen«, »Novemberverbrechern«, Kommunisten, Republikanern und Juden ausgetobt werden kann. Wie hat Carl von Ossietzky nach den Septemberwahlen 1930 prophezeit: »Hitler muß seinen Hetzhunden ein paar fette Happen zuwerfen, wenn er nicht von ihnen zerrissen werden soll.«[46]

Als Ossietzky Weihnachten 1932 aus dem Gefängnis kommt, scheinen seine Hoffnungen Wirklichkeit geworden zu sein. Die NSDAP hat bei den Juniwahlen zwei Millionen Stimmen verloren und steht vor einer inneren Zerreißprobe. Aufruhrstimmung unter den SA-Männern, die keinen Sold bekommen, weil die Industrie nicht mehr zahlen will wie früher. Die NSDAP habe abgewirtschaftet, glaubt Ossietzky, General von Schleicher sei der neue Mann. In einer Zeit der politischen und wirtschaftlichen Krise, in der sich alle Gewalten allmählich auflösten, habe die Reichswehr sich als einzig stabile Kraft erwiesen, und sie werde diktatorisch reagieren.[47] Doch hinter den Kulissen verhandeln und intrigieren Wirtschaftsführer und Politiker der Rechten weiter um die politische Macht. Der Ex-Kanzler und Zentrumspolitiker von Papen drängt den alten Hindenburg, Hitler zum Reichskanzler einer Koalitionsregierung zwischen NSDAP, Zentrumspartei und DVP zu machen. Eine Eingliederung der Nationalsozialisten in die Regierung hält er für eine Überlebensfrage des Systems. Konservative Politik sei in Deutschland nur noch durchsetzbar, wenn sie auch »›psychologisch im Volk verankert sei«[48] – wenn sie sich auf eine Massenbewegung stützen könne. Über Massen aber verfügt auf der Rechten nur die Nazi-Partei – noch. Es ist höchste Zeit. »Die deutsche Geduld trabt oft lange dahin«, schreibt Ossietzky nach dem Sturz Schleichers. »Sollte aber eine Clique, die nicht zwei Prozent der Nation hinter sich hat, Sporen und Peitsche fühlen lassen, so wird auch dieses sanfte Reittier endlich bocken. Die Generalstreikparole geht um.«[49]

Ein Hauch von Optimismus am Vorabend des 30. Januar 1933. Die Machtkämpfe und Bündnisgespräche im Vorfeld der Machtübergabe an die Nationalsozialisten sind für Ossietzky nur noch persönliche Intrigenspiele innerhalb der reaktionären Front. Eigentlich sei es egal, wer gewinne:

»Das Prinzip ist immer das gleiche. Es heißt immer Autorität und Militarismus gegen Demokratie, Sozialismus, Republik, es heißt immer Herrenschicht gegen Volk.« Egal, ob die Herrschenden Großagrarier und -industrielle direkt repräsentierten oder von der Hitler-Bande »maskiert« würden. Alle, alle kämpften für reaktionäre Mächte, und nur die unsichere Zeit habe sie in die »absonderlichsten Verkleidungen getrieben«.[50] Getrennt seien sie durch »persönlichen Ehrgeiz oder reale Gruppeninteressen«, nicht mehr.[51] Als Schleichers kurzes Kanzlerzwischenspiel jäh endet, reagiert Ossietzky eher gelassen-zynisch denn entsetzt: »Schöner Konsum an Rettern. Wieder einer futsch.«[52] Schleicher mit seinen »diffusen staatssozialistischen Ideen« sei den Mächtigen der Wirtschaft zu gefährlich geworden. Deshalb hätten sie ihn gestürzt.

Wer kommt nach dem General? Es spiele eigentlich »eine untergeordnete Rolle«, so Ossietzky, »daß die Herren sich nicht richtig einig werden können, daß Hitler erst einmal sich selbst will und Herr von Papen natürlich auch zunächst sich selbst, daneben aber noch den Kronprinzen. Das sind nur die kleinen Nuancen der einen Konterrevolution.«[53]

Tatsächlich scheint die von den rechtsbürgerlichen Parteien propagierte »Einrahmung« der Nazis in ein rechtskonservatives Regierungsbündnis geglückt. Hitler als Kanzler, Papen und Hugenberg aber, die Repräsentanten der Wirtschaft, flankieren ihn. Alle bedeutenden wirtschaftlichen und außenpolitischen Ressorts bleiben auf der bürgerlichen Seite. Für Ossietzky ist das Kabinett Hitler nicht mehr als eine Improvisation jener »hauchdünnen Schicht«, die alle wirtschaftliche Macht habe.

Ihre Vertreter – Ossietzky nennt sie »Kavaliere« – würden die »wirtschaftlichen Schlüsselstellungen« besetzen. Die Nazis – Ossietzky nennt sie nach Brecht »Rundköpfe« – hätten die »politischen Instrumente« zugeteilt bekommen, »die notfalls in Bewegung gesetzt werden müssen, um die Maßnahmen der ›Kavaliere‹ durchzuführen und zu verteidigen«.[54] In der Tat: Das sieht zunächst eher nach einer Neuauflage der Regierung Papen mit verschärfter Gangart als nach dem Auftakt der faschistischen Terrorherrschaft aus. »Wir dürfen wohl annehmen, daß hinter alledem vornehmlich der Herr Vizekanzler steht, in dem man bis auf weiteres überhaupt das eigentliche Haupt der Regierung erblicken muß«,[55] glaubt Ossietzky. Seine Hoffnung – ebenso wie die der beiden Arbeiterparteien – ist, daß die NSDAP, die durch »rücksichtslose antikapitalistische Propaganda in die Höhe gekommen ist«, in der Regierungsverantwortung bald abwirtschaften und ihre Anhänger desillusionieren muß. Nach zwei Wochen, in denen die neue Regierung offensichtlich auch kein Patentrezept gegen die Krise erfunden hat, fordert er Reichskanzler Hitler heraus: »Deutschland wartet!« Opposition auf der Straße sei leichter, als Versprechungen zu erfüllen, die so groß seien wie die der Nationalsozialisten. Die Menschen seien die Phrasen und Schlagworte satt, sie wollten Brot: »Die Regierung steht jetzt unter einem unerbittlichen Gesetz.«[56]

Das NS-Regime werde bald abwirtschaften – das hoffen die meisten Linken in der Zeit nach Hitlers Machtübernahme. Aber ist das nicht Selbstbetrug?

Hat doch Ernst Toller bereits nach den Septemberwahlen 1930 in der »Weltbühne« ein bedrohliches Zukunftsbild

Deutschlands unter Reichskanzler Hitler ausgemalt und Demokraten wie Sozialisten und Kommunisten vor der Illusion gewarnt, ein regierender Hitler sei dem Untergang geweiht. Die NSDAP wolle unter allen Umständen an die Macht und habe dafür den legalen Weg gewählt. Niemals aber werde sie sich auf demokratische Weise wieder absetzen lassen:

»... Über Nacht werden alle republikanischen, sozialistischen Beamten, Richter und Schupos ihrer Funktionen enthoben sein, an ihre Stelle werden fascistischzuverlässige Kader treten. Bei der Reichswehr hat Hitler nicht viel Arbeit, dort braucht er nur die ›angekränkelte‹ Generalität zu ersetzen. Wer heute über Reichswehr, Polizei, Verwaltung und Justiz verfügt, ist in normalen Situationen kaum mehr aus dem Sattel zu heben. Und die Opposition? werden Sie fragen. Historische Analogien stimmen nicht mehr. Die Entwicklung der militärischen Technik ist dermaßen fortgeschritten, daß, selbst wenn die Opposition sich zur Wehr setzen sollte, sie gegen die Kampfmittel, über die die Regierung verfügt, Giftgas, Tanks und Fliegerbomben, nichts ausrichten könnte.«[57] Diese Meinung findet sich auch in früheren Ossietzky-Artikeln, zum Beispiel wenn er Trotzkis Analyse der Besonderheiten des deutschen Faschismus in der »Weltbühne« darstellt: Der Nationalsozialismus werde ungleich brutaler und blutiger mit jeder Opposition verfahren als der italienische oder der ungarische – eben weil er es mit einer starken, organisierten Arbeiterbewegung eines hochentwickelten Industrielandes zu tun habe, die nur mit größter Gewalt unterdrückt werden könne.[58]

Jetzt, im Februar 1933, geht es um die Entscheidung: gegen den Terror antreten oder vor ihm fliehen. Ossietzky will bleiben, also ist er optimistisch. Eine Notverordnung zur weiteren Verschärfung der Pressezensur kann ihn nicht beirren: »Wenn die Menschen nicht mehr fragen dürfen, dann werden die Dinge fragen.«[59]

Eine Woche später ist es nicht mehr möglich, die Regierung offen zu kritisieren. Das würde ein sofortiges Verbot der »Weltbühne« bedeuten. »Was soll man schreiben?« fragt

Ossietzky seinen Mitarbeiter Walter Mehring. Der rät ihm zu einem Artikel über Wagner – es ist gerade Wagnerjahr – mit Anspielungen auf den pangermanistischen, blutrünstigen Nibelungenkult der Nationalsozialisten.[60] Ossietzky schreibt: »Zum zweitenmal soll aus Deutschland eine Wagneroper werden. Siegmund und Sieglinde, Wotan, Hunding, Alberich und der ganze Walkürenchor und die Rheintöchter dazu sind – (...) über Nacht hereingebrochen mit der Forderung, über Leiber und Seelen zu herrschen.«[61]

Es bleibt die Hoffnung, die illusionäre Hoffnung auf einen Generalstreik wie 1920 gegen Kapp, auf die Menschen – darauf, daß es wohl doch nicht so schlimm werden wird: »Wir werden also etwas unternehmen müssen, da nicht zu erwarten ist, daß eine reine Jungfrau, um uns zu erlösen, ins Wasser springt.«[62]

14

»Aber von Dir wird gesprochen...«

Verhaftung und Konzentrationslager

»Die Sitzung geht weiter« – so hoffnungsvoll endet Ossietzkys Artikel »Rückkehr« nach seiner Haftentlassung. Hat er hinter den dicken Gefängnismauern die geistige Verbindung zum politischen Geschehen verloren? In den letzten unsicheren Wochen der Republik, als andere Linke ihre Flucht vorbereiten, will er, der zeitlebens auf dem Sprung gelebt hat, seßhaft werden. Er mietet die erste richtige Wohnung in Berlin, und er stürzt sich in Schulden für neue Möbel. Im Gefängnis hat er sich entschlossen, weniger zu arbeiten und mehr zu leben – mit Frau und Kind. Rosalinde soll nach Berlin zurückkommen.

Ist es ein neu erwachtes Lebensbedürfnis, das ihn treibt, oder der heimliche Wunsch: sich so einzurichten, daß Fliehen kaum noch möglich ist?

Freunde und Mitarbeiter bestürmen ihn, Deutschland zu verlassen, bevor es zu spät ist. Aber er will ausharren, zumindest solange seine »Weltbühne« noch erscheinen darf. Er hofft auf die Märzwahlen 1933. Dann erst, so meint er wie so viele, falle die Entscheidung des deutschen Volkes für oder gegen die Nationalsozialisten: Vielleicht habe die NSDAP bis dahin längst abgewirtschaftet und das blinde Vertrauen ihrer Massenbasis verbraucht; oder sie sei an ihren inneren Widersprüchen zerbrochen.

Verdrängt hat er jene frühere Prophezeiung: Die Faschisten, einmal an der Macht, würden sich legal nie wieder absetzen lassen. Im Februar 1933 glaubt er noch immer, daß es eine Chance gegen die Gewaltherrschaft gebe, die sich schon breitzumachen beginnt. Auf einer Veranstaltung des Schutzverbandes Deutscher Schriftsteller gegen die staatliche Zensur soll er sprechen. Terror liegt in der Luft. Plötzlich stürzt Erich Mühsam mit einem frischgedruckten Abendblatt in den Saal. Es verkündet Görings berüchtigten »Schießerlaß«. Fortan soll jeder »nationale Mann« straflos für »Deutschlands Ehre« schießen dürfen. Alle warteten ängstlich auf ein Attentat. Mühsam, der zwölf Monate später im KZ Oranienburg erdrosselt worden ist, sagt die prophetischen Worte: »Wir, die wir nun ins Exil, in die Zuchthäuser, auf die Schafotte gehen ...«[1]

Dann spricht Ossietzky, leise, stockend, mit gesenktem Kopf, aber so intensiv, daß alle wie gebannt zuhören: »Die Flagge, zu der ich mich bekenne, ist nicht mehr die schwarz-rot-goldene Flagge dieser entarteten Republik, sondern das Banner der geeinten antifaschistischen Bewegung. Und ich, der Pazifist, reihe mich nun ein in das große Heer, das für die Freiheit kämpft.«[2] Aber die paar Demokraten, Sozialisten und Kommunisten, die zu diesem Zeitpunkt noch an Widerstand denken, machen kein »Heer« aus, das den Terror aufhalten könnte.

Die letzte Veranstaltung des Schriftstellerverbandes sei deshalb Ausdruck einer ganz und gar sinnlosen Opferhaltung vieler linker Intellektueller gewesen, meint der Schriftsteller Ludwig Marcuse. Alle hätten sie rechtzeitig fliehen und vom Ausland aus gegen den Faschismus kämpfen sollen. Ob nicht auch fehlender Mut bei den scheinbar so Tapferen im Spiel gewesen sei – fehlender Mut, feige zu erscheinen?[3]

Und Ossietzky? Heldenhaft, aber ganz und gar unpolitisch findet Marcuse dessen Entschluß, sich den Nationalsozialisten auszuliefern. Warum ist Ossietzky nicht rechtzeitig geflohen? Die Erinnerungsbilder der Weggefährten sind widersprüchlich – so widersprüchlich wie seine Haltung zur Emigration. Hermann Kesten nennt ihn später einen »freiwilligen Märtyrer«, der sich einer parteiischen Justiz, ja dem NS-Terror bewußt ausgeliefert habe. Diese Ansicht teilt der Publizist Hans Sahl und beruft sich auf ein Gespräch nach jener letzten Schriftstellerversammlung, in dem Ossietzky seine Todesbereitschaft erklärt haben soll: Er sei zu allem bereit. »Sollen sie kommen und mich abholen.«[4]

Ossietzky habe sehr wohl gewußt, daß er sein Leben aufs Spiel setze, glaubt sich auch Béla Balász zu erinnern. Und er habe es nicht anders gewollt, weil er nach dem Landesverratsurteil seine Glaubwürdigkeit als Publizist und das moralische Prestige der »Weltbühne« nicht gefährden wollte. Er sei besorgt um sein Andenken gewesen. Sonst wäre er nach seiner Entlassung aus dem Gefängnis gewiß emigriert, denn er habe nicht an die »magische Macht des Märtyrertums an sich« geglaubt.[5]

Ossietzky habe sich »bewußt« für seine Überzeugung geopfert, schwärmt Franz Leschnitzer in Erinnerung an seine letzte Unterhaltung mit Ossietzky.[6] Eher nüchtern klingt dagegen Kurt Hillers Meinung: »Legenden hat sein Nachruhm nicht nötig... Er plante für Anfang März 1933 seine Ausreise. Am 28. Februar hatten ihn die Häscher.«[7] Rudolf Arnheim[8] und Hilde Walter[9] erklären ebenfalls, Ossietzky sei 1933 grundsätzlich zur Flucht bereit gewesen, er habe nur die Märzwahlen abwarten wollen. Darin liegt Risikobereitschaft, keine Opferhaltung.

Politisches Aprilwetter in Deutschland. Während die NSDAP vor der inneren Zerreißprobe steht und an Einfluß zu verlieren scheint, gibt es an der Basis – in Betrieben und Arbeitervierteln – vorsichtige Berührungen zwischen den Arbeiterparteien. »Die Generalstreikparole geht um«, schreibt Ossietzky in der »Weltbühne« und glaubt naiv, die verfeindeten Parteiführer könnten im letzten Augenblick zusammenfinden.[10]

Er schwankt zwischen zorniger Resignation und trügerischer Hoffnung. Bleibt er, weil er noch hofft, oder hofft er, weil er noch bleiben will? Vielleicht ist es auch die böse Vorahnung vom traurigen Schicksal der politischen Flüchtlinge im Ausland, von ihrer Isolation und ihrer Armut, die ihn zaudern läßt.[11] Und: Wie soll er, der von seinem knappen Redakteursgehalt nichts gespart hat, draußen seine Familie unterbringen und ernähren? Der Gedanke daran ist vielleicht abschreckender als der an eine erneute Haft.

Am 20. Februar versammeln sich Ossietzky, Grossmann, Küster, Gerlach und andere bürgerliche Demokraten, um zu diskutieren: Soll man weiterkämpfen oder fliehen? Ossietzkys politischer Ziehvater, der »alte Soldat« Hellmut von Gerlach ist es, der für Durchhalten bis zu den Märzwahlen plädiert. Als »guter Demokrat« müsse man Wahlen akzeptieren. Auch Fritz Küster will abwarten. Einige andere sind entgegengesetzter Meinung. Ossietzky erklärt, er halte eine Flucht nicht für unbedingt notwendig. »Er sei zu Opfern bereit... Die Stunde der Entscheidung sei für ihn noch nicht gekommen.«[12]

Am 26. Februar trifft Ossietzky sich mit Grossmann bei Edith Jacobsohn, die am nächsten Tag nach Wien ausreisen will. Er wehrt sich noch immer gegen eine Entscheidung: Er habe kein Türschild, und die Polizei werde ihn schon nicht finden.[13]

Am Morgen des 27. Februar stürmt der Dichter Walter Mehring in die Weltbühnen-Redaktion, in der Ossietzky wie immer seiner Arbeit nachgeht. Ein alter Bekannter, ein Vertreter des Auswärtigen Amtes, habe ihn am Vorabend besucht und gewarnt: »Ich rate Ihnen, Deutschland noch im Laufe kommender Woche zu verlassen.« Auch Ossietzky sei in Gefahr. Der hört schweigend zu, ist offensichtlich nicht überrascht. Auf Mehrings Drängen abzureisen, sagt er nicht nein und nicht ja. Aber er hindert die Sekretärin Hedwig Hünicke nicht daran, eine Auslandsfahrkarte zu bestellen. Irgendwann kommt Gerlach dazu, hört sich alles an und schnauzt: »Jetzt wird keine Panik gemacht! Na, also ich jedenfalls bleibe.« Darauf Carl von Ossietzky: »Dann bleibe ich auch.«[14]

Den Abend verbringt er mit Freunden bei der Architektin Gusti Hecht. Gemeinsam hören sie im Radio die Nachricht vom Reichstagsbrand. Die anderen beschwören ihn, in dieser Nacht nicht nach Hause zu gehen. Er erzählt wieder von dem fehlenden Türschild und daß er sich geborgen fühle.[15] Eine unheimliche, gespannte Atmosphäre liegt über Berlin, als er zu seiner Wohnung geht. Polizisten und SA-Trupps überall. Hastende Menschen. Extrablätter werden verteilt, Ossietzky nimmt eins mit heim. Dort empfängt ihn seine Frau: »Was machen wir nun?« – »Erst mal schlafen gehen!« antwortet er ganz ruhig. »Carl, du mußt doch jetzt fliehen!« Er lehnt ab: »Nein, ich warte noch drei Tage.«[16]

Dann ein Telefonanruf von Robert M. W. Kempner, dem Justitiar im preußischen Innenministerium, dem Freund und Rechtsberater der Liga für Menschenrechte und langjährigen Weltbühnen-Mitarbeiter: »Jetzt fangen Verhaftungen an. Sie werden verhaftet werden. Ich wußte, daß Ossietzky auf einer solchen Verhaftungsliste stand. Ich habe ihm geraten, ins Ausland zu gehen. Er hat nein gesagt. Es war bestimmt ein Fehler von ihm.« Warum er nicht geflohen ist –? »Wo sollte er hin? Er war kein Journalist im Umherziehen, er war ein Innenpolitiker. Und dann ist es doch die Idee von Journalisten auch: Wir wollen das sinkende Schiff nicht verlassen. Und ... vielleicht hat er doch nicht gedacht, wie furchtbar es werden wird.«[18] Nein, Ossietzky kann sich nicht vorstellen, wie systematisch und brutal die Nationalsozialisten die Vernichtung ihrer politischen Gegner bewerkstelligen würden. Wie Tucholsky und die meisten linken Intellektuellen glaubt er bis zum Schluß, daß der Spuk nach den »ersten, etwas wilden Hitlerwochen« vorbei sei.[19]

Schlafen kann er indessen nicht. Mitten in der Nacht trinkt er mit Maud Kaffee, beide hängen ihren Gedanken nach.

Um halb vier klingelt es. Er schreckt hoch: »Es ist zu spät.« Vor der Tür steht Polizei. Seit Wochen haben sie Listen für die lange geplanten Massenverhaftungen vorbereitet und den verhaßten Weltbühnen-Leiter dabei nicht vergessen: »Sie sind verhaftet!« Er wäscht sich, zieht sich um, kramt ein paar Sachen zusammen, ißt noch schnell ein Brot, und weg ist er. »Kopf hoch! Ich komme bald wieder!« Das sind seine letzten Worte für Maud.[20]

Das Polizeigefängnis am Alexanderplatz ist die erste Station einer mehr als dreijährigen Odyssee durch nationalsozialistische Gefangenenanstalten. Dort trifft Ossietzky alte Bekannte wieder: Erich Mühsam, Otto Lehmann-Rußbüldt, Ludwig Renn – und Egon Kisch, den rasenden Reporter. Der berichtet sogleich nach seiner Emigration im März 1933 in der Exilzeitschrift »Unsere Zeit« über die erste Nacht in »Schutzhaft«:[21] Der Korridor der sogenannten IA der Politischen Polizei ist schwarz von Menschen; plötzlich taucht Alfred Apfel, der Rechtsanwalt, auf. Kisch will ihn sogleich mit Beschlag belegen, er solle ihn heraushauen. »Hallo, Dr. Apfel, ich bin verhaftet.« Knapp kommt die Antwort: »Ich auch.« Rechtsanwälte werden fortan überflüssig sein, wenn es sich um politische »Schutzhäftlinge« handelt. Die werden ohne Gerichtsverfahren auf unbestimmte Zeit gefangengehalten. Die Gefangenen werden in eine Gemeinschaftszelle im Keller verfrachtet: überall an den Wänden Pritschen, in der Mitte des Raumes ein Eimer für alle. In die Korridorwand ist der »Judas« hineingebohrt, ein Guckloch, durch das die Bewacher unbemerkt alles, aber auch alles, betrachten können. Die Gefangenen suchen sich einen Freund oder Bekannten als Nachbarn, sie finden sich in Gruppen zusammen und beginnen zu erzählen, wie sie verhaftet worden sind. Da hat es Mißhandlungen gegeben, da sind Schüsse gefallen, da sind Bücher und Einrichtungsgegenstände mutwillig zerschlagen worden. Verschreckt und verstört stehen sie nun beieinander, Ossietzky mitten unter ihnen.[22] Wer nicht – nach zermürbenden Verhören – entlassen wird, gilt als »unverbesserlich« und kommt nach ein paar Tagen in die Festung Spandau, auch Ossietzky, mit ihm der kommunistische Schriftsteller Ludwig Renn[23] und der KPD-Fraktionsführer im Reichstag, Ernst Torgler.[24] Die beiden Kommunisten sind Angeklagte im Reichstagsbrand-Prozeß. Alle drei

Männer werden eines Tages der Presse vorgeführt als Demonstration gegen die »Greuelmärchen« über die Mißhandlungen politischer Gefangener. Die »Berliner Illustrierte Zeitung« druckt ein Gemeinschaftsfoto. Das bringt den Gestapo-Chef Diels auf die Idee, Ossietzky in die Reichstagsbrandaffäre hineinzuziehen. Falsche Zeugen werden gestellt. Doch Torgler ist mutig genug, während des Prozesses vor Journalisten aus aller Welt die Geschichte der Fotografie, die plötzlich Beweisstück für ein Komplott sein soll, zu enthüllen. Im Ausland alarmieren Hellmut von Gerlach und Edith Jacobsohn die Presse; Ossietzky habe sich zum Zeitpunkt der Brandstiftung bei seinen Freunden aufgehalten. Schließlich läßt der Oberreichsanwalt die Sache fallen.[25]

Einige Tage nach seiner Verhaftung darf Ossietzky den ersten Brief an seine Frau schreiben. Noch ahnt er nicht, wie schrecklich es werden wird. »Schutzhaft« nenne man seinen »gegenwärtigen Zustand. Über die Dauer vermag ich natürlich nichts zu sagen.«[26] Immer wieder muntert er sie auf, sie solle den Kopf nicht hängenlassen, es gehe ihm »erträglich«, und sicherlich käme er bald frei. Seine wichtigste Bitte, wieder und wieder: Zigaretten – und Nachrichten von draußen gegen die Einsamkeit.[27]

Er macht sich weniger Sorgen um sich als um seine Familie. Was ist mit Rosalindes Schule? Wovon leben die beiden? Er ist völlig außer sich, als er Ende März 1933 erfährt, daß Maud nach einem seelischen Zusammenbruch in ein Sanatorium eingeliefert worden ist.[28] Und nichts kann er für sie tun. Er weiß: Mit seiner Entlassung ist nicht so bald zu rechnen, die Zukunft bleibt ganz ungewiß. Dieses Schicksal teilt er mit vielen tausend Mitgefangenen, zumeist Arbeitern, die ihre Frauen und Kinder ohne Einkommen zurückgelassen haben.

Und doch ist er in den ersten Wochen nach seiner Verhaftung optimistisch, glaubt an seine baldige Entlassung. Das schreibt er wieder und wieder in Briefen an Maud. Auch Tucholsky in Schweden ist in dieser Zeit noch fest davon überzeugt, daß sich in Deutschland keine »extrem blutigen Sachen« ereignen können. Ossietzky sei in Schutzhaft wenigstens sicher vor dem Straßenterror der Nationalsozialisten, schreibt er an Walter Hasenclever, und: Er komme »nach zwei, drei Wochen, denke ich, heraus. (Wenn nicht Konzentrationslager gemacht werden!) . . .«[29]

Am 6. April 1933 geht Ossietzky auf Transport in das KZ Sonnenburg[30] – ein verlassenes Zuchthaus bei Küstrin, das die Gestapo als eines der ersten »Staatlichen Konzentrationslager« unter preußischer Polizeiverwaltung für die Sonderbehandlung von politischen Schutzhäftlingen eingerichtet hat. Im Lager herrschen die SA-Männer des berüchtigten »Mordsturm 33« aus Berlin. Für Ossietzky sind es alte Bekannte, gegen deren primitiven Straßenterror er geschrieben, deren Verbot er immer wieder gefordert hat. Und sie, was wissen sie von ihm? Nach dem üblichen Prügelempfang muß der kränkliche, schmächtige Mann bereits zum ersten Mal ins Lazarett eingeliefert werden. Dort fällt er auf wegen eines – Schlafanzuges. Die anderen Gefangenen, zumeist junge Arbeiter, besitzen keinen.

Sie müssen alle auf den Hof marschieren, dann wird Ossietzky im Schlafanzug vorgeführt. »Guckt euch den an, ihr habt ja noch nicht einmal ein Hemd, und der kommt hier im Schlafanzug!« Für seine Bewacher ist er ein »Bonze«.[31]

Ossietzky ein »Bonze«? – Die SA-Männer von Sonnenburg träumen noch immer von der nationalsozialistischen Revolution und warten, warten auf die »Novemberverbrecher« und »Bonzen« aus Politik und Wirtschaft der Weimarer Republik, an denen sie sich für alle Entbehrungen und Niederlagen rächen wollen. In das KZ aber kommen fast nur Arbeiter, Arbeitslose. Für diese Enttäuschung müssen die wenigen prominenten Politker und Intellektuellen büßen, die zumeist schon wegen ihrer Kleidung, Sprache und Ungeschicklichkeiten bei der Arbeit »auffallen«. Carl von Ossietzky und Erich Mühsam hassen die Nazis mehr als alle anderen, denn die haben ihnen immer wieder den Spiegel ihrer Geistlosigkeit vorgehalten und sie dem Spott der Öffentlichkeit preisgegeben.[32]

»Erdarbeiten mit Ossietzky« lautet eine Tagebuch-Notiz Mühsams vom 8. April 1933. Das meint, so bezeugt ein Mitgefangener: Die beiden müssen ihr eigenes Grab schaufeln.[33] Zwei Tage später macht Mühsam eine Eingabe an die Staatsanwaltschaft, der er ein Begleitschreiben an den vom NS-Regime eingesetzten neuen Vorsitzenden des Schutzverbandes Deutscher Schriftsteller, Dr. Walter Bloem, beifügt, den Walter Bloem, gegen dessen schwülstig-nationalistischen Elaborate Carl von Ossietzky in dem letzten Weltbühnenartikel vor seiner Verhaftung eine bissige Polemik geschrieben hat. Mühsam bittet den Kollegen um Fürsprache, trotz alter Differenzen und Streitigkeiten. »Sie wissen, daß ich niemals von, sondern nur für meine Ideen gelebt habe. Ich bin gänzlich mittellos, vielleicht spricht auch das für mich.«[35] Das gleiche gelte für Ossietzky, der sich in einer ebensolchen Lage befände. Das Gesuch bleibt ohne Erfolg.

Es ist die Liga für Menschenrechte im Prager Exil, der die Schriftstücke Mühsams auf geheimnisvollem Wege zugespielt worden sind. Sie befragt in den Jahren 1933 bis 1935 systematisch emigrierte Mithäftlinge Ossietzkys. Auf Grund dieser – teilweise eidesstattlichen – Aussagen, die mit frischem Gedächtnis berichtet oder niedergeschrieben worden sind, läßt sich das Leben Ossietzkys in Sonnenburg und später in Esterwegen genau und glaubwürdig nachzeichnen. Der zarte, sensible Individualist leidet mehr als andere unter dem menschenunwürdigen preußisch-militärischen Drill, der alle Lebensbereiche erfaßt und keinerlei persönliche Freiräume mehr zuläßt: Aus den Betten auf Signal, Morgengymnastik, Waschen im Takt, Kaffeetrinken nach Pfeifen, Exerzieren, Marschieren im Kreis – so geht das von 5.30 Uhr bis 21 Uhr, jede Minute ist verplant; die Gefangenen dürfen sich keinen Moment ausruhen. Und das alles unter Schlägen und Beschimpfungen der SA.[36] Ossietzky wird auch in der Zelle nicht in Ruhe gelassen; immer wieder überfallen betrunkene SA-Leute den verhaßten Intellektuellen und quälen ihn mit perverser »Phantasie«. Er wird mit bloßen Füßen, im dünnen Hemd in die Kälte hinausgejagt, man läßt ihn exerzieren: »Nieder-Auf-Auf-Nieder im Laufschritt marsch!« und plötzlich im raschesten Lauf: ein Pfiff und jähes Stoppen. Dann der berüchtigte »Strahl«: Er muß sich auf Fingerspitzen und Zehen stellen, und während er seine ganze Kraft darauf verwendet, das Gleichgewicht zu halten, prügeln die Bewacher auf ihn ein. Derweil wird sein Bett mit kaltem Wasser übergossen.[37]

Im September 1933 schickt ihm Rosalinde eine Postkarte aus England: Sie freue sich, nicht mehr in Deutschland zu sein.[38] Zur »Strafe« wird Ossietzky roh mißhandelt, weil seine Tochter das schändliche Albion dem nationalsozialistischen Deutschland vorzieht. Sie ist noch ein Kind, 13 Jahre alt, hat keine Ahnung von der Gefahr, aber die Erinnerung wird sie nie ganz loswerden, sie trauert immer noch darüber. Ein paar Monate später schreibt sie demonstrativ an ihre Mutter, wie sehr sie ihr »deutsches Vaterland« liebe.[39]

Ossietzky bleibt die Sehnsucht nach Maud wie die Angst um sie. Wie lange bleibt sie im Sanatorium? Was ist mit der Wohnung? Wer bezahlt ihren Lebensunterhalt? Einmal in der Woche darf er einen Brief von ihr empfangen, und er ist außer sich, wenn die Post nicht pünktlich ankommt. Sie vertrage das Alleinsein nicht, fürchtet er. Sie könne das Leben nicht bewältigen ohne seine »ständige Einwirkung«.[40] Schmerz und Erleichterung, als er erfährt, daß Rosalinde Deutschland verlassen hat: »In diesen Tagen muß ich immer wieder daran denken, daß wir jetzt grade vor zwei Jahren zu dreien so schöne, heitere Ferientage verlebten.«[40] Wehmütige Erinnerungen am 20. Hochzeitstag: »Armes, verlorenes Schäfchen« – wie wenig von den gemeinsamen Wünschen nach einem geborgenen »Nestchen« ist in Erfüllung gegangen. Möblierte Zimmer, Umzüge, wenig Geld, keine Zeit für die Familie. »Manchmal war es nicht gerade einfach, und wir sind trotzdem immer durchgekommen.« Wenn er sich noch einmal entscheiden könne: Er würde nichts anderes wollen.[41] Es bleibt das schlechte Gewissen, ihr zuviel zugemutet zu haben: »Du trägst ja von uns beiden den schwereren Teil, das weiß ich und das beunruhigt mich oft.«[42]

Die Weltbühne

Der Schaubühne XXIII. Jahr

Wochenschrift für Politik · Kunst · Wirtschaft

Begründet von Siegfried Jacobsohn

Unter Mitarbeit von Kurt Tucholsky
geleitet von Carl v. Ossietzky

Inhalt:

Erscheint jeden Dienstag

XXIII. Jahrgang 8. November 1927 Nummer 45

Versandort: Potsdam

Verlag der Weltbühne
Charlottenburg · Kantstrasse 152

Titelblatt der ›Weltbühne‹ vom
8. November 1927

Carl von Ossietzky
vor dem Haftantritt am 10. Mai 1932

Letztes gemeinsames Foto:
Carl von Ossietzky und seine Tochter, 1932

Ossietzky vor dem Schöffengericht in Moabit, Juli 1932,
links Rudolf Olden, rechts Alfred Apfel

Carl von Ossietzky, Ernst Torgler (links) und
Ludwig Renn (rechts) werden der Presse vorgeführt,
aus: ›Berliner Illustrirte Zeitung‹, 31. März 1933

Der Gang ins Gefängnis,
links Rudolf Olden, rechts Alfred Apfel

Von sich selbst will und darf er nichts berichten, und so enden seine Breife meist stereotyp: »Es geht mir gut« und »Es wird mir besser gehen, wenn ich weiß, daß mit Dir alles in Ordnung ist.« Nur um die unvermeidlichen Zigaretten bittet er jedes Mal wieder und um die geliebte Zeitung, die nie regelmäßig kommt. Einmal, als Maud vergessen hat, die Rechnung zu bezahlen, schimmert doch Verzweiflung durch: Sie solle das sofort in Ordnung bringen, »sonst habe ich gar nichts mehr zu lesen.« Manchmal fragt er auch nach Geld und im Spätherbst nach warmer Kleidung, Fett und »Kleinigkeiten« zum Essen. Er weiß: Sie hat selbst nichts, aber er verträgt die Gefangenenkost in Sonnenburg noch schlechter als in Tegel und verfällt körperlich immer mehr.[43]

Er schämt sich, daß das Zittern seiner Hände auffälliger wird, und gewöhnt sich an, sie in den Ärmeln der Häftlingsjacke zu verstecken. Und doch bleibt er hoffnungsvoll. Das bezeugt seine ehemalige Mitarbeiterin Hilde Walter, die ihn einmal als Mauds Begleiterin besuchen darf. Ein Bekenntnis zum Nationalsozialismus, für das ihm die Schergen die Freiheit versprechen, will er indessen nicht ablegen.[44] Die Mißstände in Sonnenburg bleiben nicht geheim und drohen dem Image des reputationsbeflissenen NS-Regimes erheblich zu schaden. Die Bevölkerung in der Umgebung hört Tag für Tag die Schreie der Gefolterten, und immer wieder kommt es zu Protesten. Im Herbst 1933 reist Gestapo-Chef Diels nach Sonnenburg, um nach dem Rechten zu sehen: »Der Anblick der Gefangenen war schlechthin unbeschreiblich«, bezeugt er in seinem Rechtfertigungsbericht »Lucifer ante Portas« aus dem Jahr 1958.[45] »Es waren Gestalten wie aus einem Spuk oder einem dämonischen Traum. Aus den zerbeulten und zerfetzten Kleidern ragten verquollene Köpfe heraus wie Kürbisse, gelb, grün und bläulich angelaufene Gesichter, die nichts mehr von einem Menschengesicht an sich hatten. Die bloßen Körperteile waren mit Striemen und geronnenem Blut bedeckt. Mir fuhr ein Schreck durch die Glieder wie bei einer Geistererscheinung.« Ossietzky sei nur noch ein Schatten seiner selbst gewesen, kaum erkennbar. »Er trat auf mich zu... und bat nur mit schwacher Stimme, daß man ihn aus dieser Hölle befreien solle.«[46]

Zu Beginn des Jahres 1934 kündigt sich das Ende der »staatlichen Konzentrationslager« in Preußen an. Der Reichsführer der SS, Heinrich Himmler, hat die Befehlsgewalt über die politische Polizei und damit über die Konzentrationslager an sich gerissen. Er drängt darauf, daß die Lager fortan zentral und einheitlich von der SS bewacht und verwaltet werden. In das nunmehr bestehende offizielle KZ-System werden nur noch besonders große und zentral gelegene Lager einbezogen, Sonnenburg gehört nicht dazu. Seine »prominenten« Insassen werden im Februar 1934 in das KZ Esterwegen im Emsland verlegt.[47]

»Den politisierenden Hetzern und intellektuellen Wühlern – gleich welcher Richtung – aber sei gesagt, hütet euch, daß man euch nicht erwischt, man wird euch sonst nach den Hälsen greifen und nach dem eigenen Rezept zum Schweigen bringen«[48] – so droht die Lagerordnung von Esterwegen. Hier ist die Endstation für viele »Prominente« der Weimarer Republik. Der Bergarbeiterführer Husemann, der Altonaer Polizeipräsident Eggerstedt und andere werden »auf der Flucht erschossen«.[49]

Ossietzky, der bereits in Sonnenburg wegen seiner schwachen Konstitution im Krankenrevier untergebracht worden ist, der seit seiner Zeit als »Grabenschwein« nie mehr körperlich gearbeitet hat, muß nun Tag für Tag zehn und mehr Stunden hinaus ins Moor. Die Gefangenen von Esterwegen und der anderen Gefangenenlager sollen das Emsland kultivieren, 50000 Hektar in zehn Jahren – mit Hacke und Spaten. 10 bis 18 Kubikmeter schweren Moorboden umgraben – das ist Tagespensum. Auf Alter, Körperkraft, Gesundheitszustand und Geübtheit wird keine Rücksicht genommen. Die Lagerordnung ist unerbittlich:

»Die Gefangenen sind ausnahmslos zur körperlichen Arbeit verpflichtet. Stand, Beruf und Herkommen bleiben außer Betracht. Wer die Arbeit verweigert, sich vor ihr drückt, oder zum Zwecke des Nichtstuns körperliche Gebrechen oder Krankheiten vorschützt, gilt als unverbesserlich und wird zur Verantwortung gezogen.«[50] Was heißt das: wird zur Verantwortung gezogen? § 3 der Lagerordnung gibt Auskunft.

»Mit 5 Tagen strengem Arrest und mehrwöchiger Strafarbeit wird bestraft:

1. wer einem Zählappell oder einem Appell zur Arbeitseinteilung ohne Grund oder Genehmigung seines Kompanieführers fernbleibt,
2. wer sich ohne Grund zum Arzt meldet oder ... ohne Wissen des Kompanieführers sich zum Arzt oder Zahnarzt meldet oder das Revier aufsucht.«[51]

Die Arreststrafe ist mit Nebenstrafen wie Strafexerzieren, Postsperre, Prügelstrafe und Kostentzug verbunden.

Die Prügelstrafe ist eine öffentliche Zeremonie in Esterwegen, unter der Ossietzky besonders leidet, auch wenn er bloß Zuschauer sein muß. Adolf Bender, ein sozialdemokratischer Mithäftling, erzählt: »Das große Unterhaltungsspiel der Sadisten begann mit dem Aufmarsch der Moorsoldaten im Karree, der Bunkerinsasse kam im Laufschritt, den schweren Bock auf der Schulter, gejagt mit der Peitsche und dem Gejohle der Henkersknechte. In der Mitte des Lagerplatzes, angeschnallt auf den Bock, mußte er laut und oft mit Anfeuerung der Schläger mitzählen, nicht immer war es dem Angeschnallten möglich, bis zum letzten Hieb mitzuzählen. Nach dem Wegtreten, als sich das Karree aufgelöst hatte, lag eine tiefe Depression über dem Lager.«[52]

Wer draußen im Moor die Arbeit verweigert oder meutert, solle erhängt werden, warnt die Lagerordnung. Wer unterscheidet in dieser Einöde zwischen Erschöpfung und Arbeitsverweigerung? Zu einer Erhängung kommt es nie, aber die Drohung liegt stets in der Luft, und die sogenannten Arbeitsverweigerer werden schwer mißhandelt, auch Ossietzky. Oft genug fällt er auf, weil er sein Pensum nicht schafft oder sich unbeholfen anstellt. Dann setzt es Schläge und

Tritte, oder er wird mit einer bis zum Rande mit Torf beladenen Schubkarre im Laufschritt hin und her gejagt, bis er stumm zusammenbricht.[53] Ohne die sprichwörtliche Solidarität der »Moorsoldaten« würde Ossietzky diese Tortur wohl nicht lange aushalten. Sie nehmen ihn in die Mitte, schaufeln seinen Graben mit aus. Wenn er gequält werden soll, findet sich oft genug ein Hartgesottener, der die Aufmerksamkeit der Schinder auf sich lenkt, damit der Weiche, Schwache geschont wird. »Unser Carl« oder »Carlchen« nennen ihn die Arbeitergefangenen.[54] »Er war von Natur aus eher zart«, schreibt Heinrich Mann über ihn, der tatsächlich ein bißchen Zärtlichkeit in das KZ hineinträgt, die in allen Mitgefangenen nachklingt, wenn sie über ihn erzählen. Er rührt an das Gefühl in einer Welt der Härte und des Überlebenskampfes. Georg Schmidt, ein kommunistischer Taxi-Unternehmer und Boxer aus Berlin, hat ihn unter seinen Schutz genommen. »Du mußt wissen, Ossietzky war den Quälereien der SS besonders ausgesetzt. Eines Tages konnten wir nach dem Marschieren eine Rauchpause machen. Da standen wir da, Ossietzky wie immer neben mir, oder ich neben ihm, wie ein Hund neben seinem Herrchen. Und da war ein kleiner SS-Mann, ungewöhnlich klein für SS, aber desto gemeiner und frecher war der. Und wie der plötzlich Ossietzky sah: ›Komm her, du Volksverderber!‹, da fing der an, den Ossietzky zu beschimpfen: ›Dem müßte man das Genick abdrehen!‹ und solche Redensarten. Ossietzky, der wurde ganz bleich und fing an zu zittern. Da bin ich rausgetreten und habe gesagt: ›Bitte austreten zu dürfen.‹ Und der wie ein Wilder! Ich hatte ihn ja unterbrochen, mitten im Gespräch. ›Du Schwein, weißt du nicht, daß du das Maul zu halten hast, bis ich Erlaubnis gebe zu sprechen, hast du zu fragen: Bitte um Erlaubnis, sprechen zu dürfen. Und marsch, marsch!‹«[55]

Ossietzky leidet darunter, daß er nicht mehr schreiben darf. »Wer in einem Brief abfällige Bemerkungen über Staat und Regierung macht, ... Vorgänge im Konzentrationslager mitteilt, gilt als unverbesserlich und wird zur Verantwortung gezogen.«[56] Strenger Arrest und 25 Hiebe mit dem Ochsenziemer, das sind die Strafen für ein einziges »abfälliges« Wort, was immer die Lagerleitung darunter verstehen mag. Das Risiko will Ossietzky nicht eingehen: »So müßte er das eben einschlafen lassen«, teilt er seinen Kameraden mit.[57]

Nur alle zwei Wochen ein paar wehmütige Zeilen für Maud auf offiziellem KZ-Esterwegen-Briefpapier mit einem aufgedruckten Auszug aus der Lagerordnung – wenn er nicht gerade Postsperre hat: »Hamburg ist schön um diese Jahreszeit, ich erinnere mich sehr gut an die Gärten um die Alster herum ... jetzt bist Du nun allein dazwischen, und alles kommt Dir so bekannt vor. Es muß hart sein. Für Baby meine innigsten Grüße und alles Liebe ... Sie ist von uns getrennt und unter fremden Leuten ...«.[58]

Am 11. Dezember 1934 verlebt Maud zum drittenmal ihren Geburtstag ohne Carl – »wie gerne würde ich wie früher an diesem Tage mit so vielen netten Kleinigkeiten nach Hause kommen. Ich werde es später nachholen«, schreibt er[59], und er hofft zum zweiten Mal auf eine Weihnachtsamnestie, vergeblich. Trotzdem bittet er Maud darum, neue Entlassungsgesuche für ihn einzureichen, und wartet sehnsüchtig auf Nachricht. Immer wieder. Über sich selbst berichtet er nicht viel mehr als »Es geht mir gut«.

»Gut! In keiner anderen Umgebung ist wohl dieses kleine Wörtchen so trügerisch-vieldeutig, so gehemmt ausgesprochen worden wie in den Konzentrationslagern und Zuchthäusern der Nazizeit«, kommentiert Maud von Ossietzky. »Immer zittriger wurde seine Handschrift, ein Spiegelbild seines körperlichen Verfalls. Aber kein Wort der Klage, nicht der leiseste Vorwurf hätte die strenge Zensur passieren und den Weg in die Öffentlichkeit finden können.«[60]

1935 beschließt Maud von Ossietzky, ihren Mann in Esterwegen zu besuchen. Er bittet sie eindringlich, lieber wegzubleiben, angeblich aus finanziellen Gründen.[61] In Wirklichkeit will er ihr den Anblick des Lagers und seines eigenen elenden Äußeren ersparen. Doch sie bleibt bei ihrer Entscheidung, und am 3. Juli 1935 sitzen sie endlich in einem kleinen Raum zwischen einem Wachmann und einem Kommissar gegenüber. »Bleib nur ruhig... Was macht Rosalinde?« Eine halbe Stunde haben sie Zeit füreinander. Stokkend und gehemmt verläuft das Gespräch. Er spricht ihr Trost zu; sie ist erschüttert von seinem Aussehen. Das Erlebnis des Konzentrationslagers wird sie nie mehr ganz los: »Noch heute steht mir das KZ vor Augen. Ich sehe die elektrisch geladenen Drahtgitter, ich sehe das mit einem Totenkopf verzierte Schild vor dem Haupttor und lese, daß jeder mit dem Tod bedroht wird, der diesen Ort betritt.«[62]

Für Ossietzky ist das Wiedersehen mit seiner Frau, das er zuerst gar nicht gewollt hat, ein großes Ereignis. »Ich kann kaum sagen, wie sehr mich Dein Besuch gefreut hat«, schreibt er ihr zwei Wochen später.[63] Es ist vor allem die Erleichterung, daß sie offensichtlich ihr Leben in die eigenen Hände genommen hat und er keine Angst mehr um sie zu haben braucht. Für einen Augenblick auch ist eine Verbindung zur Außenwelt da, von der er nun schon viele Jahre ganz und gar abgeschlossen ist. Noch Monate später erinnert er sich daran, als er Besuch von einem Vertreter des Internationalen Roten Kreuzes erhält: »Meine Frau war einmal hier.«[64] Keine Freude, auf die nicht die KZ-Wirklichkeit mit voller Härte zurückschlägt. Im August schreibt er einen Brief, der offensichtlich von der Zensur diktiert ist: »Du hast dich mit Deinen eigenen Augen überzeugen können, daß es mir gut geht.«[65]

Im Waschraum des Lagers sitzen zehn Kartoffelschäler auf Schemeln rund um einen Holzbottich, roter Backsteinfußboden, überall an den Wänden Rohre und Wasserhähne.

Ossietzky liest aus der »Börsenzeitung« oder der »Frankfurter Zeitung« vor, während die anderen schälen. Wenn ihn ein Thema packt, beginnt er nach »Weltbühnenart« zu kommentieren. Leitartikel für das KZ. Die Häftlinge unterhalten sich auf »eine monotone Art«. Wenn sie aus dem Fenster schauen, erkennen sie die SS-Posten, die mit aufgepflanztem Gewehr an dem hohen Stacheldrahtzaun vorbeiziehen, der das Lager umgibt. Manchmal kommt einer in Hörnähe. Im gleichen Augenblick ruft jemand »Achtzehn«. Das bedeutet in der Häftlingssprache: Achtung, und alle verstummen, bis die Gefahr vorbei ist.[66]

Politische Gespräche sind in Esterwegen streng verboten. Wer »politisiert, aufreizende Reden hält«, soll »als Aufwiegler gehängt« werden, so droht die Lagerordnung.[67] Trotzdem lassen die Häftlinge keine Gelegenheit zu solchen Diskussionen aus, die sie brauchen, um ihren Mut und Überlebenswillen zu bewahren. Sozialdemokraten und Kommunisten streiten weiter über den richtigen Sozialismus und die Sowjetunion. 1936 geht es um den Spanischen Bürgerkrieg; viele wollen sich nach ihrer Entlassung den Internationalen Brigaden anschließen und den antifaschistischen Kampf nachholen, für den es in der Heimat zu spät ist. Wichtigstes Thema aber bleibt der Terror in Deutschland. Wie konnte es soweit kommen, was haben die Arbeiterparteien falsch gemacht? Plötzlich betritt der ehemalige SPD-Fraktionsführer im Preußischen Landtag, Heilmann, den Raum. Wortlos setzt er sich dazu, beginnt zu schälen. »Heilmann muß es ja wissen, wie das alles gekommen ist«, ertönt es aus dem Kreis. Der Angesprochene antwortet ruhig und gelassen wie vom Schreibtisch aus:

»Uns waren ja die Hände gebunden, nachdem Hindenburg Reichspräsident geworden ist.«

Einer erhebt sich langsam und antwortet, während er sein Messer am Jackenärmel abtrocknet: »Und Carl von Ossietzky habt ihr ausgelacht, als er davor gewarnt hat, Hindenburg zu wählen.«[68]

Die Gefangenen, zumeist Arbeiterfunktionäre, versammeln sich gerne um Ossietzky, einfach, um ihm zu lauschen. Hubert Serwe, der Lagerälteste von Esterwegen, erinnert sich noch genau daran: »Während unsere Art, politische Angelegenheiten zu besprechen, gewissermaßen den Charakter einer Werktagsarbeit hatte, trugen seine Gedanken und Worte ein Sonntagsgewand. Das war für uns jedesmal ein Erlebnis, ihm zuzuhören, mit ihm zu diskutieren, ihm Fragen zu stellen und manchmal auch zu hören, was er auf unseren Widerspruch zu antworten hatte. So waren meist wir der gewinnende Teil, und er mußte mehr geben, als er von uns erhalten konnte.«[69]

Hinter der Baracke 7 ist Prominententreff: Ossietzky, der ehemalige Reichstagsabgeordnete Theodor Haubach, Wilhelm Leuschner und andere diskutieren hier über – Literatur. Der stille, zurückhaltende Ossietzky ist plötzlich wie umgewandelt. Alles in ihm wird lebendig, dynamisch – gespannt und ein wenig nervös steht er da. Und Haubach redet, brillant, fast ohne Atempause, schwingt dabei die unvermeidliche Pfeife wie einen Dirigentenstock hin und her. Ossietzky kontert in einer wunderbaren Sprache. Jeder Satz verdichtet Argumente und Informationen zu einer neuen, besonderen Erkenntnis. Das klingt wie seine Literaturbesprechungen in der »Weltbühne«. Ein literarischer Salon mitten im KZ? Ja. Und die Beteiligten leben auf, mit heißem Herzen liefern sich sich bunte Wortfeuerwerke, hinter denen der graue Lageralltag für einen kurzen Augenblick verschwindet. Bis jemand leise flüstert »Achtzehn«.[70]

Nachts in der Baracke geht es manchmal weiter. Ossietzky und Haubach sind Pritschennachbarn. Sie spielen »Kurfürstendamm« zusammen, verabreden sich in einem der geliebten Restaurants, bestellen Essen und Trinken und führen »in dieser imaginierten Umgebung politische Gespräche«, oftmals bis zum Morgengrauen.[71] Mit dem kommunistischen Reichstagsabgeordneten Neubauer geht Ossietzky zwischen den Baracken auf und ab, diskutiert heftig, im Flüsterton. Andere Gefangene schließen sich an und hören zu. Bis jemand leise flüstert: »Achtzehn«.[72]

Ende 1934 ist Ossietzky völlig abgemagert, ein körperliches Wrack. Er wird ins Krankenrevier eingewiesen und liegt dort völlig apathisch. Nun stehen sie an seiner Pritsche, die einst verfeindeten Führer der Arbeiterparteien, und diskutieren im KZ: »Was wäre gewesen, wenn ...«

Dem Todkranken, der einmal Vermittler sein wollte, bleibt nur noch bittere Ironie: »Nun ist ja bald alles hier versammelt, nun können wir ja eine vorläufige Regierung bilden.« Plötzlich ein leiser Ruf von draußen: »Achtzehn«. Die Politiker ziehen sich unauffällig zurück.[73]

In der Krankenbaracke regiert ein verkrachter Medizinstudent, von den Gefangenen höhnisch »Medicus« genannt. Die Behandlung der Kranken überläßt er den Häftlingssanitätern, er selbst führt nur die »Untersuchungen«, die bei Ossietzky jedesmal wieder einen Schock auslösen:

»Du Feigling, warum gehst du nicht ins Moor?«

»Ich war im Moor, aber man brachte mich wieder zurück, weil ich diese Arbeit nicht durchhalten kann.« Der Lagerleiter mischt sich ein, fuchtelt mit seiner Pistole herum: »Du bist ein faules Schwein, wir rechnen noch ab, wir zwei!«[74]

Ob ihm in jener Zeit wirklich Tuberkulosebakterien eingeimpft worden sind, wie manche Mithäftlinge gesehen haben wollen, läßt sich bis heute nicht mit Gewißheit sagen.

Die sprichwörtliche Solidarität der »Moorsoldaten« – es sind fast nur Sozialdemokraten und Kommunisten – kann Ossietzky auf Dauer nicht retten. Das feuchte emsländische Klima ist Gift für seine angegriffene Lunge. Die derbe, eintönige Gefangenenkost verträgt er nicht und magert immer mehr ab. Die SS weiß, daß er in Esterwegen nicht mehr gesund werden kann, und das will sie auch: ihn auf kaltem Wege morden. Denn es ist nicht mehr so leicht möglich, ihn einfach zu erschießen oder zu erschlagen. Im Ausland hat die Friedensnobelpreis-Kampagne für ihn begonnen, und die Weltöffentlichkeit schaut auf den Häftling, der plötzlich berühmt geworden ist.[75]

»Am liebsten würde ich dich umbringen«, soll ein SS-Mann Ossietzky angebrüllt haben, »aber von dir wird gesprochen.«[76]

15

Frau eines KZ-Häftlings

Maud von Ossietzky 1933 bis 1945[1]

Nach Carls Verhaftung ist Maud von Ossietzky wieder allein. Mit der Frau des geächteten KZ-Häftlings möchte kaum jemand zu tun haben.[2]

Noch ein paar Wochen lebt die zwölfjährige Rosalinde bei ihr, nachdem sie aus der Odenwaldschule entlassen worden ist. In ihrer neuen Berliner Schule, dem »Grauen Kloster«, wird sie von ihren Mitschülern wegen ihres Vaters beschimpft und gehänselt.[3]

Sie könnte als Kind eines »Unverbesserlichen« irgendwann abgeholt und in eine Erziehungsanstalt gesteckt werden – das ist die große Angst ihrer Mutter, die sie schließlich im Sommer 1933, mit Hilfe der Vereinigung der Quäker, nach England bringen läßt.[4]

Man hat ihr geraten, ihre Tochter nicht selbst zum Bahnhof zu begleiten, wegen der Gestapo, die sie ständig beobachtet. An einer versteckten Stelle des Bahnhofs hinter einer Säule steht sie, gegenüber am Abteilfenster das weinende Kind, beide nicken sich noch einmal unauffällig zu, und der Zug fährt davon.[5]

Maud bleibt, obwohl Carl und die wenigen Bekannten, die es noch gibt, sie bestürmen, Rosalinde zu folgen. Sie will ihren Mann unter keinen Umständen in Deutschland zurücklassen.[6] Zu Hause steht sie ständig unter Polizeibewachung – Hausdurchsuchungen, Beschlagnahmen, Verhöre immer wieder. Kalt und fremd erscheint ihr plötzlich die schöne, neue Wohnung, die sie nach vielen Jahren in möblierten Zimmern gerade erst mit Carl bezogen und liebevoll eingerichtet hat, für eine bessere Zukunft. »Wir waren so glücklich dort«, schreibt sie wehmütig ihrer Tochter.[7] Die finanziellen Sorgen werden immer drückender. Wovon soll sie leben? Hedwig Hünicke, die ehemalige Weltbühnensekretärin, und Hilde Walter kümmern sich um sie und bringen sie nach einem Nervenzusammenbruch im Berliner Sanatorium Schlachtensee unter. Dort kommt sie ein wenig zur Ruhe, trifft andere Frauen, mit denen sie über ihre Probleme reden kann. Ein hilfsbereiter, junger jüdischer Arzt, Dr. Lipschütz, betreut sie, hilft ihr über ihre Niedergeschlagenheit hinweg! Dem Leiter des Sanatoriums, Dr. Wolpert, gibt sie Englischunterricht.[8] Äußerlich geht es ihr besser, manchmal ist sie sogar lustig. Es bleibt die Einsamkeit. »... innerlich ist in mir etwas tot – kalt – so kalt, daß ich in der Nacht manchmal eine kalte Hand fühle, die mir über den ganzen Körper streift«, klagt sie in einem Brief an Rosalinde.[9] Die Zeit der Erholung im Sanatorium geht schnell vorbei. Nazis bedrohen Dr. Wolpert, weil er Jude ist.[10] Das geht so weit, daß er sein Haus nur noch heimlich durch Seiteneingänge betritt, weil er fürchten muß, mit Steinen beworfen zu werden. Schließlich löst er sein Sanatorium auf und emigriert nach Frankreich.[11]

Maud sucht Zuflucht bei dem Stiefvater ihres Mannes in Hamburg, lebt mit ihm und seiner zweiten Frau in einer winzigen Wohnung. Die finanziellen Sorgen bleiben. Im Winter 1934 bittet sie ihre Tochter um abgetragene Kleider, egal wie die aussehen: »– ich bin sehr abgebrannt«. Sie ist krank und hat keine Heizung in ihrem Zimmer.[12]

Das schlimmste aber ist die völlige Unsicherheit über das Schicksal ihres Mannes. Manchmal darf er nur einmal im Monat schreiben; manchmal kommt gar kein Brief an, weil er in der Zensur hängenbleibt oder weil Schreibverbot herrscht. Und nichts weiß sie über den Zeitpunkt seiner Entlassung – Ostern vielleicht, oder Weihnachten? Hoffnung und Enttäuschung wechseln einander ab, und immer nur warten, warten, warten. »Ich lebe in ständiger Aufregung, weil ich nichts weiß«, schreibt sie an Rosalinde.[13]

Im Mai 1934 – Ossietzky ist schon in Esterwegen – wird der zweite Entlassungsantrag abgelehnt. Doch mittlerweile hat Maud sich gefaßt; nach so langem Alleinsein beginnt sie ihr Leben in die Hand zu nehmen – und Carls. Sie unternimmt jetzt »alles mögliche«[14], um ihn freizubekommen, stellt ein Gnadengesuch nach dem anderen: »Wir dürfen nicht aufgeben.«[15] Wichtig werden Briefe und Pakete. Sie schickt ihm Kuchen und Lebensmittel, sooft und soviel sie kann, obwohl sie selbst manchmal hungern und frieren muß.[16]

Auch die Briefe an Rosalinde ändern sich, sind nicht mehr voller Klagen und Trauer. Es geht um Carl und natürlich auch um die Tochter. Wie kommt sie in dem fremden Land zurecht? Was macht die Schule? Welche Berufspläne hat sie? Und um die erste große Liebe ihres Kindes sorgt sie sich natürlich auch. Das sei alles nicht so schlimm, wie es am Anfang aussehe, man dürfe sich selbst nur nicht so wichtig nehmen, müsse sich um andere Menschen, um die Allgemeinheit bekümmern. So wie der Vater es gemacht habe.[17]

Rosalinde ist unglücklich in England, das fühlt Maud, und das versteht sie. Auch sie selbst habe sich nie zu Hause gefühlt in diesem Land, wo die Menschen so kühl und distanziert sind. Sie bittet Ernst Toller, der sich gerade in England aufhält, sich um das Mädchen zu kümmern. Der findet tatsächlich eine todunglückliche Rosalinde, die unsäglich unter der Trennung von ihren Eltern leidet und total vereinsamt ist. Toller vertraut sie dem englischen Schriftsteller Bertrand Russell an, der sie wieder in einer freien Schule, in einem Internat bei Dartington Hall unterbringt.[18]

Maud ist Feuer und Flamme: »Ich bin sehr gespannt, wie es dir bei Bertrand Russell gefallen wird, bitte schreibe mir darüber – es interessiert mich, wie es alles dort ist und wie es sich von anderen Schulen unterscheidet.«[19]

Sie liest deshalb »Education« von Bertrand Russell, liest überhaupt sehr viel, beginnt, wieder für sich selbst zu leben, färbt sich sogar das Haar, wie sie es früher gern zu tun pflegte[20]: »Mein Haar ist jetzt ganz weiß, aber es steht mir, wie die Leute sagen, ganz gut.« Sie hat Kontakt zu einem Ehepaar bekommen, das sehr »lieb« zu ihr ist.[21]

Sie läßt sogar ein wenig Humor durchblitzen, wenn sie Rosalinde über sich schreibt. Opa würde dauernd Rätsel lösen, in der Hoffnung, eine Reise nach England zu gewinnen, und dessen zweite Frau Hedwig habe einen Vortrag halten müssen und sich dafür extra »dauergewellt«.[22] Kleine Karikaturen zieren die Briefe. Auch ihr politisches Interesse regt sich wieder. Die »Saar ist deutsch«, das bedeute 800 000 Menschen mehr. Ob die Arbeitslosigkeit noch größer wird dadurch? Ob es in dem nationalen Freudenrausch eine Amnestie geben wird, für Carl?[23]

Im Januar 1935 macht sie sich sogar auf Arbeitssuche, und nachdem sie Besuch von englischen Freunden gehabt hat – sie habe sich »sauwohl gefühlt« – beschließt sie, nach England zu reisen.[25]

Vorher aber setzt sie gegen den Willen ihres Mannes durch, daß sie das KZ Esterwegen besuchen darf.[27]

Einen Monat darauf, in London, schreibt sie einen Brief an die »Times«, der ebenso vorsichtig wie klug ist: Ja, sie habe Ossietzky gesehen. Und, wie die Zensur es befohlen hat: Es gehe ihm gut. Nur eine alte Herzkrankheit mache ihm zu schaffen, und natürlich leide er unter der langen Haftzeit.[26] Dagegen kann die Gestapo nichts einzuwenden haben, und Ossietzkys Freunde sind trotzdem alarmiert. Einen Monat lang reist Maud in Großbritannien umher, dann treibt die Angst um Carl sie zurück nach Deutschland: »... man darf es wohl nie zu gut haben.«[27] Dort warten die alten Sorgen auf sie, und es ist wieder Winter geworden. Sie »friert sich was zusammen«, ist krank, deprimiert und wartet.[28]

Dann wird Carl nach Berlin gebracht, und manchmal kann sie ihn besuchen. Um so schwerer wird das Alleinsein in Hamburg. »Ich denke an dich den ganzen Tag und wenn es Besuchszeit ist, könnte ich vor Sehnsucht schreien. Oh? Es ist schrecklich, unglaublich schrecklich, so getrennt zu sein. Jetzt bin ich drei Jahre hier, drei lange, sehnsuchtsvolle Jahre. Ich habe dir so viel zu sagen und finde keine Worte, alles ist innerlich verstopft, nur der Hals würgt sich. Jetzt genug von mir, mein Lieb, verliere die Hoffnung nicht, es wird und muß gut werden, nur erst andere Luft und Umgebung.«[29]

Nach Carls Entlassung aus dem Polizeikrankenhaus reist sie nach Berlin und zieht schließlich trotz der großen Ansteckungsgefahr in sein Krankenzimmer, um ihm die letzte Zeit seines Lebens zu erleichtern. Sie genießt die Nähe, das Gefühl, von ihm gebraucht zu werden, etwas für ihn tun zu können, und seien es nur die kleinen, erleichternden Handreichungen am Krankenbett.[30]

In dieser Zeit leben sie so zusammen, wie sie es wohl immer gewünscht hat, und er läßt sich auch darauf ein, will sie immer um sich haben.[31]

Nach seinem Tode ist es ihr wichtigstes Anliegen – für sein Andenken zu wirken. Es beginnt mit der Totenmaske, die sie unter großen Gefahren herstellen läßt.[32] Bis zum Ende des Krieges behütet sie seinen Nachlaß. »Alles mögliche hat sie verloren, sich stehlen lassen, aber daran hat sie festgehalten, allen Hausdurchsuchungen zum Trotz«, erinnert sich Rosalinde von Ossietzky.[33] Nach 1945 dann ist ihr wichtigstes Lebensziel: die »Weltbühne« neu herauszugeben. Es war Zufall, daß dies in der damaligen Sowjetzone geschah – weil ihr im britischen Teil Berlins das Papier verweigert worden war.

16

Durch alle Niederlagen leuchte die Hoffnung als ewiger Stern

Friedensnobelpreis, Krankenhaus, Tod

Der Friedensnobelpreis[1] für Carl von Ossietzky – »eine befreiende Tat in mehr als einer Beziehung, die Trost, Stärkung und neuen Glauben an die Kraft des Guten nicht nur in das Herz des einen Mannes gießen würde, dem sie gälte, sondern in Millionen gequälter Herzen, die in der Verwilderung und Verdüsterung dieser Zeit am Guten zu verzweifeln im Begriffe sind«.[2]

So appelliert Thomas Mann 1935 an das Nobelpreiskomitee in Oslo. Da ist kaum ein deutscher Emigrant, der nicht die Sache Ossietzkys zu seiner eigenen macht. Überall in der Welt schließen sich vereinsamte, verarmte Flüchtlinge zusammen, zerstrittene Linke finden wieder ein Ziel: Der Friedensnobelpreis für Carl von Ossietzky!

Ist das nun endlich die von Ossietzky beschworene Einheit gegen den Faschismus? Mitnichten. Sie entzweien sich erneut über den richtigen Weg.[3]

Gewiß ist es so etwas wie schlechtes Gewissen, was sie treibt. Sie konnten sich in Sicherheit bringen, er leidet für die gemeinsame Sache. Aber leidet er mehr als sie? Seine Prophezeiung über das Los der parteilosen Linken im Exil aus dem Jahre 1932 ist für die meisten von ihnen Wahrheit geworden. Schwer ist es, in einem fremden Land, in einer fremden Sprache zu schreiben und politisch überzeugen zu wollen. Die meisten Regierungen haben längst ihren Frieden mit Hitler geschlossen. Da ist das deutsch-englische Flottenabkommen, da sind die deutsch-sowjetischen Handelsbeziehungen, und die sogenannte freie Welt rüstet für die Olympischen Spiele 1936 in Berlin.

Ein Jahr vor dieser großen Propagandaschau der Nationalsozialisten – Carl von Ossietzky liegt noch in der Krankenbaracke von Esterwegen – halten die offiziellen Justizvertreter von dreißig Nationen den traditionsreichen »Internationalen Strafrechts- und Gefängniskongreß«[4] der – eigentlich – reformerisch-liberalen »Internationalen Strafrechtsvereinigung« in der Reichshauptstadt ab. Frank und Freisler machen daraus einen Rechtfertigungsversuch für ihren barbarischen Haftvollzug. Und kein Ausländer erhebt offiziellen Protest. Auch nicht nach einer Besichtigung der Mustergefängnisse und Zuchthäuser des sogenannten Dritten Reiches. Eine kleine Gruppe läßt sich von Roland Freisler die berüchtigten Emslandlager zeigen – und ist voll des Lobes: Freundliche Lageratmosphäre, »junge, aufgeweckte Männer« – SA und SS – als Wachpersonal.[5]

Nur der englische Vertreter teilt in einem Schreiben an Freisler sein Befremden darüber mit, daß in Esterwegen politische und kriminelle Häftlinge gemeinsam untergebracht seien. Eine gesonderte Unterbringung der »Politischen« sei doch wohl angebracht. Die NS-Juristen reagieren gelassen: Der Engländer habe die neuen Grundsätze des deutschen Strafvollzugs eben nicht begriffen.[6]

In dieser Welt ist es für die Exildeutschen fast unmöglich, ihrer Stimme gegen das Unrecht in Deutschland Gehör zu verschaffen. Wen interessiert das schon? Man duldet sie; und viele, die keine geregelte Arbeit finden, bangen Jahr für Jahr um ihre Aufenthaltsgenehmigung. Der Friedensnobelpreis für Ossietzky – das wäre ein Zeichen, das würde das Weltgewissen wachrütteln. Es sind Ossietzkys alte Freunde Berthold Jacob in Straßburg und Kurt R. Grossmann in Prag, die ihn 1934 im Namen der Deutschen Liga für Menschenrechte für den Friedensnobelpreis vorschlagen.

Abschied von den Freunden.
Erste Reihe von links nach rechts: Lion Feuchtwanger, Willi Wolfradt, Carl von Ossietzky, ihm gegenüber: Ernst Toller

Ossietzky zwischen Mithäftlingen
im KZ Sonnenburg 1933

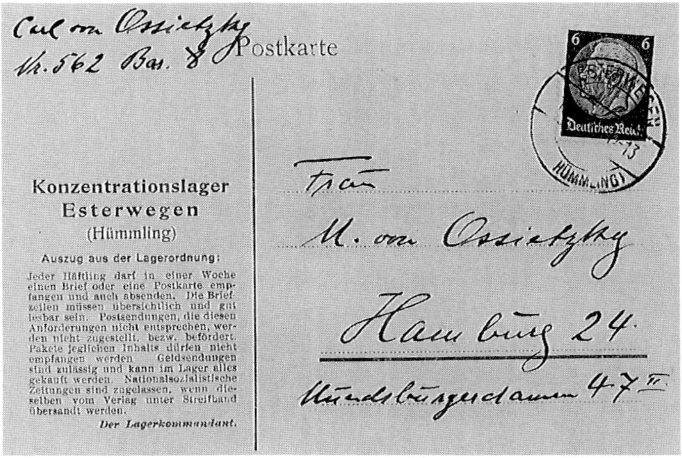
Carl von Ossietzky
Nr. 562 Bar. 8

Postkarte

Konzentrationslager
Esterwegen
(Hümmling)

Auszug aus der Lagerordnung:

Jeder Häftling darf in einer Woche einen Brief oder eine Postkarte empfangen und auch absenden. Die Briefzeilen müssen übersichtlich und gut lesbar sein. Postsendungen, die diesen Anforderungen nicht entsprechen, werden nicht zugestellt, bezw. befördert. Pakete jeglichen Inhalts dürfen nicht empfangen werden. Geldsendungen sind zulässig und kann im Lager alles gekauft werden. Nationalsozialistische Zeitungen sind zugelassen, wenn dieselben vom Verlag unter Streifband übersandt werden.

Der Lagerkommandant.

Frau
M. von Ossietzky
Hamburg 24
Wandsbekerchaussee 47 II

Postkarte Carl von Ossietzkys
aus dem KZ Esterwegen, 8. Dezember 1935

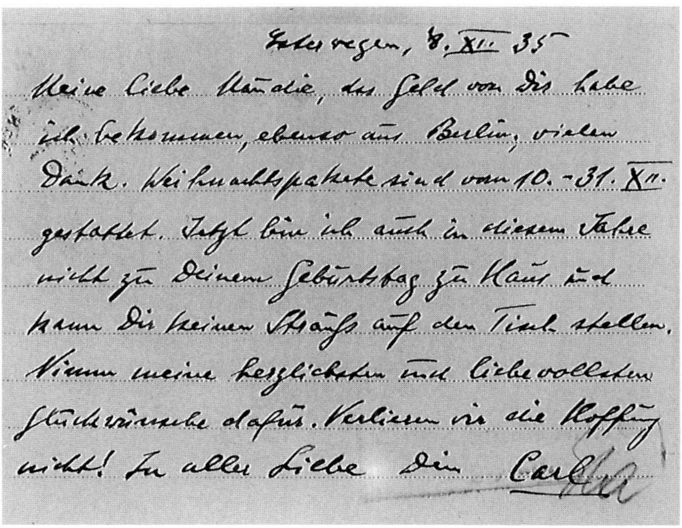
Esterwegen, 8. XII. 35

Meine liebe Maudie, das Geld von Dir habe ich bekommen, ebenso aus Berlin, vielen Dank. Weihnachtspakete sind vom 10.–31. XII. gestattet. Jetzt bin ich auch in diesem Jahre nicht zu Deinem Geburtstag zu Haus und kann Dir keinen Strauß auf den Tisch stellen. Nimm meine herzlichsten und liebevollsten Glückwünsche dafür. Verlieren wir die Hoffnung nicht! In aller Liebe dein Carl

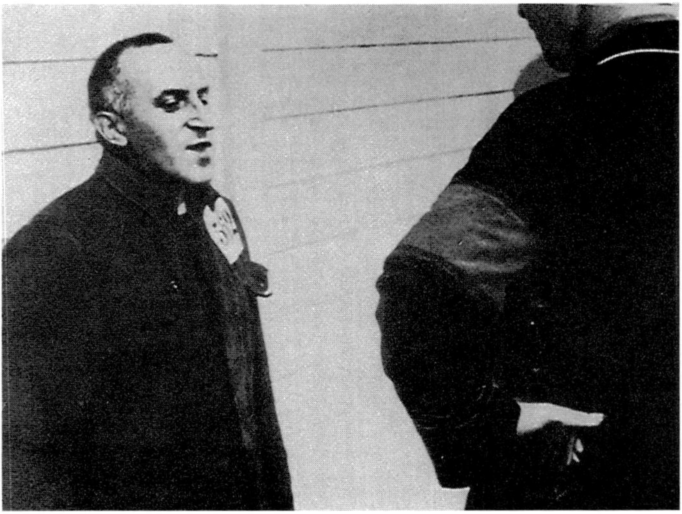

Im KZ Esterwegen

Ossietzky wird der ausländischen Presse vorgeführt, 1936

Hellmut von Gerlach, Hilde Walter sowie Milly Zirker, die in Paris für die Befreiung Ossietzkys arbeiten, sind zunächst dagegen. Die Furcht, Ossietzky müsse für jede öffentliche Aktion der Emigranten büßen, habe ihr Handeln überschattet, erklärt Hilde Walter später in ihren Erinnerungen. Deshalb arbeiten die Pariser Freunde lieber hinter den Kulissen, erbitten die Fürsprache von einflußreichen Politikern des Auslandes und anderen Prominenten, von denen sie einen gewissen Einfluß auf das NS-Regime erwarten. Unterstützt werden sie von Rudolf Olden und Ernst Toller in Großbritannien, von Albert Einstein in den USA und anderen. Sie nennen sich »Freunde Carl von Ossietzkys«, organisieren Geldsammlungen für die Ossietzkys und versuchen, auf karitativem Wege zu helfen. Sie enthalten sich öffentlicher Äußerungen und versuchen, auch andere Exildeutsche daran zu hindern.

Doch dann droht die Friedensnobelpreis-Kampagne, die Jacob bereits der internationalen Presse bekanntgegeben hat, zum Bumerang zu werden. Die Eingabe für Ossietzky erweist sich als ungültig, weil die Antragsfrist für 1934 bereits vier Monate verstrichen ist und weil die Liga für Menschenrechte gar kein Vorschlagsrecht besitzt. Das haben nur Mitglieder des Nobelpreiskomitees, des Internationalen Gerichtshofes in Den Haag, des Internationalen Friedensbüros, der nationalen Parlamente und Regierungen, des Instituts für Internationales Recht, Universitätsprofessoren für Politik, Jura, Geschichte und Philosophie sowie die Preisträger.

Der Mißerfolg lenkt den Haß des NS-Regimes auf den Häftling, ohne die Wachsamkeit des Auslandes zu wecken, die allein ihn vor Rache schützen könnte.

Es ist Ossietzkys politischer Ziehvater und Freund Hellmut von Gerlach, der mit Hilfe Ernst Tollers und Albert Einsteins in fieberhafter Eile vorschlagsberechtigte Persönlichkeiten für eine erneute Kandidatur Ossietzkys gewinnt: die amerikanische Philanthropin und Friedensnobelspreisträgerin Jane Addams, den deutschen Journalisten und Friedensnobelpreisträger Ludwig Quidde, den schwedischen Nationalrat V. E. Scherer, den britischen Ökonomieprofessor und Labourführer Harold Laski, der damit gegen die deutsch-britischen Militärbeziehungen protestieren will. Auch Gerlach selbst hat als Mitglied des Internationalen Friedensbüros Stimmrecht: Er, der Ossietzky bis zum Schluß von einer Flucht aus Deutschland abgeraten hatte, konnte in letzter Sekunde fliehen. Nun wird er zum unermüdlichen Motor der Friedensnobelpreis-Kampagne – bis er 1935 an einem Herzversagen stirbt. Ossietzkys ehemalige Mitarbeiterin Hilde Walter, eine Sozialdemokratin, kämpft weiter.

In Großbritannien bewegen Rudolf Olden und Ernst Toller weite Teile der Intelligenz, sich für Ossietzky zu engagieren: Wickham Steed, Norman Angell, Aldous Huxley, Bertrand Russell, Virginia Woolf und viele andere. Parlamentarier schließen sich an. Die Broschüre »What was his crime? The Case of Carl von Ossietzky« von A. William-Ellis (1935) wird im ganzen Land verbreitet. Immer wieder fragen die »Times« und andere große Zeitungen nach dem berühmten KZ-Häftling. Das ist bedeutsam in einer Zeit, in der die deutsche Regierung um freundschaftliche Beziehungen zu Großbritannien buhlt und Mißstimmungen in der englischen Bevölkerung vermeiden möchte. Olden und Toller halten sich bei allen Aktionen streng im Hintergrund. Presseveröffentlichungen erscheinen niemals unter ihrem Namen. Sie fürchten, durch ihr persönliches Auftreten Ossietzky zu schaden und halten die Stellungnahmen britischer Prominenter für wirksamer.[7]

In Schweden haben die Menschen wenig Interesse für den KZ-Häftling, den viele für einen »Landesverräter« halten. Kurt Tucholsky hält sich zurück, weil er Ossietzky nicht gefährden will. Der junge österreichische Emigrant und Journalist Kurt Singer alias Kurt Deutsch ist es, der große schwedische Zeitungen für Ossietzky mobilisiert und zwei Schriften über ihn veröffentlicht. Ende 1935 ruft er die 16 Jahre alte Rosalinde von Ossietzky nach Schweden, und das junge Mädchen versucht, die Herzen der kühl-distanzierten Schweden für ihren geschundenen Vater zu gewinnen. Die schwedische Schriftstellerin Mia Leche-Löfgren gründet einen Ossietzky-Kreis, der eine große Zahl schwedischer Abgeordneter zu einer Stellungnahme für Ossietzky bewegen kann. Die Öffentlichkeit aber wird davon niemals richtig berührt. Über Ossietzkys Tod 1938 wird nur noch in nichtssagenden kleinen Zeitungsmeldungen berichtet, und die Regierung verkauft weiterhin schwedisches Eisenerz an die deutsche Rüstungsindustrie. Die Ossietzky-Tochter erhält – wie die meisten deutschen Emigranten – keine Arbeits- und Ausbildungserlaubnis und muß sich bis zu ihrer Heirat als Gehilfin in einer Schulwäscherei über Wasser halten.[8]

In Norwegen haben bereits im Jahr 1934 vorher 50 000 Menschen vor dem Parlamentsgebäude gegen den NS-Terror und für die Freilassung Ossietzkys demonstriert. 1935 greift die Lehrerin Mimi Sverdrup-Lunden auf Anregung Hilde Walters die Nobelpreis-Kampagne auf. Ihr zur Seite steht der junge deutsche Emigrant Willy Brandt, der versucht, sozialdemokratische Abgeordnete für Ossietzky zu gewinnen.[9] In Zürich gründet der emigrierte Theaterregisseur Gustav Hartung ein Ossietzky-Komitee. Der Verleger Dr. Emil Oprecht und sein Bruder, der Nationalrat Dr. Hans Oprecht, solidarisieren sich. Wichtiger Mitarbeiter und Verbindungsmann zum Schweizer Komitee ist Ernst Rosenbusch. Thomas und Heinrich Mann arbeiten mit. Es gelingt dem Komitee, wichtige Zeitungen und die Mehrheit der Schweizer Parlamentarier zu gewinnen.[10]

In den USA setzen sich Albert Einstein und Werner Hegemann für den KZ-Häftling ein. Sie können sich auf das Votum der 1935 verstorbenen Jane Addams berufen: Der Friedensnobelpreis für Ossietzky – das sei ihr letzter Wille gewesen! Viele US-Professoren solidarisieren sich.

Die wichtigste Initiative neben dem Pariser Freundeskreis entsteht in Prag. Dort kauft Hermann Budzislawski, ein sozialdemokratischer Emigrant, die Herausgaberechte für die »Neue Weltbühne« von Edith Jacobsohn und macht die Zeitschrift zu einem wichtigen Sprachrohr des Prager Ossietzky-Komitees. Der Schriftsteller Max Brod ist dabei, der tschechische Literat Karel Capek und einige Universitätsprofessoren. Auch Kurt R. Grossmann arbeitet eng mit Budzislawski zusammen, dem er später allerdings eine stetige Annäherung an die Kommunistische Internationale vorwirft. Budzislawski versteht sich als »Platzhalter« des Weltbühnenleiters. Sein Blatt wird Anlaufstelle für ehemalige Mithäftlinge Ossietzkys, die immer neue Schreckensnachrichten über die Situation des KZ-Häftlings berichten. Anfang 1935 verbreiten die Prager ein Memorandum »Rettet Carl von Ossietzky!«[11] mit Stellungnahmen prominenter Befürworter der Nobelpreis-Kampagne, mit Zeugenberichten von ehemaligen Mithäftlingen und biographischen Informationen über den Kandidaten. Hellmut von Gerlach hat seine Mitarbeit verweigert, weil Kommunisten dabei sind. Eine solche Aktion würde Ossietzky nur schaden, fürchtet er: sie würde den Haß der Nationalsozialisten schüren und gleichzeitig bürgerliche Sympathisanten der Nobelpreis-Kampagnen abschrecken.

Hilde Walter, die nach dem Tod Gerlachs im Frühjahr 1935 die Führung der Pariser Gruppe übernommen hat, lehnt das Memorandum in Bausch und Bogen ab: »Unter Protest und ohne Mitwirkung einzelner Freunde C. v. O.s beziehungsweise gegen deren Willen in der vorliegenden Form hergestellt und verbreitet.«[12]

1936 erstellt sie selbst gemeinsam mit ihren Pariser Mitarbeitern eine »geheime« Schrift für Ossietzky mit Berichten von Mithäftlingen, Erklärungen von Prominenten und Biographischem.[13]

Sie versucht, die »Neue Weltbühne« daran zu hindern, den Namen Ossietzky überhaupt noch zu erwähnen: Der KZ-Häftling müsse jede Meldung büßen – und sei sie noch so klein. Der KPD, die im Oktober 1935 auf ihrer Brüsseler Konferenz beschließt, die Namen Thälmann, Mierendorff und Ossietzky bei einer internationalen Kampagne gegen den KZ-Terror vorzutragen, wirft sie vor, den Gefangenen als Aushängeschild kommunistischer Propaganda zu mißbrauchen.[14]

Einer kämpft ganz allein um den Freund: Tucholsky in Hindas, der mit den Deutschen nichts mehr zu tun haben will, auch nicht mit den Emigranten. Seit die ersten Schrekkensmeldungen über Ossietzkys Gesundheitszustand ihn erreicht haben, wird Tucholsky den Gedanken daran nicht mehr los. Seine Vorstellungskraft über die körperlichen und seelischen Qualen einer solchen Gefangenschaft ist vielleicht größer als die jedes anderen deutschen Emigranten. Immer wieder hat er den Freund vor Augen, in den Händen der Schergen. Und ihn quält das schlechte Gewissen, der andere müsse für ihn mitleiden. »Wenn ich an Oss denke«, hat er im Juli 1933 Heinz Pol erklärt, »und ich denke immerzu an ihn: warum, warum, warum ist er so lange drin geblieben? Das werde ich nie verstehen.«[15]

Bald nach Ossietzkys Verhaftung bietet er der Pariser Ossietzky-Gruppe seine Hilfe an. Die rät ihm, nichts zu unternehmen. Das würde die Lage des Gefangenen, der ja Geisel sei, nur verschlimmern.[16] Zumal Tucholsky, der die Nazis wie kein anderer verspottet habe, immer noch der meistgehaßte Publizist in Deutschland sei. Tucholsky hält sich streng daran, aber er wirkt im geheimen: Er schreibt Briefe an prominente englische Persönlichkeiten, beschwört sie, für Ossietzky einzutreten.[17]

Tucholsky bittet, bettelt geradezu um Hilfe für seinen Freund Carl von Ossietzky, der die illegalen deutschen Aufrüstungspraktiken enthüllt und dafür politische Verfolgung auf sich genommen habe, ein »tapferer und sauberer Mann«, der getötet oder zumindest gebrochen werden solle.[18] In seiner isolierten Betriebsamkeit bekommt er nicht mit, daß die Eingabe für Ossietzky 1934 ungültig ist. Die Vergabe des Preises an den britischen Politiker Henderson im Dezember 1934 quittiert er mit Sarkasmus. Aber seiner Freundin Hedwig Müller in Zürich vertraut er auch seine Enttäuschung an: Eigentlich hätte man sich ja denken können, daß Ossietzky nicht »der Nabel der Welt« sei. Vielleicht sei die Hoffnung »ganz töricht« gewesen. »Mein Zorn ist verraucht – meine Gleichgültigkeit ist geblieben. Ich mag nun alles gar nicht mehr – es war der letzte Tropfen ... bei mir ist das Faß übergeloffen, und ich möchte es nicht mehr. Hingegen: Was nun –?«[19]

Ein Bild des erhängten Erich Mühsam in der Presse und neue schlechte Nachrichten über Ossietzkys Befinden reißen ihn erneut aus seiner Lethargie: »Wenn er es nur durchsteht! Sie tun alles, damit er es nicht durchsteht.«[20]

Der Kampf für den Freund ist wohl das einzige positive Element, das es in Tucholskys politischer Welt noch gibt, sonst nur Bitterkeit, Resignation. Er beginnt, wieder Briefe zu schreiben, etwa an den Friedensnobelpreisträger Norman Angell. Es gäbe »keinen tapfereren, keinen klareren Pazifisten« als seinen Freund.[21]

Eine umfangreiche Akte »Betr. Carl von Ossietzky 1934–1937«[22] im Auswärtigen Amt zeugt von der Empfindlichkeit, mit der das NS-Regime auf jede noch so winzige ausländische Regung für Ossietzky reagiert. Das beginnt mit einer Anfrage des deutschen Botschafters in London wegen Ossietzky und einiger anderer politischer Häftlinge in Deutschland. Seit dem Sommer 1934 vergeht kaum eine Woche, in der nicht irgendwelche Presseveröffentlichungen oder Politikäußerungen registriert sind, die die deutschen Botschaften und das Auswärtige Amt zu Rechtfertigungen zwingen.[23]

Wichtig ist ein »Times«-Artikel der Fürstin Elisabeth Bibesco, der Tochter des verstorbenen Premiers Lord Asquith, gegen den KZ-Terror in Deutschland. Sie fordert den Nobelpreis für Ossietzky; es folgt eine Protesterklärung prominenter norwegischer Künstler, Theologen und Universitätsprofessoren[24]; schließlich erkundigt sich Lord von Shubrede, ein Bruder des Hausmarschalls des Königs von Großbritannien. Einer solchen Autorität kann sich das NS-Regime nicht entziehen.[25] Gestapo-Chef Rudolf Diels ordnet eine eingehende ärztliche Untersuchung durch den Lagerarzt an und präsentiert der internationalen Öffentlichkeit einen »ärztlichen Bericht«, der sich sehen lassen kann: Ossietzky sei »gesund und arbeitsfähig. Er sei bei Kräften und wohlgenährt; Muskulatur mittelkräftig, Fettpolster«. Die Atmung sei »ausgiebig und regelrecht (sic!)«. Und die Lunge? »Ohne Befund.« Auch über den Seelenzustand des Gefangenen weiß man zu berichten: »... ist überfreundlich, in seinen Antworten überschwenglich.«[26]

Aber Ossietzkys Freunde im Ausland lassen sich nicht beschwichtigen, sorgen dafür, daß sein Name nicht aus den Schlagzeilen verschwindet.

Die Liga für Menschenrechte ist in dieser Zeit so etwas wie ein Zufluchtsort für ehemalige KZ-Insassen, die nach ihrer Entlassung aus Deutschland geflüchtet sind. Sie berichten dort Unglaubliches, Schreckliches. Monat für Monat bedrohlicher klingen die Meldungen über Ossietzky, die seit 1934 regelmäßig eintreffen. Es sind vor allem englische Zeitungen, die das immer wieder publizieren und das NS-Regime nicht zur Ruhe kommen lassen.[27] Beim Nobelpreis-Komitee stapeln sich 1935 die Eingaben und Solidaritätserklärungen für Ossietzky kistenweise. Die deutschen Auslandsvertretungen alarmieren das Auswärtige Amt: Das deutsche Ansehen im Ausland leide mehr und mehr unter der Kampagne.

Im August 1935 meldet die Gestapo, Ossietzky sei nicht mehr arbeitsfähig und läge im Krankenrevier. Auf Anweisung Görings läßt sie ein neues Gutachten über den Gefangenen erstellen, diesmal amtsärztlich, von dem Meppener Kreisarzt und Medizinalrat Dr. Wittstamm. Der kommt zu dem Ergebnis: »Ossietzky ist haftfähig.« Und die Lunge? »Vereinzeltes Giemen, sonst über beide Lungen normaler Befund.«[28]

Wie die Untersuchung ausgesehen hat, läßt ein Häftlingsbericht von einem offiziellen Arztbesuch erahnen, der wohl identisch mit dem in den Akten des Auswärtigen Amtes erwähnt ist, auch wenn es »Reichsarzt« (den gab es nicht) statt »Kreisarzt« heißt: »Der Reichsarzt kommt! Daß die Bude blinkt wie ein Affenarsch!« Mit diesen Worten donnerte morgens früh ein SS-Oberscharführer in den Krankensaal hinein. Der Reichsarzt kam gegen 12 Uhr mittags. Carl

v. Ossietzky lag in seinem Bett in einer Ecke des Saales. Der Reichsarzt ging mit schlecht verhüllter Interessenlosigkeit von Bett zu Bett. Nur Carl v. Ossietzky wurde von ihm übersehen. Und nur seinetwegen war er doch ... gekommen. Erst als der Herr Reichsarzt sich anschickte, den Saal wieder zu verlassen, entdeckte er plötzlich mit geheucheltem Erstaunen Carl v. Ossietzky. Er kam nun zurück und trat an sein Bett.

›Na, von Ossietzky, wie geht's?‹

›Danke!‹

Ohne ein Wort zu verlieren, machte der gute Herr Reichsarzt eine übermäßig laute Kehrtwendung und verließ den Saal.«[29]

Drei Monate nach der »amtsärztlichen Untersuchung« Ossietzkys durch Medizinalrat Wittstamm besucht ein Vertreter des Internationalen Roten Kreuzes, der Schweizer Diplomat Carl Jakob Burckhardt, das KZ Esterwegen. Die Erlaubnis dafür ist Ergebnis eines Tauschgeschäftes. Hitler bekommt die Zusage, daß die Hilfsorganisation für einige nach dem Dollfuß-Attentat in Österreich verhaftete Nationalsozialisten eintreten wird.

Der Lagerkommandant Loritz versucht zunächst eine Begegnung zwischen Burckhardt und Ossietzky zu verhindern:

»Unmöglich, ausgeschlossen, ich weigere mich.« – »Was ist das für eine verdammte Schweinerei, daß hier Befehle nicht durchgeführt werden! Sie kennen Ihren Befehl, ich sehe die Häftlinge, die ich zu sehen wünsche, und spreche mit ihnen, Sie wissen, um was es geht!«

Der »Kasernenhofton« wirkt. Wenig später bringen zwei SS-Männer Ossietzky, ein »zitterndes, totenblasses Etwas, ein Wesen, das gefühllos zu sein schien, ein Auge verschwollen, die Zähne anscheinend eingeschlagen, er schleppte ein gebrochenes, schlecht ausgeheiltes Bein«.

Burckhardt tritt ihm entgegen, gibt ihm die Hand und sagt ein paar freundliche Worte, übermittelt Grüße. Ossietzky antwortet lispelnd, unter Tränen: »Danke, sagen Sie den

Freunden, ich sei am Ende, es ist bald vorüber, bald aus, das ist gut. (...) Danke, ich habe einmal Nachricht erhalten, meine Frau war einmal hier; ich wollte den Frieden.«[30]

Burckhardts Bericht in Genf löst Empörung aus, immer wieder erscheinen erschütternde Zeugenberichte ehemaliger Mithäftlinge Ossietzkys in der ausländischen Presse. Die Bewegung für den todkranken Gefangenen erreicht einen Höhepunkt. Doch das NS-Regime läßt sich nicht beirren. Erlogen seien alle Meldungen über eine schwere Krankheit Ossietzkys, verbreitet es in einem Gestapo-Bericht für das Ausland. Die letzte amtsärztliche Untersuchung habe eindeutig ergeben: Sein Gesundheitszustand sei »in jeder Richtung zufriedenstellend«. Der Häftling habe erst vor kurzem erklärt, »daß er keinen Anlaß habe, sich über die Behandlung im Lager zu beklagen«.[31] Und die angeblichen landesverräterischen Machenschaften Ossietzkys werden beschworen, alle politischen Prozesse von 1913 bis 1932 aufgezählt. Sie würden die volksfeindliche Einstellung des Gefangenen zur Genüge beweisen, der jetzt mit Hilfe gewisser Emigranten seine »Greuelmärchen« über das neue Deutschland fortsetzen wolle.

Der nationalsozialistische Propagandafeldzug bleibe nicht wirkungslos, schreibt Willy Brandt im Herbst 1935 dem sozialdemokratischen Emigranten Konrad Heiden.[32] Der Vorsitzende des Nobelkomitees, Professor Fredrick Stang, habe vor allem Bedenken, weil der Kandidat seinerzeit wegen Landesverrats verurteilt worden sei. Auch zwei andere Mitglieder, der konservative Pazifist und Schiffsreeder Bernhard Hansen und der liberal-pazifistische Wissenschaftler Christian Lange, sähen den ihnen unbekannten Kandidaten mit Skepsis. Die entschiedensten Gegner aber kämen aus der Politik: der ehemalige Ministerpräsident und Vorsitzende der Demokratischen Partei, Johan Ludvig Mowinckel, und der amtierende norwegische Außenminister Halvdan Koht von der sozialdemokratischen norwegischen Arbeiterpartei (NAP). Er habe eindeutig gegen Ossietzky votiert, berichtet Hilde Walter in einer geheimen Information für die

Mitarbeiter ihres Ossietzky-Kreises. Denn die norwegische Wirtschaft sei eng verflochten mit der deutschen, verdanke ihr Kapitalimporte und vor allem Absatzmärkte in der Rüstungsindustrie für Stahl. Und Deutschland sei ein wichtiger Abnehmer für Kunstseide, Holz und Fisch.

Unter dem außenpolitischen Druck des NS-Regimes lehnt das Nobelkomitee den Kandidaten Carl von Ossietzky ab. Aber einen anderen wählen – das wagt es auch nicht mehr. Der Friedensnobelpreis für das Jahr 1935 wird nicht vergeben. Dank der Informationen Brandts sind die Freunde Ossietzkys auf diese Niederlage vorbereitet, und sie teilen seinen Vorsatz, »daß man nichtsdestoweniger die Kampagne mit voller Kraft fortsetzen muß«.[33]

Einer springt ihnen zur Seite, der eigentlich den Nationalsozialisten moralischen Beistand liefern will: Knut Hamsun, der große norwegische Dichter, bewundertes Idol vieler deutscher Schriftsteller, die jetzt im Exil leben. Die unabhängigen Linken der Weimarer Republik haben ihn verehrt wie kaum einen anderen, weil er scheinbar das hat, was ihnen fehlt und wonach sie sich sehnen: die Liebe zu seiner Heimat Norwegen und zu seinem Volk. Ossietzky hat dem Norweger sechs Jahre vorher zum 70. Geburtstag einen Glückwunsch voller Bewunderung in der »Weltbühne« geschrieben. Eine Ode, wie er sie keinem anderen zeitgenössischen Dichter jemals hat zukommen lassen: »Glückwunsch? Würdigung? Uns haben wir zu beglückwünschen, und ihm haben wir zu huldigen ... Weil Knut Hamsun es nicht nur gesprochen, sondern gelebt hat, und vorgelebt hat, das ebenso bescheidene wie stolze Wort, den Ruf des Jubels und des Jammers: ›Ich bin von der Erde!‹ Wir, die wir es nicht sind, die, wie immer wir sein mögen, es nicht so sind, wie er es ist, uns ist es ein Trost, ein Elixier, ein Stimulans. Wie es ein Trost, ein Elixier, ein Stimulans ist, den Blick nach Norden zu richten und dabei zu denken: Dort wohnt Knut Hamsun.«[34]

Dieser Hamsun nun, der seit 1933 mehr und mehr sein Herz für das blut- und bodenverbundene deutsche NS-Regime entdeckt hat, protestiert gegen das weltweite »Getue« um einen »Landesverräter«. Ossietzky hätte Deutschland ja rechtzeitig verlassen können. Aber er habe es vorgezogen, den Verfolgten zu spielen und damit die Aufmerksamkeit der Weltöffentlichkeit auf sich zu ziehen. »Was will er? Will er, der eigentümliche Friedensfreund ... lieber, daß sein Land weiterhin zerschmettert und entwürdigt inmitten der Länder läge, französischer und englischer Gnade ausgeliefert? Antworte, Ossietzky!«[35] 32 norwegische Schriftsteller antworten für den KZ-Gefangenen, der bei jedem Brief die scharfen Augen des Zensors spürt.

Jahre später, wenige Wochen vor seinem Tod, hat Ossietzky Besuch von dem norwegischen Journalisten Finn Lie. Der hat erzählt über Hamsuns Ausfall und über die norwegischen Reaktionen. Der Dichter habe damit all seine Popularität verspielt – »ein politisches Kind«. Ossietzky hat geantwortet: »Als Mensch interessiert er mich nicht, aber er ist ein wunderbarer Schriftsteller, und ich habe fast alles, was er geschrieben hat, gelesen. Sein neues Buch müssen Sie mir schicken. Wenn Sie Hamsun sehen, wollen Sie bitte einen Gruß von mir ausrichten.«

Finn Lie berichtet, er habe Hamsun Jahre später in Oslo getroffen, als Ossietzky schon tot war: »Entschuldigen Sie, Herr Hamsun, ich habe einen Gruß an Sie.«

»Von wem?«

»Von Carl von Ossietzky.«

»Ich kenne den Namen Ossietzky überhaupt nicht, ich kenne den Namen nicht, ich kenne ihn nicht.« Ganz erschrocken sei er davongelaufen, der alte Dichter.[36]

Hamsuns Artikel gegen den KZ-Häftling wirkt wie ein Bumerang. Die Stimmung in Norwegen schlägt endgültig um für Ossietzky. Der deutsche Gesandte in Oslo meldet nach Berlin, daß sich die »gutgemeinte Aktion« des Dichterfreundes zu einem Bärendienst auswachse. Willy Brandt berichtet Hilde Walter: Der »schroffe Angriff« habe sich als hilfreich für die Fortsetzung des Kampfes erwiesen. Man dürfe jetzt nicht lockerlassen.[37]

Die Streiter für Ossietzky lassen sich nicht entmutigen, sie haben mehr erreicht, als sie zu Anfang der Initiative erhofften. Nur einer gibt auf, der in Schweden – unbeachtet, fast vergessen – einen verzweifelten Kampf für den Freund gekämpft hat: Kurt Tucholsky. Der Friedenspreis für den Freund, das ist seine letzte politische und persönliche Hoffnung gewesen. In seiner Einsamkeit erfährt er nicht, daß die Kampagne weitergeht, ja, daß sie jetzt erst aussichtsreich wird. Unsäglich schmerzt ihn das Verhalten Hamsuns, den er geliebt hat, unter dessen Freundlichkeiten für das NS-Regime er schon lange gelitten hat. Viele Enttäuschungen habe es in seinem Leben nicht mehr geben können, schreibt er seinem Freund Walter Hasenclever, aber das ...[38]

Die Empörung über Hamsun besiegt für kurze Zeit alle Resignation in Tucholsky. Er muß und will wieder schreiben, entfaltet fieberhafte Aktivitäten für den großen publizistischen Schlag gegen Hamsun. »Diesmal kann ich das Maul nicht halten«, erklärt er seiner Freundin. »Es ist der comble.« Die Norweger selbst hätten ihrem Landsmann zwar auch schon ordentlich Bescheid gegeben, »doch das ist alles nichts gegen das, was ich ihm hinzumachen willens bin ... Dein emsiger Hasenfritz.«[39]

Es ist auch sein »böses Gewissen«, das ihn antreibt und die Schreckensvision von dem gequälten Freund im Lager, die er nicht los wird. Er sei einmal, damals beim »Soldatenprozeß«, nicht gekommen – aus »Faulheit, Feigheit, Ekel, Verachtung«, erklärt er Hedwig Müller, »und ich hätte doch kommen sollen«.[40]

Er, der einmal – nach eigenen Worten – der »bestbezahlte« und berühmteste deutsche Publizist gewesen ist, schreibt rührende Bittbriefe an die von ihm so geschätzte Baseler »National-Zeitung« und an das Osloer »Arbeiterbladet«. Ob sie seinen geplanten Artikel drucken wollen, honorarfrei natürlich? Es gehe um Ossietzky, mit dem er zehn Jahre lang die »Weltbühne« herausgegeben habe – »ich kenne den Mann und weiß: der hat wirklich für den Frieden gearbeitet«.[41]

Gespannt, ja sehnsüchtig wartet er auf eine Zusage. Ob die Schweizer Zeitung je reagiert hat, ist nicht bekannt. Am 19.12.1935 hält er einen Brief des Arbeiterblattes in den Händen: eine Absage.[42] Noch einmal rafft er sich auf, schreibt dem nationalen norwegischen Studentenverband, bittet ihn unbeholfen, fast flehend um Raum für einen Artikel. Ein Honorar wolle er dafür nicht, erklärt er, der nicht einmal mehr das Geld für die Miete aufbringen kann.[43] Eine Antwort wartet der Verzweifelte nicht ab, am 21. Dezember 1935 stirbt er, wahrscheinlich an einer Überdosis eines Schlafmittels. Die genauen Umstände seines Todes sind bis heute ungeklärt.

Die »Heimholung der Saar« ins Reich, die Wiedereinführung der allgemeinen Wehrpflicht und die Besetzung des Rheinlandes – das ist die Erfolgsbilanz der deutschen Außenpolitik 1935/36.

In Berlin feiern die Staaten der sogenannten freien Welt Olympische Spiele; die Sportler marschieren mit erhobenem Arm am deutschen Reichskanzler vorbei. Kaum sind Hitlergruß und olympischer Gruß voneinander zu unterscheiden. Akzeptiert, bewundert steht das »neue« Deutschland da.

Aber der »Fall Ossietzky« trübt das Bild; im Jahr der Olympischen Spiele erreicht die Friedensnobelpreis-Kampagne für ihn ihren Höhepunkt, wächst zur weltweiten antifaschistischen Bewegung. Propagandaminister Goebbels versucht noch einmal die Flucht nach vorne: »Landesverrat war einmal eine salonfähige Sache, sogar eine Modesache«, tönt er durch die Volksempfänger und meint den verhaßten »Weltbühnen«-Leiter. »Und es gibt heute noch Leute, die für Landesverräter Preise beantragen. Wir sehen allerdings in einem Landesverräter nur einen Verbrecher ... Es ist besser, der Kopf eines Landesverräters fällt noch im Frieden, als daß seinetwegen im Kriege viele hundert Landsleute ihr Leben lassen müssen. Daher: Kopf ab!«[44]

Alle Welt schaut jetzt auf Ossietzky, sein Leben ist kostbar geworden. Das bringt die deutschen »Führer« so sehr in Verlegenheit, daß der Inspekteur der Konzentrationslager bei der Gestapo in Berlin, SS-Gruppenführer Eicke, ein außerplanmäßiges ärztliches Gutachten über Ossietzky anfordert, diesmal ein richtiges. Der Befund des Arztes klingt sachlich-nüchtern:

Allgemeine Schwäche, Husten bis zum Erbrechen, Angstgefühle, Appetitlosigkeit, schlechter Stuhlgang, blasse Gesichtsfarbe – und: »Über der linken Lungenspitze und unterhalb klingendes Rasseln ... Sonst kein Befund.« Mit einem »plötzlichen Ableben« des Kranken müsse gerechnet werden.[45]

Die Gestapo im Zwiespalt. Der »Schutzhaftfall Ossietzky« habe von Anfang an »ein außerordentliches Interesse im Ausland gefunden«, das anders als sonst niemals abgeklungen sei, sondern »eher eine Verstärkung erfahren hat«, schreibt der Gestapo-Leiter Werner Best an Hermann Göring. Der Tod des berühmten Häftlings würde neue »Greuelmärchen« über die Konzentrationslager bestätigen. Deshalb müsse schleunigst »beweiskräftiges Material« über eine »wirkliche« ärztliche Behandlung des Kranken beschafft werden. Eine Entlassung des Kranken aus der »Schutzhaft« wolle er jedoch auf keinen Fall befürworten. Ein freier Ossietzky könne als »Kronzeuge« gegen den Nationalsozialismus auftreten.

Er schlägt vor, den Kranken in das Lazarett nach Dachau zu überführen oder im Konzentrationslager Esterwegen in einem Einzelzimmer unterzubringen. Ossietzky entlassen – unmöglich. Göring entscheidet: Ossietzky solle zur Untersuchung in das Berliner Staatskrankenhaus der Polizei überführt werden.[46]

Der »dirigierende« Arzt der Inneren Abteilung stellt eine schwere offene Lungentuberkulose im fortgeschrittenen Zustand – unheilbar – fest: »Der ganze linke Oberlappen ist ergriffen, auch sind deutliche Cavernen zu erkennen.« Der Patient sei unter keinen Umständen haftfähig.[47]

Der Todkranke bleibt bis wenige Tage vor der Entscheidung des Nobelpreiskomitees im November 1936 im Staatskrankenhaus. Dort steht er unter ständiger Polizeibewachung. Die Gestapo verspricht mehrere Male, ihn in eine Lungenheilanstalt zu überführen, doch daraus wird nichts. Er wird zwar offiziell freigelassen, um ein Zimmer im Berliner Krankenhaus Westend zu beziehen. Doch Gestapospitzel bleiben stets in seiner Nähe.

Das Weltgewissen steht auf. Bis zum 1. November 1936 haben sich fast tausend vorschlagsberechtigte Persönlichkeiten für Ossietzky ausgesprochen: darunter 60 tschechoslowakische und 59 schwedische Abgeordnete, 86 Angehörige des britischen Unterhauses und sieben des House of Lords, 127 französische Deputierte, außerdem 125 Parlamentarier, die Mehrheit der Schweiz. Baron von Weizsäcker, der deutsche Gesandte in Bern, beruhigt zwar die Berliner Regierung: Die schweizerische Regierung habe die Unterzeichner der Erklärung zugunsten der Ossietzky-Kandidatur als »Schildbürgerstreich« gemaßregelt; aber er verlangt doch Informationen über den Mann, nach dem er neuerdings ständig gefragt werde.[48]

In Norwegen gelingt es Willy Brandt, 69 Mitglieder des Stortings – die große Mehrheit der NAP-Vertreter – zu gewinnen. Das veranlaßt den norwegischen Außenminister Koht, den Weg für den deutschen Kandidaten freizugeben.

Die deutschen Vertreter in ganz Europa können sich der Protestschreiben und Anfragen kaum noch erwehren. Das Auswärtige Amt weist sie an, der Kandidatur Ossietzkys unter allen Umständen entgegenzuwirken, und gibt den tumben Rat: Sie sollten als Gegenkandidaten Baron Pierre de Coubertin, den französischen Förderer der Olympischen Spiele, anbieten – ein Fehlschlag. Die Gestapo unternimmt einen letzten Versuch, die Weltöffentlichkeit gegen Ossietzky aufzubringen mit einem fingierten Interview. Am 10. September 1936 bringt die dänische Zeitung »Berlingske Tidende« ein Gespräch ihres Korrespondenten Hans-Wolf Jürgensen mit Carl von Ossietzky. Der ehemalige Häftling sei wohlauf, bei bester Gesundheit, heißt es. Und mit den Nationalsozialisten hätte er Freundschaft geschlossen. Er wolle ganz von vorne anfangen, versuchen, die deutsche »Revolution« nachzuvollziehen. Mit »Heil Hitler« habe er sich verabschiedet, obwohl Jürgensen bewußt »Auf Wiedersehen« gerufen habe.[49] Die Fälschung ist zu schlecht. Ein gebrochener, willenloser Ossietzky – vielleicht. Aber in diesem Tonfall – niemals!

Die demokratischen Zeitungen in aller Welt reagierten empört auf die plumpe Fälschung, verstärken den Ruf: »Der Friedensnobelpreis für Ossietzky!«

Trotzdem interveniert der deutsche Gesandte in Oslo bei der norwegischen Regierung, droht mit schwerwiegenden außenpolitischen Konsequenzen. Wenige Wochen später treten der Außenminister Koht und der ehemalige Ministerpräsident Mowinckel zurück, um die Unbefangenheit des Komitees wiederherzustellen, vielleicht auch, um den außenpolitischen Schaden klein zu halten. Die Verleihung des Nobelpreises an Ossietzky sei für Deutschland eine »deutschfeindliche Demonstration«, droht vier Tage vor der Sitzung des Komitees noch einmal die deutsche Regierung. Vergeblich. Dann geben die Nationalsozialisten auf: Weitere Interventionen würden die Öffentlichkeit nur noch mehr empören.[50]

Am 24. November 1936 hält Carl von Ossietzky das Telegramm in Händen: »Ich habe die Ehre, Ihnen mitzuteilen, daß das norwegische Nobelpreiskomitee Ihnen den Friedenspreis Alfred Nobels für das Jahr 1935 zugeteilt hat. Der Betrag ist Kronen 159916,74 ... Der Friedenspreis für das Jahr 1936 ist dem argentinischen Minister für Auswärtige Angelegenheiten Carlos Saavedra Lamas zugeteilt ...«[51] Die Botschaft ist unterzeichnet von Professor Fredrik Stang, dem Präsidenten des Komitees. Ossietzky quittiert, wie Stang es ausdrücklich gewünscht hat. Tage später telegraphiert er einen einzigen Satz: »Dankbar für die unerwartete Ehre. Carl von Ossietzky.« Hinter dieser lakonischen Bemerkung verbirgt sich ein Drama. Noch einmal hat die Gestapo ihr Opfer unter Druck gesetzt: Er solle die Annahme des Preises verweigern. Der großmächtige Ministerpräsident Göring höchstselbst zitiert den Gefangenen zu sich. Mal

Rosalinde als Sechzehnjährige

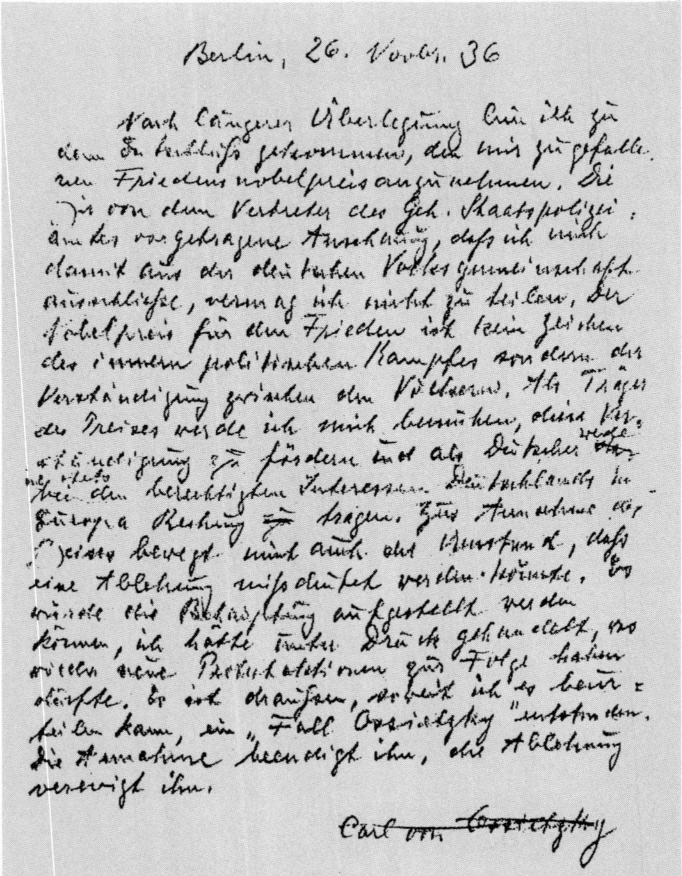
Berlin, 26. Novbr. 36

Nach längerer Überlegung bin ich zu dem Entschluß gekommen, den mir zugefallenen Friedensnobelpreis anzunehmen. Die mir von dem Vertreter der Geh. Staatspolizei unterbreitete vorgetragene Anschauung, daß ich mich damit aus der deutschen Volksgemeinschaft ausschließe, vermag ich nicht zu teilen. Der Nobelpreis für den Frieden ist kein Zeichen des inneren politischen Kampfes, sondern der Verständigung zwischen den Völkern. Als Träger des Preises werde ich mich bemühen, diese Verständigung zu fördern und als Deutscher werde stets den berechtigten Interessen Deutschlands in Europa Rechnung ~~zu~~ tragen. Zur Annahme des Preises bewegt mich auch der Umstand, daß eine Ablehnung mißdeutet werden könnte. Es würde die Behauptung aufgestellt werden können, ich hätte unter Druck gehandelt, was wieder neue Provokationen zur Folge haben dürfte. Es ist draußen, soweit ich es beurteilen kann, ein „Fall Ossietzky" entstanden. Die Annahme beendigt ihn, die Ablehnung verewigt ihn.

Carl ~~von Ossietzky~~

Erklärung Carl von Ossietzkys,
den Friedensnobelpreis entgegen dem Willen der Gestapo
annehmen zu wollen, 26. November 1936,
Konzept mit durchgestrichener Unterschrift

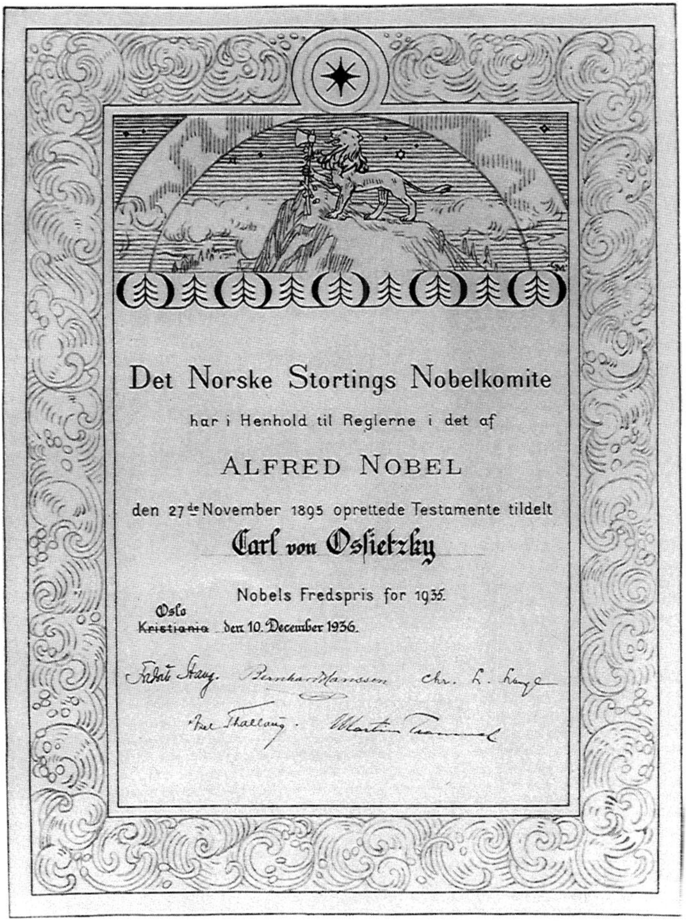

Det Norske Stortings Nobelkomite

har i Henhold til Reglerne i det af

ALFRED NOBEL

den 27de November 1895 oprettede Testamente tildelt

Carl von Ossietzky

Nobels Fredspris for 1935.

Oslo
~~Kristiania~~ den 10. December 1936.

Fredrik Stang. Bernhard Hanssen Chr. L. Lange

Martin Tranmæl

Die Friedensnobelpreisurkunde für Carl von Ossietzky,
Oslo, 10. Dezember 1936

Ossietzky zum letzten Mal vor Gericht, 1938 im Wannow-Prozeß

Sein letztes Foto, April 1938

brüllt er ihn an, mal lockt er: mit der Freiheit und 500 RM Rente auf Lebenszeit. Aber nach drei Jahrem KZ-Haft läßt sich der Todkranke durch nichts mehr beirren. Als Maud ihn später fragt, wie er das ausgehalten habe, erzählt er, Göring habe einen »mächtigen Siegelring« getragen, einen wunderschönen Ring, den habe er immerzu anschauen müssen.[52]

Ein letztes Mal widersteht er der Gewalt: »Ich war Pazifist, und ich werde Pazifist bleiben«, sagt er dem Ministerpräsidenten ins Gesicht. Und mit zittriger Schrift kritzelt er die Antwort auf einen Papierfetzen: »Nach längerer Überlegung bin ich zu dem Entschluß gekommen, den mir zugefallenen Friedensnobelpreis anzunehmen. Die mir von dem Vertreter des Geheimen Staatspolizeiamtes vorgetragene Anschauung, daß ich mich damit aus der deutschen Volksgemeinschaft ausschließe, vermag ich nicht zu teilen. Der Nobelpreis für den Frieden ist kein Zeichen des innern politischen Kampfes, sondern der Verständigung zwischen den Völkern.«[53]

Zur Preisverleihung darf Ossietzky nicht ausreisen. Die Gestapo rechtfertigt das Verbot: Er sei »unverbesserlich«, habe nach drei KZ-Jahren das Bekenntnis abgelegt: »Ich war Pazifist, und ich werde Pazifist bleiben.« Ein solches Glaubensbekenntnis bedeute eine offene Opposition gegen die nationalsozialistische Politik und zwinge ihn geradezu, schon bei der Medaillenverleihung in »Gegensatz zum nationalsozialistischen Deutschland« zu treten. Es gebe auch eine juristische Begründung für das Ausreiseverbot, die sich auf die Weimarer Gesetzgebung stützen könne: Ossietzky sei ein rechtskräftig verurteilter »Landesverräter«.[54] Am 8. Dezember trifft die Nachricht in Oslo ein. »Kommen unmöglich. Maud von Ossietzky.«[55] Zum ersten Mal in der Geschichte der Preisverleihung muß die Feier ohne den Ausgezeichneten stattfinden. Doch damit nicht genug. Hitler rächt sich für die erlittene Schlappe mit einem Erlaß, der komisch sein könnte, wenn der Anlaß nicht so traurig wäre: »Um für alle Zukunft beschämenden Vorgängen vorzubeugen, verfüge ich mit dem heutigen Tage die Stiftung eines deutschen Nationalpreises. Die Annahme des Nobelpreises wird damit für alle Zukunft Deutschen untersagt.«[56] Den sogenannten Nationalpreis erhalten fortan solche, die den Krieg vorbereiten: Der NS-Ideologe Alfred Rosenberg, Fritz Todt und Willy Messerschmitt. Nach Kriegsbeginn wird er nicht mehr vergeben.

In Norwegen wettern nationale Kreise, Hamsun vorneweg, gegen die »Schändung« des Preises. Die schwedische Familie Nobel distanziert sich von der Entscheidung des Osloer Komitees für einen »Landesverräter«. Und doch, der Triumph des Geschundenen ist die Niederlage der Schinder. »Ossietzky, der nicht mehr schreiben und nicht mehr sprechen konnte«, erklärt Heinrich Mann, »ist in seinen Ketten dem hohen Glücksfall begegnet, daß einen Augenblick das Weltgewissen aufstand, und der Name, den es sprach, war seiner.«[57] Für einen Augenblick nur –?

Nach dem Sieg der Nobelpreis-Kampagne wird es still um den kranken Gefangenen.

Das findet der emigrierte Schriftsteller Joseph Roth nur natürlich, denn es sei ja eigentlich nicht um den Menschen aus Fleisch und Blut gegangen, sondern um den abstrakten Ossietzky als *»Begriff«* des gemarterten deutschen Schriftstellers im »Dritten Reich«.[58]

Einer findet sich in der Ossietzky-Akte des Auswärtigen Amtes, der weiterhin um das Leben des konkreten Ossietzky kämpft: der norwegische Pazifist Professor Wilhelm Keilhau. Im Namen mehrerer Friedensorganisationen seines Landes beantragt er im Februar 1937 bei der deutschen Gesandtschaft in Oslo eine Ausreisegenehmigung für den Kranken und seine Familie.[59] Er wird abgewimmelt und an das norwegische Außenministerium verwiesen. Das erklärt sich für nicht zuständig, und Keilhau wendet sich noch einmal direkt an die deutsche Auslandsvertretung – mit dem Erfolg, daß jede weitere Vermittlung abgelehnt wird. »Offenbar lehnen auch die norwegischen Behörden ab, sich vor den Wagen des Norwegischen Friedensvereins spannen zu lassen«, triumphiert der Vertreter des Auswärtigen Amtes in einem Brief an den Gesandten in Oslo.[60] Damit schließt die Akte »Betr. Carl von Ossietzky 1934–1937« – ein Jahr vor dem Tod des Friedensnobelpreisträgers.

Wenige Tage nach der Preisverleihung zieht Ossietzky um in das Krankenhaus Nordend in eine spezielle Tbc-Abteilung. Sehr zum Kummer der Gestapo, denn »eine Überwachung des v. O. ist dort außerordentlich schwierig«. Man rechne zwar nicht mit einem Fluchtversuch, aber mit seiner »zunehmenden Erholung« sei eine »wahrnehmbare Verstärkung seiner alten pazifistischen Gesinnung zu verspüren«.

Auch bestehe Ansteckungsgefahr für die wachhabenden Beamten.[61] Dem Antrag der Gestapo, Ossietzky in die Tuberkulose-Station des Straf- und Gerichtsgefängnisses Glatz zu überweisen, wird jedoch nicht stattgegeben.

Ossietzky bleibt im Krankenhaus Nordend. Dort hat er ein bescheidenes, kleines Zimmer für sich allein, und seine Frau kann ihn regelmäßig besuchen. Als sich sein Zustand verschlechtert, erbittet sie von Dr. Dosquet, dem betreuenden Arzt, die Erlaubnis, ganz bei ihrem Mann wohnen zu dürfen.

Umgerechnet 99857 Reichsmark soll Ossietzky von der Nobelpreisstiftung erhalten. Damit könnte er selbst den Aufenthalt in einem Sanatorium bezahlen, den die Gestapo ihm bislang verweigert hat. Neue Hoffnung auf Genesung kommt auf. Weil er nicht ausreisen darf, bevollmächtigt er den Rechtsanwalt Dr. Wannow, den Maud in einer Gastwirtschaft kennengelernt hat, das Geld in Empfang zu nehmen. Ossietzkys Freunde im Exil ahnen Böses. Hilde Walter versucht, die Übergabe des Geldes zu verhindern, bezweifelt die Echtheit der Unterschrift. Aber die deutsche Gesandtschaft und das norwegische Außenministerium schlagen alle Einwände in den Wind und ordern einträchtig: Das Geld muß auf Wannows Konto überwiesen werden! Der unterschlägt es bis auf einen geringen Betrag. Die deutschen Emigranten behaupten, daß es sich um ein Komplott der Gestapo gehandelt habe. Es kommt zum Prozeß.

Vor einer internationalen Presse will die Gestapo ein Exempel statuieren, die sogenannten Greuelmärchen der Exildeutschen entlarven. Wannow sei schuldig.

Vorgeführt wird der Zeuge Ossietzky. Totenbleich, tiefliegende, schwarz umränderte Augen, zum Skelett abgemagert steht er im Zeugenstand. »Ich betrachte dieses Geld... nicht als mein direktes Eigentum. Es schwebt mir vor, es für wohltätige Zwecke zu verwenden und nur einen Teil für mich zur Behebung der Krankheit zu verwenden.«

Der Richter drängt ihn, etwas über seine Gefühle bei der Preisverleihung zu erzählen. Ossietzky, der die zahlreichen Presseleute gesehen hat, antwortet überlegt:

»Für mich war die Verleihung des Nobelpreises mit einer gewissen Bitterkeit verbunden.« Und er gibt zu verstehen, daß er den Preis weniger als persönliche Auszeichnung denn als »politische Demonstration« empfände. Deshalb, vor allem deshalb habe er geglaubt, »den Preis nicht ausschlagen zu dürfen«.

Der Sinn dieser Worte ist deutlich, alle Zuhörer verstehen. Trotzdem macht die Nazi-Propaganda daraus, Ossietzky habe den Preis eigentlich gar nicht haben wollen. Außerdem könne jedermann sehen, daß er entgegen allen Emigrantenlügen wohlauf sei und sogar vor Gericht auftreten könne.

Das Pressefoto spricht für sich, ebenso die zahlreichen Berichte in ausländischen Zeitungen.

Wannow, der in einem Nachkriegsprozeß 1949 behauptet, genauestens von der Gestapo für das Verbrechen präpariert worden zu sein, wird zu zwei Jahren Zuchthaus verurteilt, die er in einem Lager verbringt.[62]

Nach dem Prozeß wird es still um Ossietzky. Einsam, abgeschlossen von der Außenwelt lebt er in dem Krankenzimmer, das wie ein kleiner, bescheidener »Zauberberg« ist. Er liest viel, oft englische Kriminalromane. Wichtig wird die Familie, hier, wo ihn keine Politik mehr erreicht. Er ist froh, seine »kleine Frau« um sich zu haben, und schreibt sehnsüchtige Briefe an die fast erwachsene Tochter in Schweden.

Alles interessiert ihn: Schauspielunterricht, Schule, Berufspläne, die Liebe. Das Leben sei so »ereignislos« geworden:

»Wir denken viel an Dich, und Du bist unser großes Unterhaltungsthema. Ich möchte ja so viel von Dir wissen. Schreibe uns wieder, es ist so schön, von Dir Briefe zu haben.«[63]

Der 21. Dezember 1937 ist ein großer Tag, Rosalindes 18. Geburtstag. Nach vielen vergeblichen Versuchen gelingt es den Eltern, eine Telefonverbindung nach Schweden zu bekommen. Für ein paar Minuten – zum ersten Mal seit fünf Jahren – hört Carl von Ossietzky die Stimme seiner Tochter wieder. »Es war wie ein Sonnenschein, der eine lange Dunkelheit plötzlich erhellte... Der Tag war ganz von diesem Glück erfüllt.« Es ist das letze Mal.[64]

Der Winter 1937 ist kalt und feucht, Ossietzkys Krankheit nimmt seinen Lauf. Immer länger werden die Phasen, in denen er apathisch dahindämmert, nur noch selten reicht die Kraft, um die Spatzen vor dem Fenster zu füttern.

Der Krankenpfleger schenkt ihm schließlich einen kleinen gelben Wellensittich, den er direkt neben seinem Bett haben kann.[65] Niemals hat er sich opfern wollen, und niemals gibt er sich dem Tod ganz hin, glaubt bis zum Schluß, wieder gesund werden zu können. Das schreibt später ein Freund der Familie, Fritz Gusecke, an Rosalinde. »Er hatte... ein unglaublich starkes Herz und wollte durchaus nicht sterben.«[66] So werden die letzten Monate zu einem langen, schweren Todeskampf. Zum Schluß wiegt er nur noch 73 Pfund, und der Pfleger trägt ihn wie ein kleines Kind hin und her.

Carl von Ossietzky stirbt am 4. Mai 1938. Maud läßt heimlich eine Totenmaske herstellen, bevor sie seinen Tod meldet. Die Verbrennung im Krematorium Wedding darf nicht bekanntgegeben werden; nur Maud, der Arzt, Dr. Dosquet mit seiner Familie und die Bestatter nehmen an der stillen, kleinen Totenfeier teil. »Er... hatte 18 weiße Rosen von Dir und 25 rote Rosen von mir – da wir dieses Jahr 25 Jahre verheiratet sind«, schreibt Maud später an ihre Tochter in Schweden.[67] Zum Friedhof Berlin-Niederschönhausen begleitet sie ihn alleine, dort wird er in der Nähe der Mauer beigesetzt. Sie möchte eine Gedenkinschrift »Carl von Ossietzky. Pax aeterna« anbringen lassen. Das läßt die Gestapo nicht zu, sie will, daß das Grab anonym bleibt. Erst nach dem Kriege darf Maud von Ossietzky eine kleine Gedenktafel über dem Grab des Friedensnobelpreisträgers anbringen: »Frieden für immer.«[68]

»Märtyrer ohne Wirkung« hat Tucholsky den Freund einst genannt – und ist doch Jahre vor ihm aus dem Leben gegangen, hoffnungslos. Märtyrer hat Ossietzky nie werden wollen. An seiner Wirkung hat er selbst nicht gezweifelt. Das bezeugt der norwegische Journalist Finn Lie, der ihn kurz vor seinem Tod besucht hat.

»Das war verblüffend: Er wußte gut Bescheid über alles, was man im Ausland getan hat. Und er wußte auch – das ist sehr wichtig –, er wußte gewiß, daß er eine Waffe war. Und er wußte natürlich auch, daß er mit dem Einsatz seines Leben gespielt hat. Er fühlte sich vielleicht als der unbekannte Soldat im Kampf für den Frieden.«

Und an der Wand hing ein Spruch, den Ossietzky immer lesen konnte: »Durch alle Niederlagen leuchte die Hoffnung als ewiger Stern.«[69]

17

Rosalinde von Ossietzky-Palm

Maud von Ossietzky – meine Mutter

In ihrem Buch »In den besten Jahren« beschreibt Simone de Beauvoir Gefühle und Gedanken während eines Dialogs zwischen Sartre und ihr. Ihre emotionale Reaktion weist direkt auf die damalige und auch heutige Situation der künstlerischen und intellektuellen Frauen. Sensitive und kreative Frauen wie meine Mutter Maud von Ossietzky, die durch unglückliche gesellschaftliche und persönliche Umstände daran gehindert wurde, ein eigenes Leben aufzubauen, einen Beruf auszuüben und wie alle anderen ein eigenes Heim für sich und ihre Familie einzurichten. Sie wollte immer arbeiten, etwas ausrichten im Leben, und sie bewunderte die arbeitende und kämpfende Frau. Einmal erklärte sie mir, daß alles anders gewesen wäre, wenn sie gearbeitet hätte.

Sartre sagte zu Simone de Beauvoir – und mein Vater könnte es auch zu meiner Mutter gesagt haben (nur, als die beiden jung waren, war es umgekehrt, sie war die aufmunternde, Selbstvertrauen einflößende) –, Sartre also: »Warum projizieren Sie nicht Ihre eigene Person in das, was Sie schreiben? – Sie sind viel interessanter als alle diese Renés und Lisas ... Das Blut steigt mir in die Wangen. Es war heiß, wie stets viel Rauch um uns herum, und mir war zumute, als hätte ich einen Schlag auf den Kopf bekommen. Das würde ich nie wagen, sagte ich. Mich als Rohmaterial in ein Buch pressen, keinen Abstand mehr wahren, mich aussetzen, nein, dieser Gedanke erschreckte mich. Wagen Sie! sagte Sartre zu mir. Er drängte mich; ich fühlte, ich reagierte auf meine eigene Art, und genau das müßte ich ausdrücken. Wie immer, wenn er sich für ein Projekt erwärmte, beschworen seine Worte eine Fülle von Möglichkeiten, von Hoffnung; aber ich hatte Angst. Wovor eigentlich? Mir schien, daß die Literatur, sobald ich sie mit meiner eigenen Substanz nährte, sich in etwas so Schwerwiegendes verwandeln würde wie das Glück und der Tod.«

Auch Mauds Buch wurde nichtssagend über sie selbst, aber vielsagend über ihren Mann. Warum hat sie nicht den Roman ihres Lebens geschrieben? Sie bekam bestimmt nicht genug Aufmunterung. Es fällt mir schwer, es ist aber ein Bedürfnis, einiges über ihren Hintergrund zu schreiben, was nur ich, ihre Tochter, erklären kann.

»Weißt du, Rosalinde«, sagte meine Mutter auf ihrem Sterbebett, »ich habe mein ganzes Leben Angst gehabt.« Dieses Bekenntnis half mir ihr Leiden zu begreifen: Die Panikangst – akute Angstzustände –, an der sie seit ihrer Kindheit litt und die sie meistens nur mit Alkohol verdrängen konnte. Sie verlor früh ihre Eltern und den einzigen geliebten Menschen, den Großvater Arthur Wilhelm Palmer. Er starb, als sie ein junges Mädchen war, und konnte sie nicht mehr gegen ihre übrigen Verwandten schützen, die sie so schnell wie möglich reich verheiraten wollten.

Die unglücklichsten Jahre ihrer Kindheit und frühen Jugend verlebte sie in dem vornehmsten englischen Mädcheninternat Cheltenhams Ladys College. Ihre Schulerfahrungen waren ganz anders als Carls. Sie war eine tüchtige Schülerin. Aber sie wurde wegen ihres indischen Aussehens und wegen ihrer schönen, langen, schwarzen Wimpern beneidet. Einmal schlugen Mitschülerinnen vor, die abzubrennen, und Maud machte das mit, weil sie doch aussehen wollte wie alle anderen Kinder. So erfuhr sie den Rassismus in England.

Aus ihrer Begegnung mit Carl wuchs ihre große, einzige Liebe. Sie hatte den Lebenskameraden gefunden, mit dem sie alle Schwierigkeiten im Leben gemeinsam tragen wollte. Und sie hoffte, daß ihr das helfen würde, ihr Alkoholproblem zu lösen. Carl und Maud brauchten beide Schutz, Liebe und Wärme. Sie waren äußerst empfindliche Menschen, doch entwickelten sich beide – nicht nur er – zu starken Persönlichkeiten, die alles ertrugen, was ein Mensch zu ertragen vermag. Sie mit ihrem ständigen Kampf gegen ihren Alkoholismus, gegen ihre Krankheit, die sie wieder und wieder vergeblich zu überwinden versuchte. Sie liebte die Menschen, und sie wurde oft betrogen und bestohlen. Im reinsten Sinne des Wortes war und blieb sie eine echte Sozialistin. Alle Menschen haben eine eigene Geschichte. Die meisten Frauen übernehmen irgendwann die Geschichte ihrer Männer. Auch Maud von Ossietzky, meine Mutter, als sie aus verschiedenen Gründen in den Hintergrund trat. Eigentlich hatte sie als Frauenrechtlerin in London begonnen, gehörte zum inneren Kreis der Geschwister Pankhurst und war besonders befreundet mit Christabel, der Sozialistin und Künstlerin. Maud besaß Zivilcourage und Mut. Sie stellte sich auf eine Margarinekiste im Hyde Park und sprach für Recht und Freiheit der Frauen. Nachdem sie an Protestdemonstrationen und einem dreitägigen Hungerstreik teilgenommen hatte, mußte sie wegen Unruhestiftung hinter Gitter. Das waren die Aktionen, mit denen in England der 8-Stunden-Tag für Frauen durchgesetzt wurde.

Maud war eine talentierte Frau. Obwohl sie eine sehr warme, weibliche Ausstrahlung und eine kleine zierliche Gestalt hatte, war sie eine tüchtige Reiterin und Schützin sowie eine geschickte Bridgespielerin. Später konnte sie mit Bridgestunden sogar den Lebensunterhalt für ihre Familie verdienen.

Maud hatte ernsthafte Berufswünsche und ging in eine Schauspielschule. Doch dann verliebte sie sich in einen indischen Arzt und wollte als Hebamme mit ihm nach Indien gehen. Dafür unterwarf sie sich einer sehr harten Ausbildung als Krankenpflegerin. Aber die Beziehung ging in die Brüche. Zu ihrer allgemeinen Berufsausbildung gehörten auch Sprachenstudien in der Schweiz und in Paris. Nach dem Examen nahm sie eine Stellung als Gouvernante für die Kinder des Oberbürgermeisters in Hamburg an und erlebte das Gesellschaftsleben dort. Es gefiel ihr, und sie gewann viele Freunde. Als sie Carl von Ossietzky kennenlernte, hatte sie schon eine Verlobung mit einem deutschen Offizier hinter sich, die mit einer Enttäuschung geendet hatte. Sie war eine selbstbewußte Frau und wollte sich ihm nicht unterordnen, wie er es erwartet hatte.

Carl war arm, und sie war reich, und es fiel ihm schwer, das zu akzeptieren. Sie diskutierten viel: Männer- und Frauenfragen, politische und soziale Probleme, Carls Engagement in der Friedensarbeit. Trotzdem versuchten sie, auseinanderzugehen, weil die beiden Welten, aus denen sie stammten, zu verschieden waren. Aber sie konnten ohne einander nicht leben. Liebe, Sehnsucht und die vielen gemeinsamen Übereinstimmungen brachten sie wieder zusammen. Maud paßte nicht in den deutschen Alltag. Bald kam es zum Bruch mit Carls Mutter, einer dominanten und praktischen Person, die für eine exotische und sensible Frau wie ihre Schwiegertochter Maud wenig Einfühlungsvermögen hatte. Vielleicht war sie auch eifersüchtig auf ihren Sohn Carl.

Teils ging Mauds Vermögen während der Inflation verloren, teils wurde es auch von englischen Verwandten zurückbehalten. Daraus entstand ein bitterer Streit, in den auch Carl einbezogen wurde. Die beiden waren, trotz ihrer Armut und ständiger Umzüge, ein aktives, vitales Paar. Sie hatten viele wertvolle Kontakte mit Schriftstellern, Künstlern, Studenten. Maud und Carl gestalteten ihr Leben, wie sie es haben wollten. Kein Geld, aber ein offenes Haus für alle. Zu ihren literarischen Zirkeln, die klein anfingen, fühlten sich mehr und mehr Menschen hingezogen. Man sprach über Carl und seine charmevolle Frau Maud mit den schönen, warmen, braunen Augen. Aber davon konnte man nicht leben. Die Energie, die Carl für Friedensarbeit aufbrachte, Artikel, Aufsätze, Reden, wurde schlecht oder gar nicht bezahlt. Maud, die Weitgereiste, wäre gerne mit Carl ausgewandert. Z. B. dachte sie an Uruguay. Dazu kam es nie.

Maud übersetzte Artikel von ihm ins Englische. Sie war seine Mitarbeiterin, unterstützte ihn und übernahm unangenehme Gänge. So holte sie Honorare für ihn ein, weil er das selbst nicht vermochte.

Nach dem Krieg wollten sie nicht mehr in Hamburg leben. Sie hofften auf Berlin, wo Intellektuelle größere Chancen hatten und Frauen auch. Maud durfte dort an seiner Seite in der »Nie-wieder-Krieg-Bewegung« kämpfen.

Aber die ständigen politischen Verfolgungen, denen Carl seit seiner Übersiedlung nach Berlin ausgesetzt war, wurden zu einer unerträglichen seelischen Belastung für Maud. Sie lebte in einem fremden Land und fühlte sich oft unverstanden. Einsam und verlassen kam sie sich vor in der möblierten Wohnung. Ein richtiges Heim konnten sich meine Eltern nicht leisten, denn in Berlin herrschte in jenen Jahren eine große Wohnungsnot. Sie hatten niemals ein eigenes Namensschild an der Tür, weil sie Anschläge politischer Gegner fürchteten.

Ich, ihr Kind, litt nicht selten unter diesen schwierigen Verhältnissen, und manchmal wurde ich vernachlässigt, trieb mich auf Berlins Straßen herum.

Ich erinnere mich an die vom Nikotin verfärbten Fingerspitzen meines Vater, der so schöne Hände hatte, die schönsten Hände der Welt, wie meine Mutter oft sagte. In der Zeit des großen Weltbühnenprozesses begannen sie zu zittern.

Maud bekam einen Nervenzusammenbruch, als das Urteil gegen Carl 1931 durch die Presse bekannt wurde: 18 Monate Gefängnis mit dem Urteil Landesverrat. Ich erinnere mich, wie ein paar Bekannte meine Mutter überraschend in unserer Wohnung in der Mainzer Straße 11 aufsuchten. Sie hatten das 8-Uhr-Abendblatt in der Hand mit Carls Antwort auf das Leipziger Urteil vom 23. November 1931. »Ich ein

Landesverräter!« Als sie die Riesenschlagzeile sah, schrie sie furchtbar auf und sank beinahe ohnmächtig auf einen Stuhl und weinte herzbrechend. Die Hoffnung auf ein normales Leben war vorbei. Schwer zu leben mit dem Titel »Landesverräter«.

Die Weihnachtsamnestie 1932 bewirkte das berauschende Gefühl, daß eine gemeinsame Zukunft doch möglich sein konnte. Meine Mutter bekam zum ersten Mal ein eigenes Heim, dort durfte sie bis zum 28. Februar glücklich sein, dann war der Traum aus. Sie erlitt einen furchtbaren Nervenzusammenbruch, als mein Vater in der Nacht des Reichstagsbrandes verhaftet wurde, und sie kam in ein Sanatorium. Aber sie war wie das Steh-auf-Männchen – ein Figürchen, das sie immer bei sich hatte. Als Carl in Esterwegen interniert wurde, nahm sie ihren Mädchennamen wieder an und zog nach Hamburg zu seinem Stiefvater, um ihm näher zu sein. Sie wollte unter keinen Umständen nach England zurückgehen und Carl allein in Deutschland zurücklassen. Sie blieb, wo sie am meisten ausrichten konnte, und das war in seiner unmittelbaren Nähe. Während seiner Inhaftierung gelang es ihr unter großen Schwierigkeiten, die Verbindung mit ihm aufrechtzuerhalten. Eine wichtige Hilfe war dabei die ehemalige Sekretärin der Weltbühne, Hedwig Hünicke. Maud folgte ihrem Motto »to be strong in faith and love«, und sie war es bis zuletzt, als sie das Krankenzimmer mit ihm teilte und dann unter großen Gefahren einen anonymen italienischen Bildhauer beauftragte, eine Totenmaske abzunehmen. Die Gestapo war mißtrauisch, bemerkte aber nichts.

Nach dem Tod von Carl zwang die Gestapo Maud, ständig umzuziehen. Man sollte annehmen, daß diese empfindliche Frau niemals solch eine Schreckenszeit aushalten könnte. Wahrscheinlich überlebte sie nicht nur für ihr Kind, sondern auch für eine Aufgabe: Carls Arbeit an der »Weltbühne« fortzusetzen und damit ein Versprechen an die ehemalige Herausgeberin der »Weltbühne«, Edith Jacobsohn, zu erfüllen, die sie kurz während eines Besuches in London traf. Als die Bomben um Berlin flogen, ging Maud als psychisch starker Mensch in den Luftschutzkeller und half anderen, die Hölle auszuhalten. Sie war überzeugt, heil herauszukommen, um ihr Ziel zu verwirklichen.

Das war Carls kleine »Frau Schmetterling« – die lustige, witzige Maud mit ihrem englischen Humor. So lernten viele sie kennen. Sie war am besten, größten und stärksten, wenn sie anderen helfen konnte. Ihre Angst kam von innen und hatte ganz andere Ursachen als die äußeren Umstände. Ihr Alkoholismus hängt mit den Konventionen ihrer britischen Familie und deren Lebensart in Indien zusammen. Auf den wunderschönen Fotos von ihrem Elternhaus in Haiderabad sieht man Whiskyflaschen ihres Vaters zwischen Jagdstiefeln, Tigerfellen, Gewehren und unzählige Pfeifen, gepflegt von einem indischen Diener, der sich stolz daneben aufgebaut hat. Der Vater gehörte zu den ersten Dragonern des britischen Königs. Bei einem Urlaub in England erlitt er einen Herzinfarkt und fiel tot vom Pferd. Maud war sieben Jahre alt. Ein Jahr später starb ihre Mutter. Aus Trauer hatte sie sich das Leben genommen, sie hatte bewußt Typhuswasser getrunken. Der Verlust der Eltern und die grausame Trennung von ihrem wunderschönen Heim, von dem romantischen Land Indien, danach acht Monate in einer englischen Klosterschule – das wurde zu einem unüberwindbaren Trauma für ihr ganzes Leben, bis zu ihrem Ende. Auch sie hatte ihre Gefängnis-Zeit durchgemacht. In der Klosterschule wurde sie mißhandelt, in eine Zelle gesperrt und mußte hungern.

Die Geschichte der alten Familie Palmer, vor allem bekannt durch General William Palmer, der eine Zeitlang Warren Hastings Sekretär war, zeigt das Bild einer hervorragenden Familie mit großen Plänen in Indien. Sie gründete die Ostindische Kompanie und eine Bank in Haiderabad: »Palmers Bank«. Man liebte Indien, pflegte kulturelle Kontakte und verkehrte mit Indern, was damals sehr viel bedeutete und Mut und Selbstvertrauen erforderte. Als einmal das Vermögen des Nizam von Haiderabad beschlagnahmt wurde, liehen ihm die Palmers große Summen. Sie prozessieren noch heute um die Rückerstattung. Das Verfahren wird jedes fünfte Jahr wiederaufgenommen. William Palmer rettete während eines indischen Aufstandes eine wunderschöne Prinzessin aus Delhi. Er verliebte sich auf den ersten Blick in sie und versteckte sie in seinem Zelt. Sie sprach persisch und schrieb Gedichte. In meiner Erinnerung hat sich diese märchenhafte Familiengeschichte mit allen Details eingeprägt. Sie soll die Lebensgeschichte meiner Mutter erhellen, Verständnis für sie ermöglichen. Sie schätzte ihre Bedeutung – wie viele Frauen – zu gering ein. Sie starb 1974, zufrieden, ein Buch hinterlassen zu haben, das leider nicht so niedergeschrieben ist, wie sie erzählt hat. Sie war eine phantastische und humoristische Erzählerin mit einem außerordentlichen Gedächtnis. Sie war auch eine gute Zuhörerin. Viele kamen zu ihr, weil sie komplizierte menschliche Gefühle und Probleme verstand. Junge Menschen liebten sie. Nach ihrem offiziellen Geburtstag wäre sie 1988 hundert Jahre alt geworden.

Ystad, den 2. Oktober 1986

Rosalinde von Ossietzky-Palm

ANHANG

Zeittafel

1889	Geburt Carl von Ossietzkys (3. Oktober)
1891	Tod des Vaters Carl Ignatius von Ossietzky
1904	Ossietzky verläßt die Rumbaumsche Oberrealschule ohne »Einjähriges«
1907	Ossietzky wird Hilfsschreiber beim Hamburger Amtsgericht
1908–1910	Beitritt zur linksbürgerlichen Demokratischen Vereinigung und zum Deutschen Monistenbund
1911	Leserbrief »Alles um Liebe« im Organ der Demokratischen Vereinigung, im »Freien Volk«
1912	Regelmäßige Mitarbeit beim »Freien Volk«
1913	Heirat mit Maud Hester Lichfield-Wood
1914	Ossietzky scheidet freiwillig aus dem Justizdienst aus, um freier Journalist zu werden; er wird wegen »Beleidigung« der Militärgerichtsbarkeit zu 200 RM Geldstrafe verurteilt; erster Aufsatz in einem Organ des Deutschen Monistenbundes, im »Monistischen Jahrhundert«: »Wo bleibt das Theater?«
1915	Rückkehr in den Justizdienst aus finanziellen Gründen
1916	Einziehung als Armierungssoldat
1919	Rückkehr nach Hamburg, erneuter Austritt aus dem Justizdienst, Tätigkeit als Autor und Lektor im Pfadweiser-Verlag; Umzug nach Berlin, Sekretär der Deutschen Friedensgesellschaft; Geburt der Tochter Rosalinde (21. Dezember); bis 1922 freier Mitarbeiter der Organe des Deutschen Monistenbundes
1920	Redakteur der »Berliner Volkszeitung«, Mitglied des »Friedensbundes der Kriegsteilnehmer« und Initiator der »Nie-wieder-Krieg«-Kundgebungen, Mitarbeit beim pazifistischen Organ »Nie-wieder-Krieg!«
1924	Gründung der Republikanischen Partei (RPD); Mitarbeit bei Stefan Großmanns und Leopold Schwarzschilds »Tage-Buch«, dann beim »Montag-Morgen« als verantwortlicher Redakteur

1926	Erster Artikel in Siegfried Jacobsohns »Weltbühne«: »Der plombierte Wagen«; Tod Jacobsohns
1927	Ossietzky wird verantwortlicher Redakteur und Herausgeber der »Weltbühne«; 600 RM Geldstrafe wegen »Beleidigung der Reichswehr«
1929	Veröffentlichung des Artikels »Windiges aus der deutschen Luftfahrt« von Walter Kreiser; Blutmai 1929, der SPD-Polizeipräsident Zörgiebel läßt am 1. Mai auf demonstrierende Arbeiter schießen: Ossietzky tritt einem Ausschuß zur Untersuchung des »Blutmai« bei
1931	»›Weltbühne‹-Prozeß«: Ossietzky wird wegen Kreisers Artikel »Windiges aus der deutschen Luftfahrt« zu 18 Monaten Gefängnis verurteilt; Kreiser flieht nach Frankreich
1932	Hindenburg wird zum 2. Mal zum Reichstagspräsidenten gewählt, Ossietzky ruft zur Wahl von Thälmann auf; der Reichspräsident lehnt Ossietzkys Gnadengesuch ab; Ossietzky ist vom 10. Mai bis zur Weihnachtsamnestie (22. Dezember) im Gefängnis Tegel inhaftiert
1933	Ossietzky wird am 28. Februar, in der Nacht des Reichstagsbrandes, verhaftet und in Spandau interniert; am 6. April wird er in das KZ Sonnenburg überführt
1934	Im Februar Überführung in das KZ Esterwegen im Emsland; Eröffnung der Friedensnobelpreis-Kampagne für Ossietzky
1936	Unterbringung in einem Berliner Krankenhaus; am 23. November erhält Ossietzky den Friedensnobelpreis
1938	Ossietzky stirbt am 4. Mai an Tbc.

Abkürzungen

AA	Archiv des Auswärtigen Amtes, Bonn
BVZ	Berliner Volkszeitung, Tageszeitung, Berlin 1852 ff.
DLA	Deutsches Literaturarchiv, Marbach
FV	Das Freie Volk, Organ der Demokratischen Vereinigung, Berlin 1910–1914
IfZ	Institut für Zeitgeschichte, München
IISG	Internationaal Instituut voor Sociale Geschiedenis, Amsterdam
MBM	Monatsblätter des Deutschen Monistenbundes, Ortsgruppe Hamburg 1916–1918
MF	Mitteilungen der Deutschen Friedensgesellschaft, Berlin 1920–1924
MM	Monistische Monatshefte, Organ des Deutschen Monistenbundes, Hamburg 1920–1924
MMH	Monatliche Mitteilungen des Deutschen Monistenbundes, Organ des Deutschen Monistenbundes, Ortsgruppe Hamburg, Hamburg 1916/17–1919/20
OA	Ossietzky-Archiv der Universität Oldenburg
RP	Republikanische Presse, Pressedienst, Berlin 1922–1924
RPD	Republikanische Partei Deutschlands
TA	Tucholsky-Archiv der Berliner Akademie der Künste
TB	Das Tage-Buch, Berlin 1920–1933
WB	Die Weltbühne, Berlin 1918–1933

Anmerkungen

Einleitung

1 Peter Maiwald: Begebenheit, abgedruckt in: Berufsverbot: ein bundesdeutsches Lesebuch, Fischerhude 1976, Hrsg.: Thomas Metscher u. a.
2 Nordwest-Zeitung (NWZ), 21. 4. 1973
3 Ebd.
4 NWZ, 12. 5. 1973
5 NWZ, 13. 5. 1973
6 Carl von Ossietzky (Abkürzung: CvO): 51 Prozent, Das Tage-Buch (Abkürzung: TB), 4. 7. 1925
7 Erklärung des damaligen niedersächsischen Ministers für Wissenschaft und Kunst, abgedruckt in: NWZ, 28. 8. 1974
8 Neue Ruhrzeitung, 1. 8. 1963
9 Schreiben des Oberkreisdirektors des damaligen Landkreises Aschendorf-Hümmling an die IG Bergbau und Energie, 27. 9. 1963, Archiv des Dokumentations- und Informationszentrums Emslandlager (DIZ), Papenburg
10 Zitiert nach: Martha Buschmann: Ossietzky – »der zu keinem Unrecht schwieg«, Düsseldorf 1965, 2. Auflage, Hrsg.: Deutsche Friedensgesellschaft Düsseldorf
11 Flugblatt des Ringes Christlich-demokratischer Studenten (RCDS), Universität Oldenburg, 1975
12 Zitiert nach: »Der Oldenburger Bürger«, Nr. 11, November 1974
13 Hans-Ulrich Wehler: Leopold Schwarzschild contra Carl v. Ossietzky. Politische Vernunft für die Verteidigung der Republik gegen ultralinke »System«-Kritik und Volksfront-Illusionen, in: ders.: Preußen ist wieder chic... Politik und Polemik in zwanzig Essays, Frankfurt/M 1983, S. 77ff.
14 Fritz J. Raddatz: Bei jedem Mondwechsel zum Kampf bereit, Frankfurter Rundschau, 13. 3. 1971
15 Rudolf Augstein: Die Republik unterm Beil, in: Literatur im Spiegel, Hamburg 1969, S. 24ff.
16 CvO: Lob der Außenseiter, »Die Weltbühne«, 4. 1. 1927

17 S. Kap. 11, Anm. 44
18 S. Kap. 15, Anm. 52
19 S. Kap. 5, Anm. 5ff.
20 Bruno Frei: Carl von Ossietzky. Eine politische Biographie, Berlin 1978, S. 12f.
21 Ebd., S. 82
22 Béla Balász: Erinnerungen an Carl von Ossietzky, in: Das Wort 3, H. 8, S. 5. 109–112, Moskau 1938
23 Franz Leschnitzer: Carl von Ossietzky, in: ders.: Von Borne zu Leonhard, Rudolfstadt 1966, S. 206
24 S. Kap. 11, Anm. 14
25 CvO: Die Seehunde, TB, 6. 2. 1926
26 CvO. Das werdende Deutschland, Monatsblätter des Deutschen Monistenbundes, Ortsgruppe Hamburg (Abkürzung: MBM); Februar 1919
27 Ebd.
28 CvO: Die Historiker sind ernstlich böse, Die Weltbühne (Abkürzung: WB); 11. 12. 1928
29 S. Kap.1, Anm. 55

1
»Ich hatte einmal eine heiße Sehnsucht zur Kunst« Kindheit und Jugend im Schatten des Michel

1 Carl von Ossietzky (Abkürzung: CvO): Januargedicht, (Gedicht, handschr.), 1910, persönlicher Nachlaß Carl und Maud von Ossietzkys, Ossietzky-Archiv der Universität Oldenburg (Abkürzung: OA), B 4005
2 Brief Carl von Ossietzkys an seine Frau Maud, 6. 9. 1918, OA, B 4002. Anlaß des Briefes waren Klagen Maud von Ossietzkys über ihre Schwiegermutter (s. Kap. 2). Es heißt: »Ich bin ja aufgewachsen in einer Atmosphäre von Zwiespalt u. Zänkerei u. Klatsch... Sie haben mir meine Jugend vergiftet.« Die Angaben werden bestätigt in einem Aufsatz »Carl von Ossietzky«, etwa 1962, den seine Tochter Rosalinde für den Ossietzky-Biographen Kurt R. Grossmann (Ossietzky. Ein deutscher Patriot, München 1963), geschrieben hat. Er ist teilweise abgedruckt in Grossmann, 1973, S. 108f. Eine Kopie des gesamten Aufsatzes befindet sich im OA, B 4023. Dokumente zur Familiengeschichte finden sich im Hamburger Staatsarchiv, Kopien im OA, B 4001
3 CvO: Meiner Tante am Weihnachtsabende, etwa 1897, OA, B 4002
4 CvO: Satan ist der Herr der Erde (Gedicht, handschr.) 1909, OA, B 4002
5 S. Anm. 2

6 Maud von Ossietzky berichtet Ähnliches unter Berufung auf Erzählungen Carls, Kurzbiographie: Carl v. Ossietzky, ohne Datum, OA, B 4023; s. auch Anm. 2

7 S. Anm. 2

8 CvO: Als ich einst war ein Bürschlein klein (Gedicht, handschr.), etwa 1908, OA, B 4002

9 So charakterisiert Ossietzky die Situation der Schuljungen jener Zeit in: Knüppeldick und Affenschmalz, Berliner Volkszeitung (Abkürzung: BVZ), 27. 3. 1921.

10 Über Carls Schwierigkeiten in der Schule berichteten Maud und Rosalinde von Ossietzky-Palm, s. Anm. 2 und 6.

11 S. Anm. 1

12 Brief Carl von Ossietzkys an Maud, 10. 4. 1932, OA, B 4006

13 CvO (Pseudonym: Thomas Murner): Die Würde des Evangelischen Geistlichen, Monistische Monatshefte (Abkürzung: MM), August 1921

14 CvO: Sonnenwende, Das Freie Volk (Abkürzung: FV), 22. 3. 1913

15 CvO: Glaubensbekenntnis (Gedicht, handschr.), 1908, OA, B 4002

16 CvO: Sonnenwende, FV, 22. 3. 1913

17 S. Anm. 2, CvO: Die Kirche Luthers, MM, 1921, vgl. ders.: Katholizismus in Deutschland, MM, März 1921

18 CvO: Kräfte der Vergangenheit, BVZ, 25. 12. 1921

20 S. Anm. 6

21 Brief Mauds an Rosalinde, etwa Mai/Juni 1936, OA, B 4011

22 Die Schulzeugnisse Carl von Ossietzkys befinden sich im OA, B 4001

23 Professoren, Zeitungsschreiber und verkrachte Existenzen, TB, 31. 1. 1925

24 Die Personalunterlagen (Bewerbungsschreiben, Zeugnisse, Beurteilungen etc.) befinden sich im Hamburger Staatsarchiv, Kopien im OA B 4001

25 Das belegt Alfred Pohlmann in seinem unveröffentlichten »Lebensbild« Ossietzkys mit Zeugenaussagen von Hans Eggers und Agnes Moordiek, Hamburg, etwa 1962. Das Manuskript befindet sich im Besitz von Dr. Michael Mahn, Hamburg.

26 CvO: Katzenjammer (Gedicht, handschr.), 1907, OA, B 4002

27 Nach den Erinnerungen Rosalinde von Ossietzky-Palms und verschiedener Zeitzeugen erzählt, z. B. Kurt R. Grossmann 1963, S. 19ff. und Bruno Frei: Carl von Ossietzky. Eine politische Biographie, Berlin 1978, S. 22ff.

28 Ludwig Tügel, geb. am 16. 9. 1889 in Hamburg, Sohn eines Kaufmanns, wurde später Schriftsteller und verfaßte u. a.: Pferdemusik, Hamburg 1935, 1955 neu aufgelegt. Die Freundschaft dauerte an, bis Ossietzky nach Berlin zog (1919). Während der Kriegsjahre gab es einen Briefwechsel zwischen beiden, der nicht mehr erhal-

ten ist. Damals klagte Tügel über Einsamkeit und schriftstellerische Mißerfolge. Er pflegte auch den Kontakt zu Maud. (Brief Maud Ossietzkys an Carl, 25. 4. 1918, OA, B. 4005.)
Der Ossietzky-Biograph Bruno Frei beschreibt die Freundschaft auf Grundlage eines Briefes und einiger Tagebuchaufzeichnungen, die ihm Ludwig Tügel zu Beginn der sechziger Jahre zur Verfügung gestellt hat (heute archiviert im DLA, Tügel-Nachlaß), in: ders., 1978, S. 22ff.)

29 Das schildert Bruno Frei auf Grundlage der Aufzeichnungen Tügels, 1978, S. 22

30 Carl von Ossietzky erzählt Details über seine Jugendzeit in der Glosse »Wie man sich wiedertrifft«, Tagebuch (Abkürzung: TB), 31. 10. 1925. Dort erwähnt er auch das »Atelier«.

31 Vgl. Bruno Frei, 1978, S. 23f.

32 CvO: Lucrezia Borgia, Entwurf zu einem Drama, etwa 1907, OA, B 4002
Lucrezia Borgia (1480–1519), die Tochter des Papstes Alexander VI., ließ ihre erste Ehe annullieren. Ihr zweiter Mann fiel einem Giftattentat zum Opfer, und sie wurde zeitlebens verdächtigt, an dem Mord beteiligt gewesen zu sein. Außerdem wurde ihr ein Liebesverhältnis zu ihrem Bruder Caesar nachgesagt. Als Gattin des Herzogs Alfonso I. aus dem mächtigen Adelsgeschlecht Este förderte sie viele Künstler ihrer Zeit. Drei Ehen und politische Macht – das genügte, um ihr den Mythos weiblicher Gefährlichkeit und Amoral zu verleihen. Trotz ihres schlechten Rufes galt sie in ihrer näheren Umgebung als unbedingt »tugendhaft«.

33 S. Anm. 30

34 CvO: Ziele der Menschheit (Gedicht, handschr.), 1908, OA, B 4002

35 S. Anm. 30

36 CvO: Moralitäten (Gedicht, handschr.), 1908, OA, B. 4002

37 CvO: Die Nationalpäderasten, TB, 7. 11. 1925

38 CvO: Neubabylon, MM, Februar 1921; ähnlich schreibt er in: Die unzivilisierte Sexualität, TB, 15. 11. 1924

39 CvO (Pseudonym: Celsus): Der Film gegen Heinrich Mann, Die Weltbühne (Abkürzung: WB), 29. 4. 1930

40 »Qualifikationsbericht« der Justizbehörde über den Hilfsschreiber Carl von Ossietzky, 23. 10. 1908, Hamburger Staatsarchiv, Kopien: OA, B 4001

41 Zeugnis für Carl von Ossietzky, ausgestellt vom Hamburger Amtsgerichtspräsidenten, 21. 11. 1912 und folgende, Hamburger Staatsarchiv, Kopien: OA, B 4001

42 CvO: Was wir sind? (Gedicht, handschr.), etwa 1908, OA, B 4002

43 CvO: Das ist 'ne Sünde, die man nicht verzeiht, (Gedicht, handschr.), etwa 1908, OA, B 4002

44 CvO: Shaw und Wedekind, Essay, (handschr.), etwa 1914, OA, B 4002
45 Die Venus von Siena, Versuch einer Rezension (handschr., unterschrieben mit: Adolf Stapelfeld), etwa 1909, OA, B 4002
46 Das berichtet Tügel, das bezeugen Freunde aus der späteren Zeit, z. B. Kurt R. Grossmann, S. 17f.
47 CvO: Der Kieler Parteitag, WB, 31. 5. 1927
48 Ebd.
49 CvO: Die Jugend rührt sich, MM, Jan. 1921
50 CvO: Eulenbergs »Alles um Liebe«. Zur Uraufführung im Deutschen Schaupielhause zu Hamburg (Leserbrief); FV, 25. 2. 1911. Das Begleitschreiben ist in derselben Nummer der Zeitschrift abgedruckt.
51 CvO: Auferstehung, FV, 11. 4. 1914
52 CvO: Über Helden und Heldentum, in: Jahrgang 1 des Jahrbuchs »Jugend und Welt«, Berlin 1928.
Über die Arbeitslosigkeit schreibt er in: Die Arbeitslosen, »Die Weltbühne«, 16. 11. 1926
53 Handschriftliche Manuskripte Ossietzkys aus dieser Zeit sind archiviert im OA, B 4002ff.
53 Maud von Ossietzky: Maud von Ossietzky erzählt, Berlin 1966, S. 45ff. Die Autobiographie Maud von Ossietzkys enthält wertvolle persönliche Schilderungen über ihren Mann, die in den bisher erschienenen Ossietzky-Biographien kaum noch ausgewertet worden sind.
55 CvO: Eintragung in das gemeinsame Erinnerungsbuch Maud und Carl von Ossietzkys, das sie etwa 1916 angelegt hatten, als die Gespräche zwischen ihnen wegen verschiedener Ehekonflikte blokkiert waren. 28. 6. 1916, teilweise zitiert in: Maud von Ossietzky, 1966, S. 50ff.
56 CvO: Hölderlin – das ewige Leid des Liebeslebens, Stichwortsammlung für einen Vortrag (handschr.), etwa 1916, OA, B 4002
57 S. Anm. 44
Der Schlußabsatz des Essays lautet: »Shaw appelliert an den Intellekt, drängt sich in die Seele. ... Der englische Dichter rechnet klug mit dem Möglichen und fühlt sich als Vorkämpfer jener Ideen, die von der Gegenwart in die Zukunft führen. Er ist der Logiker. Der deutsche Dichter möchte in blaue Fernen schweifen, seine Phantasie durch Himmel und Hölle schicken und ein Abbild des Lebens schaffen, wie es sich in seiner Seele spiegelt. Er träumt von einer idealen Welt, von Paradiesen, die nie kommen werden. Beide sind Zerstörer einer alten Welt, um Raum für eine neue zu schaffen ...«
58 S. Anm. 55

2
»Du bist der Magnet, der an das starre Eisen rührte« Maud von Ossietzky, Frauen und Familie

1 Dargestellt nach: Maud von Ossietzky, 1966, sie erzählt ausführlich über ihre Kindheit.
2 Brief Maud von Ossietzkys an Rosalinde, 24. 8. 1936, OA, B 4011. Darin beschreibt Maud ihre Kindheit in England, um ihre eigene Tochter über deren Einsamkeit in ihrem englischen Exil hinwegzutrösten.
3 Maud von Ossietzky, 1966, S. 7
4 Ebd., S.8
5 Ebd., S. 15ff.
6 Ebd., S. 20ff.
7 Brief Carl von Ossietzkys an Maud, 29. 5. 1918, OA, B 4005
8 Maud von Ossietzky, 1966, S. 25ff.
9 Ebd., S. 34
10 Ebd., S. 36f.
11 Ebd., S. 38ff.
12 Eintragung Carl von Ossietzkys in das gemeinsame Erinnerungsbuch, 28. 6. 1916. Im Besitz von Rosalinde von Ossietzky-Palm. Teilweise zitiert in: Maud von Ossietzky, 1966, S. 51f.
13 Nach einem Interview der Verfasserin mit Rosalinde von Ossietzky-Palm, September 1985
14 Brief Mauds an Rosalinde, etwa Mai/Juni 1936, OA, B 4011
15 Maud von Ossietzky, 1966, S. 46f.
16 CvO: Wie man sich wiedertrifft, Glosse im TB, 31. 10. 1925; über die Spiele ihrer Eltern erzählt Rosalinde von Ossietzky-Palm, die auch vermutet, jene Szene habe sich zwischen Carl und Maud zugetragen.
17 S. Anm. 12
18 Ebd.
19 Brief Carl von Ossietzkys an Maud, 24. 10. 1918
20 CvO: Hölderlin – Das ewige Leid des Liebeslebens, Stichwortsammlung für einen Vortrag, etwa 1916, OA, B 4002
21 CvO (Pseudonym: Lucius Schierling): Die Damen im Reichstag, TB, 26. 7. 1924
22 CvO: Die Robe der Frau Kollontai, TB, 25. 10. 1924; Alexandra Michailowna Kollontai, 1872–1952, sowjetische Schriftstellerin und Diplomatin, 1915 schloß sie sich den Bolschewiki an und bekleidete hohe Parteiämter. Unter Stalin war sie Botschafterin der Sowjetunion in Stockholm (1943–1945), vorher Gesandte in Schweden. Als Schriftstellerin setzte sie sich vor allem für die Gleichberechtigung der Frauen und für sexuelle Befreiung ein.

23 CvO: The Revolt of German Women, The Nation, New York, 7. 11. 1928
Der Artikel entstand im Auftrag Frederik Kuhs (damals United Press), der mehrere deutsche Politiker und Publizisten aufgefordert hatte, für eine Artikelserie über die politische Entwicklung der Weimarer Republik seit 1918 zu schreiben. Ossietzky nannte seinen in deutscher Sprache verfaßten Artikel: »Die einzige deutsche Revolution«.

24 CvO (Pseudonym: Lucius Schierling): Der Minister und der Große Kurfürst, TB, 3. 4. 1926, und Erna Anthony, WB, 9. 10. 1928

25 CvO (Pseudonym: Celsus): Ein Mädchen fliegt nach Afrika, WB, 5. 5. 1931

26 CvO (Pseudonym Thomas Murner): Wenn Annette Kolb ..., 4. 10. 1932

27 S. Anm. 13

28 Der Briefwechsel zwischen Carl und Maud von Ossietzky aus den Kriegsjahren ist größtenteils erhalten und archiviert im OA, B 4005

29 Brief Carl von Ossietzkys an Maud, 10. 9. 1918, OA, B 4005

30 Maud von Ossietzky (1966, S. 59) schreibt von einer Zeitschrift »Der Wegweiser« – gemeint sind wohl die Veröffentlichungen des kleinen Hamburger »Pfadweiser-Verlages«, bei dem Ossietzky 1919 kurze Zeit als Lektor eingestellt war. In diesem Verlag gab er selbst die Nullnummer eines Monistenblattes »Die Laterne« (archiviert in der Staats- und Universitätsbibliothek Hamburg) heraus sowie die Broschüre: »Der Anmarsch der neuen Reformation«, eine Flugschrift des Deutschen Monistenbundes, Ortsgruppe Hamburg, 1919. Diese selbständige Veröffentlichung Ossietzkys enthält neben den schon früher publizierten Artikeln »Ein Wort für Aktivismus« (1917), »Wandlung der geistigen Atmosphäre« (1918) und »Das werdende Deutschland« (1919) noch den Aufsatz »Der Anmarsch der neuen Reformation«.

31 Kurt Hiller: Erinnerungen an Carl von Ossietzky, in ders.: Köpfe und Tröpfe. Profile aus einem Jahrhundert, Hamburg 1950, S. 345. Den Artikel Ossietzkys »Der Revolutionär ringt mit seinem Popanz«, ein Teilabdruck von dem Aufsatz »Das werdende Deutschland« (Monistische Monatshefte, Februar 1919) veröffentlichte Kurt Hiller in: »Das Ziel«, Hamburg 1920.

32 Maud von Ossietzky, 1966, S. 58 ff.

33 Brief Carl von Ossietzkys an Maud, 16. 1. 1922, teilweise zitiert in: Maud von Ossietzky, 1966, S. 76 f.

34 Rosalinde von Ossietzky-Palm: »Carl von Ossietzky« etwa 1962, verfaßt für den Ossietzky-Biographen Kurt R. Grossmann, teilweise abgedruckt bei Kurt R. Grossmann, 1973, S. 108. Eine Kopie des kompletten Aufsatzes befindet sich im OA, 4023.

35 Nach einem Interview der Verfasserin mit Rosalinde von Ossietzky-Palm, 1985, dem auch die weitere Darstellung folgt.
36 Brief Carl von Ossietzkys an Maud, ohne Datum, etwa 1931/32. Der Brief wurde in der »Weltbühnen«-Redaktion geschrieben, OA, B 4002.

3
Der Anmarsch der neuen Reformation
Monistenbund, Demokratische Vereinigung und Krieg

1 Monismus (neulateinisch zu griechisch: monos=allein): Einheitslehre, Weltanschauung, die von einer »Einheit« der Welt ausgeht und die »Vielheit« der Erscheinungen auf ein einheitliches Prinzip zurückführen will. Der Deutsche Monistenbund war 1906 gegründet worden, die Ideen des Naturforschers und Philosophen Ernst Haeckel zu verkünden. Dessen Werk »Das Welträtsel: gemeinverständliche Studien über monistische Philosophien«, Leipzig 1908, war in den Jugendjahren Ossietzkys ausgesprochen »in Mode«.
2 CvO: Auferstehung, FV, 11. 4. 1914
3 Vgl. Deutscher Monistenbund (Hrsg.): Der erste internationale Monistenkongreß, Leipzig 1912, archiviert in der Staats- und Universitätsbibliothek Hamburg;
Wilhelm Ostwald, Willy Blossfeld: Zur Einführung, in: Das monistische Jahrhundert, Zeitschrift für wissenschaftliche Weltanschauung und Kulturpolitik, Bd. 1, 1912, Staats- und Universitätsbibliothek Hamburg
4 CvO: Sonnenwende, FV, 22. 3. 1913
5 Franz Müller-Lyer, 1857–1916, Soziologe und Psychiater, Begründer einer sozialistisch-monistischen Kulturlehre, die eine vergleichende Methode betont.
6 CvO: Monismus und Pazifismus (unveröff. Manuskript, handschr.), etwa 1917, Nachlaß, OA, B 4002
7 Rudolf Goldscheid, 1870–1931, Österreicher, Sozialphilosoph, Schriftsteller und Publizist, Präsident des Österreichischen Monistenbundes, seit 1921 Mitglied des Rates des Internationalen Friedensbüros
8 S. Anm. 6
9 CvO: Ein Wort über Aktivismus, Monatsblätter des Deutschen Monistenbundes (Abkürzung: MBM), 1. 3. 1918
10 CvO: Eintragung in das gemeinsame Erinnerungsbuch Maud und Carl von Ossietzkys, 28. 6. 1916
11 Hellmut von Gerlach, 1866–1935, Jurist, Journalist, Politiker, entstammte preußisch-konservativem Milieu, sein Weg »von rechts nach links« führte von der preußischen konservativen Partei über Naumanns Nationalsozialen Verein in die Deutsche Demokratische

Partei (DDP), die er mitbegründete, aber 1922 verließ, weil sie seinen pazifistischen und radikaldemokratischen Vorstellungen nicht mehr entsprach. Er arbeitete für verschiedene demokratische Zeitungen und Zeitschriften (»Die Weltbühne«, »Die Friedenswarte« usw.) und gab die Berliner »Welt am Montag« heraus. Er war im Pariser Exil maßgeblich an der Friedensnobelpreiskampagne für Carl von Ossietzky beteiligt, bis er am 1. 8. 1935 an einem Herzschlag verstarb. Literatur: Karl Holl, Adolf Wild (Hrsg.): Hellmut von Gerlach. Ein Demokrat kommentiert Weimar, Bremen 1973 (Reprint);
Hellmut von Gerlach: Von Rechts nach Links, Zürich 1937, Reprint. Frankfurt/Main 1983.

12 Wilhelm Herzog, 1884–1960, Schriftsteller und Publizist, gehört mit Georg Friedrich Nicolai (s. Kap. 4, Anm. 12) und Fritz Küster zu der radikal-pazifistischen Gruppe der Deutschen Friedensgesellschaft (DFG), die militärische Gewalt grundsätzlich ablehnte.

13 Otto Lehmann-Rußbüldt, 1873–1964, Schriftsteller, Publizist und Buchhändler, Mitglied des Deutschen Monistenbundes und der Deutschen Liga für Menschenrechte, gründete mit Rudolf Olden und Ernst Toller die Deutsche Liga für Menschenrechte im Exil in England, war maßgeblich an der Friedensnobelpreiskampagne für Ossietzky beteiligt.

14 Helene Stöcker, 1869–1943, Frauenrechtlerin und Publizistin, trat wenige Wochen nach der Gründung der Deutschen Friedensgesellschaft bei, deren Vizepräsidentin sie 1919–1929 war.
1905 gründete sie den Bund für Mutterschutz und Sexualreform, der verschiedene Heime für ledige Mütter betrieb. In einem dieser Heime verbrachte Maud von Ossietzky die Zeit vor ihrer Niederkunft.

15 Rudolf Breitscheid, 1874–1944, Mitglied der liberalen »Freisinnigen Vereinigung«, 1908 Mitbegründer der linksbürgerlichen »Demokratischen Vereinigung«, seit 1912 SPD-Mitglied, gehörte der USPD seit ihrer Gründung an, lehnte den Anschluß der USPD an die KPD ab und schloß sich wieder der SPD an, in deren Parteivorstand er von 1931 bis 1933 tätig war. Er lehnte ein antifaschistisches Bündnis mit der KPD ab und war Befürworter der sozialdemokratischen Abwartepolitik gegenüber den Nationalsozialisten.

16 Das »Freie Volk« erschien von 1910 bis 1914 (Kriegsausbruch) in Berlin; Carl von Ossietzky soll für seine Beiträge in dieser Zeitschrift kein Honorar erhalten haben. (Maud von Ossietzky, 1966, S. 45)

17 Republikanische Partei Deutschland (RPD): s. auch Kapitel 6

18 CvO: Rudolf Breitscheid – der Edelbonze, die Nation, 3. 5. 1924

19 CvO: Auferstehung, FV, 11. 4. 1914

20 CvO: Nationalliberale Götterdämmerung, FV, 31. 8. 1912
21 CvO: Wehe den Kleinen!, FV, 5. 4. 1913
22 CvO: Der heilige Mars, FV, 31. 5. 1913
23 Ebd.
24 CvO: Ein Phantom, FV, 4. 4. 1914
25 Ossietzky nimmt die sich mehrenden Zwischenfälle in den deutschen Grenzgebieten, insbesondere in Elsaß-Lothringen, zum Anlaß, über die innenpolitische Bedeutung des Nationalismus zu räsonnieren. Ohne das »Phantom« der äußeren Bedrohung hätten die Junker und Großkapitalisten bald ausgespielt.
CvO: Der deutsche Wetterwinkel, FV, 29. 11. 1913; Anlaß für den Artikel ist die »Zabernaffaire«: das selbstherrliche Auftreten deutscher Offiziere in Elsaß-Lothringen und brutale Übergriffe gegenüber der Bevölkerung im Herbst 1913. Ossietzky forderte die sofortige Suspendierung des verantwortlichen Generals von Deimling.
26 S. Anm. 22
27 CvO: Das Erfurter Urteil, FV, 5. 7. 1913
28 Maud von Ossietzky, 1966, s. 40 ff.
29 CvO: Die Schüsse von Sarajewo, FV, 4. 7. 1914
30 Ansprache von Ernst Haeckel auf der außerordentlichen Hauptversammlung des Deutschen Monistenbundes in Jena, MBM, 1. 6. 1916, S. 5 ff. Das Organ des Bundes steht in den Jahren 1915–1917 fast ganz auf der Seite der Kriegsbefürworter; viele Monistenführer rufen zur Teilnahme am Krieg auf.
31 Tagebuch eines Monisten aus dem Krieg (ohne Namen), in: Monatsblätter des Deutschen Monistenbundes, 1. 6. 1916, Rubrik: Vom Bunde, S. 11 ff., diese Nummer enthält zahlreiche begeisterte Stellungnahmen für den Krieg.
32 CvO: Wo bleibt das Theater?, Das monistische Jahrhundert, 1. 12. 1914
33 »Für Alfred Fried«, MMH, April 1919; Anlaß für den Artikel sind Angriffe aus der Deutschen Friedensgesellschaft gegen Fried, weil er sich vorbehaltlos zur deutschen Kriegsschuld bekennt. Fried sei einer der wenigen gewesen, meinte Ossietzky, die während der Kriegszeit konsequent zu ihrer antimilitaristischen Haltung gestanden und dafür Verfolgung in Kauf genommen hätten, während viele andere Pazifistenführer den bequemeren Weg gewählt hätten. Dafür verdiene er Anerkennung.
34 Berichte darüber sind im »Völkerfrieden« (Abkürzung: VF), August und September 1915 abgedruckt; vgl. Maud von Ossietzky, 1966, S. 44 ff.
35 Zitiert aus einem Interview d. Verf. mit Erich Lüth, 1986, und einem Interview, 1983, von Heribert Schwan (Deutschlandfunk) mit demselben (im Besitz der Verfasserin)

36 S. CvO: Monismus und Pazifismus (Manuskript, handschr.), etwa 1917, OA, B 4002
37 Ebd.
38 Gesuch Carl von Ossietzkys vom 5. 1. 1915, wieder in den Dienst des Amtsgerichts Hamburg eingestellt zu werden, Staatsarchiv Hamburg, Kopie im OA, B 4001
39 Maud von Ossietzky, 1966, S. 48
40 Berthold Jacob: Weltbürger Ossietzky, Paris 1937, S. 11f.
41 Maud von Ossietzky, 1966, S. 47
42 CvO: Drei Variationen über ein zeitgemäßes Thema, MBM, September 1918
43 Die Polemik bezieht sich auf Heinrich Peus' Artikel »Krieg und Glaube«, MBM, Juni 1918.
44 Heinrich Peus: Antwort auf Carl von Ossietzky, MM, Oktober 1918
45 Brief Carl von Ossietzkys an Maud, 12. 9. 1918, OA, B 4005
46 Ebd.
47 Brief Carl von Ossietzkys an Maud, 29. 5. 1918, OA, B 4005
48 Brief Carl von Ossietzkys an Maud, 9. 9. 1918, ähnliche Äußerungen finden sich auch in Schreiben vom 10. 9. und 14. 9. 1918. Zur schlechten Laune trügen auch die Streitigkeiten in der Familie bei. OA, B 4005
49 CvO: Wandlung der geistigen Atmosphäre, MBM, 7. 11. 1918
50 S. Anm. 9
51 CvO: Das werdende Deutschland, MBM, Februar 1919
52 S. Anm. 9

4
Sehnsucht nach Frieden
Organisierter Pazifismus und »Nie-wieder-Krieg«-Bewegung

1 CvO: Ausverkauf, VF, Nov. 1919
2 CvO: Der Völkerbundgedanke in Deutschland, BVZ, 13. 7. 1920
3 S. Anm. 1
4 CvO: Das besiegte Deutschland, BVZ, 1. 12. 1920
5 CvO: Zwischen den Schlachten, BVZ, 28. 8. 1921
6 Ebd.
7 S. Anm. 1
8 CvO: Der Anmarsch der neuen Reformation, in: Flugschriften des Deutschen Monistenbundes, Ortsgruppe Hamburg, Nr. 2, Hamburg 1919
9 Deutsche Friedensgesellschaft (DFG), 1892 auf Initiative Alfred H. Frieds und Bertha von Suttners als bürgerlich-humanitäre Fortschrittsbewegung gegründet, wuchs bis 1914 trotz Isolierung und Diffamierung im militärischen Kaiserreich auf 10000 Mitglieder an. Fried und andere Pazifisten, die während des Krieges offen für

einen raschen Verständigungsfrieden und gegen deutsche Annexionspläne auftraten, wurden verfolgt.
Nach dem 1. Weltkrieg brachen Richtungskämpfe zwischen bürgerlichen und radikalen Pazifisten aus, die schließlich – 1929 – zu Verdrängung Ludwig Quiddes und des von ihm repräsentierten bürgerlich-demokratischen Flügels und der revolutionär-pazifistischen Fraktion Kurt Hillers aus der DFG-Leitung führten. Neuer Präsident der DFG wurde Paul Freiherr von Schönaich. Der linke Sozialdemokrat Friedrich (Fritz) Küster übernahm das Amt des Geschäftsführenden Vorsitzenden der Gesellschaft und bestimmte fortan maßgeblich den Kurs der DFG: Ablehnung jedes Krieges, Kriegsdienstverweigerung, Gewaltlosigkeit und Sozialismus waren die Hauptforderungen des Programmes. Der Preis der Kompromißlosigkeit war, daß die DFG innerlich gespalten und äußerlich isoliert wurde.
Literatur zur deutschen Friedensbewegung der Weimarer Republik:
Helmut Donat/Karl Holl (Hrsg.): Die Friedensbewegung, Hermes Handlexikon, Düsseldorf 1983
Karl Holl/W. Wette (Hrsg.): Pazifismus in der Weimarer Republik. Beiträge zur historischen Friedensforschung, Paderborn 1981
Alfred H. Fried: Handbuch der Friedensbewegung, 2 Bde., Leipzig 1911/13, Nachdr.: New York 1972
K. Lenz/ W. Fabian (Hrsg.): Die Friedensbewegung. Ein Handbuch... Berlin 1922

10 CvO: Vorwort zum Verhandlungsbericht über den 8. deutschen Pazifistenkongreß vom 13.–15. 6. 1919 in Berlin, Kopie archiviert im OA, B 4001; teilweise abgedruckt in: Bruno Frei, 1978, S. 60f.

11 »Mitteilungen der Deutschen Friedensgesellschaft« (Abkürzung: MF) Berlin 1920–24 (Selbstverlag). Das Mitteilungsblatt war als Ersatz für den »Völkerfrieden« gedacht, dessen Erscheinen Ende 1919 eingestellt worden war. Es sollte in erster Linie der reinen Information der Mitglieder dienen. Massenwirksames Organ der DFG sollte die von Fried neugegründete »Friedens-Warte« sein. Ossietzky war von Januar bis September 1920 verantwortlicher Redakteur der »Mitteilungen«. Er soll Auseinandersetzungen mit Quidde gehabt haben, weil er auf eine journalistische Gestaltung des Blattes gedrungen habe. Der alte Präsident habe aber nur trokkene Berichte zulassen wollen (vgl.: Grossmann, 1973, S. 59). Beiträge Ossietzkys finden sich in den Ausgaben Januar bis August 1920.

12 Georg Friedrich Nicolai, 1874–1964, Arzt, Universitätsprofessor, Schriftsteller und Publizist, wurde bereits 1914/15 wegen seiner kriegsgegnerischen Vorlesungen und Aktionen verfolgt und diffa-

miert, bis er 1918 nach Dänemark floh. Nach dem Ende des Krieges trat er der deutschen Friedensgesellschaft bei und setzte sich insbesondere für eine vorbehaltlose deutsch-französische Aussöhnung sowie für eine politisch-geistige Erneuerung Deutschlands ein. Gleich nach seiner Ernennung zum Medizinprofessor an der Universität Berlin terrorisierten rechtsradikale Studenten seine Vorlesungen. Seine Beschwerde wurde mit dem Entzug der Venia legendi beantwortet. Nach verlorenem Prozeß gegen die Universitätsleitung nahm Nicolai 1922 einen Ruf an die Universität Cordoba an. Er spielte eine bedeutende Rolle in der nationalen Befreiungsbewegung Lateinamerikas.

13 Ossietzky bringt verschiedene Beiträge über die Terrorakte Berliner Studenten gegen Nicolai im Frühling und Sommer des Jahres 1920 in den MF.

14 CvO: Vom deutschen Balkan, MF, August 1920

15 CvO: Rundschau: Nachruf auf Hans Paasche, MF, Juni/Juli 1920

16 Carl von Ossietzky führte wieder das Protokoll, s. CvO: Die Kasseler Generalversammlung I und II, VF, November und Dezember 1919

17 Ludwig Quidde, 1858–1941, Historiker, Schriftsteller und liberaler Politiker, gehörte zunächst der DVP und seit 1918 der DDP an. Im Mai 1914 wurde er Präsident der DFG und war wegen seiner pazifistischen Tätigkeit während des Krieges zahlreichen Verfolgungen ausgesetzt. Trotzdem wurde seine Haltung gegenüber deutschen Regierungskreisen von vielen DFG-Mitgliedern als zu kompromißbereit kritisiert. Auch wurde ihm vorgeworfen, daß er sich mit seiner Friedenspolitk nur an bildungsbürgerliche Kreise, nicht an das Proletariat wende. Seine ablehnende Haltung gegenüber dem Versailler Vertrag sowie seine Einstellung, daß nicht die Mittelmächte allein für den Krieg verantwortlich seien, stießen auf mehrheitlichen Widerspruch in der DFG. 1929, zwei Jahre nachdem er den Friedensnobelpreis erhalten hatte, wurde er von den radikalen Pazifisten aus dem Vorsitz der Friedensgesellschaft verdrängt. Er zog sich resigniert zurück, ohne seine Aktivitäten für die internationale Friedensbewegung aufzugeben. 1933 emigrierte er in die Schweiz, wo er bis zu seinem Tode 1941 immer mit finanziellen Schwierigkeiten zu kämpfen hatte.

18 Walther Schücking, 1875–1935, Völkerrechtler, Universitätsprofessor und Politiker. Als Mitglied der DVP gehörte er bis 1928 dem Reichstag an und trat wiederholt gegen die illegale Wiederaufrüstung Deutschlands sowie gegen die »Schwarze Reichswehr« auf. 1919–1922 war er Mitglied des Präsidiums der DFG. Er galt als strikter Gegner des Versailler Vertrages und empfahl der deutschen Regierung dessen Ablehnung.

19 Friedrich (Fritz) Küster, 1889–1966, Journalist, seit 1919 Mitglied der DFG, Mitbegründer und Vorsitzender des Westdeutschen Landesverbandes (WLV) der DFG. Mit seinem – dem mitgliedsstärksten – Landesverband im Rücken betrieb er maßgeblich die Spaltung der DFG, deren geschäftsführender Vorsitzender er von 1929–1933 war. Die Jahre 1933–1938 verbrachte er in verschiedenen nationalsozialistischen Konzentrationslagern. Nach dem Kriege baute er die DFG wieder auf, trat aber 1954 wegen politischer Differenzen aus.

20 CvO: Nicht müde werden!, NWK, April 1921

21 CvO: Die Nacht von Hankau, WB, 11. 1. 1927; ders.: Der kranke Imperialismus, WB, 8. 3. 1927

22 CvO: Mahatma Gandhi, WB, 8. 10. 1929

23 Kurt Hiller, 1885–1972, Schriftsteller und Publizist. Er galt als Polemiker, der scharf und manchmal überzogen kritisierte. Er verstand sich selbst als Marxist, lehnte jedoch den Marxismus sowjetischer Prägung ab. In der DFG vertrat er – häufig gemeinsam mit Helene Stöcker – sozialistisch-pazifistische Positionen, und zwar mit einer Heftigkeit, die immer wieder zu Zerwürfnissen in der Friedensbewegung führte. Der Gründer der »Gruppe revolutionärer Pazifisten« veröffentlichte nach 1945 verschiedene kritische Aufsätze über Carl von Ossietzky (s. Literaturverzeichnis).

24 »Revolutionäre Pazifisten«, 1926–1933. Die 1926 von Kurt Hiller gegründete Gruppierung schloß kommunistische, sozialistische und sozialdemokratische Publizisten innerhalb der DFG zusammen. Mit dem radikalen Pazifisten stimmten sie in der Ablehnung von Kriegen schlechthin, der Abschaffung der Wehrpflicht und dem Streben nach internationaler Abrüstung überein. Als Voraussetzung einer Friedenssicherung sahen sie jedoch die Überwindung des Kapitalismus, der Hauptquelle militärischer Aggression, an. Die Anwendung von Gewalt zur Durchsetzung einer gewaltlosen, sozialistischen Gesellschaftsordnung lehnten sie deshalb nicht grundsätzlich ab. Dabei bestanden aber auch innerhalb dieser Gruppe erhebliche Differenzen über den Revolutionsbegriff: Sollte die gesellschaftliche Umgestaltung nach dem Vorbild Moskaus erfolgen, wie die Kommunisten es wollten, sollte sie geistige Veränderung sein, wie Helene Stöcker glaubte, oder sollte sie eine Art »defensiver« Taktik verfolgen?

25 CvO: Die Kasseler Generalversammlung I; Völkerfriede, November 1919

26 CvO: Die Kasseler Nationalversammlung II, Völkerfriede, Dezember 1919

27 Ebd. vgl. K. Holl/W. Wette (Hrsg.): Pazifismus in der Weimarer Republik, Paderborn 1981, S. 27ff.

28 Alfred Hermann Fried, 1864–1921, Österreicher, Verleger und Publizist. 1887 gründete er in Berlin einen Verlag und widmete sich unter dem Einfluß Bertha von Suttners seit 1891 ganz dem Friedenskampf. Er war 1892 der wichtigste Initiator der Deutschen Friedensgesellschaft (DFG) und gründete 1896 die pazifistische Monatsschrift »Friedens-Warte«.
1911 erhielt er den Friedensnobelpreis.
Seit der Jahrhundertwende vertrat er die Überzeugung, daß die Friedenssicherung vor allem durch die Annäherung der Völker über Wirtschaftsbeziehungen, Handel etc. stattfinden müsse.
Nach Kriegsausbruch emigrierte er in die Schweiz. Weil er an den Fortschritt der Menschheit glaubte, erwartete er eine endgültige Friedensregelung zwischen allen Völkern nach dem Kriege. Der Versailler Vertrag war deshalb eine bittere Enttäuschung für ihn.

29 Brief Carl von Ossietzkys an Alfred H. Fried, 5. 2. 1920, Kopie im OA

30 CvO: Verbreitet Besonnenheit, NWK, Februar 1921

31 CvO: Die Pazifisten, TB, 4. 10. 1924

32 Über die Gründung der »Nie-wieder-Krieg«-Bewegung berichtet Ossietzky in der »Friedens-Warte«: Nie wieder Krieg! Der Rundlauf einer Parole, Juni 1923.
Die Idee sei im Herbst 1919 entstanden. Auf Initiative Karl Vetters seien führende Pazifisten, u. a. Professor Nicolai, Emil J. Gumbel und Kurt Tucholsky, zusammengekommen, um den antimilitaristischen »Friedensbund der Kriegsteilnehmer« zu gründen. Man wollte den Jahrestag des Kriegsausbruches zu einem antimilitaristischen Gedenktag mit großen Antikriegskundgebungen machen und wählte dafür die Parole: »Nie wieder Krieg!« In den Aktionsausschüssen arbeiteten seit 1920 Gewerkschafter und Sozialisten ebenso mit wie die politisch neutralen Kriegsopferverbände. 1923 waren die Kundgebungen vom Ruhrkonflikt überschattet; 1924 beschlossen die Gewerkschaftsfunktionäre einen eigenen Antikriegstag, an dem die Pazifisten nur noch passiv teilnehmen konnten. Die Reichsregierung erklärte den Tag des Kriegsausbruchs zum »Opfertag« des deutschen Volkes, der fortan von revanchistischen Parolen beherrscht wurde. Eine Wiederbelebung der Friedensdemonstrationen in den folgenden Jahren mißlang.

33 Das berichtet Berthold Jacob in: Weltbürger Ossietzky, Paris 1937, S. 13

34 CvO: Nie wieder Krieg. Der Rundlauf einer Parole, »Die Friedens-Warte«, Juni 1923

35 CvO: Die Blutlinie, WB, 21. 10. 1930

36 CvO: Gasangriff auf Hamburg, WB, 29. 5. 1928

37 CvO: Unselig sind die Friedfertigen, WB, 19. 2. 1929

38 Brief Ossietzkys an Kurt Tucholsky, 25. 2. 1932, Akademie der Künste, Berlin, Tucholsky-Archiv (Abkürzung: TA); der Briefwechsel zwischen Ossietzky und Tucholsky ist veröffentlicht in: Dietger Pforte (Hrsg.): »Farbige weithin sichtbare Signalzeichen«. Der Briefwechsel zwischen Carl von Ossietzky und Kurt Tucholsky 1932, mit einem Nachwort von Dietger Pforte, Berlin 1986 (Akademie der Künste, Anmerkungen zur Zeit 25), hier: S. 5

39 »Rechenschaft« (WB, 10. 5. 1932) heißt der Artikel, den Carl von Ossietzky am Tage seines Haftantrittes 1932 in der Weltbühne veröffentlichte, nachdem er wegen angeblichen Landesverrats zu 18 Monaten Gefängnis verurteilt worden war. (Vgl. Kap. 12). »Rechenschaft« ist eine Art Vermächtnis des politischen Journalisten; es klagt die politische Justiz der Weimarer Zeit sowie die demokratiefeindliche Haltung der Militärs an; es begründet Ossietzkys Entscheidung, sich dem Urteil zu stellen, statt ins Ausland zu fliehen.

5
Hoffnung auf Demokratie
Revolution, Republik und Bürger

1 CvO: Das werdende Deutschland, MBM, Februar 1919

2 CvO: Ich bin kein Held der Barrikade (Ged., handschr.), OA, B 4002

3 S. Anm. 1

4 Ebd.

5 CvO: Der Anmarsch der neuen Reformation, Hamburg 1919, s. Kap. 2, Anm. 30

6 Ebd.

7 CvO: Pflicht zur Arbeit, MM, März 1920

8 Ebd., und s. Anm. 1

9 Erich Mühsam, 1878–1934, Schriftsteller, Radikalsozialist und Anarchist, Mitglied des Zentralrates der Münchner Räterepublik 1918/19, Mitarbeiter der »Weltbühne« bzw. »Schaubühne« 1908–1932. Er wurde 1934 im KZ Oranienburg erhängt. Mit ihm arbeitete Ernst Toller zusammen, 1893–1939, Schriftsteller und Publizist, regelmäßiger »Weltbühne«-Mitarbeiter. Als Vorsitzender der bayrischen USPD gehörte er zu den Führern der Münchner Räterepublik, nach deren Niederwerfung er zu 5 Jahren Festungshaft verurteilt wurde. In der Haftzeit entstand ein wichtiger Teil seines Werkes: Masse Mensch, Die Maschinenstürmer, Der deutsche Hinkemann. Er war Mitarbeiter der »Weltbühne« 1924–1933. Nach der NS-Machtübernahme wurde er ausgebürgert. Seine Bücher wurden verbrannt und verboten. Im englischen Exil beteiligte er sich maßgeblich an der Friedensnobelpreiskampagne für Carl von Ossietzky. Vereinsamt erhängte er sich 1939 in einem New Yorker Hotelzimmer.

10 S. Anm. 1
11 CvO: Des Bürgers Wiederkehr, MM, Januar 1920
12 Ebd.
13 CvO: Kommt Hitler doch? WB, 15. 12. 1931
14 Thomas Murner, 1475–1535, Franziskanermönch, Volksprediger, Theologe und gesellschaftskritischer Satiriker. In seinen Moralsatiren, Paraphrasen und Predigten hielt er der offiziellen ebenso wie den Reformatoren den Spiegel ihrer Unzulänglichkeiten vor. Dabei verstand er sich als Verteidiger des wahren Christentums.
15 S. Anm. 5 und 8
16 CvO: Gegen die Balkanisierung Deutschlands, BVZ, 14. 9. 1920, und s. Anm. 17
17 CvO: Im Jahre II, MM, April 1920
18 CvO: Die demokratische Parole, BVZ, 1. 4. 1920
19 Nach der Sturmflut, MM, Mai 1920
20 S. Anm. 18
21 Ebd.
22 Ebd.
23 CvO: (Pseudonym Thomas Murner) Rede in der Fensternische, MM, Juli/August 1920
24 CvO: Die Sünde der Republik, NWK, März 1921

6
Demokratie ist Idee
Ossietzkys Republikanische Partei

1 CvO: Wir heißen euch hoffen!, BVZ, 13. 6. 1920
2 Karl Vetter war der Chefredakteur der Berliner Volkszeitung und galt als Organisationstalent unter den Aktivisten der Republikanischen Partei wie der »Nie-wieder-Krieg!«-Bewegung. Vierzehn Jahre später ließ er sich als Mitarbeiter für Goebbels' Pressekonzern einspannen. Allerdings soll er seine Funktion genutzt haben, um Spendenaktionen etc. für Ossietzky zu unterstüzen.
Das behauptet jedenfalls Hilde Walter in einem Erinnerungsbericht für das IFZ, ohne Datum, ZS 2031.
3 Der Parteitag der Republikaner, in: Republikanische Presse (Abkürzung: RP), 30. 3./10. 4. 1924.
4 Dargestellt nach dem Wahlaufruf der RPD, abgedruckt in: Berliner Tageblatt, 5. 2. 1924
5 Das behauptet Kurt Hiller in: Erinnerungen an Carl von Ossietzky, in: ders.: Köpfe und Tröpfe, Hamburg 1950, S. 344ff.; Ossietzky soll sich Jahre später wegen des Vorfalls bei Hiller entschuldigt und erklärt haben, die nationalen Töne des Parteiprogramms seien wesentlich von Karl Vetter bestimmt worden.

6 Ernst Feder: Neue Parteien?, in: Berliner Tageblatt, 6. 2. 1924
7 »Erneuerung, nicht Neugründung« und »Die republikanische Erneuerung«, Leserbriefe in der Vossischen Zeitung vom 2. 3. 1924
8 »Die Republikanische Volkspartei«, Vossische Zeitung, 3. 3. 1924
9 Leserbrief in der Vossischen Zeitung vom 20. 3. 1924
10 Zitiert nach: Frankfurter Zeitung, 2. 5. 1924
11 »Die Nation« (DLA) erschien einen Tag vor den Wahlen (am 3. 5. 1924) und sollte fortan täglich um 15.00 Uhr herauskommen. Es blieb wahrscheinlich bei der einen Nummer – die Wahlniederlage der RPD machte alle weitergehenden Pläne zunichte. Herausgeber des Blattes war der Vorstand der Partei.
12 Die »Republikanische Presse« wurde 1921 als Pressedienst in Berlin gegründet. Herausgeber und Chefredakteur war Karl Vetter; Carl von Ossietzky fungierte als Schriftleiter.
13 CvO: Die RPD und ihr Programm, eine Rede vor dem Sozialwissenschaftlichen Club in Berlin, gehalten am 31. März 1924, abgedruckt in: RP, 10. 4. 1924
14 CvO: Kant und die Sträflinge, TB, 12. 4. 1924
15 S. Anm. 13, und CvO: Demokratische Kulturpolitik, MM, Februar 1920
16 CvO: Die große republikanische Partei, WB, 19. 6. 1928. Ossietzky darin an Theodor Wolff: »Seit Sie unter dem Eindruck der demokratischen Wahlniederlage den Gedanken der großen republikanischen Partei zur Erörterung gestellt haben, will mich die Erinnerung an den Winter 1924 nicht verlassen, wo zwei Redakteure der ›Berliner Volkszeitung‹, Karl Vetter und ich, das Palais Mosse verlassen mußten, weil sie sich an der Gründung der kleinen republikanischen Partei beteiligt hatten. ... Von uns wurde damals Eintreten für die Demokratische Partei im bevorstehenden Wahlkampf verlangt; Ihr Vorschlag ging dahin, daß wir wenigstens nichts gegen die Partei unternehmen sollten ...«

7
Im Wartesaal der deutschen Republik
Umbruchzeit

1 CvO: Für Daheimgebliebene, TB, 30. 8. 1924
2 Lucius, Missionar in Rätien, der Gegend um Chur, lebte im 5./6. Jahrhundert unserer Zeit. Heiliger und Patron des Bistums Chur. Lucius III., Zisterzienser, Papst, 1181–1185, förderte den kaiserlichen Kreuzzug und erließ zusammen mit Kaiser Friedrich Barbarossa schärfere Bestimmungen gegen sogenannte Ketzer, die Katharer und Waldenser.
3 CvO: Ein Wort über Aktivismus, MMH, März 1918

4 Joseph Kürschner, 1835–1902, Schriftsteller und Herausgeber zahlreicher Nachschlagewerke – u. a. für den Deutschen Reichstag –, die nach seinem Tode weitergeführt bzw. ergänzt wurden.

5 CvO: Unsere Deputierten, TB, 12. und 19. 7. 1924

6 CvO: Die Damen im Reichstag, 26. 7. 1924

7 S. Anm. 5

8 CvO: Die Pazifisten, TB, 4. 10. 1924

9 CvO: Jubeljahr, TB, 9. 8. 1924

10 Felix Fechenbach, 1894–1933, seit 1917 in der USPD, 1918/19 als Kurt Eisners Sekretär am Aufbau der Münchner Räterepublik beteiligt. Er wurde 1922 wegen angeblichen »Landesverrats« zu 11 Jahren Zuchthaus verurteilt; nach seiner vorzeitigen Entlassung 1928 war er journalistisch tätig, bis er 1933 in »Schutzhaft genommen« und beim Transport in das KZ Dachau »auf der Flucht erschossen« wurde. (Vgl.: Hermann Schueler: Auf der Flucht erschossen. Felix Fechenbach 1894–1933, Köln 1981)

11 Kurt Eisner, 1867–1919, seit 1898 Mitglied der SPD und Redakteur des »Vorwärts«. Zu Beginn des Krieges trat er in Opposition zur Burgfriedenspolitik der SPD, nahm am Gründungsparteitag der USPD teil, der er am 1. Mai 1917 beitrat. Im November 1918 wurde er Präsident der von SPD und USPD gebildeten Münchner Räterepublik, bis er im Feburar 1919 von einem rechtsradikalen Offizier ermordet wurde.

12 Vgl. CvO: Schutz der Republik – die große Mode, TB, 13. 9. 1924

13 CvO: Deutsche Linke, TB, 20. 9. 1924

14 S. Anm. 12

15 S. Anm. 9

16 CvO: 51 Prozent, TB, 4. 7. 1925

17 Ebd.

18 Der Wiener Theaterkritiker Stefan Großmann gründete 1920 das Berliner »Tage-Buch«, ebenso wie die »Weltbühne« ein Blatt der intellektuellen Linken. Siegfried Jacobsohn, der Herausgeber der »Weltbühne«, griff die neue Konkurrenzzeitschrift sofort wegen ihrer zustimmenden Haltung zur Außenpolitk der deutschen Regierung heftig an. Seit 1922 gab der Wirtschaftsjournalist Leopold Schwarzschild das Blatt alleine heraus. Mitarbeiter waren u. a.: Paul Levi, Egon Erwin Kisch, Walter Mehring. Ossietzky nahm seine Tätigkeit als verantwortlicher Redakteur im Juni 1924 auf, er schrieb jedoch nur wenige größere politische Beiträge, z. B. seine Abrechnung mit dem organisierten Pazifismus. Angeblich verfaßten Großmann und Schwarzschild grundsätzliche politische Artikel lieber selbst. (Kurt R. Grossmann, 1973, S. 78 ff.) Stefan Großmann arbeitete 1929 mit Ossietzky im Ausschuß zur Untersuchung des »Blutmai« 1929 zusammen (vgl. Kap. 8).

19 Leopold Schwarzschild trat 1931/32 für Carl von Ossietzky ein, nachdem dieser im »Weltbühne«-Prozeß wegen angeblichen »Landesverrats« verurteilt worden war.
20 Vgl. Bruno Frei, 1978, S. 87; Ruth und Reinhard Greuner 1963, S. 20; Ursula Madrasch-Groschopp, 1983, S. 163f.
21 CvO: Das boykottierte Vaterland, TB, 17. 1. 1925
22 S. Anm. 13

8
Brombeeren und Bananen
Sozialdemokratie und Sozialismus

1 CvO: Kommunistengesetz?, WB, 21. 5. 1929
2 CvO: Der Kieler Parteitag, WB, 31. 5. 1927
3 Karl Liebknecht, 1871–1919, enthüllte im April 1913, daß die Krupp AG durch Bestechung hoher Beamter des Kriegsministeriums jahrelang wichtige rüstungspolitische Informationen erhalten hatte. Er nannte das Profitstreben Krupps, Siemens' und anderer großer Konzerne als wahre Ursache für das Wettrüsten in Europa. Am 2. Dezember 1914 stimmte er als einziger Reichstagsabgeordneter gegen die Kriegskredite.
Wegen seiner zahlreichen Attacken gegen die sozialdemokratische Burgfriedenspolitik wurde er 1916 aus der Reichstagsfraktion ausgeschlossen und begründete zusammen mit Rosa Luxemburg und anderen Linken die oppositionelle Spartakusgruppe, aus der die KPD hervorging, zu deren »Aktionsausschuß« er bis zu seiner Ermordung im Januar 1919 gehörte. (Vgl.: Helmut Trotnow: Karl Liebknecht, Köln 1980)
4 CvO: Der heilige Mars, FV, 31. 5. 1913
5 Rosa Luxemburg, 1871–1919, wurde im Februar 1914 zu einem Jahr Gefängnis verurteilt, weil sie die deutschen Arbeiter aufgefordert hatte, nicht auf ihre französischen Klassenbrüder zu schießen. Die Richter nannten das: »Aufforderung zum Ungehorsam wider die Gesetze«. Ihr Verteidiger war Paul Levi. Gemeinsam mit Karl Liebknecht gründete er die KPD, deren Programm er ausarbeitete. Vgl.: Sibylle Quack: Geistig frei und niemandes Knecht. Paul Levi/ Rosa Luxemburg – Politische Arbeit und persönliche Beziehung, Köln 1983.)
6 CvO: Der Prozeß des Herrn Henrici, FV, 28. 2. 1914
7 Vgl. Kap. 5
8 Ein Bericht über den Vortrag findet sich in: FV, 31. 1. 1914
9 CvO: Die RPD und ihr Programm, Rede vom 31. 3. 1924, abgedruckt in: RP, 10. 4. 1924
10 S. Anm. 2

11 Zeitgenossen über die Geschichte von SPD und KPD: Wolfgang Abendroth: Ein Leben in der Arbeiterbewegung, Frankfurt/Main, 1981, 3. Auflage;
ders.: Sozialgeschichte der europäischen Arbeiterbewegung, Frankfurt/Main 1970, 7. Auflage;
Ossip Flechtheim: Die KPD in der Weimarer Republik, Frankfurt/Main 1969;
Arthur Rosenberg: Geschichte der Weimarer Republik, Frankfurt/Main 1961
12 CvO: Der Aufmarsch der Reaktion, BVZ, 31. 1. 1920
13 Ebd.
14 CvO: Alexanderschlacht, WB, 15. 1. 1929
15 CvO: Nach der Sturmflut, MM, Mai 1920
16 Ebd.
17 CvO: Rede in der Fensternische, MM, Juli/August 1920
18 CvO: Revolutionsbilanz. Heinrich Ströbels Werk. (Rezension: Heinrich Ströbel, Die deutsche Revolution. Ihr Unglück und ihre Rettung), BVZ, 26. 9. 1920
19 CvO: Ebd., s. auch Arbeiterschaft und Gewaltpolitik, BVZ, 23. 10. 1920
20 CvO: Der Adlerknopf, BVZ, 31. 1. 1920
21 Ebd.
22 CvO: Gegen die Balkanisierung Deutschlands, BVZ, 14. 9. 1920
23 Ebd.
24 S. Anm. 9
25 CvO: Lassalle, TB, 6. 9. 1924
26 CvO: Die Bahn, die uns geführt Lassalle, WB, 17. 7. 1928
27 CvO: Verlorene Illusionen, WB, 21. 8. 1928
28 CvO: Volksentscheid, WB, 11. 9. 1928
29 Ebd.
30 CvO: Georg Gross-Prozeß-Schober-Masaryk-Grzesinskis Abgang-Krach beim Genossen Z., WB, 4. 3. 1930
31 Karl Friedrich Zörgiebel, 1878–1961, seit 1901 Mitglied der SPD, 1926–1930 Polizeipräsident von Berlin (ließ die Berliner Maidemonstration 1929 blutig niederschlagen), 1931–1933 von Dortmund, 1933 zeitweise in Schutzhaft, bezog dann ein Ruhegehalt, 1947–1949 Polizeioberpräsident von Hessen-Pfalz, Träger des Großen Verdienstkreuzes.
32 Die Vorgänge werden dargestellt nach Werner Boldt: Der »Blutmai« 1929 in Berlin, Universität Oldenburg 1978, unveröffentlichtes Manuskript.
33 Ebd., S. 38ff.
34 CvO: Zörgiebel ist schuld!, WB, 7. 5. 1929; ders.: Abdankung, Herr Polizeipräsident!, WB, 14. 5. 1929

35 Albert Grzesinski, 1879–1947, seit 1919 sozialdemokratisches Mitglied des preußischen Landtages, 1925 Polizeipräsident von Berlin, 1926–1930 preußischer Innenminister, 1930–1932 erneut Berliner Polizeipräsident; er wurde wegen seiner Bemühungen um eine Reform von Polizei und Verwaltung in Preußen heftig von den rechten Parteien attackiert. Seit 1933 war er ein führender Politiker in der SPD im Exil.

36 Alfons Goldschmidt, 1879–1938, Nationalökonom, Schrifsteller und Publizist, »Weltbühne«-Mitarbeiter von 1917–1933

37 Alfred Döblin, 1878–1957, war von 1921–1927 Mitarbeiter der »Weltbühne«.

38 Heinrich Mann, 1871–1950, »Weltbühne«-Mitarbeiter, engagierte sich ebenso wie sein Bruder Thomas stark in der Friedensnobelpreiskampagne für Ossietzky.

39 Alfred Apfel, 1882–1940, Rechtsanwalt, seit 1926 Vorsitzender der »Zionistischen Vereinigung Berlin« und aktiv in der zionistischen Weltorganisation. Er fungierte als Verteidiger in spektakulären politischen Prozessen, z. B. für Max Hölz, George Grosz, Berthold Jacob und mehrfach für Carl von Ossietzky. Er galt als einer der besten Kenner der politischen Justiz der Weimarer Zeit. 1933 floh er nach Frankreich, er starb 1940 in Marseille.

40 Werner Boldt, 1978, S. 44f.

41 Ebd., S. 42

42 »Vorwärts«, 7. 6. 1929

43 Stefan Großmann: Die Katastrophe Zörgiebel, in: »Montag Morgen«, 27. 5. 1929

44 CvO: Areopag, WB, 11. 6. 1929

45 Werner Boldt, 1978, S. 18f.

46 CvO: Kommunistengesetz?, WB, 21. 5. 1929

47 Das weist Boldt auf Grundlage des Nachlasses von Grzesinski (IISG) nach. Boldt 1978, S. 19f.

48 Heinrich Brandler, 1881 bis 1967, und August Thalheimer, 1884–1948, führten eine oppositionelle Fraktion innerhalb der KPD, die insbesondere auf eine Zusammenarbeit mit der SPD drang und die oppositionelle Politik der KPD in den Gewerkschaften ablehnte. Im Dezember 1928 gründeten sie die (KPO) Kommunistische Partei Deutschlands (Opposition), nachdem sie faktisch aus der KPD hinausgedrängt worden waren (Enthebung aller Funktionen, Verbot jeglicher Aktivitäten für die Partei).

49 S. Anm. 46

50 CvO: Breitscheid als Marxist, WB, 30. 6. 1931, vgl. Kap. 1 und 6. Der Leserbrief ist dem Artikel vorangestellt.

51 Paul Levi, 1883–1930, Rechtsanwalt, trat als Student der SPD bei, verteidigte 1914 Rosa Luxemburg. Als entschiedener Gegner der

sozialdemokratischen Burgfriedenspolitik fand er den Weg in die Gruppe »Internationale«, 1918 in den Spartakusbund und gehörte bis 1921 der Zentrale der KPD an, deren Vorsitzender er seit 1919 war. 1921 trat er nach Auseinandersetzungen über die Politik der Kommunistischen Partei Italiens und über die Haltung der KPD in den Märzkämpfen, die er in einer Broschüre »Wider den Putschismus« kritisierte, zurück und wurde bald darauf aus der KPD ausgeschlossen. 1922 trat er der SPD bei, in der er zu den linken Oppositionellen zählte. 1929 wies er im sog. »Jorns-Prozeß« die Schuld des Reichsgerichtsrates Jorns daran nach, daß der Mord an Rosa Luxemburg und Karl Liebknecht niemals richtig geklärt werden konnte.

52 Jorns-Prozeß: Am 24. April 1928 veröffentlichte Berthold Jacob im »Tage-Buch« einen Artikel, in dem der Reichsanwalt Jorns beschuldigt wurde, die Ermittlungen gegen die Liebknecht- und Luxemburg-Mörder 1919 – damals als Kriegsgerichtsrat – verschleppt und die Mörder begünstigt zu haben. Der Beschuldigte verklagte daraufhin den verantwortlichen Redakteur Josef Bornstein wegen übler Nachrede. Bornsteins Verteidiger war Paul Levi, der in einem Plädoyer von »dantonischem Format« (Ossietzky) die Versäumnisse und Vertuschungen nachwies, die der Kriegsgerichtsrat zu verantworten hatte. Bornstein wurde freigesprochen, die Qualifikation Jorns' als Reichsanwalt in Zweifel gezogen. Im Berufungsverfahren wurde das Urteil jedoch revidiert: Bornstein mußte 500 RM Geldstrafe bezahlen, Jorns blieb Reichsanwalt und wurde 1936 zum Oberreichsanwalt beim Volksgerichtshof befördert.

53 CvO: Als Gast Herr Dr. Paul Levi, WB, 4. 6. 1929

54 Paul Loebe, 1875-1967, Redakteur, sozialdemokratischer Politiker und Reichstagspräsident, war einer der wenigen führenden SPD-Mitglieder, die offensiv gegen den Wehretat eintraten, gehörte bis 1927 dem Beirat des Präsidiums der DFG an, zog sich aber wegen der Zurückdrängung der gemäßigten Pazifisten 1929 aus der Führung der Friedensgesellschaft zurück. 1933 wurde er vorübergehend in »Schutzhaft« genommen.

55 CvO: Paul Levi, WB, 18. 2. 1930

56 CvO: Neue USP?, WB, 18. 11. 1930

57 Max Seydewitz, geb. 1892, wurde 1931 aus der SPD ausgeschlossen, Mitbegründer der SAP, 1934–1938 Mitarbeiter der »Neuen Weltbühne« in Prag, trat im Exil der KPD bei, nach dem Krieg führender SED-Politiker.

58 Kurt Rosenfeld, 1877–1943, Rechtsanwalt, seit etwa 1899 Mitglied der SPD, seit 1917 der USPD. Er lehnte den Anschluß der USPD an die KPD sowie an die SPD ab; trat dann – notgedrungen – 1924 der SPD bei. Er agierte in zahlreichen Prozessen für die Liga für Men-

schenrechte und arbeitete in der Deutschen Friedensgesellschaft mit. 1931 wurde er zusammen mit Seydewitz als linker Oppositioneller aus der SPD ausgeschlossen. Er war 1931 Mitbegründer und einer der Vorsitzenden der Sozialistischen Arbeiterpartei Deutschlands (SAP), deren wichtigstes Ziel der Zusammenschluß der Arbeiterparteien gegen den Faschismus war. 1933 floh er zunächst nach Frankreich und gelangte über mehrere Stationen nach New York. Ende der dreißiger Jahre trat er der KPD bei.

59 Rudolf Hilferding, 1877 bis 1941, Österreicher, Kinderarzt, trat 1918 der USPD bei und erwarb 1919 die deutsche Staatsbürgerschaft. 1922–1933 gehörte er dem Parteivorstand der SPD an. Er wollte den Gegensatz zwischen bürgerlicher und sozialistischer Demokratie evolutionär überwinden, indem die SPD das Monopolkapital mit Hilfe der Koalitionspolitik den Interessen der Gesellschaft unterordnete.
Bis zuletzt setzte er sich für eine Tolerierung der bürgerlichen Regierungen vor 1933 ein und lehnte das antifaschistische Bündnis mit der KPD ab. 1933 emigrierte er zunächst nach Dänemark, dann in die Schweiz und zuletzt nach Frankreich, wo er 1941 verhaftet und der Gestapo ausgeliefert wurde, die ihn im Gefängnis La Santé in Paris ermordete.

60 CvO: Völker ohne Signale, WB, 29. 9. 1931

61 SAP: Sozialistische Arbeiterpartei Deutschlands, 1931 von Kurt Rosenfeld, Max Seydewitz und anderen aus der SPD verdrängten Linksoppositionellen gegründete Partei, die sich als Brücke zwischen den beiden Arbeiterparteien verstand.

62 K. L. Gerstorff: Pseudonym für Fritz Sternberg, 1895–1963, Mitarbeiter der »Weltbühne« von 1930–1933, linker Sozialdemokrat, verwendete auch das Pseudonym »Thomas Tarn«.

63 Ders.: SPD gespalten! WB, 6. 10. 1931

9

Revolutionärer Geist oder Lehre des Moskauer Heiligen Stuhls Sozialismus, Kommunismus und Sowjetunion

1 CvO: Pflicht zur Arbeit, MM, März 1920, und: Das werdende Deutschland, MBM, Febr. 1919

2 CvO: Arbeiterschaft und Gewaltpolitik, BVZ, 23. 10. 1920

3 CvO: Moskau und Potsdam, in BVZ, 24. 6. 1920; s. auch: ders.: Rotrußland, in: BVZ, 13. 8. 1920

4 Das Moskauer Todesurteil, in: BVZ, 10. 8. 1922; Ossietzky verfolgte die Moskauer Prozesse weiterhin mit kritischen Kommentaren (WB, 14. 6. 1927; 2. 12. 1930; 10. 3. 1931)

5 Feuer im Osten, in: WB, 14. 6. 1927

6 Kommentare Ossietzkys über Stalins Weg zur Macht seit seiner Ernennung zum Generalsekretär der KPDSU bis 1926 sind bisher unbekannt; möglicherweise gibt es welche in den verschollenen Jahrgängen der BVZ (1923, 1924).

7 Bei aller Skepsis gegenüber dem Trotzkismus setzt sich Ossietzky in der »Weltbühne« immer wieder respektvoll mit dem Theoretiker auseinander und zieht ihn 1931 sogar als Analytiker des deutschen Faschismus heran (Trotzki spricht aus Prinkipo, WB, 22. 12. 1931).

8 CvO: Stalin und Trotzki, WB, 15. 11. 1927

9 CvO: Trotzkis Tragödie, WB, 4. 12. 1928

10 Ebd.

11 CvO: Die Internationale der Angst, in: WB, 13. 8. 1929

12 CvO: Zehn Jahre Rote Armee, WB, 28. 2. 1928, und: Russischer Friede, WB, 6. 12. 1927

13 CvO: Der plombierte Wagen, WB, 20. 4. 1926. Es ist Ossietzkys erster Artikel in der »Weltbühne«

14 CvO: Kompromiß und Klarheit, WB, 7. 12. 1926

15 CvO: D'Abernon, Seeckt und Andre, in: WB, 20. 7. 1926; s. auch ders.: Der plombierte Wagen, WB, 20. 4. 1926; ders.: Wahlkampf: Zwischenspiel der Generale, WB, 2. 9. 1930

16 CvO: Russischer Friede, WB, 6. 12. 1927

17 S. Anm. 11

18 CvO: Rotkoller, in: WB, 18. 2. 1930

19 CvO: Gibt es noch eine Opposition?, in: WB, 7. 1. 1930

20 CvO: Alexanderschlacht, in: WB, 15. 1. 1929

21 Ebd.

22 CvO: Ebd., und: Kendell, der Kommunistenvetter, in: WB, 24. 4. 1928

23 CvO: Romulus Augustus, in: WB, 7. 10. 1931

24 Otto Braun, 1872–1955, seit 1889 Mitglied der SPD, von 1925–1932 preußischer Ministerpräsident. Er wurde am 20. Juli 1932 durch einen Staatsstreich des damaligen Reichskanzlers von Papen seines Amtes enthoben. Im März 1933 flüchtete er in die Schweiz.

25 CvO: Das gerettete Österreich – der gerettete Brüning – Leutnant Scheringer und die KPD, WB, 23. 6. 1931. Der ehemalige Offizier der »Schwarzen Reichswehr« und Rechtsputschist Scheringer hatten sich der KPD angeschlossen, und die machte Propaganda damit, um der NSDAP Anhänger abspenstig zu machen. Er war bis zu seinem Tode 1986 führender Funktionär der KPD und der DKP. Nationalistische Entgleisungen der KPD werden auch kritisiert in: Stillhalten und mitsingen, WB, 28. 7. 1931.

26 CvO: Volksentscheid, in: WB, 11. 8. 1931

27 CvO: Bülow-Platz, in: WB, 18. 8. 1931

28 CvO: Rotkoller, in: WB, 18. 2. 1930

29 CvO: Das Verbot der SA, in: WB, 19. 4. 1932
30 CvO: Antworten: Kommunist, WB, 24. 1. 1933

10
»Wir werden wohl mit neuen Menschen neu beginnen müssen« SPD und KPD im Schatten des Faschismus

1 Loebe und Braun wurden innerhalb der SPD tatsächlich als mögliche Kandidaten diskutiert. Aus »taktischen« Erwägungen nennt Ossietzky sie in seinem Artikel für Thälmann (s. Anm. 2) als Kandidaten, die er Thälmann vorgezogen hätte – um den Zorn der Sozialdemokraten auf die »Weltbühne« zu beschwichtigen. Das teilt er Kurt Tucholsky in einem Brief am 10. 3. 1932 mit. TA, abgedruckt bei Pforte, 1985, S. 12ff.
2 CvO: Um Hindenburg, 19. 1. 1932
3 Brief Carl von Ossietzkys an Kurt Tucholsky, Schweden, 10. 5. 1932, TA (abgedruckt bei Pforte, 1985, S. 12ff.), und CvO: Gang eins, WB, 1. 3. 1932
4 CvO: Gang zwei, in: WB, 23. 3. 1932
5 CvO: Wer gegen wen?, in: WB, 24. 11. 1931
6 CvO: Ein runder Tisch wartet, in: WB, 3. 5. 1932
7 CvO: Kavaliere und Rundköpfe, in: WB, 7. 2. 1933

11
Lob der Außenseiter Ossietzky als politischer Publizist

1 Über die Situation der linken, intellektuellen Außenseiter der Weimarer Republik schreiben:
Istvan Deak: Weimar Germany's left-wing intellectuals: a political history of the Weltbühne and its circle, Berkeley/Los Angeles (Univ. of California) 1968;
Peter Gay: Die Republik der Außenseiter: Geist und Kultur in der Weimarer Zeit 1918–1933, Hamburg 1970;
Alfred Kantorowicz: Die Geächteten der Republik. Alte und neue Aufsätze, Berlin 1977;
ders.: Deutsches Tagebuch, Berlin 1959;
Kurt Hiller: Profile: Prosa aus einem Jahrzehnt, Paris 1938;
ders: Leben gegen die Zeit, Hamburg;
Raimund Koplin: Carl von Ossietzky als politischer Publizist, Berlin/Frankfurt/M. 1964;
Jenö Kurucz: Struktur und Funktion der Intelligenz während der Weimarer Republik, Köln 1967;
Ludwig Marcuse: Mein zwanzigstes Jahrhundert: Auf dem Weg zu einer Autobiographie, Zürich 1975;

Walter Mehring: Die verlorene Bibliothek: Autobiographie einer Kultur, Düsseldorf 1978;
Joachim Nold: Einige Anmerkungen zum politischen Publizisten Carl von Ossietzky, in: Carl von Ossietzky, Ausstellungskatalog, Universität Oldenburg 1982;
Hannelore Oelke: Carl von Ossietzky – Literatur und Politik, Examensarbeit, Wuppertal 1983;
Thomas Koebner: Weimars Ende, Frankfurt/M. 1982;
Axel Eggebrecht: Das Drama der Republik, Königstein 1978 (Begleitband zum »Weltbühne«-Reprint);
ders.: Der halbe Weg, Hamburg 1975

2 Literatur über die »Weltbühne«:
Alf Enseling: Die Weltbühne: Organ der Intellektuellen Linken, (Diss.) Münster 1962;
Raimund Koplin: Das literarische Leben in der Weimarer Republik, Königstein 1978;
Erwin Lunke: Die deutsche Presse im eigenen Urteil. 1918–1933, München 1952;
Ursula Madrasch-Groschopp: Die Weltbühne: Portrait einer Zeitschrift, Berlin (DDR) 1983;
Rolf Michaelis: Von der Bühnenwelt zur Weltbühne, Königstein 1980

3 Kurt Tucholsky; 1890–1935, seit 1913 Mitarbeiter der »Schaubühne«, der Vorgängerin der »Weltbühne«. Er verwendete vier Pseudonyme: Theobald Tiger, Kaspar Hauser, Peter Panter, Ignaz Wrobel.
Als Gründungsmitglied des »Friedensbundes der Kriegsteilnehmer« engagierte er sich zwischen 1920 und 1924 in der »Nie-wieder-Krieg«-Bewegung und schloß sich der DFG mit dem Bekenntnis zur Wehrdienstverweigerung an.
1929 emigrierte er nach Schweden, wo er zunehmend an der politischen Entwicklung Deutschlands verzweifelte. Seit 1932 publizierte er – resigniert– kaum noch. Bis zu seinem Selbstmord im Dezember 1935 war er für die Friedensnobelpreiskampagne für Carl von Ossietzky aktiv.

4 Kurt Tucholsky: Die Rolle des Intellektuellen in der Partei, Front, Nr. 9, S. 250ff., abgedruckt in: ders: Gesammelte Werke 1929, Bd. 7, S. 13ff.

5 CvO: Lob der Außenseiter, WB 4. 1. 1927

6 CvO: Rechenschaft, WB, 10. 5. 1932

7 Kurt Hiller: Erinnerungen an Carl v. Ossietzky, in: ders.: Köpfe und Tröpfe, Hamburg 1950, S. 338ff.
Die Zitate finden sich auf S. 339f.

8 Ders: Ist denn das in Deutschland unmöglich?, WB, 10. 9. 1929

9 CvO: Romulus Augustus, WB, 7. 10. 1930

10 S. Anm. 8

11 S. Anm. 4
12 Kurt Tucholsky: Hej –!, WB, 29. 10. 1929
13 Rede Ossietzkys auf der letzten öffentlichen Veranstaltung des »Schutzverbandes deutscher Schriftsteller« am 17. Februar 1933.
Die Rede ist umstritten. Hilde Walter und Rudolf Olden behaupten, sie habe nie stattgefunden und sei eine Erfindung von Kommunisten, die damit Ossietzkys Annäherung an die KPD glaubwürdig machen wollten.
Dagegen stehen Augenzeugen wie Kurt R. Grossmann (1973, S. 258f.), Alfred Kantorowicz, Bruno Frei (1978, S. 203f.) u. a. Kantorowicz überliefert den Wortlaut der Rede nach stenographischen Aufzeichnungen von Max Schroeder in: Porträts – Deutsche Schicksale, Berlin 1949, S. 34.
Grossmann und Frei übernehmen diese Version; letzterer führt als Zeugen noch Karl Grünberg und Johanna Rudolph auf.
Ludwig Marcuse (1975, S. 158) berichtet auch von der Rede.
14 S. Anm. 6
15 CvO: Brief an Kurt Tucholsky, 10. 3. 1932.
Der Briefwechsel zwischen den beiden wurde von Tucholskys letzter Freundin Gertrude Meyer-Prenzlau in Híndâs (Schweden) aufbewahrt und vor einigen Jahren der Berliner Akademie der Künste übergeben. Er befindet sich im dortigen TA. Veröffentlicht in: Dietger Pforte (Hrsg.): »Farbige weithin sichtbare Signalzeichen«. Der Briefwechsel zwischen Carl von Ossietzky und Kurt Tucholsky aus dem Jahr 1932; in: Anmerkungen zur Zeit, 25, Akademie der Künste, Berlin 1985, hier: S. 13
16 S. Anm. 7, S. 340
17 Hillers ›Ziel‹-Jahrbücher erschienen 1916, 1917/18, 1919, 1920, 1924 in Hamburg
18 Karl Kraus (1874–1936), Schriftsteller, gab in Wien die polemische Zeitschrift »Die Fackel« heraus. Der Pazifist und Kulturkritiker gilt als einer der größten Satiriker deutscher Sprache.
19 Der promovierte Psychologe war 24 Jahre alt, als er 1926 Mitarbeiter der »Weltbühne« wurde. 1928–1933 war er Kulturredakteur des Blattes. 1933 emigrierte er nach Italien, dann in die USA, wo er noch heute als Kunstprofessor tätig ist.
20 Zitiert aus einem Interview der Verfasserin mit Rudolf Arnheim, Darmstadt, 15. 6. 1986
21 S. Anm. 4
22 Kurt Hiller, 1950, S. 347ff.
23 Franz Leschnitzer: Carl von Ossietzky, in: ders: Von Börne zu Leonhard, Rudolstadt 1966, S. 202f.
24 Béla Balász: Erinnerungen an Carl von Ossietzky, in: Das Wort, Moskau 1938

25 Joachim Ringelnatz, 1883–1934, Dichter und Schriftsteller, Mitarbeiter der »Weltbühne« von 1921 bis 1932
26 Hermann Kesten, 1900 geb., Schriftsteller und Essayist, Cheflektor, später literarischer Leiter bei Kiepenheuer, Mitarbeiter der »Weltbühne« 1928–1933
27 Arnold Zweig, 1887–1968, Schriftsteller, seit 1913 Mitarbeiter der »Schaubühne« bzw. »Weltbühne«
28 Heinrich Mann veröffentlichte seit 1925 Beiträge in der »Weltbühne«
29 Egon Erwin Kisch, 1885–1948, Journalist und Publizist, Begründer der modernen literarischen Reportage, seit 1911 Mitarbeiter der »Schaubühne« bzw. »Weltbühne«
29 Die »Weltbühne«-Autoren werden vorgestellt von Ursula Madrasch-Groschopp, 1983
30 Siegfried Jacobsohn, 1881–1926, Journalist und Publizist. Er schrieb 1901–1904 als Theater- und Musikkritiker bei der »Welt am Montag« und gründete dann – 1905 – sein eigenes »Blatt«, »Die Schaubühne«, für Theaterkritiken. Kriegserfahrungen brachten ihn dazu, seine Zeitschrift für politische und wirtschaftliche Themen im Sinne einer Friedenspolitik und Demokratisierung in Deutschland zu öffnen. Wegen seiner offensiven Kritik an der illegalen Aufrüstung und an der »Schwarzen Reichswehr« sowie einer Artikelserie über die Hintergründe der Fememorde in der »Weltbühne« wurde er als »Landesverräter« vor Gericht gestellt.
31 Das beschreibt Axel Eggebrecht (1899 geb., Schriftsteller und Publizist, 1925–1933 Mitarbeiter der »Weltbühne«, nach dem 2. Weltkrieg Mitbegründer des Norddeutschen Rundfunks) in: Der halbe Weg, Hamburg 1975, S. 209 ff.
32 Willy Brandt: Eine Kampagne für den Friedenspreis gegen Hitler, in: Hellmut Donat/Adolf Wild: Carl von Ossietzky. Republikaner ohne Republik, Bremen 1986, S. 24
33 Dargestellt nach: Ursula Madrasch-Groschopp, 1983, S. 234
34 Kurt Tucholsky: Fünfundzwanzig Jahre, WB, 9. 9. 1930, abgedruckt in: Gesammelte Werke, 1930, S. 209 ff.; dargestellt bei Ursula Madrasch-Groschopp, 1983, S. 203 ff.
35 Erzählt und zitiert nach Ursula Madrasch-Groschopp, 1983, S. 203 ff.
36 Das bezeugt Edith Jacobsohn in ihrem Artikel »C.v.O.«, WB, 17. 5. 1932
37 CvO: Die Ursache, WB, 29. 11. 1927
38 Kurt Tucholsky: Brief an seine Frau Mary, 12. 2. 1927, in: ders.: Unser ungelebtes Leben. Brief an Mary, Hamburg 1982, Hrsg.: Fritz J. Raddatz, S. 246
39 Das schreibt er in mehreren Briefen an Mary im Frühjahr 1927 (s. Anm. 38); das bestätigen die ehemaligen »Weltbühne«-Mitglieder Hilde Walter (z. B. in ihrem Manuskript »Der Preis für einen Frie-

denspreis«, Hilde Walter – Nachlaß, IfZ, S. 4ff.) und Rudolf Arnheim (s. Anm. 20).
Das Datum von Tucholskys Rücktritt war bislang nicht bekannt; es wird von Hilde Walter angegeben und entspricht den Informationen aus den Briefen an Mary.

40 Wahrscheinlich zögerte Edith Jacobsohn die Bekanntgabe so lange hinaus, weil sie nach dem Rücktritt ihres berühmtesten Mitarbeiters finanziellen Schaden fürchtete. Tucholsky erhielt einen Mitarbeitervertrag wie einst bei S. J.

41 Das bezeugt Hilde Walter (s. Anm. 39), das erklärte Ossietzky 1932 selbst vor Gericht. (Anklageschrift gegen Walter Kreiser und Carl von Ossietzky vom 30. 3. 1931, AA, Rechtssachen, gegen Walter Kreiser..., 41, 1)

42 Das berichtet Rosalinde von Ossietzky-Palm in einem Interview mit der Verfasserin, Stockholm, 22. 10. 1986

43 CvO: Die Klinge, TB, 1925/6, Sonderheft, S. 22–24

44 CvO: Professoren, Zeitungsschreiber und verkrachte Existenzen, TB, 31. 1. 1925

45 S. Anm. 43

46 Walther Kiaulehn: Für einen jungen Tucholsky-Leser, in: Kurt Tucholsky: Gruß nach vorn. Eine Auswahl aus seinen Schriften (Hrsg.: Erich Kästner), Hamburg. Das Zitat befindet sich auf Seite 304

47 Kurt Tucholsky: Brief an Walter Hasenclever, 4. 3. 1933, in: ders.: Ausgewählte Briefe, Hamburg 1962 (Hrsg.: Mary Gerold-Tucholsky und Fritz J. Raddatz), S. 246ff.;
Axel Eggebrecht: Einer sagte nein. Zum 20. Todestag von Carl von Ossietzky, in: Colloquium, 12 (1958), Nr. 6, S. 6f.;
Walther Mehring: Carl von Ossietzky, in: Deutsche Rundschau, 85. Jg., 1959, S. 900ff.;
Kurt Hiller, 1950, S. 338ff.

48 CvO: Rechenschaft, WB, 10. 5. 1932

49 Walther Karsch: Carl von Ossietzky, in: Aufbau, New York 1945, Heft 3

50 Walther Karsch, der spätere Chefredakteur des Berliner Tagesspiegels, war 1930–1933 Redaktionsassistent bei der »Weltbühne«.

51 Rudolf Arnheim: »Lieber Herr von Ossietzky«, WB, 4. 10. 1932

52 CvO (Pseudonym: Lucius Schierling): Peter Panters Pyrenäenbuch, WB, 24. 5. 1927

53 Das behaupten u. a.:
Fritz J. Raddatz in: Kurt Tucholsky, in: Erfolg oder Wirkung, München 1972, S. 24f.;
ders.: »Bei jedem Mondwechsel zum Kampf bereit« (Ossietzky-Portrait), Frankfurter Rundschau, 13. 3. 1971;

»Tucholsky«. Eine Bildbiographie, München 1961;
Klaus-Peter Schulz: »Kurt Tucholsky in Selbstzeugnissen und Bilddokumenten«, Hamburg 1977, S. 88f.;
Gerhard Zwerenz: in: »Der Krieg der Pazifisten«, Essay über das komplizierte, changierende Verhältnis der Freund-Feinde Tucholsky und Ossietzky sowie über die Parallelität ihres Todes und das Ende des militanten Pazifismus bei den Deutschen, unveröffentlichtes Manuskript, 1986 ausgezeichnet mit dem Ossietzky-Preis der Stadt Oldenburg;
ders.: »Kurt Tucholsky«, Biographie eines guten Deutschen, München 1979, S. 172ff.;
Rudolf Augstein: Die Republik unterm Beil, in: Literatur im Spiegel, Hamburg 1969, S. 24ff.

54 Brief Kurt Tucholskys an Mary, 18. 1. 1928, ders., 1982
55 Rudolf Arnheim: Interview 1986
56 Das beschreiben Axel Eggebrecht 1958 und Rudolf Arnheim 1986.
57 Kritik an Ossietzky als Redakteur findet sich insbesondere in den Briefen vom August 1927 bis zum Juni 1928; ab dann gibt es nur noch vereinzelte Unmutsäußerungen, die nach Ossietzkys Besuch in Schweden im Oktober 1930 ganz aufhören.
58 Das geht aus einem Brief und einer Postkarte Ossietzkys an Maud hervor, Hindas und Kopenhagen, 21. 10. 1930 und 24. 10. 1930, OA, B 4006.
59 S. Anm. 15
60 Brief Kurt Tucholskys an Carl von Ossietzky, 25. 3. 1932 und folgende, TA, abgedruckt bei Pforte 1985, S. 23
61 Brief Carl von Ossietzkys an Kurt Tucholsky, 2. 4. 1932, TA; Brief Kurt Tucholskys an Carl von Ossietzky, 4. 4. 1932, abgedruckt bei Pforte, 1985, S. 34
62 Brief Carl von Ossietzkys an Kurt Tucholsky, 8. 5. 1932, TA, abgedruckt bei Pforte 1985, S. 35f.;
Brief Carl von Ossietzkys an Kurt Tucholsky, 22. 9. 1932, TA, abgedruckt bei Pforte, 1985, S. 39
63 Kurt Hiller, 1950, S. 341
64 Das behaupten u. a. Gerhard Zwerenz, 1986; Klaus-Peter Schulz: Kurt Tucholsky in Selbstzeugnissen und Bilddokumenten, Hamburg 1977, S. 96f.; Kurt R. Grossmann, 1973, S. 105
65 S. Anm. 33; Kurt Tucholsky: Für Carl v. Ossietzky, WB, 17. 5. 1932, abgedruckt in: Gesammelte Werke, 1932, S. 75ff.
66 Das beschreiben Rudolf Arnheim, 1932 und 1986; Axel Eggebrecht, 1959, und Ludwig Marcuse, 1975, S. 149f., Walter Karsch, 1945
67 Kurt Tucholsky: Brief an Marierose Fuchs, 17. 12. 1929, abgedruckt in: ders.: Briefe an eine Katholikin, Hamburg 1970, S. 19
68 Rudolf Arnheim, 1932; ders.: Interview 1986

69 Adolf Behne, 1885–1948, von 1922–1932 Mitarbeiter der »Weltbühne« für bildende Künste, nach 1945 Professor an der Hochschule für Bildende Künste, Berlin

70 Brief Carl von Ossietzkys an Adolf Behne, 18. 10. 1930, Staatsbibliothek Berlin, Nachlaß Behne. Behne ist der Bitte nicht nachgekommen, es findet sich kein entsprechender Artikel in der »Weltbühne«.

71 Brief Carl von Ossietzkys an Peter de Mendelssohn, 5. 12. 1927, Privatsammlung Peter de Mendelssohn, München. Ein Fehler – bischen – wurde im Zitat korrigiert.

72 Brief Carl von Ossietzkys an Siegfried Kracauer, 7. 7. 1929 und 27. 11. 1930. Siegfried Kracauer-Nachlaß, Deutsches Literaturarchiv Marbach, Kopie im OA

73 Brief Carl von Ossietzkys an Annette Kolb, 30. 11. 1932, Annette Kolb – Nachlaß, Staats- und Universitätsbibliothek München

74 Walther Karsch, 1945

75 Rudolf Arnheim, Interview 1986

76 Erzählt und zitiert nach Ursula Madrasch-Groschopp, 1983, S. 230f.

77 Rosalinde von Ossietzky-Palm: Carl von Ossietzky, etwa 1962, OA, teilweise zitiert in: Kurt R. Grossmann, 1973, S. 108f.

78 S. Anm. 66, vgl. Hans Mayer: Ein Deutscher auf Widerruf, Erinnerungen I, Frankfurt 1982, S. 86ff.

79 CvO: Handschriftliche Notiz für seine Frau, ohne Datum, wahrscheinlich zu Beginn der dreißiger Jahre geschrieben (nach Angaben Rosalinde von Ossietzky-Palm)

80 CvO: Ich bin kein Held der Barrikade (Ged., handschr.), 1910, Nachlaß, OA, B 4002

81 S. Kap. 12

82 Brief Kurt Tucholskys an Carl von Ossietzky, 12. 3. 1932, TA, abgedruckt bei Pforte, 1985, S. 18

83 Brief Kurt Tucholskys an Carl von Ossietzky, 25. 3. 1932, TA, abgedruckt bei Pforte, 1985, S. 25

84 Brief Carl von Ossietzkys an Kurt Tucholsky, 7. 7. 1932, abgedruckt bei Pforte, 1985, S. 38

85 CvO, Rechenschaft, WB, 10. 5. 1932

86 CvO, Brief an Kurt Tucholsky, 7. 7. 1932, TA, abgedruckt bei Pforte 1985, S. 38

87 CvO: Eintragung in das Erinnerungsbuch der Ossietzkys vom 6. 3. 1932, abgedruckt in: Maud von Ossietzky, 1966, S. 87

88 CvO. Um Hindenburg, WB, 19. 1. 1932; Das Hindenburg-Syndikat, WB, 2. 2. 1932; Gang eins, WB, 1. 3. 1932; Gang zwei, WB, 22. 3. 1932

89 Das »Beschlagnahmefreie Gedicht« von Tucholsky ist veröffentlicht in: WB, 29. 3. 1932, abgedruckt in: Gesammelte Werke, 1932, S. 59

90 Kurt Tucholsky: Brief an Carl von Ossietzky, 25. 3. 1932, TA, abgedruckt bei Pforte 1985, S. 26
91 CvO: Brief an Kurt Tucholsky, 2. 4. 1932, abgedruckt bei Pforte, 1985, S. 29
92 CvO: Das Ende der Pressefreiheit, WB, 29. 3. 1932. Das ist der Tag, an dem auch das »Beschlagnahmefreie Gedicht« erschien.
93 Der Ullstein-Verlag (1877 gegründet) gehörte der jüdischen Familie Ullstein und galt als liberal.
1934 wurde das Unternehmen vom Zentralverlag der NSDAP übernommen.
94 S. Anm. 91

12
»Man mag uns verurteilen...«
»Weltbühne«-Prozeß und Gefängnishaft

1 CvO: Der Femeprozeß, WB, 27. 12. 1927
2 Berthold Jacob: Plädoyer für Schulz, WB, 22. 3. 1927
3 Die Darstellung des Prozesses folgt v. a. den Akten des Auswärtigen Amtes in Bonn (Abkürzung: AA) über den »›Weltbühne‹-Prozeß« gegen Kreiser und Ossietzky. Darin befinden sich u. a. die Anklageschrift vom 30. 3. 1931 sowie das Urteil vom 23. 11. 1931 (AA, Rechtssachen, 41/1–3, 1931–1933); herangezogen wurde auch: Ingo Müller: Ossietzky vor dem Reichsgericht, Universität Oldenburg, 1978, unveröffentlichtes Manuskript.
4 Walter Kreiser (Pseudonym: H. Jäger): Windiges aus der deutschen Luftfahrt, WB, 12. 3. 1929
5 Zitiert nach: Bärbel Boldt u. a.: ... aber von dir wird gesprochen, Katalog zur gleichnamigen Ausstellung über Carl von Ossietzky, Universität Oldenburg, 1981, S. 70
6 Anklageschrift gegen Walter Ludwig Friedrich Kreiser und Carl von Ossietzky, 30. 3. 1931, AA, s. Anm. 3
7 Brief des Generalmajors von Schleicher an von Bülow, AA, 9. 7. 1931, und Brief von Bülows an Schleicher, 16. 7. 1931, AA, s. Anm. 3
8 CvO: Der »Weltbühne«-Prozeß, WB, 1. 12. 1931
9 CvO: Rechenschaft, WB, 10. 5. 1932
10 Vgl.: Emil J. Gumbel. Landesverrat, begangen durch die Presse, in: Die Justiz, 1926/27, Bd. II, S. 77ff.; ders.: Verräter verfallen der Feme, Berlin 1929;
Über die politische Justiz in der Weimarer Republik schreiben u. a.: Heinrich und Elisabeth Hannover-Drück: Politische Justiz 1918 bis 1933, Frankfurt/M. 1966;
Heinrich Hannover: Klassenherrschaft und politische Justiz: Plädoyers für ein demokratisches Recht, Hamburg 1978;

Emil J. Gumbel: »Laßt Köpfe rollen«: faschistische Morde 1924 bis 1931, Berlin 1931, 2. Aufl.: Hamburg 1977;
Otto Kirchheimer: Von der Weimarer Republik zum Faschismus: Die Auflösung der demokratischen Rechtsordnung, Frankfurt/M. 1976;
Redaktion Kritische Justiz (Hrsg.): Der Unrechts-Staat, Frankfurt/M. 1976;
Karl F. Kaul: Justiz wird zum Verbrechen. Das Pitaval der Weimarer Republik, Berlin (DDR) 1953

11 Eine Darstellung darüber findet sich in: Der Jorns-Prozeß. Rede des Verteidigers Dr. Paul Levi-Berlin nebst Einleitung, Berlin 1929; Elisabeth Hannover-Drück/Heinrich Hannover: Der Mord an Rosa Luxemburg und Karl Liebknecht, Dokumentation eines politischen Verbrechens, Frankfurt/M. 1972

12 S. Anm. 8

13 Dargestellt nach: Ingo Müller, 1978

14 Zitiert nach: Prokurator: Zum Hochverratsprozeß gegen die Ulmer Reichswehroffiziere, Die Justiz, 1930, Bd. IV, S. 64; s. Anm. 6

15 CvO: Der Prozeß der Offiziere, WB, 1. 10. 1930

16 Brief Ossietzkys an Maud, 18. 11. 1931, OA, B 4006

17 Theodor Wolff im »Berliner Tageblatt« 29. 11. 1931. Alle demokratischen Zeitungen und Zeitschriften sahen in dem Urteil eine Bedrohung der Pressefreiheit schlechthin und protestierten dagegen. (Vgl. die in der WB 1931 II, S. 811 ff. und 844 ff. abgedruckten Pressestimmen); Leopold Schwarzschild vom »Tage-Buch«, Max Osborn von der »Vossischen Zeitung« und andere bedeutende Publizisten solidarisierten sich mit dem Gnadengesuch für Ossietzky. (Befürwortungen verschiedener Persönlichkeiten aus dem öffentlichen Leben für das Gnadengesuch für Carl von Ossietzky im sogenannten »Weltbühne«-Prozeß, 20. 1. 1932, 23 Blatt, Zentrales Staatsarchiv Potsdam; Kopien im OA, B 4001)

18 Interpellation der SPD-Reichstagsfraktion vom 26. 11. 1931, AA, s. Anm. 3

19 CvO: Rechenschaft, WB, 10. 5. 1932, und s. Kap. 11, Anm. 97, S. 31

20 Times, 25. 11. 1931; sämtliche ausländische Pressereaktionen finden sich im AA, s. Anm. 3

21 Les Révélation Du Procès De Leipzig…, L'echo de Paris, 21. 2., 23. 2., 24. 2. 1932

22 CvO: Brief an den Reichsjustizminister Gürtner, 25. 2. 1932, AA, s. Anm. 3

23 CvO: Brief an Kurt Tucholsky, 29. 2. 1932, TA, abgedruckt bei Pforte, 1985, S. 10

24 CvO: Rückkehr, WB, 27. 12. 1932

25 Briefe Carl von Ossietzkys an Kurt Tucholsky, 2. 4. 1932, TA, abgedruckt bei Pforte, 1985, S. 19
26 Brief Carl von Ossietzkys an Maud, 6. 3. 1932, OA, B 4006
27 Vgl. E. Reitter: Franz Gürtner. Politische Biographie eines deutschen Juristen, 1881 bis 1941, Berlin 1976
Udo Reifner: Institutionen des faschistischen Rechtssystems, Frankfurt/M. 1981, S. 72f.
28 Gürtner/Freisler: Das kommende deutsche Strafrecht, Berlin 1934, S. 34
29 Brief Carl von Ossietzkys an Kurt Tucholsky, 2. 4. 1932, TA, abgedruckt bei Pforte, 1985, S. 19
30 Brief Carl von Ossietzkys an seine Tochter Rosalinde, 9. 5. 1932, Nachlaß. OA, B 4006
31 Brief Carl von Ossietzkys an Kurt Tucholsky, 8. 5. 1932, TA, abgedruckt bei Pforte 1985, S. 36
32 Ebd.
33 CvO: Rechenschaft, WB, 10. 5. 1932
34 Kurt Tucholsky: Für Carl v. Ossietzky, WB, 17. 5. 1932
35 Brief Kurt Tucholskys an Carl von Ossietzky, 4. 4. 1932, TA, abgedruckt bei Pforte 1985, S. 35
36 Alfred Polgar: Ossietzky geht ins Gefängnis. WB, 17. 5. 1932
37 Zit. nach: Ursula Madrasch-Groschopp, 1983, S. 285
38 Bruno Frei, 1978, S. 188
39 Darüber berichten u.a.:
Walter Mehring: Carl von Ossietzky, 3. 10. 1889–4. 5. 1938, in: Deutsche Rundschau, 1959, S. 900ff.;
Alfred Kantorowicz: Carl von Ossietzky zum Gedenken, in: Deutsche Blätter, 2, Santiago de Chile 1944. Kantorowicz arbeitet Zitate aus Ossietzky-Artikeln, insbesondere aus »Rechenschaft«, in die Szene ein.
40 Brief Carl von Ossietzkys an Maud, 10. 5. 1932, OA, B 4006
41 Brief Maud von Ossietzkys an Rosalinde, 29. 5. 1932, OA, B 4011
42 Brief Maud von Ossietzkys an Rosalinde, 16. 10. 1932, OA, B 4011
43 Brief Maud von Ossietzkys an Rosalinde, 7. 11. 1932, OA, B 4006
44 Brief Carl von Ossietzkys an Maud, 10. 5. 1932 und folgende, OA, B 4007
45 Brief Carl von Ossietzkys an Kurt Tucholsky, 14. 5. 1932, TA, abgedruckt bei Pforte 1985, S. 37
46 Brief Kurt Tucholskys an Maud von Ossietzky, 15. 5. 1932. OA, B 4011
47 Brief Carl von Ossietzkys an Kurt Tucholsky, 8. 5. 1932, TA, abgedruckt bei Pforte 1985, S. 36
48 Kurt Tucholsky (Pseudonym: Ignaz Wrobel): Der bewachte Kriegsschauplatz, WB, 4. 8. 1931, Gesammelte Werke, Bd. 9, 1931, S. 253ff.

49 Das geht aus Briefen Kurt Tucholskys an Mary Gerold-Tucholsky (März/April) 1932 hervor (Kurt Tucholsky: Unser ungelebtes Leben. Briefe an Mary, Hamburg 1985, S. 536 ff.)
50 Briefe Carl von Ossietzkys an Kurt Tucholsky, 7. 7. 1932 und 22. 9. 1932, TA, abgedruckt bei Pforte, 1985, S. 37 ff.
51 Rudolf Olden, 1885–1940, Rechtsanwalt und Journalist, Mitarbeiter der »Weltbühne« seit 1925, Verteidiger Ossietzkys im »›Weltbühne‹-Prozeß« und im Verfahren 1932. Er flüchtete 1933 auf abenteuerliche Weise in die Tschechoslowakei und fand anschließend Asyl in England.
1940 übernahm er die Leitung eines Kindertransportes nach Amerika. Das Schiff wurde von den Deutschen zerstört, Olden ertrank im Atlantik.
52 Daß Tucholsky das Plädoyer vorbereitet hat, geht aus einem Brief Ossietzkys an ihn vom 10. 3. 1932 hervor, abgedruckt bei Pforte, 1985, S. 14
53 Ossietzky spricht vor Gericht, nach Notizen von Milly Zirker (Pseudonym: Johannes Bückler), WB, 5. 7. 1932, vgl. Kurt R. Grossmann, 1973, S. 233 ff.
54 Brief Carl von Ossietzkys an Kurt Tucholsky, 7. 7. 1932, TA, abgedruckt bei Pforte, 1985, S. 37 ff.
55 Brief Carl von Ossietzkys an Kurt Tucholsky, 30. 11. 1932, abgedruckt bei Pforte, 1985, S. 42
56 Brief Carl von Ossietzkys an Kurt Tucholsky, 14. 5. 1932, abgedruckt bei Pforte, 1985, S. 37
57 Brief Carl von Ossietzkys an Maud, 10. 5. 1932, OA, B 4006
58 Interview Kurt R. Grossmanns mit Carl von Ossietzky, 8-Uhr-Abendblatt, 22. 12. 1932, teilweise (leicht verändert) abgedruckt bei Grossmann, 1973, S. 248
59 Brief Ossietzkys an die Strafanstalt Tegel, 9. 5. 1932, in: Gefängnisakte Carl von Ossietzkys, Kopien im OA, B 4001
60 CvO: Antisemiten, WB, 19. 7. 1932
61 WB, 12. 7. 1932, Rubrik: Antworten
62 S. Emil Stumpp: Über meine Köpfe. Texte. Porträts. Landschaften, Berlin (DDR), 1983
63 Vgl. Kurt R. Grossmann, 1973, S. 246
64 CvO: Rückkehr, WB, 27. 12. 1932
65 Vgl. Kurt R. Grossmann, 1973, S. 247 ff., und Maud von Ossietzky, 1966, S. 98 ff.
66 Das beschreibt: Walter Mehring, 1959, S. 902
67 Franz Leschnitzer, 1905–1967, Mitarbeiter der »Weltbühne« seit 1925, in: »Carl von Ossietzky. Ein Posten ist vacant...«; in: ders.: Von Börne zu Leonhard, Rudolfstadt 1966, S. 205 f.
68 CvO: Carl von Ossietzky dankt ..., WB, 10. 1. 1933

13
Jahrmarktsgaukelei, Kleinbürgerbewegung, Improvisation der Schwerindustrie
Der Nationalsozialismus im Kommentar Ossietzkys

1 CvO: Bankrott der Autoritäten, WB, 17. 1. 1933
2 CvO: Egal legal, WB, 24. 3. 1931
3 Ebd.
4 Das behauptet Walter Mehring, 1959, S. 902
5 S. Anm. 2. Das geht aus allen Artikeln Ossietzkys über die NSDAP hervor, ebenso wie aus den Darlegungen vieler Intellektueller aus jener Zeit.
6 CvO: Zur Reichsgründungsfeier, WB, 20. 1. 1931
7 Vgl. Ossip Flechtheim, 1971, S. 248
8 Vgl. CvO: Brüning darf nicht bleiben. WB, 23. 9. 1930; ders.: Wohin rollst du, Köpfchen?, WB, 14. 10. 1930; ders.: Rechts ist Trumpf!, 13. 10. 1931
9 Kommunistische Partei Deutschlands (Opposition) – sie wurde im Dezember 1928 als Organisation »innerhalb der KPD« gegründet; Ihre Mitglieder waren aus der KPD ausgetreten oder ausgeschlossen worden. Sie waren Gegner der Sozialfaschismustheorie und traten auf Grundlage von Thalheimers Faschismustheorie für eine Einheitsfront zwishen KPD und SPD gegen den Faschismus ein. (Vgl. Karl H. Tjaden: Struktur und Funktion der »KPD-Opposition« KPO. Eine organisationssoziologische Untersuchung zur »Rechts«-Opposition im deutschen Kommunismus zur Zeit der Weimarer Republik, Dissertation, Meisenheim 1964)
10 Vgl. Karl Marx: Der Achtzehnte Brumaire des Louis Bonaparte 1952, in: MEW 8, Berlin (DDR), 1960
11 Vgl. August Thalheimer: Über den Faschismus (1930), abgedruckt in: Gruppe Arbeiterpolitik (Hrsg.): Der Faschismus in Deutschland, Frankfurt/M., S. 28ff.; vgl. auch: Wolfgang Abendroth, 1981, S. 116ff.
12 Vgl. Wolfgang Abendroth, 1981, S. 118ff.
13 CvO: Wer gegen wen?, WB, 24. 11. 1931
14 Nach Karl Marx, s. Anm. 10 und August Thalheimer, s. Anm. 11
15 CvO: Wer hat gesiegt?, WB, 15. 3. 1932
16 CvO: Winterkönig, WB, 17. 2. 1931
17 CvO: Die Parade von Neapel, BVZ, 26. 10. 1920
18 CvO: Parteienkrise, TB, 1. 11. 1924
19 CvO: Das neue Heidentum, MM, Mai 1922
20 CvO: Der nationale Lausbub, TB, 14. 3. 1925
21 S. Anm. 13
22 Hellmut von Gerlach: Hitlers Vorläufer, WB, 1. 12. 1931

23 CvO: Antisemiten, WB, 19. 7. 1932
24 Gottfried Feder: Das Programm der NSDAP, München 1938, Einleitung
25 CvO: Sklaven-Export, WB, 22. 10. 1929
26 S. Anm. 22
27 CvO: Kommt Hitler doch?, WB, 15. 12. 1931;
vgl. ders.: Trotzki spricht aus Prinkipo, WB, 22. 12. 1934
Ossietzky stimmt Trotzki zu in der Prophezeiung: Im Vergleich zum Mussolinifaschismus werde sich der Nationalsozialismus »als blasses, humanes Experiment« ausnehmen. Vgl. auch:
CvO: Knüppeldick und Affenschmalz, BVZ, 28. 3. 1920
CvO: Das neue Heidentum, MM, Mai 1922
28 CvO: Leserbrief in: Roter Aufbau, Heft 9, 1930, S. 511 f.
29 CvO (Pseudonym: Thomas Murner): Otto Strassers »deutscher Sozialismus«, WB, 16. 9. 1932
30 Dargestellt nach: Heinrich August Winkler: Extremismus der Mitte, Vierteljahreshefte für Zeitgeschichte, 1973, S. 173 ff.
31 Vgl.: CvO: Wer gegen wen?, WB, 24. 11. 1931
32 Zit. nach: Henry Ashby Turner jr.: Faschismus und Kapitalismus..., Göttingen 1972, S. 57
33 Vgl. Reinhard Kühnl: Der deutsche Faschismus in Quellen und Dokumenten, Köln 1975, S. 249 ff.
34 CvO: Kommt Hitler doch?, WB, 15. 12. 1931
35 Vgl.: Dirk Stegmann: Zum Verhältnis von Großindustrie und Nationalsozialismus, in: Archiv für Sozialgeschichte, Bonn 1972, S. 402 ff.
36 CvO: Vor Sonnenuntergang, 16. 9. 1930, und: Wohin rollst du, Köpfchen?, WB, 14. 10. 1930
37 CvO: Winterkönig, WB, 17. 2. 1931
38 S. Anm. 36
39 S. Anm. 28
40 Wirtschaftskabbala = Wirtschaftskauderwelsch
41 Joseph Goebbels: Leitartikel im Angriff, 22. 4. 1931
42 Aufruf der Otto-Strasser-Gruppe vom 4. Juli 1930: »Die Sozialisten verlassen die NSDAP«; zit. nach: Reinhard Kühnl 1975; S. 122 ff.
43 CvO: Brüning darf nicht bleiben, WB, 23. 9. 1930
44 CvO: Nach der Sintflut, WB, 14. 4. 1931
45 CvO: Kavaliere und Rundköpfe, WB, 7. 2. 1933
46 S. Anm. 36
47 CvO: Der Flaschenteufel, WB, 10. 1. 1933
48 Zit. nach: Dirk Stegmann, 1972, S. 433
49 CvO: Kamarilla, WB, 31. 1. 1933
50 S. Anm. 47
51 Ebd.

52 S. Anm. 49
53 Ebd.
54 S. Anm. 45
55 CvO: Deutschland wartet!, WB, 14. 2. 1933
56 Ebd.
57 Ernst Toller. Reichskanzler Hitler, WB, 7. 10. 1930
58 CvO: Trotzki spricht aus Prinkipo, WB, 22. 12. 1931
59 S. Anm. 55
60 Walter Mehring, 1959, S. 903.
61 CvO: Richard Wagner, WB, 21. 2. 1933
62 Ebd.

14
»Aber von Dir wird gesprochen...«
Verhaftung und Konzentrationslager

1 Dargestellt nach: Ludwig Marcuse, 1975, S. 146; zitiert nach: Walter Mehring, 1959, S. 902
2 Zitiert nach: Kurt R. Grossmann, 1973, S. 258f.; Grossmann hat den Text der Rede nach verschiedenen Aufzeichnungen und stenographischen Notizen rekonstruiert, s. Kap. 11, Anm. 14.
3 Ludwig Marcuse, 1975, S. 158.
4 Vgl. Hans Sahl: Memoiren eines Moralisten, Zürich 1983, S. 214
5 Béla Balázs: Erinnerungen an Ossietzky, in: Das Wort 3, Moskau 1938, S. 109–112
6 Franz Leschnitzer, 1966, S. 205f.
7 Kurt Hiller, 1950, S. 352
8 Rudolf Arnheim, Interview 1986
9 Das bezeugte Hilde Walter in: Er trotzte Hitler und seinen Gesellen, in: Das Parlament, 19. 1. 1955
10 CvO: Deutschland wartet!, WB, 14. 2. 1933
11 Unterschiedliche Aussagen zur Emigrationsfrage korrespondieren mit unterschiedlichen Einschätzungen der politischen Lage, sie dürfen nicht verabsolutiert werden.
12 Kurt Grossmann, 1973, S. 260f.
13 Ebd., S. 261
14 Mehring 1959, S. 904f.
15 Grossmann 1973, S. 264
16 Maud von Ossietzky 1966, S. 100f.
17 Kempner warnte an diesem Abend mehrere Personen, u. a. Kurt R. Grossmann.
18 Robert M. W. Kempner, Interview 1983
19 Diese Ansicht teilte Ossietzky mit Tucholsky, Brief Tucholskys an Ossietzky, 12. 3. 1932, TA, abgedruckt bei Pforte, 1985, S. 17
20 Maud von Ossietzky 1966, S. 101f.

21 Egon Erwin Kisch: Im Polizeipräsidium nach dem Reichstagsbrande, Unsere Zeit, 15. 3. 1933

22 Ebd.

23 Ludwig Renn alias Arnold Friedrich Vieth von Golßenau, 1889 geb., 1926–1931 Sekretär des Bundes proletarisch-revolutionärer Schriftsteller Deutschlands, Redakteur der »Linkskurve« und Mitarbeiter der »Weltbühne«, seit 1928 Mitglied der KPD.

24 Ernst Torgler, 1893–1963, seit 1929 Vorsitzender der kommunistischen Reichstagsfraktion, stellte sich einen Tag nach dem Reichstagsbrand der Polizei und distanzierte sich während des Reichstagsbrandprozesses von der KPD. 1935 wurde er aus der Haft entlassen.

25 Vgl. Bruno Frei, 1978, S. 213ff.

26 Brief Carl von Ossietzkys an Maud, 2. 3. 1933, Nachlaß, OA, B 4008

27 Brief Carl von Ossietzkys an Maud, 27. 3. 1933, Nachlaß, OA, B 4008

28 Ebd.

29 Brief Kurt Tucholskys an Walter Hasenclever, 4. 3. 1933 in: ders.: Ausgewählte Briefe, Hamburg 1962, S. 246ff.

30 Sonnenburg war ein »Staatliches Konzentrationslager« der preußischen Polizeiverwaltung in einem ehemaligen Zuchthaus bei Küstrin. Es hatte jahrelang leergestanden und wurde von den Häftlingen instand gesetzt. Im Sommer 1934 wurde es im Zuge der Zentralisierung des KZ-Systems unter SS-Verwaltung aufgelöst und der Justizverwaltung übergeben, die es als Justizvollzugsanstalt weiterverwendete.

31 Willi Hundertmark, Interview 1980

32 Das bezeugen ehemalige Häftlinge von Sonnenburg nach der Emigration vor Vertretern der Liga für Menschenrechte in Prag, Paris und Amsterdam. Dargestellt und zitiert nach: Memorandum... Rettet Carl von Ossietzky, Hrsg.: Freundeskreis Carl von Ossietzky..., Prag 1934, IISG, Amsterdam, Ossietzky-Archiv, Mappe 8, S. 24ff.

33 Ebd., S. 26

34 CvO: Herr Walter Bloem, WB, 28. 2. 1933; Mühsams Tagebucheintragung vom 8. 4. 1933 ist abgedruckt im Memorandum, 1934, S. 26

35 Zitiert nach: Memorandum, 1934, S. 25f.

36 Der Tagesablauf in Sonnenburg ist nachgezeichnet von Franz X: Ein Tag in Sonnenburg, Deutsche Volkszeitung, Prag, 15. 8. 1933

37 Mit Ossietzky in Esterwegen (und Sonnenburg, d. Verf.), Bericht eines Schlossers, Deutsche Volkszeitung, Prag 1935

38 Bericht Rosalinde v. Ossietzky-Palm an die Verf., 1983

39 Das geht hervor aus einem Brief Maud von Ossietzkys an Rosalinde, 13. 1. 1934, OA, B 4011

40 Brief Carl von Ossietzkys an Maud, 16. 7. 1933, OA, B 4008
41 Brief Carl von Ossietzkys an Maud, 13. 8. 1933, OA, B 4008
42 Brief Carl von Ossietzkys an Maud, 29. 10. 1933, OA, B 4008
43 Brief Carl von Ossietzkys an Maud, 7. 8. 1933, OA, B 4008
Brief Carl von Ossietzkys an Maud, 3. 9. u. 1. 10. 1922, OA, B 4008
44 Manuskript »Der Preis für einen Friedenspreis«, von Hilde Walter, o. D., IfZ 192/2, S. 5
45 Rudolf Diels: Lucifer ante portas, Stuttgart 1958
46 Ebd., S. 460f.
47 Nach: Martin Broszat, Konzentrationslager 1933–1945, in: Anatomie des SS-Staates, München 1967, Bd. 2
48 Disziplinar- und Strafordnung für das Gefangenenlager, 1. 8. 1934, Martin Broszat 1967, S. 48ff., archiviert beim Studienkreis zur Erforschung und Vermittlung des Antifaschistischen Widerstandes 1933–1945, Frankfurt/Main, B7 II
49 S. Anm. 47
50 Besondere Lagerordnung für das Gefangenenlager, 1. 8. 1934, s. Anm. 48
51 S. Anm. 48
52 Adolf Bender: Szenen aus dem KZ Esterwegen, unveröffentlichtes Manuskript, St. Wendel, teilweise abgedr. in: Bärbel Boldt u. a., S. 83f.
53 Aussagen von Albert Mainz, veröffentl. in: Bernd Rachel/Peter Dahl: Nr. 562 – Carl von Ossietzky, Sendung von Radio Bremen I, Mai 1978
54 Das geht aus allen Häftlingsberichten hervor, z. B. Robert Brink: Mit Carl von Ossietzky im Konzentrationslager, in: »Die Weltbühne«, Berlin (DDR); »Carl von Ossietzky«, Sonderausgabe 1948, zum 10. Todestag, S. 29ff.
55 Georg Schmidt, Interview 1983
56 S. Anm. 48
57 Zit. nach: Memorandum 1934, S. 31
58 Brief Carl von Ossietzkys an Maud, 13. 5. 1934, OA, B 4009
59 Brief Carl von Ossietzkys an Maud, 2. 12. 1934, OA, B 4009
60 Maud von Ossietzky 1960, S. 116, 119f.
61 Brief Carl von Ossietzkys an Maud, 23. 2. 1935, OA, B 4009
62 Maud von Ossietzky 1966, S. 118f.
63 Brief Carl von Ossietzkys an Maud, 15. 7. 1935, OA, B 4009
64 Carl J. Burckhardt: Meine Danziger Mission: 1937 bis 1939, München 1960, S. 60f.
65 Brief Carl von Ossietzkys an Maud, 19. 8. 1935, Nachlaß, OA, B 4009
66 S. Anm. 52
67 S. Anm. 48
68 S. Anm. 52

69 Hubert Serwe: Im KZ Esterwegen, abgedruckt in: »Die Weltbühne«, Sonderheft zum 10. Todestag 1948, s. Anm. 54, S. 30
70 S. Anm. 52
71 Dargestellt und zitiert nach: Kurt R. Grossmann, 1973, S. 278. Grossmann beruft sich auf eine mdl. Mitteilung von Edwin Langau, Zürich
72 S. Anm. 52
73 Ebd., S. 231
74 S. Anm. 52
75 Das geht aus Gestapodokumenten hervor, die den Schriftverkehr führender Gestapostellen mit Himmler und Göring über den »Schutzhaftfall« von Ossietzky 1935/36 beinhalten. Sie wurden nach Kriegsende zufällig in einem Berliner Keller gefunden und dem Nobelpreiskomitee in Oslo übergeben. Sie befinden sich noch im dortigen Archiv. Reproduktionen sind im Nachlaß, OA, aufbewahrt. Die Schriftstücke sind teilweise abgedruckt in: Kurt R. Grossmann, 1973, S. 381 ff. Die Untersuchungen und ihre Befunde werden aufgeführt im Schreiben des stellvertretenden Chefs der Gestapo an den preußischen Ministerpräsidenten Hermann Göring, 22. 5. 1936
76 Zitiert nach Bruno Frei, 1978, S. 236

15
Frau eines KZ-Häftlings
Maud von Ossietzky 1933–1945

1 Maud von Ossietzky, 1966, S. 102 ff.
2 Maud von Ossietzky, 1966, S. 105 f.
3 Das berichtet Rosalinde von Ossietzky-Palm, Mitteilung an die Verf., 1983.
4 Maud von Ossietzky, 1966, S. 105
5 Ebd., S. 106
6 Darüber berichtet Hilde Walter, die Maud von Ossietzky im Sommer 1933 in das KZ Sonnenburg begleitete. Carl habe seine Frau inständig gebeten, auch nach England zu gehen. Frau Walter machte Maud von Ossietzky zeitlebens einen Vorwurf daraus, daß sie dennoch in Deutschland geblieben ist.
(Kommentare und Informationen zum Nachlaß, S. 43 ff., IfZ, Hilde-Walter-Nachlaß; vgl. Kurt R. Grossmann, 1973, S. 272 f.)
7 Brief Maud von Ossietzkys an Rosalinde, 5. 3. 1933, Nachlaß, OA, 4011
8 Maud von Ossietzky, 1966, S. 109 f.
9 Brief Maud von Ossietzkys an Rosalinde, 20. 7. 1933, Nachlaß OA. 4011

10 Maud von Ossietzky, 1966, S. 109
11 Ebd., S. 110
12 Brief Maud von Ossietzkys an Rosalinde, 5. 2. 1934, Nachlaß, OA, 4011
13 Brief Maud von Ossietzkys an Rosalinde, 20. 4. 1934, Nachlaß, OA, 4011
14 Brief Maud von Ossietzkys an Rosalinde, Mai 1934, Nachlaß, OA, 4011
15 Ebd.
16 Brief Maud von Ossietzkys an Rosalinde, 31. 5. 1934, Nachlaß. OA, 4011
17 Ebd.
18 Brief Maud von Ossietzkys an Rosalinde, 13. 1. 1934, OA, 4011
19 Brief Maud von Ossietzkys an Rosalinde, 6. 11. 1934, Nachlaß, OA, 4011
20 Ebd.
21 Ebd.
22 Brief Maud von Ossietzkys an Rosalinde, 22. 1. 1935, Nachlaß OA, 4011
23 Ebd.
24 Vgl. Maud von Ossietzky, S. 121 ff., und ihr Brief an Rosalinde, 26. 10. 1935 (OA, 4011)
25 S. Kap. 14
26 Der Brief ist abgedruckt in: Maud von Ossietzky, 1966, S. 122 f.
27 Brief Maud von Ossietzkys an Rosalinde, 26. 10. 1935, OA, B 4011
28 Brief Maud von Ossietzkys an Rosalinde, 1. 12. 1935, OA, B 4011
29 Brief Maud von Ossietzkys an Carl, 20. 11. 1936, Nachlaß, OA, B 4011
30 Maud von Ossietzky, 1966, S. 145 ff.
31 Ebd., S. 154
32 Bericht Rosalinde von Ossietzky-Palms an die Verf., 1985

16

Durch alle Niederlagen leuchte die Hoffnung als ewiger Stern Friedensnobelpreis, Krankenhaus, Tod

1 Litaratur über die Friedensnobelpreiskampagne:
Hilde Walter/Walther Kiaulehn: Der Preis für einen Friedenspreis, in: Deutsche Rundschau, 1961, S. 136 ff.
Kurt Singer alias Kurt Deutsch/Felix Burger alias Kurt R. Grossmann: Carl von Ossietzky, Zürich 1937
Bertold Jacob: Weltbürger Ossietzky, Paris 1937
Hellmut Donat/Adolf Wild: Carl von Ossietzky. Republikaner ohne Republik, Bremen 1986

Archivalien:
Der komplette Briefwechsel des Freundeskreises Carl von Ossietzky in Paris, eine Sammlung von Zeitungsartikeln über Ossietzky (1933 bis 1973) und Dokumenten befinden sich im Ossietzky-Archiv des IISG Amsterdam; die unveröffentlichten Manuskripte Hilde Walters betr. Ossietzky, Artikel und Rundfunkmanuskripte sowie Kopien der Amsterdamer Sammlung liegen im Hilde-Walter-Nachlaß, IfZ München (ED 192), Kopien aller wesentlichen Briefe, Dokumente und Niederschriften besitzt auch die Universität Oldenburg, OA. Eingaben, Solidaritätserklärungen und Zeitungsartikel sind beim Osloer Nobelpreiskomitee archiviert.

2 Schreiben von Thomas Mann an das Nobelpreiskomitee, 13. 10. 1935, abgedruckt in: Memorandum »Rettet Carl von Ossietzky!«, hektographierte Broschüre, Prag 1935, Initiator: Kurt R. Grossmann als Sekretär der Deutschen Liga für Menschenrechte, Sektion Prag, IISG, Amsterdam. Ossietzky-Archiv, abgedruckt in: Thomas Mann: Altes und Neues, Frankfurt/M. 1961, S. 565

3 Das beschreibt Hilde Walter in verschiedenen unveröffentlichten Manuskriptfragmenten (Hilde-Walter-Nachlaß, IfZ) und in den Artikeln: Der Preis für einen Friedenspreis, 1961, s. Anm. 1, sowie »Die Geschichte eines Preises«, in: Der Monat, November 1961.
Die Auseinandersetzung aus der Sicht der kommunistischen Emigranten beschreiben: Ludwig Hoffmann und Curt Trepte: Exil in Skandinavien, Leipzig 1980, S. 514 ff; vgl. Bruno Frei 1978, S. 240 ff., Kurt R. Grossmann 1978, S. 281 ff.

4 Eine Akte über den Kongreßverlauf findet sich im Bundesarchiv Koblenz, R22/1292; alle Kongreßreden sind abgedruckt in: Deutsche Justiz, 30. 8. 1935

5 O. Kellerhals: Bericht über die Kongreß-Studienreise, in: Schweizerische Zeitschrift für Strafrecht, 1935, H. 4, S. 442 ff.

6 S. Anm. 4. Dort ist der Schriftwechsel (August 1935) archiviert.

7 Briefwechsel zwischen Hilde Walter und Ernst Toller bzw. Rudolf Olden aus den Jahren 1934/35, Hilde-Walter-Nachlaß, IfZ; vgl. Ludwig Hoffmann/Curt Trepte, 1980, S. 530 f.

8 Briefwechsel zwischen Hilde Walter und Kurt Deutsch bzw. Mia Leche-Löfgren, Hilde-Walter-Nachlaß, s. Anm. 1, Vgl. Mia Leche-Löfgren: Hard Tid, Stockholm 1946; Jan Peters: Exilland Schweden, Berlin 1984, S. 14 ff.; Hoffmann/Trepte, 1980, S. 532; Briefwechsel Maud und Rosalinde von Ossietzky 1935/36, OA

9 Briefwechsel zwischen Hilde Walter und Willy Brandt bzw. Mimi Svendrup Lunden 1935/36, Hilde-Walter-Nachlaß, s. Anm. 1; vgl. Willy Brandt: Mein Weg nach Berlin, München 1960, S. 76 ff.

10 Briefwechsel zwischen Hilde Walter und Ernst Rosenbusch, Hilde-Walter-Nachlaß, s. Anm. 1; vgl. Hoffmann/Trepte, 1980. S. 527 ff.

11 Memorandum (vertraulich zur Information): Rettet Carl von Ossietzky, Beiträge von: Hermann Budzislawski, André Germain, Kurt Grossmann, Waldemar Grimm, Hellmut von Gerlach, Heinrich Mann, Thomas Mann, Erich Mühsam, Heinz Pol, Gaston Moch, Lion Feuchtwanger, Romain Rolland, Friedrich Stampfer, Arnold Zweig, Peter Kast, Nico Rost, Kurt Rosenfeld, Wickham Steed, Upton Sinclair und die ungenannten Leidensgenossen. Nur Manuskript. Darf nicht veröffentlicht werden! Herausgegeben vom Freundeskreis Carl von Ossietzkys (Prag, 1935), IISG; s. Anmerkung 1.

12 Sie fühlte sich für Ossietzky verantwortlich, wollte alle Fäden in der Hand behalten, schrieb Briefe und Rundschreiben gegen alle, die einen eigenen Weg in der Nobelpreiskampagne suchten. In Hilde Walters Artikeln und unveröffentlichten Manuskripten finden sich zahlreiche persönliche Äußerungen über Maud, die von Abneigung, ja Eifersucht zeugen. Behauptungen über moralische Schwächen und angebliche Entgleisungen der Ossietzky-Gattin sind erstens in keiner Weise belegt und gehören zweitens nicht an die Öffentlichkeit. Sie bedeuten die Diskriminierung einer Person, die sich nicht mehr wehren kann.
1936 wollte Grossmann ein Buch über Ossietzky herausbringen. Hilde Walter setzte beim Verleger Oprecht durch, daß es erst nach der Entscheidung über den Nobelpreis erschien: Es würde der Sache nur schaden, behauptete sie, und der Autor würde den Gefangenen für seinen persönlichen Ehrgeiz benutzen. Eine bitterböse Kampagne gegen Grossmann eröffnete Hilde Walter nach Veröffentlichung seiner Ossietzky-Biographie. Hinweise auf Sachfehler und teilweise berechtigte inhaltliche Kritik rechtfertigen nicht den gehässigen Ton gegenüber einem verdienstvollen Zeitgenossen Ossietzkys und dessen informativem Buch.

13 Vertrauliche Denkschrift: »Den Friedens-Nobelpreis in das Konzentrationslager!«, Herausgeber: Freundeskreis Carl von Ossietzky, Paris 1936, IISG, s. Anm. 1

14 Das betont Hilde Walter in ihrem Buchmanuskript sowie in ihren Veröffentlichungen. S. Anm. 1

15 Brief Kurt Tucholskys an Heinz Pol, 4. 7. 1933, abgedruckt in: Kurt Tucholsky, Ausgewählte Briefe, Hamburg 1962, S. 231

16 Brief Kurt Tucholskys an Heinz Pol, 20. 7. 1933, 18. 2. 1934, abgedruckt in: Kurt Tucholsky, Ausgewählte Briefe, 1962, S. 231 ff.

17 Z. B.: Brief Kurt Tucholskys an Lady Asquith, 1. 3. 1934, TA

18 Ebd.: Brief Kurt Tucholskys an Wickham Steed, 6. 2. 1934, TA

19 Brief Kurt Tucholskys an Hedwig Müller (Nuuna), 11. 12. 1934, abgedr. in: Kurt Tucholsky: Briefe aus dem Schweigen, Hamburg 1984 (2. Aufl.), S. 159

20 Briefe Kurt Tucholskys an Hedwig Müller, 29. 12. 1934 und 7. 1. 1935, abgedr. in: Kurt Tucholsky, 1984, S. 162

21 Brief Kurt Tucholskys an Norman Angell. Juni 1935, TA

22 AA: Akte Inland II, A/B, betr. Carl von Ossietzky 1934–37

23 Anfrage der Deutschen Botschaft in London betr. Armin T. Wegener, Carl von Ossietzky und Ernst Schachtel, 3. 2. 1934; sie hatte zur Folge, daß die Gestapo sofort Erkundigungen über Ossietzkys Gesundheitszustand einzog, um sie an das Auswärtige Amt weiterzuleiten: Ossietzky sei gesund und arbeitsfähig. Am 25. 7. 1934 erkundigte sich der Kanzler der Glasgower Universität im Namen »vieler Menschen« nach dem KZ-Häftling. Am 28. 7. 1934 meldet der Deutsche Gesandte in Oslo, daß zahlreiche norwegische Prominente die Entlassung der politischen Gefangenen in Deutschland gefordert hätten. S. Anm. 22

24 Times, 16. 8. 1934

25 Anfrage des Lords Shubrede bei der Deutschen Botschaft in London, 10. 8. 1934

26 »Ärztlicher Bericht« des Lagerarztes, Dr. Jungsbluth, 27. 8. 1934, s. Anm. 22

27 U. a. berichten der »Manchester Guardian« vom 9. 11. 1934, »The New Statesman and Nation« vom 15. 12. 1934 und der »Observer« vom 7. 4. 1935 über den KZ-Häftling und fordern seine Entlassung.

28 »Amtsärztliches Gutachten« vom Kreisarzt Medizinalrat Dr. Wittstamm, Meppen, 24. 7. 1935; s. Anm. 22

29 Robert Brink: Mit Carl von Ossietzky im Konzentrationslager, in: »Die Weltbühne«, Berlin (DDR), »Carl von Ossietzky«, Sondernummer zum 10. Todestag, 4. Mai 1948, S. 32f.

30 Carl Jacob Burckhardt: Meine Danziger Mission: 1927 bis 1939, München 1960, S. 60f.

31 Bericht der Gestapo für das Auswärtige Amt, 7. 8. 1935; s. Anm. 22

32 Willy Brandt: Brief an Konrad Heiden, 28. 9. 1935, Hilde-Walter-Nachlaß; s. Anm. 1

33 Willy Brandt: Brief an Hilde Walter, 1. 11. 1935, Hilde-Walter-Nachlaß; s. Anm. 1; das erklärt Hilde Walter in mehreren Veröffentlichungen sowie in ihrem Buchmanuskript »Der Preis für einen Friedenspreis«.

34 C.v.O.: Zum siebzigsten Geburtstag Knut Hamsuns, WB 6. 8. 1929, der Artikel trägt keine Namenszeichnung. Bruno Frei, 1978, S. 256, bezeugt, daß er von Ossietzky selbst verfaßt ist.

35 Hamsuns Artikel erschien am 22. November 1935 in den norwegischen Blättern »Aftenposten« und »Tidens Tegn«. Das berichtet Hilde Walter z. B. in »Der Preis für einen Friedenspreis« (unveröffentlichtes Manuskript); Finn Lee, Interview, 1963, OA, teilw. abgedruckt in: Bruno Frei, 1978, S. 256

36 Bruno Frei, 1978, S. 309
37 Willy Brandt: Briefe an Hilde Walter, 25. 11. und 4. 12. 1935, in: Hilde-Walter-Nachlaß; s. Anm. 1
38 Kurt Tucholsky: Brief an Walter Hasenclever, 7. 10. 1934, in: ders., 1963, S. 287f.
39 Kurt Tucholsky: Brief an Hedwig Müller, 17. 12. 1935, in: ders., 1984, S. 252
40 Kurt Tucholsky: Q-Tagebuch, 19. 12. 1935; abgedruckt in: ders.: Die Q-Tagebücher (Hrsg. Mary Gerold-Tucholsky, Gustav Huonker), Hamburg 1978, S. 350
41 Brief Kurt Tucholskys an die »Nationalzeitung« Basel (14. 12. 1935) und an das »Arbeiterblatt« Oslo (17. 12. 1935), TA
42 S. Anm. 40, S. 355
43 Brief an den Norske Studentersamtfund (10. 12. 1935); Antwortschreiben des Arbeiderbladet (19. 12. 1935), TA
44 Josef Goebbels: Ansprache im Deutschlandsender, 12. 3. 1936, abgedruckt in: Maud von Ossietzky, 1966, S. 126
45 Der von Dr. Jungsbluth gezeichnete »Untersuchungsbefund« (24. 3. 1936) gehört zu einem Brief des Inspekteurs der Konzentrationslager, Theodor Eicke, an den Reichsführer SS Himmler, 3. 4. 1936, Originale im Archiv des Nobelpreiskomitees Oslo, Kopie im OA, abgedruckt bei Kurt R. Grossmann. 1973, S. 381ff.
46 Schreiben des stellvertretenden Chefs der Gestapo an Göring (22. 5. 1936) und Brief des Regierungsrates D. Böttger im Auftrage Görings an den stellvertretenden Chef der Gestapo, Werner Best, 27. 5. 1936, ebd., abgedruckt bei Kurt R. Grossmann, 1973, S. 385ff.
47 Schreiben des »dirigierenden Arztes« der inneren Abteilung des Staatskrankenhauses der Polizei Berlin, 30. 5. 1936, ebd.
48 Schreiben Baron von Weizsäckers an das Auswärtige Amt, 20. 1. 1936, AA; s. Anm. 22
49 Der Wolf-Jürgensen-Artikel ist abgedruckt in: Berlingske Tidende, 10. 9. 1936, eine Übersetzung befindet sich im AA; s. Anm. 22
50 Schreiben des Auswärtigen Amtes an von Weizsäcker und Erdmannsdorff (Oslo), 19. 11. 1936, AA; s. Anm. 22
51 Das Schriftstück befindet sich (Kopie) im OA, B 4001
52 Dargestellt nach Maud von Ossietzky, 1966, S. 128f.; Bruno Frei, 1978, S. 272f.; Zeuge der Szene war der stellvertretende Gestapochef Best, der darüber im Spiegel (4. 3. 1964) berichtet.
53 Die Erklärung vom 26. 11. 1936 mit durchgestrichener Unterschrift (handgeschriebenes Konzept) befindet sich im OA, B 4001
54 Schreiben Heinrich Himmlers an den Generalreferenten des preußischen Ministerpräsidenten, 8. 12. 1936, Original im Archiv des Nobelpreiskomitees in Oslo, abgedruckt bei Kurt R. Grossmann, 1973, S. 388ff.

55 Zitiert nach: Bruno Frei, 1978, S. 277, das Original befindet sich im Archiv des Nobelpreiskomitees, Oslo.

56 »Führererlaß« vom 17. 11. 1936

57 Heinrich Mann: Die Stunde Ossietzkys, in: ders.: Mut, Paris 1936, S. 146 ff, Neudruck in: ders.: Verteidigung der Kultur, Hamburg 1960

58 Joseph Roth: Kriminalaffaire Nobelpreis, in: Das Neue Tage-Buch, Paris 1937, S. 638 f.

59 Schreiben Wilhelm Keilhaus an den deutschen Gesandten in Norwegen 1. 2. 1937, AA; s. Anm. 22

60 Schreiben des Auswärtigen Amtes an den deutschen Gesandten in Norwegen, 28. 2. 1937, AA; s. Anm. 22

61 Schreiben der Gestapo an den preußischen Ministerpräsidenten Göring, 21. 12. 1936, Original im Archiv des Nobelpreiskomitees in Oslo, abgedruckt bei Kurt R. Grossmann, 1973, S. 390 f.

62 Die in- und ausländischen Presseberichte über den Prozeß sind archiviert im OA; die Prozeßakte vom Verfahren gegen Wannow 1949 in Berlin befindet sich im Berliner Landesarchiv (Akte »Wannow-Prozeß«).

63 Brief Ossietzkys an Rosalinde, 1937, die Zeilen finden sich im Anschluß an einen undatierten Brief Mauds an ihre Tochter, OA, B 4011

64 Erzählt nach Maud von Ossietzky, 1966, S. 147

65 Ebd., S. 148 f.

66 Fritz Gusecke: Brief an Rosalinde von Ossietzky, 15. 5. 1938, OA, B 4014

67 Brief Maud von Ossietzkys an Rosalinde, 26. 5. 1938, OA

68 Maud von Ossietzky, 1966, S. 154 f.

69 S. Anm. 35

Literatur

Wolfgang Abendroth Ein Leben in der Arbeiterbewegung, Frankfurt/M., 1981, 3. Auflage

Ders.: Sozialgeschichte der europäischen Arbeiterbewegung, Frankfurt/M., 1970, 7. Auflage

Rudolf Arnheim Lieber Herr von Ossietzky, WB, 4. 10. 1932

Ders.: Zwischenrufe. Kleine Aufsätze aus den Jahren 1926–1940, Berlin (DDR) 1985

Rudolf Augstein Die Republik unterm Beil, in: Literatur im Spiegel, Hamburg 1969, S. 24ff.

Franz Baumer Carl von Ossietzky, Berlin 1984

Béla Balász Erinnerungen an Carl von Ossietzky, in: Das Wort 3, H. 8, S. 109–112, Moskau 1938

Wolfgang Benz Pazifismus in Deutschland, Frankfurt/M. 1986

Stefan Berkholz »Deutschland –? Schweigen und vorübergehn«. Kurt Tucholsky in der Emigration 1929–1935. Katalog zur gleichn. Ausstellung der Akademie der Künste Berlin (Dez. 85–Febr. 1986)

Ernst Bloch Nobelpreis und Ausbürgerung, 1936, in: Literarische Aufsätze, Frankfurt/M. 1965

Bärbel Boldt u. a. (Hrsg.): ... aber von dir wird gesprochen. Katalog zur gleichn. Ausstellung der Uni. Oldenburg, Oldenburg, 1981

Werner Boldt Der Blutmai 1929 in Berlin, Universität Oldenburg 1978 (unveröffentl. Manuskript)

Willy Brandt Mein Weg nach Berlin, München 1960

Ders.: Eine Kampagne für den Friedenspreis gegen Hitler, in: Hellmut Donat/Adolf Wild 1986

Keith Bullivant (Hrsg.): Das literarische Leben in der Weimarer Republik, 1978

Carl J. Burckhardt Meine Danziger Mission: 1937–1939, München 1960

Martha Buschmann Ossietzky, »... der zu keinem Unrecht schwieg«, Düsseldorf 1965

Istavan Deak Weimar Germany's left-wing intellectuals: a political history of the Weltbühne and its circle, Berkeley/Los Angeles (Univ. of California) 1968

Deutscher Monistenbund (Hrsg.): Der erste internationale Monistenkongress, Leipzig 1912

Rudolf Diels Lucifer ante portas... es spricht der erste Chef der Gestapo..., Stuttgart 1950
Hellmut Donat/Carl Holl (Hrsg.): Die Friedensbewegung, Hermes Lexikon, Düsseldorf 1983
Hellmut Donat/Adolf Wild (Hrsg.): Carl von Ossietzky, Republikaner ohne Republik, Bremen 1986
Arthur Drews (Hrsg.): Der Monismus, Dargestellt in Beiträgen seiner Vertreter, 3 Bde., Jena 1908
Axel Eggebrecht Carl von Ossietzky, in: Die Weltbühne, Berlin (DDR), 1/1946, Heft 4
Ders.: Das Drama der Republik: Zum Neudruck der Weltbühne, Königstein/Ts., 1979
Ders.: Der halbe Weg, Zwischenbilanz einer Epoche. Hamburg 1975
Ders.: Einer sagte nein. Zum 20. Todestag Carl von Ossietzkys, Sender Freies Berlin, 4. 5. 1958, abgedruckt in: Colloquium, Nr. 6 12, Berlin, Frankfurt/M. 1958
Alf Ensling Die Weltbühne: Organ der Intellektuellen Linken, Dissertation, Münster 1962
Ossip Flechtheim Die KPD in der Weimarer Republik, Frankfurt/M., 1969
Bruno Frei Carl von Ossietzky. Eine politische Biographie. Berlin 1978 (2. veränderte und erweiterte Auflage von ders.: Ritter ohne Furcht und Tadel, Berlin (DDR) 1966 (Bd. 3 der Schriften)
Alfred H. Fried Handbuch der Friedensbewegung, 2 Bde., Leipzig 1911, 1913 (Reprint, New York 1972)
Klaus Fritzsche Faschismustheorien – Kritik und Perspektiven, in: Franz Neumann (Hrsg.): Handbuch politischer Theorien und Ideologien, Hamburg 1977, S. 494ff.
Peter Gay Die Republik der Außenseiter: Geist und Kultur in der Weimarer Zeit: 1918–1933, Hamburg 1970
Hellmut von Gerlach Von rechts nach links, Zürich 1937 (Reprint, Frankfurt/M. 1983)
Susanne Gilbert Hellmut von Gerlach (1866–1935). Stationen eines deutschen Liberalen vom Kaiserreich zum »Dritten Reich«, Frankfurt 1984
Ruth und *Reinhart Greuner* Ich stehe links... Carl von Ossietzky über Geist und Ungeist der Weimarer Republik. Berlin (DDR) 1963
Kurt R. Grossmann Ossietzky. Ein deutscher Patriot. München 1973 (1. Taschenbuchauflage)
Franz Gürtner/Roland Freisler Das neue Strafrecht, Berlin 1936
Emil J. Gumbel Landesverrat begangen durch die Presse, in: Die Justiz, 1926/27, Bd. II, S. 77ff.
Ders.: »Laßt Köpfe rollen«: Faschistische Morde 1924–1931, Berlin 1931, 2. Auflage: Hamburg 1977
Ders.: Verräter verfallen der Feme, Berlin 1929

Ernst Haeckel Das Welträtsel: gemeinverständliche Studien über monistische Philosophien, Leipzig 1908
Heinrich Hannover: Klassenherrschaft und politische Justiz. Plädoyers für ein demokratisches Recht, Hamburg 1978
Elisabeth Hannover-Drück/Heinrich Hannover Der Mord an Rosa Luxemburg und Carl Liebknecht, Dokumentation eines politischen Verbrechens, Frankfurt/M. 1972
Heinrich und *Elisabeth Hannover* Politische Justiz 1918–1933, Frankfurt/M. 1966
Dietrich Harth Pazifismus zwischen den Weltkriegen, Heidelberg 1985
Kurt Hiller Köpfe und Tröpfe. Profile aus einem Vierteljahrhundert, Hamburg 1950
Ders.: Leben gegen die Zeit (Autob.), Hamburg 1969
Karl Holl/Adolf Wild (Hrsg.): Hellmut von Gerlach. Ein Demokrat kommentiert Weimar, Bremen 1973 (Reprint)
Karl Holl/W. Wette (Hrsg.): Pazifismus in der Weimarer Republik, Beiträge zur historischen Friedensforschung, Paderborn 1981
Ludwig Hoffmann/Curt Trepte Exil in Skandinavien, Leipzig 1980
Bertold Jacob Weltbürger Ossietzky, Paris 1937
Edith Jacobsohn C. v. O., WB, 17. 5. 1932
Alfred Kantorowicz Carl von Ossietzky zum Gedenken, in: Deutsche Blätter 2, Santiago de Chile 1944
Ders.: Deutsches Tagebuch, Berlin, 1. Teil, München 1959
Ders.: Die Geächteten der Republik: alte und neue Aufsätze, Berlin 1977
Ders.: Vom moralischen Gewinn der Niederlage, Berlin (DDR) 1949
Walter Karsch Carl von Ossietzky, in: Aufbau, New York, 1945, H. 3
Ders.: Über den Mißbrauch eines Namens, in: Sie, 2. Jg., Berlin, 4. 5. 1947
Karl F. Kaul Justiz wird zum Verbrechen. Das Pitaval der Weimarer Republik, Berlin (DDR), 1953
Hermann Kesten Deutsche Literatur im Exil. Briefe der Autoren 1933–1949. Wien 1964
Ders. (Hrsg.): Josef Roth. Briefe 1911–1939, Köln 1970
Ders.: Meine Freunde, die Poeten, Frankfurt 1980
Egon Erwin Kisch Im Polizeipräsidium nach dem Reichstagsbrande, Unsere Zeit, 15. 3. 1933
Klabund Borgia. Roman einer Familie, Wien 1928
Walter Kiaulehn Für einen jungen Tucholsky Leser, in: Kurt Tucholsky: Gruß nach vorn. Eine Auswahl aus seinen Schriften, Hamburg (Hrsg.: Erich Kästner), Hamburg 1947, 2. Aufl.
Otto Kirchheimer von der Republik zum Faschismus. Die Auflösung der demokratischen Rechtsordnung, Frankfurt/M. 1976
Thomas Koebner (Hrsg.): Weimars Ende im Urteil der zeitgenössischen Literatur und Publizistik, Frankfurt/M. 1982

Raimund Koplin Carl von Ossietzky als politischer Publizist, Berlin, Frankfurt/M. 1964
Raimund Koplin Das literarische Leben in der Weimarer Republik, Königstein 1978
Kurt Koszyk Deutsche Presse 1914–1945, in: Geschichte der deutschen Presse, Berlin 1972
Jenö Kurucz Struktur und Funktion der Intelligenz während der Weimarer Republik, Köln 1967
Kurt Lenz/Walter Fabian (Hrsg.): Die Friedensbewegung. Ein Handbuch der Weltfriedensströmungen der Gegenwart, Berlin 1922
Franz Leschnitzer Carl von Ossietzky, in: ders.: Von Börne zu Leonhard, Rudolfstadt 1966
Erwin Lunke Die deutsche Presse im eigenen Urteil 1918–1933, München 1952
Peter Maiwald Begebenheit, in: W. Bentin u. a. (Hrsg.): Berufsverbot: ein Bundesdeutsches Lesebuch, Fischerhude 1976
Heinrich Mann Der Dulder, 2. Der Preis, 3. Erster Sieg, 4. Der lebende Tote, 5. Die Stunde Ossietzkys, 6. Sein Vermächtnis, in: ders.: Mut, Paris 1939, S. 146ff., 1.–4. Auflage. (Neudruck in: ders.: Verteidigung der Kultur, Hamburg 1960)
Klaus Mann Gedenkrede für Carl von Ossietzky, 1938, abgedruckt in: ders.: Heute und Morgen, München 1969
Thomas Mann An das Nobel-Friedenspreiskomité, 1935, in: ders.: Altes und Neues, Frankfurt/M. 1961
Ursula Madrasch-Groschopp Die Weltbühne. Porträt einer Zeitschrift, Berlin (DDR) 1983
Ludwig Marcuse Mein zwanzigstes Jahrhundert (Autob.), Zürich 1975, Erstausgabe: München 1960
Karl Marx Der Achtzehnte Brumaire des Louis Bonaparte 1852, in: MEW 8, Berlin (DDR), 1960
Hans Mayer Ein Deutscher auf Widerruf, Erinnerungen, Bd. 1. Frankfurt 1985 (2. Aufl.)
Lisa Matthias Ich war Tucholskys Lottchen, Hamburg 1962
Dieter Mayer Linksbürgerliches Denken. Untersuchungen zur Kunsttheorie, Gesellschaftsauffassung und Kulturpolitik in der Weimarer Republik, 1981
Walter Mehring Ossietzky, in: Deutsche Rundschau, 1959, S. 904f.
Ders.: Die verlorene Bibliothek: Autobiographie einer Kultur, Düsseldorf 1978
Ders.: Kurt Tucholsky (Radio-Essay), Berlin 1985, Hrsg. Dietger Pforte
Ders.: Wir müssen weiter: Fragmente aus dem Exil, Düsseldorf 1979
Rolf Michaelis Von der Bühnenwelt zur Weltbühne, Königstein 1980
Ingo Müller Ossietzky vor dem Reichsgericht, Universität Oldenburg 1978 (unveröffentlichtes Manuskript)

Sigmund Neumann Die Parteien der Weimarer Republik, Stuttgart 1973 (Reprint des 1932 erschienenen Buches »Die politischen Parteien der Weimarer Republik«)
Joachim Nold Einige Anmerkungen zum politischen Publizisten Carl von Ossietzky, in: Carl von Ossietzky, Ausstellungskatalog, Universität Oldenburg 1982
Hannelore Oelke Carl von Ossietzky – Literatur und Politik, Examensarbeit, Wuppertal 1983
Rudolf Olden Er war ein Ritter, in: Heute und Morgen, 8 (1948), S. 325f.
Maud von Ossietzky Maud von Ossietzky erzählt, Berlin (DDR) 1966
Wilhelm Ostwald, Willy Blossfeld Zur Einführung, in: Das monistische Jahrhundert, Zeitschrift für wissenschaftliche Weltanschauung und Kulturpolitik, Bd. 1, 1912
Dietger Pforte (Hrsg.): »Farbige weithin sichtbare Signalzeichen«. Der Briefwechsel zwischen Carl von Ossietzky und Kurt Tucholsky aus dem Jahre 1932, Berlin, 1985, Anmerkungen zur Zeit, Schriftenreihe der Akademie der Künste
Jan Peters Exilland Schweden. Deutsche und schwedische Antifaschisten 1933–1945, Berlin (DDR) 1984
Alfred Polgar Carl von Ossietzky geht ins Gefängnis, WB, 17. 5. 1932
Harry Pross Wehe den Kleinen!: Carl von Ossietzky, in: ders.: Söhne der Kassandra, Berlin 1971, S. 99ff.
Fritz J. Raddatz Bei jedem Mondwechsel zum Kampf bereit, FR, 13. 3. 1971
Ders.: Carl von Ossietzky, in: ders.: Erfolg oder Wirkung, München 1972, S. 36f.
Ders.: Tucholsky. Eine Bildbiographie, München 1961
Redaktion Kritische Justiz (Hrsg.): Der Unrecht-Staat, Frankfurt/M. 1979
Udo Reifner Institutionen des faschistischen Rechtssystems, Frankfurt/M. 1981
E. Reitter Franz Gürtner. Politische Biographie eines deutschen Juristen 1881–1941, Berlin 1946
Arthur Rosenberg Geschichte der Weimarer Republik, Frankfurt/M. 1961
Josef Roth Kriminalaffaire Nobelpreis, in: Das Neue Tage-Buch, Paris 1937, S. 638f.
Hans Sahl Memoiren eines Moralisten, Zürich 1983
Hermann Schueler Auf der Flucht erschossen. Felix Fechenbach 1884 bis 1933, Köln 1981
Klaus-Peter Schulz Kurt Tucholsky in Selbstzeugnissen und Bilddokumenten, Hamburg 1977
Volker Segers Carl von Ossietzky 1889–1938. Katalog der gleichn. Ausstellung d. Universität Odenburg, 1982
Kurt Singer alias *Kurt Deutsch/Felix Burger* alias *Kurt R. Grossmann* Carl von Ossietzky, Zürich 1936

Bernd Sösemann (Hrsg.): Das Ende der Weimarer Republik in der Kritik damaliger Publizisten, Berlin 1976 (Theodor Wolff, Ernst Feder, Leopold Schwarzschild)

Heinrich Ströbel Die deutsche Reovlution. Ihr Unglück und ihre Rettung, Berlin 1920

Elke Suhr Die Emslandlager, Bremen 1985

Dies.: Zwei Wege, ein Ziel. Tucholsky, Ossietzky, Die Weltbühne, München 1986

August Thalheimer Über den Faschismus (1930), abgedruckt in: Gruppe Arbeitspolitik (Hrsg.): Der Faschismus in Deutschland, Frankfurt/M., S. 28ff.

Karl H. Tjaden Struktur und Funktion der »KPD-Opposition« (KPO). Eine organisationssoziologische Untersuchung zur »Rechts«-Opposition im deutschen Kommunismus zur Zeit der Weimarer Republik, Diss., Meisenheim 1964

Helmut Trotnow Karl Liebknecht. Eine politische Biographie, Köln 1980

Kurt Tucholsky Ausgewählte Briefe 1913–1935, Hamburg 1962 (Hrsg.: Mary Gerold-Tucholsky, Fritz J. Raddatz)

Ders.: Briefe an eine Katholikin, Hamburg 1970 (Hrsg.: Mary Gerold-Tucholsky und Gustav Huonker)

Ders.: Briefe aus dem Schweigen 1932–1935, Briefe an Nuuna (Hedwig Müller), Hamburg 1977

Ders.: Deutschland, Deutschland über alles: Ein Bilderbuch, Berlin 1929, Neudruck: Hamburg 1978

Ders.: Panter Tiger & Co. Eine neue Auswahl aus seinen Schriften und Gedichten, Hamburg 1983, Hrsg.: Mary Gerold-Tucholsky

Ders.: Die Q-Tagebücher 1934–1935, Hamburg 1985, Hrsg.: Mary Gerold-Tucholsky und Gustav Huonker, 2. Aufl.

Ders.: Unser ungelebtes Leben. Briefe an Mary, Hrsg.: Fritz J. Raddatz, Hamburg 1982

Ludwig Tügel Pferdemusik, Hamburg 1955

Hermann Vinke Carl von Ossietzky, Hamburg 1978

Fritz von Unruh Ein Mitkämpfer sagt..., in: Neue Volkszeitung, New York, 16. 11. 1946

Hilde Walter Der Fall Ossietzky, in: Welt der Arbeit, 21./22. 12. 1962

Dies.: Der Kampf um Frieden, Freiheit und das Recht, in: Welt der Arbeit, 26. 4. 1963

Dies.: Der Preis für einen Friedenspreis, unveröffentlichtes Buchmanuskript, Hilde-Walter-Nachlaß des Münchner Instituts für Zeitgeschichte

Hilde Walter/Walter Kiaulehn Der Preis für einen Friedenspreis, in: Deutsche Rundschau, 87, 1961, S. 136ff.

Dies.: Der verbotene Preis, in: Das Parlament 23. 2. 1955

Dies.: Er trotzt Hitler und seinen Gesellen, in: Das Parlament, 19. 1. 1955

Dies.: Die Geschichte eines Preises, in: Der Monat, 14, 1961, H. 158, S. 87–90
Dies.: Vom Zensor ediert. Anmerkungen zu einer Ossietzky-Ausgabe des Ostberliner Aufbau-Verlages, in: Der Monat, Sonderdruck aus H. 221, 1967
Peter Weiss Die Ästhetik des Widerstandes, Frankfurt 1983
Hans-Ulrich Wehler Preußen ist wieder chic..., Politik und Polemik..., Frankfurt/M. 1983
Die Weltbühne. Wochenschrift für Politik, Kunst und Wirtschaft, Berlin 1918–1933, Hrsg.: S. J. (1918–1926), Kurt Tucholsky (Jan.–Okt. 1927), Carl von Ossietzky (1927–1933), vollständiger Neudruck: Königstein 1978
Lothar Wieland Der Friedens-Nobelpreis 1935 – Chronik eines moralischen Sieges, in: Hellmut Donat/Adolf Wild, 1986
Heinrich August Winkler Extremismus der Mitte, in: Vierteljahreshefte für Zeitgeschichte, 1973, S. 173ff.
Gerhard Zwerenz Eine Liebe in Schweden. Roman vom seltsamen Spiel und Tod des Satirikers K. T., München 1980
Ders.: Der Krieg der Pazifisten, Essay über das komplizierte Verhältnis der Freund-Feinde Tucholsky und Ossietzky sowie über die Parallelität ihres Todes und das Ende des militanten Pazifismus bei den Deutschen, unveröff. Manuskript, 1986 ausgezeichnet mit dem Ossietzky-Preis der Stadt Oldenburg
Ders.: Kurt Tucholsky. Biographie eines guten Deutschen, München 1979

Archivalien

Nachlaß Carl und Maud von Ossietzkys, Bibliothek der Universität Oldenburg
Sammlung Kurt Tucholsky, Akademie der Künste, Berlin
Hilde-Walter-Nachlaß, Münchner Institut für Zeitgeschichte (ED 192/1–12); Internationaal Instituut voor Sociale Geschiedenis, Amsterdam (Archiv des Freundeskreises Carl von Ossietzky)
Archiv des Auswärtigen Amtes, Bonn (Rechtssachen, Spec.: Kreiser/Ossietzky, V Str., 41/1–3; Inland II, SdbdII, betr. Carl von Ossietzky 1934–1937; Inland II A/B 81/3, Carl von Ossietzky-Tochter)
Berliner Landesarchiv (Prozeßakten-Rep 58)
Staats- und Universitätsbibliothek München, Nachlaß Annette Kolb
Staatsbibliothek Berlin, Nachlaß Adolf Behne
Bibliothek der Vereinten Nationen, Genf, Sammlung Alfred H. Fried
Bundesarchiv Koblenz, R 22/1292
Deutsches Literaturarchiv, Marbach (Nachlässe: Kurt Tucholsky, Ludwig Tügel, Fritz von Unruh)

Interviews

Rosalinde von Ossietzky-Palm, 1985
Rudolf Arnheim, 1986
Robert M. W. Kempner, 1983
Erich Lüth, 1983
Georg Schmidt, 1983
Willi Hundertmark, 1982
Finn Lie, 1964 (geführt von Bruno Frei)

Personenregister